文化类上市企业慈善捐赠同群效应

缪亚琼 著

Peer Effects of Corporate Philanthropic

Giving:

An Empirical Study

on Cultural Industry

中国社会科学出版社

图书在版编目（CIP）数据

文化类上市企业慈善捐赠同群效应 / 缪亚琼著. --
北京：中国社会科学出版社，2025.2. -- ISBN 978-7-
5227-4585-5

Ⅰ. F279.246；D632.1

中国国家版本馆 CIP 数据核字第 2024YB2722 号

出 版 人	赵剑英	
责任编辑	单 钊	
责任校对	刘 健	
责任印制	李寡寡	

出　　版	中国社会科学出版社
社　　址	北京鼓楼西大街甲 158 号
邮　　编	100720
网　　址	http://www.csspw.cn
发 行 部	010-84083685
门 市 部	010-84029450
经　　销	新华书店及其他书店
印　　刷	北京明恒达印务有限公司
装　　订	廊坊市广阳区广增装订厂
版　　次	2025 年 2 月第 1 版
印　　次	2025 年 2 月第 1 次印刷
开　　本	710×1000　1/16
印　　张	20.25
字　　数	328 千字
定　　价	108.00 元

凡购买中国社会科学出版社图书，如有质量问题请与本社营销中心联系调换
电话：010-84083683
版权所有　侵权必究

前　言

　　以利益最大化为目标的企业为什么要开展慈善捐赠活动？很长时间以来一直是学者致力于解答的问题。西方学者基于"战略性慈善"或是"代理成本"的视角对驱动企业开展慈善捐赠的动因进行研究，并在研究的基础上得出丰富的研究结论。然而，中国的文化环境与西方有显著差异，体现在企业慈善捐赠上：中国企业慈善捐赠超过社会捐赠总额的50%，而美国的企业捐赠只占社会捐赠的5%。由此可知，适用于解释西方企业慈善捐赠的研究结论不一定适用于解释我国企业慈善捐赠行为。我国学者的研究结论在一致性中也呈现出差异性特点。一致性体现在大多数学者的研究结论支持中国企业开展慈善捐赠有利于提升企业财务绩效，差异性体现在企业慈善捐赠驱动因素研究结论层面的差异。

　　笔者发现文化类六个行业的上市企业积极参与慈善捐赠，进而诱发了本研究。研究结果发现：这六个行业的文化类上市企业虽然积极参与慈善捐赠，但是慈善捐赠并不能显著影响企业财务绩效，而且，"代理成本"理论也不能解释文化类上市企业积极捐赠的动因。笔者以制度理论为基础进行的实证研究揭示：基于制度理论的"同群效应"可以解释文化类企业积极捐赠的行为，其中"半强制同构"是文化类上市企业积极开展慈善捐赠的主要动因，而"模仿性同构"并不能解释文化类上市企业的捐赠行为。在此基础上，笔者进一步探讨了代表外部环境的经济政策不确定性以及企业异质性特征的企业可视度和管理者能力在"半强制同构"中产生的影响。最后，笔者探讨了由"半强制同构"与非适度捐赠的关系，以及非适度捐赠对企业财务绩效的影响。

　　本书在企业慈善捐赠领域层面作出了以下边际贡献：首先，在理论贡献层面，本书在厘清慈善捐赠、同群效应概念基础上，运用制度理论和企业行为模仿理论分析了文化类上市企业慈善捐赠同群效应的驱动机制并拓展了模仿同构的内涵,厘清了经济政策不确定性、企业可视度以及企业管理者能力在慈善捐赠同群效应中的作用机制;其次,本书探析了文化类上市企业慈善捐赠同群效应产生的影响,这推进了对慈善捐赠同群效应作用机制研究的进程;再次,本书系统分析了文化类上市企业慈善捐赠的发展历程、现状及其影响,这有助于全面认识我国企业慈善捐赠;最后,基于本书研究所得结论,笔者从政府数智化慈善治理、"质""量"并重的舆论导向,以及企业提升慈善捐赠战略价值三个层面提出了管理启示,为推进企业慈善捐赠助力共同富裕目标的实现贡献了一定价值。

企业慈善捐赠是我国社会慈善的重要主体。企业慈善捐赠的"自愿性"和"利他性"体现了企业的亲社会价值观,而"利他性"与企业盈利目标之间的内生矛盾使企业慈善捐赠一直是中外企业社会责任研究领域的重要选题。持续在这一领域深化研究可以助推第三次分配更好地在实现共同富裕目标上的协同效应。

目　录

绪　论 …………………………………………………………… (1)

第一章　核心概念辨析与理论基础 ………………………… (25)
　第一节　核心概念辨析与界定 ………………………………… (25)
　　一　文化类上市企业 ………………………………………… (25)
　　二　企业慈善捐赠 …………………………………………… (31)
　　三　同群效应 ………………………………………………… (36)
　　四　企业财务绩效 …………………………………………… (47)
　　五　非适度捐赠 ……………………………………………… (49)
　第二节　企业慈善捐赠的理论基础 …………………………… (50)
　　一　企业战略理论 …………………………………………… (50)
　　二　委托代理理论 …………………………………………… (53)
　　三　制度理论 ………………………………………………… (54)
　第三节　现有研究回顾与述评 ………………………………… (58)
　　一　企业慈善捐赠研究回顾 ………………………………… (58)
　　二　企业行为的同群效应文献梳理 ………………………… (69)
　　三　对现有研究成果的述评 ………………………………… (75)

第二章　文化类上市企业发展与慈善捐赠情况 …………… (82)
　第一节　文化类上市企业发展情况 …………………………… (82)
　　一　文化类上市企业发展背景 ……………………………… (82)
　　二　文化类上市企业发展情况分析 ………………………… (88)
　第二节　文化类上市企业慈善捐赠情况 ……………………… (105)

一　文化类上市企业慈善捐赠总体情况 …………………（105）
　　二　按行业分析文化类上市企业慈善捐赠 ………………（109）

第三章　文化类上市企业慈善捐赠对企业财务绩效的影响 ………（113）
　第一节　理论分析与研究假设 …………………………………（113）
　　一　文化类上市企业慈善捐赠积极影响企业财务绩效 …（113）
　　二　文化类上市企业慈善捐赠消极影响企业财务绩效 …（117）
　　三　文化类上市企业慈善捐赠与企业财务绩效间的
　　　　非线性关系 ………………………………………………（121）
　第二节　研究设计 ………………………………………………（123）
　　一　样本选择与数据来源 …………………………………（123）
　　二　模型与变量 ……………………………………………（123）
　第三节　实证分析 ………………………………………………（128）
　　一　变量的描述统计 ………………………………………（128）
　　二　相关性分析 ……………………………………………（133）
　　三　实证检验结果 …………………………………………（135）
　第四节　拓展性研究与稳健性检验 ……………………………（148）
　　一　拓展性研究 ……………………………………………（148）
　　二　稳健性检验 ……………………………………………（152）
　第五节　结论与讨论 ……………………………………………（154）
　　一　研究结论 ………………………………………………（154）
　　二　对结论的讨论 …………………………………………（154）

第四章　文化类上市企业慈善捐赠同群效应驱动机制研究 ………（157）
　第一节　理论分析与研究假设 …………………………………（157）
　　一　半强制同构驱动文化类上市企业慈善捐赠同群效应 …（157）
　　二　经济政策不确定性、企业可视度、管理者能力与
　　　　企业慈善捐赠同群效应 ………………………………（161）
　　三　模仿同构驱动文化类上市企业慈善捐赠同群效应 …（167）
　第二节　研究设计 ………………………………………………（170）
　　一　样本选择与数据来源 …………………………………（170）

二　模型与变量 …………………………………………… (171)
　第三节　实证分析 ………………………………………………… (181)
　　一　变量的描述统计 ……………………………………… (181)
　　二　相关性分析 …………………………………………… (185)
　　三　实证检验结果 ………………………………………… (193)
　第四节　拓展性研究与稳健性检验 ……………………………… (213)
　　一　拓展性研究 …………………………………………… (213)
　　二　稳健性检验 …………………………………………… (215)
　第五节　结论与讨论 ……………………………………………… (228)
　　一　研究结论 ……………………………………………… (228)
　　二　对结论的讨论 ………………………………………… (229)

第五章　文化类上市企业慈善捐赠同群效应与非适度捐赠 ………… (234)
　第一节　理论分析与研究假设 …………………………………… (234)
　　一　文化类上市企业慈善捐赠同群效应对非适度捐赠的
　　　　影响 ……………………………………………………… (234)
　　二　文化类上市企业非适度捐赠对企业财务绩效的影响 …… (236)
　第二节　研究设计 ………………………………………………… (238)
　　一　样本选择与数据来源 ………………………………… (238)
　　二　模型与变量 …………………………………………… (238)
　第三节　实证分析 ………………………………………………… (241)
　　一　描述统计与相关分析 ………………………………… (241)
　　二　相关性分析 …………………………………………… (241)
　　三　实证检验结果 ………………………………………… (243)
　第四节　拓展性研究与稳健性检验 ……………………………… (248)
　　一　拓展性研究 …………………………………………… (248)
　　二　稳健性检验 …………………………………………… (253)
　第五节　结论与讨论 ……………………………………………… (258)
　　一　研究结论 ……………………………………………… (258)
　　二　对结论的讨论 ………………………………………… (259)

结　语 …………………………………………………………（266）

参考文献 ………………………………………………………（285）

附　录 …………………………………………………………（312）
　附录1　各行业上市企业平均相对捐赠水平……………………（312）
　附录2　文化类上市企业政府补贴、企业劳动生产率及相关
　　　　　变量描述统计……………………………………………（315）
　附录3　文化类上市企业政府补贴、企业劳动生产率及相关
　　　　　变量的相关性分析………………………………………（315）
　附录4　新闻出版企业慈善捐赠对企业发展的影响……………（316）
　附录5　同群压力a胜算比回归结果……………………………（317）

绪　论

企业开展慈善捐赠活动与企业利润最大化目标之间存在内生矛盾，正是缘于这一内生矛盾，学术界对企业是否应该捐赠、慈善捐赠对企业的影响进行了广泛研究，本书关注的是文化类上市企业的慈善捐赠及其产生的同群效应。本章从现实背景和理论背景两个维度介绍了研究的背景，并系统呈现了研究的内容、方法、框架，以及研究的创新与贡献。

一　企业慈善捐赠的背景与文化类上市企业捐赠概况

（一）企业慈善捐赠的背景

企业慈善捐赠在我国慈善事业中占据着不可忽视的地位，而我国学术界对企业慈善捐赠的关注和研究从 21 世纪初开始，这一部分将从研究的现实背景与理论背景两个方面进行分析。

1. 企业慈善捐赠的现实背景

2021 年 8 月 17 日召开的中央财经委员会第十次会议提出："坚持以人民为中心的发展思想，在高质量发展中促进共同富裕，正确处理效率和公平的关系，构建初次分配、再分配、三次分配协调配套的基础性制度安排，……促进社会公平正义，促进人的全面发展，使全体人民朝着共同富裕目标扎实迈进。"[①] 第三次分配对于社会发展、实现公平正义这一目标的重要性不言而喻。慈善捐赠，尤其是企业慈善捐赠，在助推共同富裕目标实现的过程中意义重大。

---

① 《习近平著作选读》第 2 卷，人民出版社 2023 年版，第 503 页。

(1) 企业捐赠是社会慈善捐赠的重要主体

杨团将慈善事业的主体划分为:"捐赠主体、运营主体和监管主体,而慈善事业的主要行为方式包括捐赠行为、筹款行为、志愿服务行为、项目管理与监督行为。"① 由此可见慈善事业的发展离不开慈善捐赠,慈善捐赠是慈善事业的重要基石,2011—2020 年发布的《慈善蓝皮书:中国慈善发展报告》统计数据,可以看到我国慈善捐赠总额截至 2017 年基本呈稳定上升趋势(见图 0-1)。

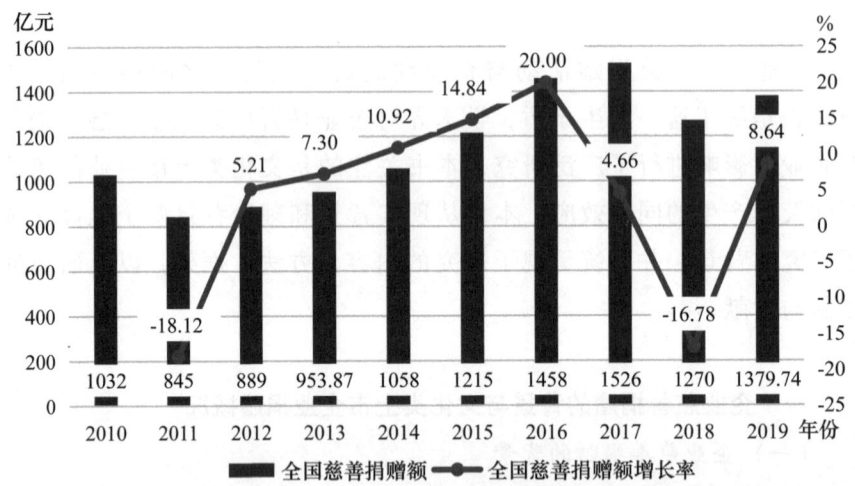

图 0-1 2010—2019 年中国慈善捐赠总额及增长率

资料来源:杨团主编《慈善蓝皮书:中国慈善发展报告》(2011—2020),社会科学文献出版社,笔者绘制。

如图 0-1 所示,2010 年我国慈善捐赠总额达到 1032 亿元,2011 年全国慈善捐赠总额为 845 亿元,同比降低 18.12%。一方面,考虑到 2008 年汶川地震后 2010 年又发生了玉树地震,在时间间隔相对较短的情况下发生了两次重大自然灾害,在两次自然灾害的叠加影响下,2010 年的全国捐赠额高于 2011 年;另一方面,2011 年爆发的"郭美美事件"严重影响了红十字会的声誉,也挫伤了广大公众参与慈善捐赠的积极性。自

---

① 杨团:《中国慈善事业的伟大复兴》,载杨团、葛道顺主编《中国慈善发展报告(2009)》,社会科学文献出版社 2009 年版,第 9 页。

2011年起，中国慈善捐赠总额基本呈稳定增长态势。2012年全国慈善捐赠总额增至889亿元，同比增长5.21%；2013年慈善捐赠总额为953.87亿元，同比增加7.30%，值得注意的是2013年发生了雅安地震，使在雅安地震影响下，捐赠额度也没有出现大幅度增长，这意味着公众捐赠呈现理性化趋势；2014年到2017年慈善捐赠总额一直持续增长，2017年慈善捐赠总额达到统计以来的峰值1526亿元，但是值得注意的是2017年全国慈善捐赠增长率开始降缓，从2016年的20.00%降至4.66%；2018年我国慈善捐赠总额出现了负增长的状态，[①] 捐赠总额从2017年1526亿元降至1270亿元，增长率为-16.78%（见图0-1）。

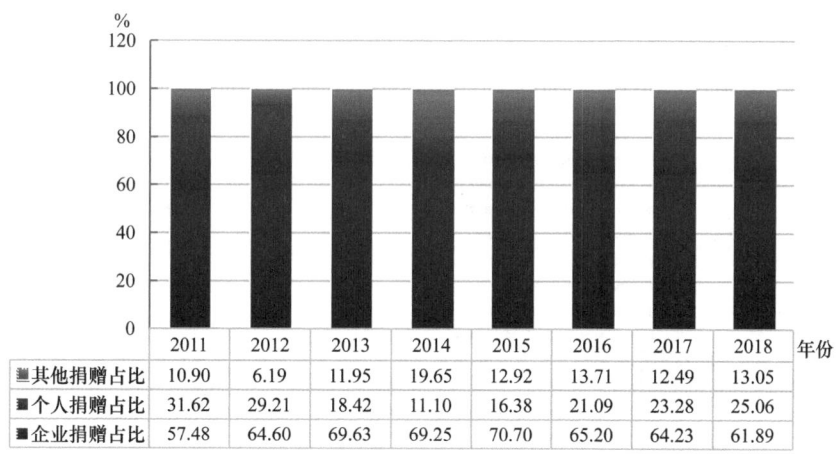

图0-2 2011—2018年慈善捐赠主体来源占比

资料来源：杨团主编《慈善蓝皮书：中国慈善发展报告》（2011—2020），社会科学文献出版社，笔者绘制。

中国慈善捐赠的快速发展离不开企业的积极参与。在个人、政府、企业、基金会四大捐赠主体中，企业占据着重要地位：通过对2011—2020年发布的《慈善蓝皮书：中国慈善发展报告》公布的数据进行整理可以看到，企业捐赠在我国社会慈善捐赠中占据不可忽视的重要地位。通过图0-2可以看到，我国企业捐赠在2011年占社会捐赠总额的

---

① 根据《慈善蓝皮书：中国慈善发展报告（2020）》，从2018年起民政部停止公布政府接收捐赠数据，所以只能采用慈善联合会收集的数据。

57.48%，并且从 2011 年到 2015 年一直呈稳定上升趋势，到 2015 年企业慈善捐赠在社会捐赠总额的占比更是高达 70.70%，而后企业捐赠占比略有下降，到 2018 年占比降至 61.89%。从 2015 年开始，个人慈善捐赠占比开始呈现上升的趋势，① 2015 年个人慈善捐赠占比为 16.38%，到 2018 年增加至 25.06%，这说明个人参与慈善捐赠的积极性正在逐渐恢复，但是企业慈善捐赠积极性有所下降。

（2）文化产业上市企业积极开展慈善捐赠

通过对沪深 A 股上市企业 2003—2020 年捐赠的数据进行统计（见附录 1 和图 0-3），部分行业的上市企业在慈善捐赠层面的投入比较多，如

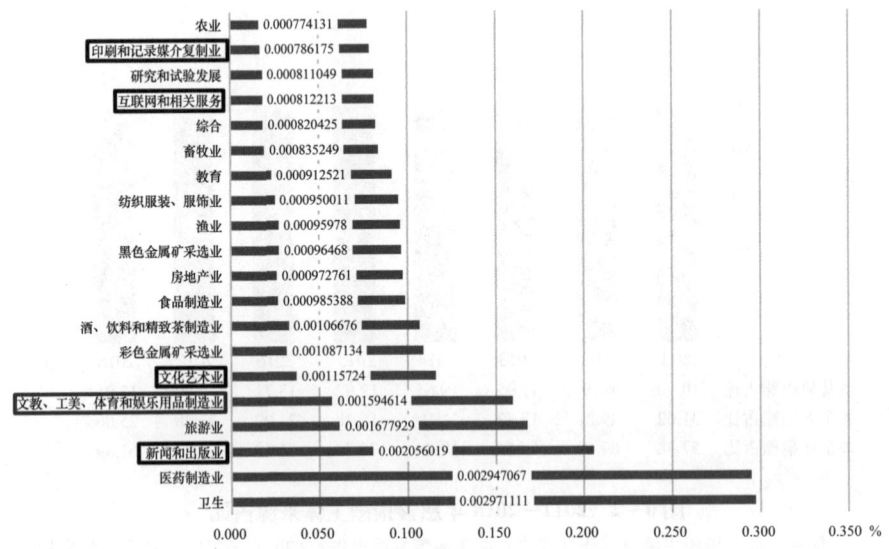

图 0-3　上市企业慈善捐赠平均相对水平前 20 名行业大类（2003—2020 年）

资料来源：根据国泰安数据库与上市企业年报发布数据进行计算所得。②

---

① 2011 年个人慈善捐赠占比为 31.62%，随后逐年下降，直到 2014 年个人慈善捐赠占比降至 11.10%，考虑到 2011 年爆发了郭美美虚构"红十字会商业总经理"并炫富引致全民对红十字会质疑的暴增，这是引发个人捐赠占比下降的重要原因，但是可以看到，企业捐赠占比并没有受到郭美美事件的影响。

② 图 0-3 为笔者根据《上市公司行业分类指引（2012）》和 CMSAR 数据库上海证券交易市场与深圳证券交易市场不同行业上市企业 2003—2018 年捐赠数据整理而得，慈善捐赠相对水平以各行业每年发生过捐赠行为的企业的慈善捐赠额总数与营业收入总数之比，第一、第二、第三产业 78 个行业的平均相对捐赠水平参见附录 1。

排名第一的卫生行业的上市企业在2003—2020年慈善捐赠额与营业总收入比值（相对捐赠水平）的平均值为0.297%，排名第二的医药制造业的相对捐赠水平为0.295%，排名第三的新闻和出版业的相对捐赠水平均值为0.206%；而有的行业的上市企业在慈善捐赠层面的投入则比较少，如排在最后两位的管道运输业和金属制品、机械和设备修理业，平均捐赠水平为0.002%和0.001%。可见，不同行业的企业在慈善捐赠投入层面存在很大差异。进一步来看，通过图0-3可以发现，在78个行业大类①中，新闻和出版业（R85），旅游业（N78，隶属于公共事业管理业），文教、工美、体育和娱乐用品制造业（C24，简称文娱用品制造业），文化艺术业（R87）的平均相对捐赠水平排在第2位至第5位，而互联网和相关服务（I64）、印刷和记录媒介复制业（C23，简称印刷复制业）排在第17位以及第19位。

根据国家统计局以《国民经济行业分类》为基础，于2018年发布的《文化及相关产业分类（2018）》②，文化艺术业、新闻和出版业、互联网和相关服务推广业以及隶属于以文化为核心的文化产业，而文娱用品制造业、印刷和记录媒介复制业则隶属于文化辅助生产产业。统计数据（见图0-3）显示文化产业这六个行业的上市企业将营业总收入的0.079%—0.206%用于慈善捐赠，这一比例高于Wang等③研究得出的我国上市企业平均投入营业总收入的0.03%用于慈善捐赠的情况。文化产业上市企业积极投入慈善捐赠活动是否能促进企业绩效提升？影响文化产业积极开展慈善捐赠的因素是什么？带着对这些问题的思索，本书开启探索文化产业上市企业慈善捐赠的研究。

---

① 对所有行业企业捐赠进行统计分析，结果显示有78个行业的上市企业有捐赠支出。
② 国家统计局2018年发布的《文化及相关产业分类（2018）》，从定义和范围层面对文化及相关产业进行了界定，将文化产业划分为两类："一类是以文化为核心，为直接满足人们的精神需要而进行的创作、制造、传播、展示等文化产品（包括货物和服务）的生产活动；另一类是为实现文化产品的生产活动所需的文化辅助生产和中介服务、文化装备生产和文化消费终端生产（包括指导和销售）等活动"，参见国家统计局《文化及相关产业分类（2018）》，源自：www.stats.gov.cn/tjsj/tjbz/201805/t20180509_1598314.html。
③ Wang K., Miao Y., Su C-H, et al., "Does Corporate Charitable Giving Help Sustain Corporate Performance in China?" *Sustainability*, Vol. 11, No. 5, 2019.

2. 企业慈善捐赠的理论背景

慈善捐赠是一种历史悠久的亲社会行为。个人（或家庭）的慈善捐赠是基于个人（或家庭）的善念，运用个人（或家庭）拥有的资产开展慈善活动[①]以表达个体对社会困难群体的关怀，是个人价值观的体现。企业慈善捐赠不同于个人（或家庭）慈善捐赠，企业慈善捐赠是企业的管理群体（包括高管和董事）用企业的财物资源支持社会福利事业发展。在欧美文化背景中，企业开展慈善捐赠活动曾被认为是对企业盈利目标的背离，而伴随着企业慈善捐赠与企业绩效关系研究的深入，慈善捐赠的战略价值逐渐得到认同。

(1) 基于契约理论对企业社会责任的争论

古典经济学家认为经济系统在价格机制协调下运行，资源的流向由价格机制决定，[②] 在这种情境下，企业被视为一个通过"投入—产出"最大化利润的"黑箱"。不同于经济学家的视角，Coase[③]在"The Nature of the Firm"中提出，通过价格机制来组织生产面临着成本增加，其中最明显的成本就是由确认相对价格所带来的成本，而由一系列契约所组成的企业可以替代价格机制，并通过企业家实现对资源的配置。Coase 提出契约一方面限定了企业家的权力，让企业家在限制的权力范围内控制其他生产要素；另一方面契约也规定了雇主与雇员的关系：雇员应该服务于雇主或是代表雇主的主体。

企业产权理论使人们认识到管理者目标可能与企业目标不一致。Coase 对企业本质的界定使得企业是一组契约关系的理念被学术界和公众所了解，也明晰了雇员服务于雇主的法律关系。在 Coase 企业理论影响扩展的过程中，"产权"（Property right）开始受到关注，这使关注点从企业转移到个人，并认为个人在组织中会追求个人的最大利益和效用；而且，因为存在多种产权模式，利润最大化无法得到保障；同时，

[①] 我国《慈善法》所界定的慈善活动包括六类，分别是：（一）扶贫、济困；（二）扶老、救孤、恤病、助残、优抚；（三）救助自然灾害、事故灾难和公共卫生事件等突发事件造成的损害；（四）促进教育、科学、文化、卫生、体育等事业的发展；（五）防治污染和其他公害，保护和改善生态环境；（六）符合本法规定的其他公益活动。

[②] Coase R. H., "The Nature of the Firm", *Economica*, Vol. 4, No. 16, 1937, pp. 386 – 405.

[③] Coase R. H., "The Nature of the Firm", *Economica*, Vol. 4, No. 16, 1937, pp. 386 – 405.

在所有现实环境中,交易成本显著大于0。进而,需要建立一个利润最大化的优化模型,这个模型要对反映决策者偏好的效用函数进行定义,并且为决策者设置奖惩机制。[1] 企业的管理者是企业所有者通过契约建立委托代理关系,将企业的决策权委托给管理者,在这一过程中管理者和企业所有者的权利通过契约进行界定和规范。[2] 通过委托代理关系,企业所有者将决策权委托给管理者,所以管理者应该对企业所有者的财产负责,而管理者为了社会福利开展的不以利润最大化为目的的行为被界定为是行使"管理者自由裁量权"(Managerial discretion)。[3] 对于管理者是否应该运用其自由裁量权来承担社会责任,学术界进行了广泛讨论。

Bowen(1953)写了一本在企业社会责任领域影响重大的书 *Social Responsibilities of the Businessman*,并提出商人不应该仅仅承担损益责任(Profit-and-loss),而应该对他们的行为后果负责。[4] 而后,学术界对企业社会责任的定义、内涵以及企业是否应该承担社会责任展开了丰富的讨论与论证。[5] 在企业是否要承担社会责任的讨论中,基于企业的契约关系理论,Friedman(1970)发表于《纽约时报》的《企业的社会责任就是增加利润》的文章中主张:由于企业的经理人是受雇于股东而承担管理、经营活动,所以经理人应该对股东收益负责,而不是花他人(包括顾客、雇员)的钱来承担经理人偏好的社会责任。[6] 而 Steiner 和 Davis 等学者则

---

[1] Furubotn E. G., Pejovich S., "Property Rights and Economic Theory: A Survey of Recent Literature", *Journal of Economic Literature*, Vol. 10, No. 4, 1972, pp. 1137 – 1162.

[2] Jensen M. C., Meckling W. H., "Theory of the Firm: Managerial Behavior, Agency Costs and Ownership Structure", *Journal of Financial Economics*, No. 3, 1976, pp. 305 – 360.

[3] Keim G. D., "Managerial Behavior and the Social Responsibility Debate: Goals Versus Constraints", *The Academy of Management Journal*, Vol. 21, No. 1, 1978, pp. 57 – 68.

[4] Carroll A. B., "Corporate Social Responsibility: Evolution of A Definitional Construct", *Business & Society*, Vol. 38, No. 3, 1999, pp. 268 – 295.

[5] Lee M. D. P., "A Review of the Theories of Corporate Social Responsibility: Its Evolutionary Path and the Road Ahead", *International Journal of Management Reviews*, Vol. 10, No. 1, 2008, pp. 53 – 73.

[6] 转引自 Van Beurden P., Gössling T., "The Worth of Values-A Literature Review on the Relation Between Corporate Social and Financial Performance", *Journal of Business Ethics*, Vol. 82, No. 2, 2008, pp. 407 – 424。

认为管理者应该承担社会责任,并运用相应的自由裁量权。[1] 伴随着公众对企业行为及其后果的关注,以及制度理论、资源依赖理论和利益相关者理论的发展,企业应该承担社会责任的观点从19世纪80年代逐渐被公众和学术界接受。[2]

(2) 企业慈善捐赠是企业社会责任的特殊组成部分

如前文所述,伴随着公众关注以及相关理论的发展,公众和学术界逐渐认同企业应该为员工提供更好的工作环境与待遇,企业应该为消费者提供价格合理的优质产品,企业也应该对环境负责。企业资源是有限的,所以企业承担社会责任层面存在选择的优先序。基于企业生存发展的立场,对企业社会责任概念、范畴进行界定的过程中,形成了企业社会责任的同心圆模型、金字塔模型以及利益相关者模型。在这三种模型中,企业的经济责任都是企业最基础、最重要及最核心的责任,而慈善捐赠则是企业基于自愿选择承担的责任。

1971年经济发展委员会 (CED)[3] 在 *Social Responsibilities of Business Corporations*" 对 CSR 的界定对于厘清 CSR 的内涵非常重要。CED 采用三个同心圆结构来解释企业社会责任(见图0-4):最里边的圆是最核心和最基本的经济功能,如提供产品、就业机会以及促进经济增长;中间的圆是基于经济功能的扩展,它的具体内涵随着社会价值观的变化而变化,如环境保护、劳资关系以及消费者权益保护等;最外边的圆指向那些致力于改善社会环境的责任,企业被期望承担这些责任(如减贫),但是这些责任的内涵尚不明确。CED 对 CSR 的三个同心圆的界定是以商业从业人员和学者的共同讨论为基础形成的,因而具有较高的学术和现实意义。

---

[1] 转引自 KEIM G. D., "Managerial Behavior and the Social Responsibility Debate: Goals Versus Constraints", *The Academy of Management Journal*, Vol. 21, No. 1, 1978, pp. 57 – 68。

[2] Stendardi E. J., "Corporate Philanthropy: The Redefinition of Enlightened Self-interest", *The Social Science Journal*, Vol. 29, No. 1, 1992, pp. 21 – 30.

[3] Committee for Economic Development ed., *Social Responsibilities of Business Corporations*. New York: Committee for Economic Development, 1971.

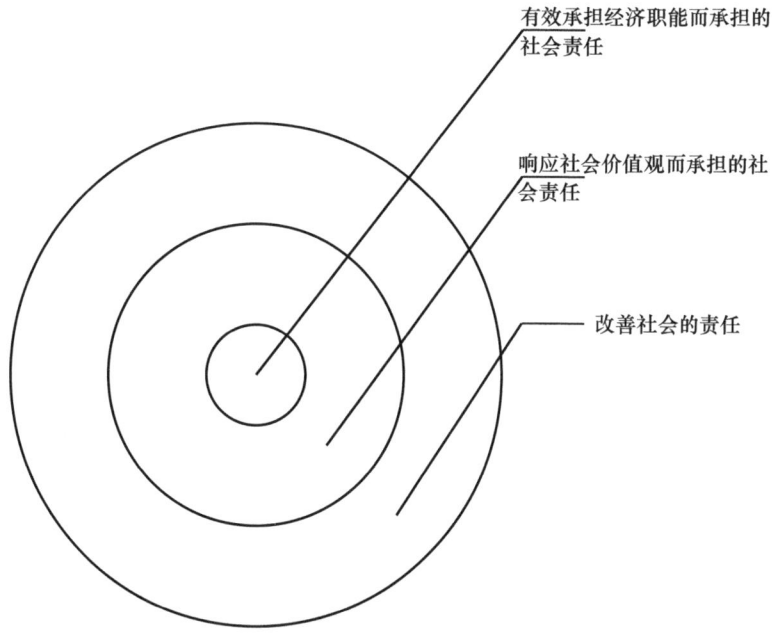

图 0-4 企业社会责任同心圆

资料来源：笔者根据文献资料绘制。

Carroll[①]构建了企业社会责任金字塔模型（见图 0-5），金字塔由四个部分组成：经济责任、法律责任、伦理责任、慈善责任。经济责任和法律责任被视为企业最基础、最重要的社会责任，是关系企业生存和发展的社会责任；伦理责任相较于经济责任、法律责任的重要性有所降低，伦理责任与法律责任呈现动态的相互促进关系；重要性程度最低的是慈善责任，企业慈善捐赠就隶属于慈善责任。相较于被界定为"被要求承担的"经济责任和法律责任，"被期望承担的"慈善责任地位类似于"蛋糕上的糖霜"，可有可无[②]。企业慈善捐赠的非强制性特点使企业在慈善

---

① Schwartz M. S., Carroll A. B., "Corporate Social Responsibility: A Three-Domain Approach", *Business Ethics Quarterly*, Vol. 13, No. 4, 2003, pp. 503-530.

② Carroll A. B., "The Pyramid of Corporate Social Responsibility: Toward the Moral Management of Organizational Stakeholders", *Business Horizons*, 1991, July-August, pp. 39-48. Carroll A. B., "A Three-Dimensional Conceptual Model of Corporate Performance", *Academy of Management Review*, Vol. 4, No. 4, 1979, pp. 497-505.

捐赠决策层面具有较大自主权,而企业慈善责任也因为自愿性和利他性被界定为企业社会责任的独特组成部分,并被学者认为是衡量企业承担社会责任水平的一个有效指标。[1]

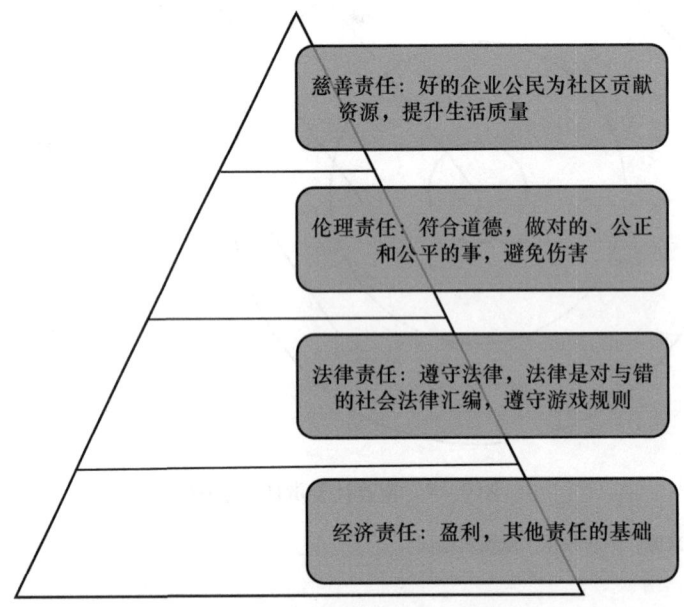

图 0-5 企业社会责任金字塔模型

资料来源:译自 Carroll A. B., "The Pyramid of Corporate Social Responsibility: Toward the Moral Management of Organizational Stakeholders", *Business Horizons*, 1991, July-August, pp. 39-48。

Freeman[2]在广泛关注企业经营的外部社会环境变化基础上,论述了经济与伦理之间的辩证统一关系,回顾了不同学者对"利益相关者"概念的界定,并指出在剧烈变化的经营环境中,内外部利益相关者对企业生存与发展的影响举足轻重。将利益相关者纳入企业战略分析对于重新

---

[1] Brammer S., Millington A., "Firm Size, Organizational Visibility and Corporate Philanthropy: An Empirical Analysis", *Business Ethics: A European Review*, Vol. 15, No. 1, 2006, pp. 6-18.

[2] Freeman R. E. ed., *Strategic Management: A Stakeholder Approach*, Wellington: Pitman, 1984.

认识企业在大环境系统中的位置意义重大：企业不再被视为仅仅对利润负责的主体，企业在开展经营活动时需要同时将经济目标与伦理目标纳入考量范畴，企业在决策时需要意识到企业决策会对影响企业经营管理（或被企业影响）的组织或个人产生影响，即企业的利益相关者。Freeman将利益相关者划分为内部利益相关者（如雇员、股东、顾客、供应商）和外部利益相关者（如竞争者、政府、社团组织、媒体等）。由于利益相关者与组织生存发展休戚相关，所以Freeman提出，即使利益相关者的诉求是不恰当的，但是在"利益相关者身上花费时间和资源是合理的"。

在利益相关者中，政府是对企业影响深远的利益相关者。政府一般情况下不干预企业经营，但值得注意的是：一方面，政府掌握的很多资源是企业在经营中无法通过其他渠道获得的；另一方面，政府制定的各种政策将会从各个方面影响企业的生产经营活动。因此，企业也会在政府这一重要利益相关者身上花费时间和精力以搭建良好的政商关系，从而保障企业在竞争中获取有利地位，慈善捐赠被视为与政府搭建并维持关系的一种策略，企业通过慈善捐赠来获取政府的认可和支持。对我国企业慈善捐赠的研究显示：相较于国有企业，非国有企业更倾向于采取这种策略搭建并维持与政府的关系[1]。因此基于利益相关者理论分析，企业开展慈善捐赠是企业管理与其核心利益群体关系的一种策略性选择。

（3）战略视角下的企业慈善捐赠

企业慈善捐赠被视为一种提升企业形象、塑造良好品牌形象的策略。通过慈善捐赠，企业可以塑造亲社会的形象、提升企业声誉，从而促进企业知名度、美誉度提升并赢得消费者青睐，最终将有助于企业财务绩效提升并夯实企业发展基础。

---

[1] Li S., Song X., Wu H., "Political Connection, Ownership Structure, and Corporate Philanthropy in China: A Strategic-Political Perspective", *Journal of Business Ethics*, Vol. 129, No. 2, 2015, pp. 399–411. Long C., Yang J., "What Explains Chinese Private Entrepreneurs' Charitable Behaviors? A Story of Dynamic Reciprocal Relationship Between Firms and the Government", *China Economic Review*, No. 40, 2016, pp. 1–16. 戴亦一、潘越、冯舒：《中国企业的慈善捐赠是一种"政治献金"吗？——来自市委书记更替的证据》，《经济研究》2014年第2期。

Dienhart[①]提出如果企业要开展慈善捐赠活动,则可以采取使企业受益的方式进行慈善捐赠。在文中 Dienhart 以道尔顿书商和荷美尔基金会的捐赠行为[②]为例,说明企业可以以有利于企业的方式开展捐赠活动,而道尔顿书商的捐赠行为也被赋予了"开明自利特征"(Enlightened self-interest)。Dienhart 提出的这种既有利于企业也有利于社会的捐赠后来被学者界定为"战略性慈善捐赠"(Strategic Philanthropy)。然而,有学者指出战略性慈善(捐赠)在界定上存在矛盾,慈善被界定为不以回报为目的的一种促进社会福利的(捐赠)活动,而战略则被界定为一项致力于通过调配资源实现目的的计划。[③] Saiia[④]提出由于企业并不独立于社会之外,企业通过与利益相关者、社会成员进行密切互动而嵌入在社会中,所以以改善受助者生活状况和提升企业盈利能力为目标的战略性慈善可以提升整个社会的净收益。

由此可见,如果慈善捐赠能够在提升企业绩效,为企业发展服务的同时,还通过支持社会福利事业而促进社会福利发展,则企业慈善捐赠是具有战略价值的。Saiia[⑤]着重从战略性慈善捐赠的专业性、适配性以及理性决策层面进行界定;Godfrey[⑥]提出由于企业捐赠可以为企业带来积极的道德资本(Positive moral capital)进而为企业以关系为基础的无形资产形成了类似保险的保护(Insurance-like protection),并为股东创造价

---

① Dienhart J. W., "Charitable Investments: A Strategy for Improving the Business Environment", *Journal of Business Ethics*, Vol. 7, 1988, pp. 63 – 71.

② 道尔顿(B. Dalton Booksellers)在 1983 年发起了一次减少文盲的公益活动,在这次活动中,道尔顿书商捐了 300 万美元,这一项目使许多原来没有合作过的产业彼此合作。道尔顿之所以开展这项活动的主要原因在于减少文盲可以帮助图书销售。荷美尔基金会则对明尼苏达州奥斯丁市的非营利组织捐赠了几百万美元以阻止其控股当地一家肉类加工工业巨头企业 Geo 被收购。

③ Saiia D. H., "Philanthropy and Corporate Citizenship: Strategic Philanthropy Is Good Corporate Citizenship", *The Journal of Corporate Citizenship*, Vol. 2, No. 2, 2001, pp. 57 – 74.

④ Saiia D. H., "Philanthropy and Corporate Citizenship: Strategic Philanthropy Is Good Corporate Citizenship", *The Journal of Corporate Citizenship*, Vol. 2, No. 2, 2001, pp. 57 – 74.

⑤ Saiia D. H., "Philanthropy and Corporate Citizenship: Strategic Philanthropy Is Good Corporate Citizenship", *The Journal of Corporate Citizenship*, Vol. 2, No. 2, 2001, pp. 57 – 74.

⑥ Godfrey P. C., "The Relationship Between Corporate Philanthropy and Shareholder Wealth: A Risk Management Perspective", *Academy of Management Review*, Vol. 30, No. 4, 2005, pp. 777 – 798.

值；Porter 和 Kramer[①]认为仅仅将战略性慈善捐赠定义为通过慈善捐赠实现企业经济目标是不恰当的，因为在这种语境下，慈善捐赠并没有为企业带来独特资产和专业知识，进而，他基于优化企业竞争环境的角度，采用案例分析的方式阐释慈善捐赠可以对区域要素条件、需求条件、竞争环境以及支持性产业产生积极影响，并指出慈善捐赠通过提升社区整体竞争力从而提升企业竞争力。钟宏武[②]在对国外企业慈善捐赠研究进行梳理分析的基础上，提出企业慈善捐赠对企业既有直接增值、间接增值的作用，又有合法保护、伤害保险的功能，并提出战略性慈善可以提升企业绩效。

（4）研究企业慈善捐赠的三大理论流派分析

在对企业慈善捐赠这一主题的研究进行分析的基础上，Godfrey[③]总结了三大研究流派的观点，分别是股东资本主义（Shareholder Capitalism）、企业公民（Business Citizenship）及折中战略性慈善（Strategic philanthropy）[④]，参见图 0-6。

股东资本主义以完全竞争市场理论为基础，坚持企业对社会最大的贡献就是通过低成本和高效率方式开展产品生产活动为股东创造最大价值，如果企业将组织的资源投入亲社会行为中，则企业的股东、客户甚至整个社会都会为这种越界分配资源的行为付出代价。企业公民视角则刚好与股东资本主义的主张相反，企业公民视角提出：企业不可能离开外部环境而单独存在，企业的存在与发展会受到外部制度环境的影响，而企业慈善行为可以让企业与外部环境保持良好关系，所以企业作为社会公民应该开展捐赠活动。战略性慈善的视角中和了股东资本主义视角和企业公民视角的观点，提出：企业可以通过战略性慈善来实现企业的

---

① Porter M. E., Kramer M. R., "The Competitive Advantage of Corporate Philanthropy", *Harvard Business Review*, Vol. 80, No. 12, 2002, pp. 5–16.

② 钟宏武：《企业捐赠作用的综合解析》，《中国工业经济》2007 年第 2 期。

③ Godfrey P. C., "The Relationship Between Corporate Philanthropy and Shareholder Wealth: A Risk Management Perspective", *Academy of Management Review*, Vol. 30, No. 4, 2005, pp. 777–798.

④ 也有文献翻译为策略性慈善行为，如田利华、陈晓东《企业策略性捐赠行为研究：慈善投入的视角》，《中央财经大学学报》2007 年第 2 期。但是两个概念只是学者对 "Strategic philanthropy" 的不同翻译，其本质都是指既能提升企业财务绩效又能促进社会福利的企业慈善行为，所以本书采用出现概率较多的战略性慈善。

整体战略①。

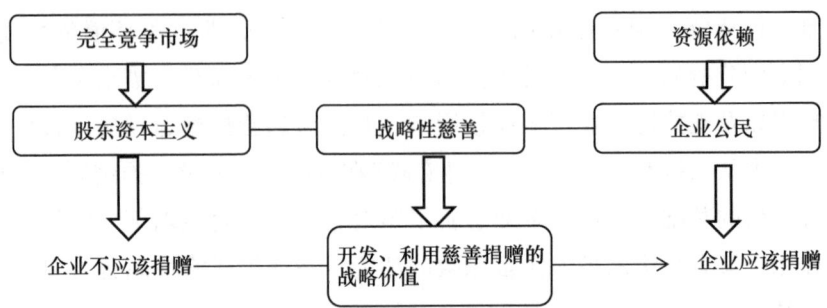

图 0-6　三大理论流派对企业慈善捐赠的态度
资料来源：笔者根据文献绘制。

股东资本主义采用二元对立的观点来看待企业社会责任与企业绩效，认为企业承担社会责任会危害企业绩效，这一观点因其无视企业的社会性而在学术界广受诟病；而企业公民视角一方面忽视了企业社会责任应该存在的合理边界，另一方面也忽略了企业承担社会公共事业所需要具备的资源水平、管理魄力以及可能会在政治领域造成的影响②。战略性慈善观点因其折中性而在研究中受到青睐。Godfrey 提出企业战略性慈善既能提升股东财富也能促进社会公益发展，即使企业慈善捐赠不能为企业提供即时的、明确的有形收益，企业慈善捐赠也会为企业带来无形收益。

战略性慈善被认为是驱动企业开展慈善捐赠的重要动机。Sánchez③ 提出企业捐赠的动机有利他性动机、利润最大化动机、政治与制度影响力动机，其中利润最大化动机和政治与制度影响力动机都是慈善捐赠的战略性动机，其目的在于提升企业的财务绩效。

---

① Godfrey P. C., "The Relationship Between Corporate Philanthropy and Shareholder Wealth: A Risk Management Perspective", *Academy of Management Review*, Vol. 30, No. 4, 2005, pp. 777-798.
② Godfrey P. C., "The Relationship Between Corporate Philanthropy and Shareholder Wealth: A Risk Management Perspective", *Academy of Management Review*, Vol. 30, No. 4, 2005, pp. 777-798. 钟宏武：《企业捐赠作用的综合解析》，《中国工业经济》2007 年第 2 期。
③ Sánchez C. M., "Motives for Corporate Philanthropy in El Salvador: Altruism Political Legitimacy", *Journal of Business Ethics*, Vol. 27, No. 4, 2000, pp. 363-375.

(二) 文化类上市企业捐赠概况

田利华和陈晓东[①]指出影响企业战略性捐赠的基本因素有"慈善投入"和"慈善收益",并根据这两个基本影响因素将战略性慈善捐赠划分为四种基本类型(见图0-7)。田利华和陈晓东分析"低投入、高收益"模式是企业基于理性选择理论所确认的慈善捐赠模式,并认为这种模式基本达到了"帕累托最优",既提升了股东收益也促进了社会福利发展;而"高投入、高收益"则是企业基于慈善投资理论所选择的模式,企业可以通过优化捐赠项目尽量将"高投入、高收益"模式转化为"低投入、高收益"模式;由企业缺乏资金或企业主观不愿意开展的"低投入、低收益"慈善捐赠模式,企业应该致力于将其转化为"低投入、高收益"模式;"高投入、低收益"的模式被定义为"慈善捐赠收益无法弥补对慈

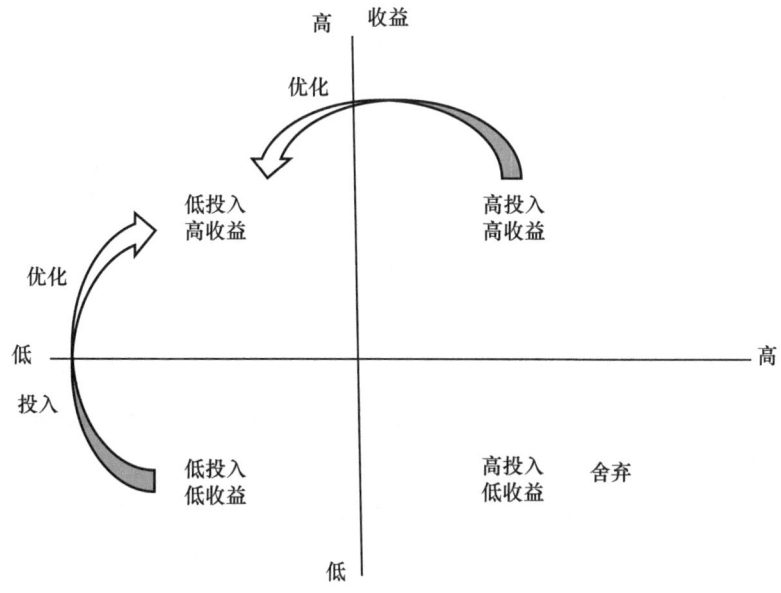

图 0-7 策略性慈善捐赠行为的四种类型

资料来源:笔者根据田利华、陈晓东《企业策略性捐赠行为研究:慈善投入的视角》绘制。

---

① 田利华、陈晓东:《企业策略性捐赠行为研究:慈善投入的视角》,《中央财经大学学报》2007年第2期。

善捐赠的投入",对于"高投入、低收益"模式的企业慈善捐赠,企业应该舍弃慈善捐赠。

在"慈善捐赠投入"方面,通过分析发现文化产业的上市企业中,隶属于文化艺术业、文娱用品制造业、新闻和出版业、印刷和记录媒介复制业、互联网和相关服务业以及旅游业六个行业的企业在慈善捐赠层面的投入既高于沪深 A 股上市企业的平均相对捐赠额(即慈善捐赠占营业收入的百分比)的平均值,也高于大多数行业的上市企业的平均相对捐赠额(六个行业的平均相对捐赠额排在所有行业平均相对捐赠额的前 20 名),因此这六个行业的上市企业在慈善捐赠投入层面可以归入"高投入"的类别。既然文化产业这六个行业上市企业在慈善捐赠层面的投入归属于"高投入"类别,则应该进一步分析,这些企业在慈善捐赠层面的投入是否能为企业带来财务绩效提升、企业价值提升。

如果这些企业的慈善捐赠可以为企业带来显著财务绩效提升与价值提升,则说明企业的慈善捐赠为企业带来了显著收益,则这些企业的慈善捐赠属于"高投入、高收益"类型,需要探索如何通过优化,将其转化为"低投入、高收益"类型;但是,如果这些企业的慈善捐赠不能显著提升企业财务绩效,也不能显著提升企业价值,则这些企业的慈善捐赠就被划入"高投入、低收益"类型,这种类型的慈善捐赠行为不能为企业带来显著的财务收益,按照田利华和陈晓东[1]的研究结论,在这种情境下,企业应该舍弃慈善捐赠。但是,企业慈善捐赠不仅是企业履行社会责任的一种方式,同时也是企业对外界释放的一种信号,如 Shapira[2] 指出对于投资者而言,慈善捐赠是企业财务绩效的积极信号,它代表企业有较好的财务绩效表现,进而可以吸引投资者的投资。如果企业突然停止慈善捐赠,这种行为会作为一种负面的财务信号影响投资者或其他利益相关者对企业的判断,所以企业并不能随意停止慈善捐赠。应该充分分析驱动企业慈善捐赠的因素,并结合理论分析提出优化捐赠策略的

---

[1] 田利华、陈晓东:《企业策略性捐赠行为研究:慈善投入的视角》,《中央财经大学学报》2007 年第 2 期。

[2] Shapira R., "Corporate Philanthropy as Signaling Co-optation", *Fordham Law Review*, Vol. 80, No. 5, 2012, pp. 1889 – 1939.

方法，实现"高投入、低收益"向"高投入、高收益"的转化，并继续探索进一步优化的可能（见图 0-8）。

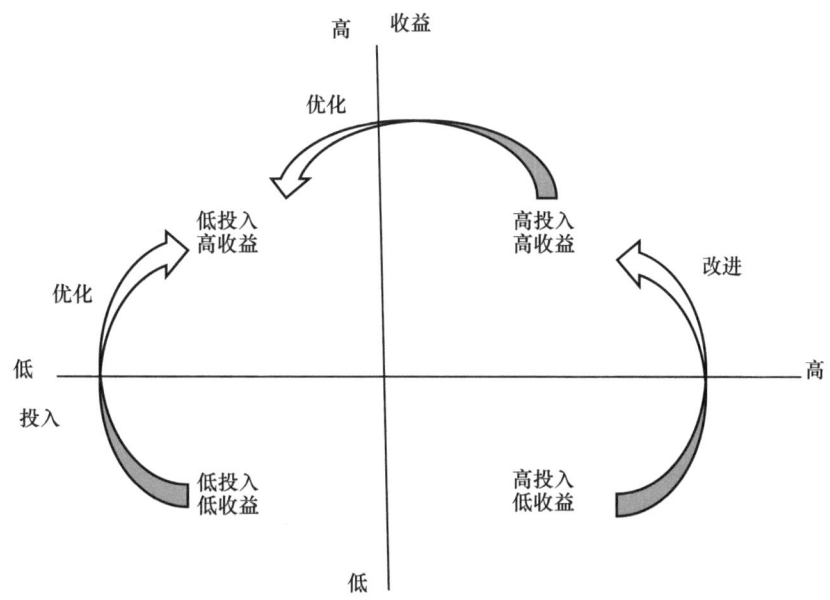

图 0-8 策略性慈善捐赠的四种类型转化改进图
资料来源：笔者结合田利华、陈晓东①文献与本书改进并绘制此图。

二 文化类上市企业慈善捐赠研究的内容、方法与研究框架

（一）研究内容

在对企业慈善捐赠相关研究以及我国企业捐赠现状进行关注的基础上，本书以文化类上市企业为样本，研究文化类上市企业慈善捐赠及其同群效应。本书将在厘清慈善捐赠、同群效应概念内涵的基础上，对现有研究成果进行回顾与述评，结合战略性慈善捐赠理论、委托代理理论、制度理论、企业模仿行为理论对文化类上市企业慈善捐赠进行研究，具体研究内容包括以下三个部分。

1. 文化类上市企业慈善捐赠对企业财务绩效的影响研究

正如前文提出的，文化产业六个行业上市企业的慈善捐赠属于"高

---

① 田利华、陈晓东：《企业策略性捐赠行为研究：慈善投入的视角》，《中央财经大学学报》2007 年第 2 期。

投入"类别，所以本书将基于企业慈善捐赠现有研究成果分析慈善捐赠对文化类上市企业财务绩效的影响。首先，战略性慈善捐赠理论认为企业慈善捐赠并不仅仅是一种单纯的利他行为，而应该是一种利于社会也利于企业的战略决策，所以本书将首先分析文化类上市企业慈善捐赠是否发挥了战略性慈善的作用以促进企业绩效提升。其次，基于委托代理理论的分析提出慈善捐赠是一种代理成本，企业管理者做出企业慈善捐赠决策是为了让管理者自己获得社会认可、提升个人声誉以及获取其他利益的手段，而慈善捐赠本身是一种额外的成本，会损害企业的利益，所以本书分析文化类上市企业慈善捐赠是否会对企业财务绩效产生负向影响。最后，即使慈善捐赠可以提升企业财务绩效，慈善捐赠额度的提升也会导致企业成本增加，所以慈善捐赠与企业财务绩效的关系不是简单的线性关系。本书将在以上研究基础上检验文化类上市企业慈善捐赠对企业财务绩效的线性影响与非线性影响。

2. 文化类上市企业慈善捐赠同群效应的驱动机制研究

对文化类上市企业慈善捐赠行为同群效应的研究将涵盖以下三点内容：首先，基于现有研究成果，分析影响文化类上市企业慈善捐赠的显著因素。其次，基于制度理论与企业模仿行为理论分析企业慈善捐赠同群效应产生的机制，同群效应是群体内个体受到群体内其他个体行为的影响而采取与其他个体相同的策略或行为，本质上它是企业的一种模仿行为，本书将基于企业模仿行为的相关理论分析文化类上市企业慈善捐赠同群影响产生的机制。最后，本书将通过实证研究检验文化类上市企业慈善捐赠行为是否存在同群效应，并通过实证研究检验文化类上市企业慈善捐赠同群效应的机制。现有研究发现企业资本结构、投资决策、高管薪酬、企业违规都存在同群效应，也有少数研究指出我国企业慈善捐赠存在同群效应。考虑到文化类上市企业慈善捐赠属于"高投入"类型，因而对所有上市企业慈善捐赠同群效应的研究结论不一定适用于文化类上市企业，本书致力于阐释并分析文化类上市企业慈善捐赠同群效应产生的机制。

3. 文化类上市企业慈善捐赠同群效应、非适度捐赠与财务绩效的关系

基于企业慈善捐赠影响财务绩效、慈善捐赠同群效应产生机制以及

同群效应存在性的研究，这一部分将分析企业慈善捐赠同群效应对企业财务绩效的影响。其研究将从以下三个方面展开。

首先，本书将识别企业的非适度捐赠。李四海和江新峰[①]的研究指出中国企业慈善捐赠存在超额捐赠的情况。但是他们并没有分析企业是否存在消极捐赠，本书将以他们的研究为基础，探索文化类上市企业慈善捐赠是否存在超额捐赠和消极捐赠的情况。

其次，本书将分析文化类上市企业慈善捐赠同群效应对文化类上市企业非适度慈善捐赠（超额捐赠及消极捐赠）的影响。现有研究显示，同群效应显著影响企业过度负债[②]，同群效应与过度投资行为显著正相关[③]。李四海和江新峰[④]研究显示企业在慈善捐赠层面的竞争性趋同会导致超额捐赠。因此，本书将分析文化类上市企业慈善捐赠同群效应对企业超额捐赠和企业消极捐赠行为的影响。

最后，企业非适度捐赠对企业财务绩效的影响。现有研究分析了过度投资、超额薪酬以及过度负债对企业财务绩效的影响，但是尚未有研究揭示企业超额捐赠以及消极捐赠对企业财务绩效的影响，本书将探索这一领域。

（二）研究方法

在选择研究方法的时候需要根据研究类型进行选择和确认[⑤]。根据研究目的的分类，社会科学研究分为描述性研究和解释性研究，本书既有对文化类上市企业捐赠现状的描述性研究，也有对慈善捐赠是否影响文化类上市企业财务绩效以及如何影响、文化类上市企业慈善捐赠同群效应驱动机制、文化类上市企业慈善捐赠同群效应与企业非适度捐赠的关系以及非适度捐赠如何影响企业财务绩效的三个解释性研究。

描述性研究不需要提出明确假设，但是要客观、准确、清晰描述所

---

① 李四海、江新峰：《企业捐赠行为同群效应研究》，《管理学季刊》2020年第3期。
② 李志生、苏诚、李好等：《企业过度负债的地区同群效应》，《金融研究》2018年第9期。
③ 张骁：《经济政策不确定性、管理者动机与企业投资同群效应研究》，博士学位论文，中南财经政法大学，2019年。
④ 李四海、江新峰：《企业捐赠行为同群效应研究》，《管理学季刊》2020年第3期。
⑤ 袁方主编、王汉生副主编：《社会研究方法教程》，北京大学出版社2005年版。

研究现象的状况、过程和特征。文化类上市企业的研究始于笔者发现文化产业上市企业在慈善捐赠层面表现较积极，要说明文化类上市企业慈善捐赠表现积极就需要通过文献分析与统计分析来呈现文化类上市企业慈善捐赠的状况、过程和特征，以此说明文化类上市企业是否积极开展慈善捐赠。

解释性研究通过建立理论框架并提出明确假设以探索导致所研究现象的原因、预测所研究现象的发展趋势或后果，并最终探寻现象间的因果关系。"详析模式"[①]是社会科学研究最有力的证明模式之一，它通过变量控制得出自变量是否是引起因变量变化的原因，而回归分析正是"详析模式"的具体应用。[②] 本书分别致力于解释：慈善捐赠是否有助于文化类上市企业绩效提升？文化类上市企业慈善捐赠是否存在同群效应？文化类上市企业慈善捐赠同群效应的驱动机制是什么？文化类上市企业慈善捐赠同群效应的后果是什么？所以在解释性研究层面，本书将基于文献分析方法来提出假设、开展实证检验并最终建立理论模型。

在实证研究层面，本书将结合变量的数据特点以及假设所检验现象间关系的特点，分别建立二值 Logit 模型、面板数据固定效应与随机效应模型[③]以及动态面板模型进行回归分析，在检验慈善捐赠同群效应的过程中将通过中介效应检验和调节效应检验来分析慈善捐赠同群效应的产生机制，而在研究文化类上市企业慈善捐赠同群效应对企业财务绩效的影响层面将采用面板数据固定效应模型对假设进行检验。

综上所述，本书在研究方法层面既囊括了统计分析与回归分析的定量研究方法，也包含文献分析的定性研究方法。

(三) 研究框架

在对研究背景、研究问题、研究内容以及研究方法进行梳理后，本书建立了如图 0-9 所示的研究框架。

---

① "详析模式"是通过选择一个最主要的自变量建立研究假设，然后用各种资料来检验这一假设，并在深入详细地分析这两个变量与其他变量之间的关系之后建立因果模型。
② 袁方主编、王汉生副主编：《社会研究方法教程》，北京大学出版社 2005 年版。
③ 根据 Hausman 检验结果确定采用面板数据回归固定效应或是随机效应模型。

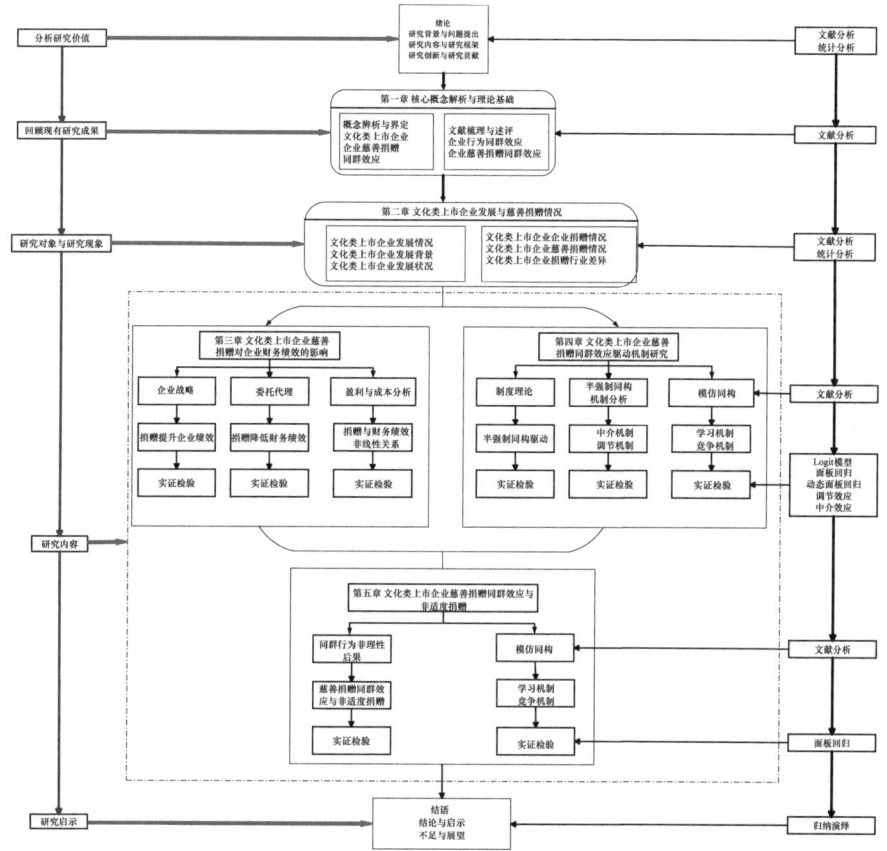

图 0-9 本书的研究框架

资料来源：笔者根据研究内容绘制。

三 研究的创新与贡献

（一）研究的创新

文化类上市企业在慈善捐赠层面表现相对其他行业企业更积极，本书致力于探索文化类上市企业慈善捐赠对企业绩效的影响，并探索文化类上市企业慈善捐赠的驱动机制。相较现有研究，本书在以下方面进行了创新。

1. 结合制度理论与企业模仿行为理论分析慈善捐赠同群效应

现有研究对企业慈善捐赠的动因和影响分析基本是基于企业战略性

慈善捐赠理论以及委托代理理论，由此导致研究层面的二元对立，能提升企业财务绩效的就是战略型捐赠，损害财务绩效的就是代理成本型捐赠。然而有研究发现企业慈善捐赠既不会显著提升企业财务绩效也不会显著损害企业财务绩效，所以本书采用制度理论的视角来分析企业慈善捐赠的动因，进一步在区分模仿同构机制是结合了企业行为模仿理论，对模仿的动因进一步进行探析。

2. 进一步对同群效应的"群"进行细分

研究同群效应，如何界定"群"是研究重要的起点，以往研究一般把"群"分为两类，即"领导者"（Leader）和"跟随者"（Follower），考虑到现有划分标准忽略了规模和盈利能力中等的企业与规模和盈利能力略弱的企业之间存在的差异，本书将"群"划分为规模大、盈利能力强的"领先者"（Leader），规模中等、盈利能力中等的"效仿者"（Imitator），以及规模相对小、盈利能力相对弱的"跟跑者"（Follower），这一划分标准能更好地呈现不同群体的企业在规模和盈利能力上的差异，进而有利于分析它们的同群行为策略。

3. 探析宏观与微观环境在慈善捐赠同群效应中的作用

目前对企业慈善捐赠同群效应的研究主要集中在企业特质对慈善捐赠同群效应的影响，比如企业的信息掌握程度、企业的政治关联等，尚缺乏探讨宏观经济形势与微观企业管理能力对企业慈善捐赠同群效应的影响。本书将宏观的经济政策不确定性与微观的管理者能力纳入研究中，分析其在慈善捐赠同群效应中的作用机制，这有利于完善现有研究成果。

4. 采用系统动态面板模型测度同群效应

现有研究对同群效应的测度多采用静态面板模型，这一方法可以应对部分的内生性问题，但是相较于静态面板模型，动态面板模型在应对内生性层面更适合，并且回归结果可以呈现企业慈善捐赠决策的一致性与企业受同行影响的慈善同群效应，由此可以进一步辨析在同群效应影响下，企业在慈善捐赠层面的决策是否具备一致性。

（二）研究的贡献

本书在研究文化类上市企业慈善捐赠的过程中发现文化类上市企业慈善捐赠并不能对企业财务绩效产生积极或消极影响，这也就意味着传统基于战略性慈善捐赠理论或委托代理理论的研究在解释文化类上市企业慈善捐赠层面存在一定局限性，通过理论分析和实证检验，本书在现有研究基础上作出以下边际贡献。

1. 厘清慈善捐赠与同群效应概念的内涵

本书系统厘清了研究的核心概念与相关概念之间的异同，针对企业慈善捐赠，本书通过辨析其与善因营销、赞助以及战略性捐赠概念层面的异同，界定了慈善捐赠的内涵。而现存研究中，"同群效应"存在很多类似的概念，比如，"同伴效应""邻里效应""社会学习""传染效应""羊群效应"以及"同构"，本书在对以上概念辨析的基础上界定了同群效应，并且分析了运用"同群效应"的适当性。

2. 建立对文化类上市企业慈善捐赠同群效应的系统性认知

现有研究虽然探析了企业行为的同群效应，也有部分研究探讨了慈善捐赠的同群效应，但是在分析层面系统性还有待完善。现有研究验证了企业慈善捐赠的同群效应，但是对于同群效应的驱动机制探讨并不充分，并且鲜有研究关注企业慈善捐赠同群效应产生的影响。本书验证了慈善捐赠同群效应的"半强制同构"机制和"模仿同构"机制，并且探析了经济政策不确定性、企业可视度和管理者能力在企业慈善捐赠同群效应中的影响，进一步分析了"半强制同构"下制度压力对企业非适度捐赠的影响，还验证了非适度捐赠对企业财务绩效的影响。因此，相对于仅探析慈善捐赠的同群效应，本书对慈善捐赠的同群效应进行了较为系统的分析与论证。

本书的第一部分揭示了文化类上市企业慈善捐赠只有在企业规模的影响下才能对企业的总资产收益率和净资产收益率产生显著积极影响，否则对企业财务绩效的影响都不显著；进一步在分析了制度压力对偏离企业慈善捐赠期望值的超额捐赠和消极捐赠（界定为非适度捐赠）的影响后，本书揭示了文化类上市企业超额捐赠与消极捐赠对企业财务绩效的影响，并且分别探析了国有文化类上市企业和非国有文化类上市企业超额捐赠和消极捐赠对企业财务绩效的影响。这对认识企业慈善捐赠与财务绩效的关系提供了新角度。

3. 根据研究结论提出相应管理启示

本书基于制度理论分析了企业慈善捐赠同构的驱动机制，并进行了实证检验，检验结果支持制度理论可以解释企业慈善捐赠行为。在此基础上本书从数智化慈善治理、"质"与"量"并重舆论导向与企业提升慈善捐赠战略价值三个方面提出了管理启示，致力于构建"社会与企业双赢"的慈善治理体系，进而助推我国共同富裕目标的实现。

第 一 章

核心概念辨析与理论基础

在介绍了研究的背景、研究的内容与研究的贡献后，本章将在厘清研究的核心概念（即文化类上市企业、企业慈善捐赠、同群效应、财务绩效以及非适度捐赠）基础上，对现有研究成果进行回顾与述评，从而明确本书对现有研究的贡献。

第一节 核心概念辨析与界定

一 文化类上市企业[①]

企业是产业在微观层面的运营主体，企业的经营内容、经营管理方式与发展水平的发展依托于产业发展的总体趋势，要界定文化类上市企业的内涵就需要先厘清文化产业的内涵，所以本部分将在厘清我国文化产业内涵的基础上界定本书的文化类上市企业。

（一）文化产业的定义和范畴

1. 文化产业的定义

法兰克福学派的阿多诺（Theodor Adono）和霍克海默（Max Horkheimer）在1947年出版的《启蒙的辩证法》中基于艺术价值和哲学价值角度对"文化产业"（亦称为文化工业，Culture industry）进行了批判，"文

[①] 企业是从事生产、流通、服务等经济活动，具有独立或相对独立法律人格的经济组织，而上市公司是企业的一个类别，即法人企业。由于现有研究对企业慈善捐赠的界定是从内涵较宽泛的企业层面界定，为保持概念的一致性，在查询知网的核心期刊后确认现有的研究中也用"上市企业"指代"上市公司"，所以本书用文化类上市企业代指文化类上市公司，其本质仍然是法人企业。

化产业"开始进入公众视野；不同于阿多诺和霍克海默的批判视角，同属法兰克福学派的本雅明（Walter Benjamin）则认为发展文化产业和大众文化有利于民主与社会的发展[①]。伴随着文化产业的强关联性和强渗透性使文化产业在满足消费者需求、创造产出、促进就业等方面的突出表现，其促进经济增长的作用得以凸显[②]，20世纪90年代以来各国都开始将以文化产品生产、传播为主的文化产业作为战略性新兴产业而大力发展 。

文化产业在各国产业名称各不相同，如在英国文化产业被界定为"创意产业"，而在日本、芬兰则是"内容产业"，美国则将文化产业界定为"版权产业"，澳大利亚、韩国和我国则称为文化产业，联合国教科文组织也是以"文化产业"为名称对其进行界定。名称的区别也带来了内涵及侧重点的差异。创意产业的侧重点在于将文化创意作为中间投入品来进行产品的规模化生产，内容产业则注重文化产业与信息、通信产业的深度融合，而版权产业则将强调文化产业发展过程中知识产权的基础及核心地位[③]。各国对文化产业的界定，参见表1-1。

表1-1　　　　　　　　文化产业的一些代表性定义

国家	代表性学者的主要观点
英国	创意产业（Creative industries），1997年英国成立"创意产业特别工作小组"通过政策推动创意产业发展 贾斯汀·奥康纳（Justin O'Connor）基于"文化价值"与"商业价值"并重，将文化产业界定为"以经营符号性商品为主的那些活动，这些商品的基本经济价值源自它们的文化价值"[④] 安迪·C. 普拉特（Andy C. Pratt）基于产业链的视角分析并认为："文化产业是通过内容创意、生产输入、再生产、交易四个链环所构成的一个产业链"[⑤]

[①] 苑捷：《当代西方文化产业理论研究概述》，《马克思主义与现实》（双月刊）2004年第1期。

[②] 苑洁：《文化产业行业界定的比较研究》，《理论建设》2005年第1期。郭万超、马萱：《全球视野下的中国文化产业价值链》，《人民论坛·学术前沿》2015年第13期。

[③] 郭万超、马萱：《全球视野下的中国文化产业价值链》，《人民论坛·学术前沿》2015年第13期。

[④] 林拓、李惠斌、薛晓源：《世界文化产业发展前沿报告》，社会科学文献出版社2004年版，第6页。

[⑤] 林拓、李惠斌、薛晓源：《世界文化产业发展前沿报告》，社会科学文献出版社2004年版，第6—7页。

续表

国家	代表性学者的主要观点
美国	版权产业（Copyright industries），以知识产权为核心，由"核心版权产业""部分版权产业""分销版权产业"以及"版权相关产业"构成[1]
法国	文化产业，即传统文化事业中特别具有可大量复制性的产业[2]
澳大利亚	基于文化产品特性，大卫·索斯比（David Throsby）提出文化产业同心圆模型，"该模型以产生创意思想的条件为中心，不断与其他投入要素结合，以涵盖不断扩大的产品范围，由此向外辐射"[3]
芬兰	内容产业（Content industries），"内容产业是指生产、包装、传播、销售文化内容或节目的产业"[4]
日本	《内容振兴法》将文化产业界定为内容产业，日本政府把艺术、影视、音像、书籍、音乐等归入内容产业，并成立了"媒体与信息内容产业科"[5]
韩国	《文化产业振兴基本法》将文化产业定义为"与文化商品的生产、流通、消费有关的产业"[6]
联合国教科文组织	对本质上无形并具有文化含量的创意内容进行创作、生产，并使之商业化的产业称为文化产业[7]

资料来源：笔者根据文献资料整理而得。

"文化产业"这一概念在我国最早出现于1992年国务院办公厅编著出版的《重大战略决策——加快发展第三产业》中。国家统计局在2004年版的《文化及相关产业分类》中将文化产业定义为"为社会公众提供

---

[1] 张橙：《我国文化上市公司企业治理内部机制研究》，博士学位论文，北京交通大学，2019年。

[2] 苑捷：《当代西方文化产业理论研究概述》，《马克思主义与现实》（双月刊）2004年第1期。

[3] ［澳］戴维·思罗斯比：《经济学与文化》，王志标、张峥嵘译，人民大学出版2015年版，第122页。

[4] 苑洁：《文化产业行业界定的比较研究》，《理论建设》2005年第1期。

[5] 张橙：《我国文化上市公司企业治理内部机制研究》，博士学位论文，北京交通大学，2019年。

[6] 郭万超、马萱：《全球视野下的中国文化产业价值链》，《人民论坛·学术前沿》2015年第13期。

[7] 安宇、田广增、沈山：《国外文化产业：概念界定与产业政策》，《世界经济与政治论坛》2004年第6期。

文化、娱乐产品与服务的活动,以及和这些活动相关的各类活动的集合",2004年版的分类标准将文化产业划分为九个部分。① 在2012年修订后的《文化及相关产业分类（2012）》,将文化产业的定义调整为"为社会公众提供文化产品及文化相关产品的生产活动的集合"②。可以看到,2012年的产业分类版本对文化及相关产业的界定相较于2004年的版本凸显了相关产业生产的产品与提供的服务的文化属性,2018年再次修订的《文化及相关产业分类（2018）》③ 沿用2012年版本的定义,三个版本的主要差异在于对文化产业范围和分类界定层面。

2. 文化产业的内涵

2004年版《文化及相关产业分类》基于产品的功能和用途差异,从六个方面对文化及相关产业的活动范围进行了界定。《文化及相关产业分类（2012）》以文化产品的创作、制造、传播以及展示为核心,对文化及相关产业的产业范围进行界定:"1. 以文化为核心内容,为直接满足人们的精神需要而进行的创作、制造、传播、展示等文化产品（包括货物和服务）的生产活动；……4. 为实现文化产品生产所需专用设备的生产活动（包括制造和销售）。"并以此范围为基础将文化产业划分为"文化产品的生产"（涵盖八个大类）和"文化相关产品的生产"（涵盖两个大类）两部分。

《文化及相关产业分类（2018）》将文化产业划分为两个大类:一类是"以文化为核心内容,为直接满足人们的精神需要而进行的创作、制造、传播、展示等文化产品（包括货物和服务）的生产活动"的文化核心领域,这一领域涵盖六个大类,分别是新闻信息服务、内容创作生产、创意设计服务、文化传播渠道、文化投资运营、文化娱乐休闲服务。另一类是"为实现文化产品的生产活动所需的文化辅助生产和中介服务、文化装备生产和文化消费终端生产（包括制造和销售）等活动"的文化

---

① 国统字〔2004〕24号《文化及相关产业分类》,https：//wenku.baidu.com/view/c0831249fe4733687e21aaa6.html。

② 《文化及相关产业分类（2012）》,http：//www.stats.gov.cn/TJSJ/tjbz/201207/t20120731_8672.html。

③ 《文化及相关产业分类（2018）》,http：//www.stats.gov.cn/tjsj/tjbz/201805/t20180509_1598314.html。

相关领域，这一领域涵盖三个大类，分别是文化辅助生产和中介服务、文化装备生产、文化消费终端生产。

（二）文化类上市企业的界定

根据《文化及相关产业分类（2018）》，文化类上市企业应该是在上文提到的九大类领域开展生产、经营活动的上市企业。另外，证监会发布的《上市公司行业分类指引（2012）》[①]根据主营业务对上市公司的行业归属进行了划分，将"上市公司某类业务的营业收入比重大于或等于50%，则将其划入该业务相对应的行业；当上市公司没有一类业务的营业收入比重大于或等于50%，但某类业务的收入和利润均在所有业务中最高，而且均占到企业总收入和总利润的30%以上（包含本数），则该企业归属该业务对应的行业类别"。以此为标准，证监会将新闻和出版业（R85），广播、电视、电影和影视录音制作业（R86），文化艺术业（R87），体育业（R88）和娱乐业（R89）五大类划入文化、体育与娱乐业（大类代码为R）。相较于《文化及相关产业分类（2018）》所划分的文化产业范畴，证监会所界定的文化产业范畴较窄。

考虑到本书主要关注的是积极参与慈善捐赠的文化类上市企业，故本书结合《文化及相关产业分类（2018）》《上市公司行业分类指引（2012）》分析，基于以下两个条件来界定本研究中的文化类上市企业：（1）行业门类是否有上市企业；（2）上市企业是否积极参与慈善捐赠。通过对照分析，本书将划分为制造业[②]（行业门类代码为C）的印刷和记录媒介复制业（C23）、文娱用品制造业（C24），划分为信息传输、软件和信息技术服务业（行业门类代码为I）的互联网和相关服务（I64），划分为水利、环境和公共设施管理业（行业门类代码N）的公共设施管理业里的旅游业（N78），以及划分为文化、体育、娱艺术业（行业门类代

---

① ［第31号公告］《上市公司行业分类指引》（2012年修订），http://www.csrc.gov.cn/pub/zjhpublic/G00306201/201211/t20121116_216990.htm。

② 虽然文化及相关产业分类中也有很多行业与设备制造、金属制品、纤维编织等工艺品制造相关，但是行业分类明确界定了设备制造必须是与制造文化用品密切相关的设备，工艺品则明确界定为以欣赏为主的工艺陈列品。上市企业的设备制造业不能分离出专门制造文化产品和文化用品设备的企业，而金属制品制造业以及纤维编织制造业也无法分离出以欣赏为主的工艺陈列品制造企业，所以这些行业的企业不纳入本书范畴。

码为R)的新闻和出版业(R85)和文化艺术业(R87)六个行业大类的上市企业界定为文化类上市企业(见表1-2的黑体字部分),本书中的文化类企业也是指文化类上市企业。

表1-2　　　　文化类上市企业范畴界定对照表

《文化及相关产业分类(2018)》		《上市公司行业分类指引(2012)》	
大类	中类	门类	类别名称
01	011 新闻业	R	**R85 新闻和出版业**
	012 报纸信息服务		
02	021 出版服务		
01	013 广播电视信息服务		R86 广播、电视、电影和影视录音制作业
02	022 广播影视节目制作		**R87 文化艺术业**
	023 创作表演服务		R88 体育业
04	045 互联网文化娱乐平台		R89 娱乐业
04	042 广播电视节目传输	I	I63 电信、广播电视和卫星传输服务
01	014 互联网信息服务		I64 互联网和相关服务
03	031 广告服务		I65 软件和信息技术服务业
04	045 互联网文化娱乐平台		
02	026 工艺美术品制造	C	C20 木材加工和木、藤、棕、草制品业
07	071 文化辅助用品制造		C22 造纸和纸制品业
			C23 印刷和记录媒介复制业
			C24 文教、工美、体育和娱乐用品制造业
06	062 景区游览服务	N	N78 公共设施管理业的旅游业
	063 休闲观光游览服务		
07	077 文化科研培训服务	M	M73 研究和试验发展①
			M74 专业技术服务业
			M75 科技推广和应用服务业

资料来源:笔者根据相关资料整理而得。

---

① 研究和试验发展(M73)虽然与文化科研培训服务(077)相对应,但是M73的上市企业基本是生物、医药研发企业,所以从样本中剔除。

二 企业慈善捐赠

企业慈善捐赠是指企业将企业的货币、产品或其他物资捐给受赠组织或个人以支持社会福利事业发展[1]。这一概念本身是清晰的，但是由于企业在经营过程中还存在基于自利的"善因营销"（Cause-related marketing）和"商业赞助"（Sponsorship），以及目前尚未达成共识的"战略性慈善"，所以本部分由五个内容组成：慈善捐赠概念的界定，慈善捐赠与善因营销、商业赞助、战略慈善的概念辨析，以及在对概念辨析总结的基础上界定本书慈善捐赠的内涵。

（一）企业慈善捐赠概念界定

企业慈善捐赠是企业慈善活动的一种，而企业慈善活动是构成企业社会责任的特殊部分。Fry[2]将企业慈善行为界定为一种具备慈善属性的资源转移方式，即企业将资源以低于商场价格的方式转移给接受者。Mescon和Tilson[3]提出慈善捐赠是最古老的企业社会责任。Carroll[4]以企业社会责任金字塔模型为基础，将企业慈善责任界定为企业为回应公众期望"企业成为良好企业公民"的诉求而开展的行为，企业被寄希望于积极组织或参与一些能够提高人类福利的活动。Carroll指出公众期望企业承担慈善责任并且对承担慈善责任给予了很高的赞扬，但是对企业来说慈善责任并没有其他三类责任重要。

基于企业慈善活动的利他特质，国内外对企业慈善捐赠的界定基本

---

[1] 钟宏武：《企业捐赠作用的综合解析》，《中国工业经济》2007年第2期。Godfrey P. C.，"The Relationship Between Corporate Philanthropy and Shareholder Wealth: A Risk Management Perspective"，*Academy of Management Review*，Vol. 30，No. 4，2005，pp. 777 – 798. Fry L. W.，Keim G. D.，Meiners R. E.，"Corporate Contributions: Altruistic or for Profit?"，*Academy of Management Journal*，Vol. 25，No. 1，1982，pp. 94 – 106.

[2] Fry L. W.，Keim G. D.，Meiners R. E.，"Corporate Contributions: Altruistic or for Profit?"，*Academy of Management Journal*，Vol. 25，No. 1，1982，pp. 94 – 106.

[3] Mescon T. S.，Tilson D. J.，"Corporate Philanthropy: A Strategic Approach to the Bottom-line"，*California Management Review*，Vol. 29，No. 2，1987，pp. 49 – 61.

[4] Carroll A. B.，"The Pyramid of Corporate Social Responsibility: Toward the Moral Management of Organizational Stakeholders"，*Business Horizons*，1991，July-August，pp. 39 – 48.

都是以企业的"利他"为基础。Schwartz[1]将慈善捐赠界定为资源从捐赠者向受捐者的单向流动,这种资源流动以捐赠者自愿且不期望回报为基础。Adams 和 Hardwick[2]在综合前期研究的基础上,将慈善捐赠界定为企业运用可自由支配的资金来支持慈善事业、促进社区改善以及支持特定政党的行为。Godfrey[3]引用财务会计标准委员会(Financial Accounting Standards Board, 1993:2)将企业慈善捐赠界定为:将货币或其他资产无条件地转让给另一主体,它不同于经济责任、法律责任以及道德责任,是一种可自由选择的社会责任。钟宏武[4]将企业慈善捐赠界定为"企业自愿将财物赠送给与企业没有直接利益关系的受赠者用于慈善公益事业的行为"。国家财政部将企业慈善捐赠定义为:"企业自愿无偿将其有权处分的合法财产赠送给合法的受赠人用于与生产经营活动没有直接关系的公益事业的行为。"[5]

(二)企业慈善捐赠与善因营销概念辨析

Rajan 和 Menon[6]将善因营销界定为企业制定并开展特定的市场营销活动,企业对特定慈善活动的捐赠支出是由顾客承担的,也就是说商品(或服务)的价格里包含了一定比例的捐赠,这种形式的捐赠既满足了企业提升形象促进销售的目标,也实现了企业行善的目标。善因营销之所以作为一种有效的营销手段是因为企业开展慈善活动有助于企业在消费者心目中树立良好形象,所以企业通过重点宣传企业的慈善行为和有

---

[1] Schwartz R. A., "Corporate Philanthropic Contributions", *The Journal of Finance*, Vol. 23, No. 3, 1968, pp. 479-497.

[2] Adams M., Hardwick P., "An Analysis of Corporate Donations: United Kingdom Evidence", *Journal of Management Studies*, Vol. 35, No. 5, 1998, pp. 641-654.

[3] Godfrey P. C., "The Relationship Between Corporate Philanthropy and Shareholder Wealth: A Risk Management Perspective", *Academy of Management Review*, Vol. 30, No. 4, 2005, pp. 777-798.

[4] 钟宏武:《企业捐赠作用的综合解析》,《中国工业经济》2007 年第 2 期。

[5] 《财政部关于加强企业对外捐赠财务管理的通知》(财企〔2003〕95 号),http://www.mof.gov.cn/mofhome/mof/zhengwuxinxi/caizhengwengao/caizhengbuwengao2003/caizhengbuwengao20037/200805/t20080519_21012.html。

[6] Varadarajan P. Rajan, Menon V., Menon A., "Cause-Related Marketing: A Coalignment of Marketing Strategy and Corporate Philanthropy", *Journal of Marketing*, Vol. 52, No. 3, 1988, pp. 58-74.

价值的赞助行为可以帮助企业提升销售。① 贝克尔（Gary Becker）② 将"慈善"界定为："如果将时间与产品转移给没有利益关系的人或组织，那么，这种行为就被称为'慈善'或'博爱'。"如果按贝克尔对慈善的界定，由于企业开展善因营销的捐赠对象与企业没有利益关系，善因营销也属于慈善活动，但是善因营销与慈善捐赠有本质差异。

通过对比善因营销与慈善捐赠，可以了解善因营销与慈善捐赠的主要区别在于以下几点：首先，在动机上存在自利与非自利差异：慈善捐赠不是以自利为出发点，慈善捐赠没有经过理性、精确的设计，只是企业出于对社会福利事业的关注而捐赠物资；而善因营销是基于自利动机，以树立并提升良好品牌形象，提高产品（或服务）销售量，最终提升企业绩效为目的。其次，在捐赠资源的"承担者"层面存在差异：慈善捐赠是将企业的部分利润（或物资）捐赠给慈善组织或需要支持的第三方主体，而善因营销则是由消费者来承担企业的捐赠支出。最后，在捐赠带来的结果层面存在差异：慈善捐赠不一定为企业带来利润的增加，还可能成为企业的成本；而善因营销不会为企业带来损失，同时因为企业通过对善因营销整个过程进行理性分析，并结合广告宣传积极塑造"负责任"的企业形象，善因营销可以为企业带来财务绩效增长。

（三）企业慈善捐赠与商业赞助概念辨析

商业赞助也是企业亲社会行为领域研究较多的一个主题。Gardener 和 Shuman（1988）将商业赞助界定为：企业为了实现特定目的（比如提升企业形象）或是为了实现营销目的（增强品牌认知度）而在慈善或（体育及其他）竞赛层面的投资。很多研究者同时还强调除了赞助者和被赞助者之间的关系以外，商业赞助也是企业向社会传递信息的一种沟通方式③。

---

① Fry L. W., Keim G. D., Meiners R. E., "Corporate Contributions: Altruistic or for Profit?", *Academy of Management Journal*, Vol. 25, No. 1, 1982, pp. 94 – 106.

② ［美］加里·贝克尔：《人类行为的经济分析》，王叶宇、陈琪译，上海三联书店、上海人民出版社 1995 年版。

③ 转引自 OTKER T., "Exploitation: The Key to Sponsorship Success", *European Research*, Vol. 16, No. 2, 1988, pp. 47 – 58。

Walliser[①]提出商业赞助作为有意义的投资活动必须满足两个条件：一是在赞助方和被赞助方之间存在交换关系，被赞助方获得资金支持，而赞助方则获得将自己与被赞助活动相关联的权利；二是赞助方要通过赞助行为达成营销目的。只有具备这两者，赞助才能被界定为有意义的投资。通过对商业赞助概念和特点的把握，可以看出，商业赞助与慈善捐赠存在以下几点区别：首先，受捐赠对象存在差异，慈善捐赠没有明确的受捐赠对象，而商业赞助的对象是明确的；其次，慈善捐赠的捐赠方和受捐赠方之间不存在利益互换，而商业赞助则是通过赞助关系的建立达成了赞助方和受赞助方之间的利益交换关系；最后，慈善捐赠不一定能实现企业营销目的，而商业赞助则是以实现营销目的为目标，如果不能实现营销目标，那商业赞助就失去了存在的合理性。

（四）慈善捐赠与战略性慈善概念辨析

战略性慈善产生的基础是战略管理理论：企业慈善捐赠存在战略价值。Mescon 和 Tilson[②]最早提出慈善捐赠的战略价值在于它可以帮助企业提升财务绩效，他们的研究是在商业赞助层面探讨慈善捐赠的战略价值，而战略性慈善的概念并未形成。Porter 和 Kramer[③]提出真正的战略性捐赠是企业瞄准在竞争中对企业和社会都受益的领域，通过运用企业独特的资产和专业知识同时实现重要的社会和经济目标。

由此可见，战略性慈善这一概念首次将企业盈利的财务目标和社会发展的社会目标相结合，但是正如前文所述，由于"慈善"从词义本质上的利他性与"战略"本质上的自利性存在矛盾。Godfrey[④]虽然也认为慈善捐赠即使不能直接提升企业价值，但是它可以通过为企业积累"关系资本"服务于股东利益，但同时也指出，只有当公众将慈善捐赠视为企业真实善意的表达而不是影响他人的行为时，公众才会对企业产生正

[①] Walliser B., "An International Review of Sponsorship Research: Extension and Update", *International Journal of Advertising*, Vol. 22, No. 1, 2003, pp. 5-40.

[②] Mescon T. S., Tilson D. J., "Corporate Philanthropy: A Strategic Approach to the Bottomline", *California Management Review*, Vol. 29, No. 2, 1987, pp. 49-61.

[③] Porter M. E., Kramer M. R., "The Competitive Advantage of Corporate Philanthropy", *Harvard Business Review*, Vol. 80, No. 12, 2002, pp. 5-16.

[④] Godfrey P. C., "The Relationship Between Corporate Philanthropy and Shareholder Wealth: A Risk Management Perspective", *Academy of Management Review*, Vol. 30, No. 4, 2005, pp. 777-798.

向的道德评价。然而如果公众意识到企业试图通过慈善捐赠来影响他们的判断，并获取他们的喜爱，则公众会对企业产生负面道德评价。所以，Godfrey 界定的战略性捐赠是指企业以其核心持久的企业价值为导向开展透明（Transparency）、稳定（Stability）、响应性（Responsiveness）[①] 捐赠。它强调企业不能让公众质疑企业慈善的利他动机，才能实现企业提升道德资本的目标。

由此可见，虽然战略性慈善作为一个近年来被广泛使用的概念，但是在使用时需要明确其内涵，不然容易将战略性慈善与善因营销或商业赞助混淆。而战略性慈善与慈善捐赠最大的区别在于，慈善捐赠是一种未经理性、精确设计的利他性捐赠，但是战略性慈善是经过理性、精确设计以实现利于企业和利于社会的"双赢"目标的捐赠行为。

（五）慈善捐赠与相关概念辨析小结

表1-3 呈现了上文所分析的企业慈善捐赠、善因营销、商业赞助、战略性慈善四个概念的辨析。在厘清四个概念的基础上，这部分将界定本书研究中慈善捐赠的内涵。

表1-3　　　　　　　慈善捐赠与相似概念辨析

概念	动机	捐赠者与接受者关系	捐赠的"承担者"	是否进行理性策划	结果
慈善捐赠	利他	不存在利益交换关系	企业	否	带来企业成本增加，不一定提升企业的财务绩效
善因营销	自利	不存在利益交换关系	消费者	是	不会导致企业成本增加，可以提升企业的财务绩效
商业赞助	自利	存在利益交换关系	企业	是	实现企业营销目标，提升企业财务绩效
战略性慈善	利他 利他且自利	不存在利益交换关系	企业	是	在理性策划的基础上，同时提升社会福利和企业财务绩效

资料来源：笔者根据文献资料整理而得。

---

① 响应性被界定为企业的慈善决策应该随着社会、经济变化而调整。

王端旭和潘奇[①]在对国内外文献关于企业慈善捐赠定义进行梳理的基础上,指出企业慈善捐赠按内容可以分为:货币捐赠、物资捐赠以及志愿者活动三种类型;企业慈善捐赠具有五种属性:合法性、自愿性、无偿性、客观公益性以及间接性。合法性是指企业慈善捐赠的标的不存在法律层面的争议;自愿性是指企业慈善捐赠是一种自愿行为,不存在外在压力胁迫企业捐赠;无偿性是指企业慈善捐赠不以受捐者做出任何形式的价值为基础;客观公益性是指企业慈善捐赠从客观上促进了社会公益事业发展;间接性是指多数企业的慈善捐赠是以慈善组织为中介实现的。本书的慈善捐赠是指具有以上五种属性的企业对开展的货币捐赠。

三 同群效应

在研究个体[②]行为受群体影响趋同的文献中,与"同群(伴)效应"(Peer effect)相似的有"邻里效应"(Neighborhood effect)、"社会学习"(Social learning)、"传染效应"(Contagion effect)、"羊群效应"(Herding effect)以及"同构"(Isomorphism),为了辨析本书的核心概念,这一部分包含七个方面的内容,分别是:同群效应的定义与内涵,辨析"同群效应"与"邻里效应""社会学习""传染效应""羊群效应""同构"概念的异同,以及界定本书中"同群效应"的内涵。

(一) 同群效应的定义与内涵

对"同群效应"最早起源于心理学、医学、教育学和社会学对"同伴效应"的研究,Zimmerman[③]将"同伴效应"界定为同伴群体(Peers)影响个人决策和行为的可能性以及影响强度的研究。

在教育学领域,Haller 和 Butterworth[④]最早指出即使存在家庭背景层

[①] 王端旭、潘奇:《企业慈善捐赠带来价值回报吗?——利益相关者满足程度为调节变量的上市公司实证研究》,《中国工业经济》2011 年第 7 期。

[②] 这里的个体不仅指人,也包含单个组织。

[③] Zimmerman D. J., "Peer Effects in Academic Outcomes: Evidence from A Natural Experiment", *The Review of Economics and Statistics*, Vol. 85, No. 1, 2003, pp. 9–23.

[④] Haller A. O., Butterworth C. E., "Peer Influences on Levels of Occupational and Educational Aspiration", *Social Forces*, Vol. 38, No. 4, pp. 289–295.

面的差异，好朋友之间形成的同类群体会显著影响个体的教育和职业抱负而后同群影响就成为教育学领域研究的一个主题。Winston 和 Zimmerman[1] 提出若一个人的行为受到一个（多个）与他互动的其他人影响，就产生了"同伴效应"[2]。在经济学中，Conlisk[3] 分析了最优决策者、保守者和模仿者的决策，指出：当最优决策者占比少时，最优决策者将获得比保守者更多的收益，而当最优决策者占比多时，模仿者的收益将超过保守者，所以最优决策者和模仿者将长期共存；Bernheim[4] 指出人们通过从众（Conformity）行为来维持社会身份的一致性。

在企业研究层面"同群效应"有时也被译为"同伴效应"[5]。虽然"同伴效应"与"同群效应"本质上都是指同一群体内的个体之间由相互学习、相互模仿所带来的行为模式趋同，但是词语之间存在语义层面的差异：通过查询《新华字典》得知："同伴"在中文中指的是彼此相似、同在一起、互帮互助的人；《新华字典》没有对"同群"的解释，但是从字面上理解"同"有"一样"的意思，而"群"有"一群，群体"的意思。同行业的企业之间存在互相帮助的可能，但其本质属性是竞争，另外同行业的企业并不一定彼此在地域上邻近，所以相较于"同伴效应"，"同群效应"是更恰当的概念。

（二）同群效应与邻里效应辨析

"邻里效应"有时也译作"邻居效应"，是一个起源于社会学的概念。考虑到邻居从空间范畴上小于邻里，而"Neighborhood effect"这一概念

---

[1] Winston G., Zimmerman D., "Peer Effects in Higher Education", in C. College eds. *Choices: The Economics of Where to Go, When to Go, How to Pay for It*, Chicago University Press, 2004, pp. 395–423.

[2] 陆蓉、王策、邓鸣茂：《我国上市公司资本结构"同群效应"研究》，《经济管理》2017年第1期。

[3] Conlisk J., "Costly Optimizers Versus Cheap Imitators", *Journal of Economic Behavior and Organization*, No. 1, 1980, pp. 275–293.

[4] Bernheim B. D. A., "Theory of Conformity", *Journal of Political Economy*, Vol. 102, No. 5, 1994, pp. 841–877.

[5] 于小溪：《董事会资本、同伴效应与高管薪酬——来自我国上市公司的证据》，《会计之友》2021年第5期。钟田丽、张天宇：《我国企业资本结构决策行为的"同伴效应"——来自深沪两市A股上市公司面板数据的实证检验》，《南开管理评论》2017年第2期。张天宇、钟田丽：《企业财务决策同伴效应研究述评与展望》，《外国经济与管理》2018年第11期。

本身所研究和所界定的空间范围是西方国家里的城市社区，所以本书将辨析"邻里效应"，而不是"邻居效应"。Calvó-Armengol 和 Jackson[①]提出行动者会关注邻居的行动，并可以通过积极或消极的压力促使邻居们开展特定的行动，积极压力是指降低邻居开展某项行动所要付出的成本，而消极压力是指提升邻居不开展某项活动所要付出的成本。Sampson 等[②]在述评"Neighborhood effect"时指出"Neighborhood effect"是基于 Park 和 Burgess 把进行城市社会学研究时将当地社区界定为"自然区域"（Natural area），在此基础上，"Neighborhood"被界定为大社区的一小部分，即生态、文化或是政治划定的一个特定空间中的个人和组织。对"Neighborhood effect"被界定为同一社区的个体是如何在特定现象中被社区中的"邻居们"影响的。

由于"邻里效应"是伴随着对黑人社区普遍存在的社会问题的研究衍生的，所以在研究层面大多是基于社会学、心理学的视角研究个体如何受邻居们影响。国内的研究多是从家庭层面研究邻里效应，比如，樊丽明等[③]、姚瑞卿和姜太碧[④]研究显示农民在参与新农合医疗以及生产安全产品层面存在邻里效应。晏艳阳等[⑤]、周晓剑和武翰涛[⑥]的研究揭示家庭捐赠存在邻里效应。彭镇等[⑦]、李四海和江新峰[⑧]的研究显示同一地区、

---

① Calvó-Armengol A., O. Jackson M., "Peer Pressure", Journal of the European Economic Association, Vol. 8, No. 1, 2010, pp. 62 – 89.

② Sampson R. J., Morenoff J. D., Gannon-Rowley T., "Assessing 'Neighborhood Effects': Social Processes and New Directions in Research", Annual Review of Sociology, No. 28, 2002, pp. 443 – 478.

③ 樊丽明、解垩、尹琳:《农民参与新型农村合作医疗及满意度分析——基于 3 省 245 户农户的调查》,《山东大学学报》2009 年第 1 期。

④ 姚瑞卿、姜太碧:《农户行为与"邻里效应"的影响机制》,《农村经济》2015 年第 4 期。

⑤ 晏艳阳、邓嘉宜、文丹艳:《邻里效应对家庭社会捐赠活动的影响——来自中国家庭追踪调查（CFPS）数据的证据》,《经济学动态》2017 年第 2 期。

⑥ 周晓剑、武翰涛:《家庭禀赋、邻里效应与捐赠动机——来自中国家庭追踪调查（CFPS）的证据》,《社会保障评论》2019 年第 4 期。

⑦ 彭镇、彭祖群、卢惠薇:《中国上市公司慈善捐赠行为中的同群效应研究》,《管理学报》2020 年第 17 期。

⑧ 李四海、江新峰:《企业捐赠行为同群效应研究》,《管理学季刊》2020 年第 3 期。

同一行业内的企业捐赠行为也存在邻里效应①。以上研究说明邻里效应确实是揭示一定空间范围内个体或组织态度、行为趋同的有效理论。但是，由于本书关注的是隶属于同一行业的文化类上市企业，而这些企业并不一定分布在同一地区，所以本书不用邻里效应这一概念来表述文化类上市企业慈善捐赠行为趋同。

（三）同群效应与社会学习辨析

阿尔伯特·班杜拉（Albert·Bandura）结合认知与行为分析社会学习，认为在社会情境中，人的大多数行为都是通过观察示范过程而形成的，并在此基础上形成了观察学习模型②，在社会学习理论中，人们倾向于模仿那些可见性、权威性及可信度高的角色楷模（Role model），并且致力于观察并学习其态度与行为，努力使自己成为与楷模类似的个体③。由此可见，社会学习是个体主动、积极向榜样学习的过程。

在研究领域，现有研究多从组织中管理者对员工的影响来研究社会学习。比如，洪雁和王端旭④提到基于社会学习理论提出伦理型领导可以通过影响员工心理安全和伦理氛围影响团队成员。王震⑤、宋文豪等⑥、范恒和周祖城⑦的研究基于社会学习理论验证了伦理型管理者对员工工作绩效、创造力、自主行为产生积极影响。而张永军⑧的研究基于社会学习理

---

① 文章中用的是同群效应，李四海和江新峰在文章中对同群企业的界定是指属于同一地区、同一行业的企业，由于这一概念强调了空间位置邻近，所以笔者认为更贴切的概念是邻里效应。
② ［美］阿尔伯特·班杜拉：《社会学习理论》，陈欣银、李伯黍译，中国人民大学出版社2015年版。
③ 代毓芳、张向前、郑文智：《上下级之间应该存在何种关系？上下级关系图式》，《心理科学进展》2022年第1期。
④ 洪雁、王端旭：《管理者真能"以德服人"吗？——社会学系和社会交换视角下伦理性领导作用机制研究》，《科学学与科学技术管理》2011年第7期。
⑤ 王震：《社会学习还是社会交换？——道德型领导对下属工作绩效的作用机制》，《经济管理》2014年第8期。
⑥ 宋文豪、于洪彦、蒋琬：《伦理型领导对员工创造力的影响机制研究——社会学习和知识共享视角》，《软科学》2014年第12期。
⑦ 范恒、周祖城：《伦理型领导与员工自主行为：基于社会学习理论的视角》，《管理评论》2018年第9期。
⑧ 张永军：《伦理型领导对员工反生产行为的影响》，《商业经济与管理》2012年第12期。

论,验证了伦理型领导对员工反生产行为有抑制作用。由此可见,社会学习理论关注的主要是对角色楷模的学习,但是如果只用社会学习解释企业行为趋同会对企业行为趋同机制的研究不全面。

(四) 同群效应与传染效应辨析

对"传染效应"的研究主要源于金融危机尤其是 1997 年、1998 年金融危机在世界范围内的扩散[1]。Fratzscher[2] 在总结之前学者研究的基础上,将金融危机中的传染效应界定为经济基础差不多或面临相似的负面外部冲击的国家受危机发生国影响也会产生危机,而投资者出于谨慎将会减少在这些身处危机中的国家的投资,进而导致危机扩散。由此可见,传染效应多半描述的是负面事件的非选择性扩散。

现有研究也多是从负面事件扩散的角度开展"传染研究",如 Dimitriou 等[3]基于传染效应的角度研究了国际金融危机对新兴经济体股票市场的影响。秦朵[4]基于传染效应研究了金融危机对韩国货币危机的影响。在组织层面的研究也呈现同样的特点,比如,马君潞等[5]研究了中国银行间市场的双边传染。黄俊等[6]研究发现集团内一家企业经营业绩大幅骤降

---

[1] 秦朵:《外贸与金融传染效应在多大程度上导致了韩国 1997 年的货币危机?》,《世界经济》2000 年第 8 期。Fratzscher M., "Why Are Currency Crises Contagious? A Comparison of the Latin American Crisis of 1994 – 1995 and the Asian Crisis of 1997 – 1998", *Westwirtschaftliches Archiv*, Vol. 134, No. 4, 1998, pp. 664 – 691. Lux T., "The Socio-Economic Dynamics of Speculative Markets: Interacting Agents, Chaos, and the Fat Tails of Return Distributions", *Journal of Economic Behavior and Organization*, Vol. 32, No. 2, 1998, pp. 143 – 165. Freixas X., Parigi B., "Contagion and Efficiency in Gross and Net Interbank Payment Systems", *Journal of Financial Intermediation*, Vol. 7, No. 1, 1998, pp. 3 – 31.

[2] Fratzscher M., "Why Are Currency Crises Contagious? A Comparison of the Latin American Crisis of 1994 – 1995 and the Asian Crisis of 1997 – 1998", *Westwirtschaftliches Archiv*, Vol. 134, No. 4, 1998, pp. 664 – 691.

[3] Dimitriou D., Kenourgios D., Simos T., "Global Financial Crisis and Emerging Stock Market Contagion: A Multivariate Fiaparch-Dcc Approach", *International Review of Financial Analysis*, No. 30, 2013, pp. 46 – 56.

[4] 秦朵:《外贸与金融传染效应在多大程度上导致了韩国 1997 年的货币危机?》,《世界经济》2000 年第 8 期。

[5] 马君潞、范小云、曹元涛:《中国银行间市场双边传染的风险估测及其系统性特征分析》,《经济研究》2007 年第 1 期。

[6] 黄俊、陈信元、张天舒:《公司经营绩效传染效应的研究》,《管理世界》2013 年第 3 期。

将传染集团内的其他企业。刘丽华等[1]研究显示集团内一家企业发生违规行为导致股价下降后，同一集团的其他企业股价也会受到传染而下降。由此可见，传染效应更多针对的是负面事件，所以虽然刘柏和卢家瑞[2]研究证实企业社会责任存在传染效应，但是基于对"传染效应"相关研究的分析，本书认为传染效应不是分析企业慈善捐赠趋同的恰当概念。

(五) 同群效应与羊群效应辨析

Banerjee[3]将羊群效应界定为：在序贯情境下，每一个决策者都会根据在他之前的决策者所做的决策而做出决策，并且在这个过程中，他会放弃自己所掌握的信息而做出与之前决策者相同的决策。一些研究者指出同群效应与羊群效应的差异在于：羊群效应是一种非理性决策，而同群效应是一种理性决策，比如，李平等[4]、陆蓉等[5]以及李四海和江新峰[6]认为羊群效应的基础是经济人非理性假设，是"群体内所有个体的盲目从众行为，这种盲目行为最终导致群体行为趋同"，而同群效应则是以"经济人"理性假设为基础，是"个体通过参考群体内其他个体的特征和行为来帮助其进行决策，决策基于理性分析"。邓嘉宜[7]也从类似角度对同群效应和羊群效应进行了区分。

不同于陆蓉等人和邓嘉宜的分析，Banerjee[8]对羊群效应模型进行研

---

[1] 刘丽华、徐艳萍、饶品贵等：《一损俱损：违规事件在企业集团内的传染效应研究》，《金融研究》2019 年第 6 期。

[2] 刘柏、卢家瑞：《"顺应潮流"还是"投机取巧"：企业社会责任的传染机制研究》，《南开管理评论》2015 年第 4 期。

[3] Banerjee A. V., "A Simple Model of Herd Behavior", *The Quarterly Journal of Economics*, Vol. 107, No. 3, 1992, pp. 797–817.

[4] 李平、曾勇：《基于非理性行为的羊群效应分析：一个简单模型》，《中国管理科学》2004 年第 3 期。

[5] 陆蓉、王策、邓鸣茂：《我国上市公司资本结构"同群效应"研究》，《经济管理》2017 年第 1 期。

[6] 李四海、江新峰：《企业捐赠行为同群效应研究》，《管理学季刊》2020 年第 3 期。

[7] 邓嘉宜：《中国上市公司行为的同群效应研究》，博士学位论文，湖南大学，2019 年。

[8] Banerjee A. V., "A Simple Model of Herd Behavior", *The Quarterly Journal of Economics*, Vol. 107, No. 3, 1992, pp. 797–817.

究时提出羊群效应是决策者理性选择①的结果。他认为，在不完全信息环境下，决策者并不确定自己拥有的信息质量高于其他决策者，而且决策者会认为其他决策者可能有一些他没有的重要信息，在这种情境下，决策者跟随前边的决策者进行决策是一种理性决策；并且，他也论证了即使是基于最优化原则（Optimizing）所做的决策到最后也会导致羊群效应。因此，根据 Banerjee 的分析，羊群效应并不是非理性的盲从，而是决策者基于理性分析所做的决策。方军雄②也指出企业在投资层面的同群行为无论从节省信息收集成本层面看，还是从经理人推卸责任层面看都是经理人选择的最优决策。在此基础上，需要对同群效应与羊群效应的区别重新进行界定。

通过对现有文献进行梳理，如 Banerjee③、Bikhchandani 等④、Bikhchandani 和 Hirshleifer 等⑤、李平等⑥、方军雄⑦等，对同群效应和羊群效应进行区分。从本质上看，羊群效应和同群效应并不能以理性决策与非理性决策二元对立的观点来分析两者的异同，因为它们都属于管理者在信息不完全、不确定环境下基于有限理性所做的决策，同群效应和羊群效应关注的都是群体内个体的模仿行为。从结果层面看，同群效应或羊

---

① 理性选择（决策）被描述为：个人存在多个可选择的选项，并且他了解不同选项会产生不同结果，个人会根据自己的偏好或"效用"系统对这些结果进行排序，最后选择他最偏好的选项。引自 Cyert R. M., Simon H. A., Trow D. B., "Observation of a business decision", *The Journal of Business*, Vol. 29, No. 4, 1956, pp. 237 - 248。

② 方军雄：《企业投资决策趋同：羊群效应抑或"潮涌现象"?》，《财经研究》2012 年第 11 期。

③ Banerjee A. V., "A Simple Model of Herd Behavior", *The Quarterly Journal of Economics*, 1992, 107 (3), pp. 797 - 817。

④ Bikhchandani, Sushil, David H., Welch I., "A Theory of Fads, Fashion, Custom, and Cultural Change as Informational Cascades", *Journal of Political Economy*, Vol. 100, No. 5, pp. 992 - 1026。

⑤ Bikhchandani S., Darid H., Welch I., "Learning from the Behavior of Others: Conformity, Fads, and Informational Cascades", *Journal of Economic Perspectives*, Vol. 12, No. 3, 1998, pp. 151 - 170。

⑥ 李平、曾勇：《基于非理性行为的羊群效应分析：一个简单模型》，《中国管理科学》2004 年第 3 期。

⑦ 方军雄：《企业投资决策趋同：羊群效应抑或"潮涌现象"?》，《财经研究》2012 年第 11 期。

群效应都会导致群体决策和行为趋同，这种趋同会诱发组织资源配置的非效率。

（六）同群效应与同构辨析

在管理学领域，DiMaggio 和 Powell[①]提出同构[②]是表述组织结构、决策以及行为趋同化过程最恰当的概念。他们认为：一个场域（Field）[③]内的组织被期望和其他组织表现一致，而且新进入这一场域内的组织也会变得和这一场域内的其他组织一致，他们将同一场域内的组织称为同群（Peers）[④]。DiMaggio 和 Powell 指出：场域的概念既包括关联（Connectedness），也包括结构等效（Structural equivalence）。他们认为，除了竞争以外，制度也是组织同构的重要动因，由制度引起的同构称为制度化同构。他们提到，组织之间的竞争并不仅仅是对获取资源和顾客的竞争，也是对政治权利和制度合法性的竞争。他们和 Schelling（1978）一样也认为：一个组织对外部环境的反应受到其他组织对外部环境反应的影响，而制度化同构对于理解现代组织中普遍存在的政治和仪式（Ceremony）是一个非常有意义的概念（见图 1-1）。

DiMaggio 和 Powell（1983）以制度化同构的动因差异为基础，介绍了制度化同构的三种机制：强制性同构（Coercive Isomorphism）、模仿性同构（Mimetic Isomorphism）以及规范性同构（Normative Isomorphism）。其中，强制性同构源于政治影响和合法性问题；模仿性同构是指组织在不确定环境下倾向于模仿场域内的其他组织，尤其是表现较好的组织；规范性同构则是由组织"专业化"引发的，所谓"专业化"是指同一行业的从业者为了获得定义工作条件和工作方法的权利，以及为职业自律建

[①] DiMaggio P. J., Powell W. W., "The Iron Cage Revisited: Institutional Isomorphism and Collective Rationality in Organizational Fields", *American Sociological Review*, Vol. 48, No. 21, 1983, pp. 147-160.

[②] 在文章中，DiMaggio 和 Powell 引用 Hauley（1968）对同构的定义，同构是一种约束过程，它迫使总体中的个体与群体中面对相似环境条件的其他个体类似。他们进一步指出组织同构是组织的非最优决策或是组织决策者通过学习合理反应进而调整组织的行为。

[③] 皮埃尔·布迪厄将场域界定为"一个社会或文化在生产领域中的所有行动者和组织及其之间的动态关系"。转引自［美］理查德·斯科特《制度与组织：思想观念、利益偏好与身份认同》（第4版），姚伟等译，中国人民大学出版社2020年版，第226页。

[④] 赵颖：《中国上市公司高管薪酬的同群效应分析》，《中国工业经济》2016年第2期。

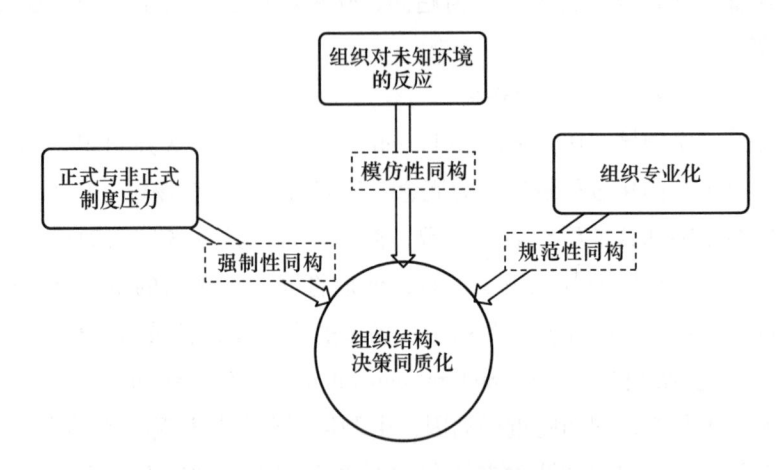

图 1-1 组织制度化同构机制

资料来源：DiMaggio P. J., Powell W. W., "The Iron Cage Revisited: Institutional Isomorphism and Collective Rationality in Organizational Fields"（1983），笔者根据文章绘制。

立共识和合法性基础而开展的集体竞争[1]。强制性同构、模仿性同构以及规范性同构都会引起组织同质化，其表现为场域内组织的结构与决策趋同，但是本书并不探寻文化类上市企业组织结构的同质化，所以相较于制度化同构，用"同群效应"分析企业慈善捐赠是一个更恰当的概念，而强制性同构、模仿性同构和规范性同构可以用于"同群效应"机制分析，由于规范性同构主要是指企业专业化过程中专业技术趋同，所以本书在分析时不采用规范性同构分析慈善捐赠同群效应产生的机制。

另外，考虑到强制性同构是源于强制程度高的法律、法规的规定，也就是如果违反就会根据法律、法规受到惩罚，而法律、法规并没有规定企业不开展慈善捐赠会受到惩罚，企业之所以开展慈善捐赠主要是受到诸如文化、公众期待、政府号召等非正式制度形成的压力的影响，企业如果不开展慈善捐赠，有可能面对来自公众和政府层面给予的压力，

---

[1] DiMaggio P. J., Powell W. W., "The Iron Cage Revisited: Institutional Isomorphism and Collective Rationality in Organizational Fields", *American Sociological Review*, Vol. 48, No. 21, 1983, pp. 147-160.

所以本书将强制同构机制界定为"半强制同构"。

（七）同群效应与相关概念辨析小结

表1-4呈现了与"同群效应"内涵接近的概念辨析，在对近似概念进行辨析的基础上，本书认为"同群效应"是研究企业慈善捐赠是否趋同的恰当概念。

表1-4　　　　　　　　同群效应与相关概念辨析

概念	行为本质	行为主体	行为特征	行为结果
同群效应	相互影响	强调个体隶属于具有同一特征的群体，个体可以是个人也可以是组织	为获取合法性地位、保持竞争地位，模仿同群个体	群体中个体的决策、行为趋同
邻里效应	相互影响	强调空间接近的个体，现有研究中的个体多为个人	在空间邻近度影响下，区域内个体彼此参照对方决策和行为	地理相近的群体中的个体行为趋同
社会学习	主动学习	多数研究的是群体中的个体对角色楷模的学习	个体学习同群体中角色楷模的思维、态度与行为	致力于成为与楷模相似的个体
传染效应	被影响	不同主体（或同一主体内不同个体）受其中一个主体（个体）负面事件的影响而发生负面事件	负面事件影响的不可选择性、难以控制性	危机或负面事件跨国、跨区域、跨组织被诱发
羊群效应	效仿	不强调群体需要在某一特征上具有相似性或相同性	序贯决策环境下，后一决策者模仿前一决策者	群体的决策、行为趋同
同构的三种机制	强制性同构	场域内具有某种相同属性的组织	在制度压力下，同一类组织结构、决策及行为趋同	组织结构、决策、行为趋同
	模仿性同构	场内具有某种相同属性的组织	在不确定环境中，模仿"领先者"组织的结构、决策及行为，或为了维持竞争地位，模仿相似群体	组织结构、决策、行为趋同

续表

概念	行为本质	行为主体	行为特征	行为结果
同构的三种机制	规范性同构	场域内具有某种相同属性的组织	在专业化影响下，新的组织结构、专业技术以及管理经验在群体间扩散	组织结构、决策、行为趋同

资料来源：笔者根据文献资料整理而得。

Manski[1]将同群效应界定为企业以最优化决策为目的，对同群企业行为的反应。赵颖[2]和陆蓉等[3]均将同群效应界定为具有相似特征的群体内部的个体基于互动所产生的交互作用将会影响群体内个体的决策和行为，个体决策和行为将会趋向于与群体决策和行为一致。本书关注的是文化类上市企业在慈善捐赠层面的决策是否会受到同行业其他企业慈善捐赠决策的影响，根据对"同群效应"与相似概念的辨析，本书采用同群效应这一概念，其是指文化产业（同群）的上市企业在经营过程中，对同行业其他企业慈善捐赠决策和行为的反应。

研究企业慈善捐赠的同群效应需要对"同群"进行界定。现有研究大多将同群企业界定为同地区、同行业的企业，本书重点关注的是文化产业上市企业捐赠的同群行为[4]，因此本书的"同群"指的是文化产业各行业的上市企业构成的同群企业，"同群效应"则是指文化产业各行业上市企业慈善捐赠的平均水平对行业内企业的影响；另外，以制度理论为基础，考虑到企业模仿行为需要界定模仿对象，Lieberman 和 Asaba[5]在分析企业的模仿行为时将企业分成"领先者"（Leader）和"跟从者"（Fol-

---

[1] Manski C. F., "Dynamic Choice in Social Settings. Learning from the Experiences of Others", *Journal of Econometrics*, Vol. 58, 1993, pp. 121 – 136.

[2] 赵颖：《中国上市公司高管薪酬的同群效应分析》，《中国工业经济》2016 年第 2 期。

[3] 陆蓉、王策、邓鸣茂：《我国上市公司资本结构"同群效应"研究》，《经济管理》2017 年第 1 期。

[4] "邻里效应"应该是对同地区企业模仿行为的研究更恰当的概念。

[5] Lieberman M. B., Asaba S., "Why Do Firms Imitate Each Other?", *Academy of Management Review*, Vol. 31, No. 2, 2006, pp. 366 – 385.

lower）两个子群体，"领先者"是指那些业绩好、规模大的企业，而其余企业被视为"跟从者"。

以 Lieberman 和 Asaba[①] 的分析为基础，彭镇等[②]在研究沪深 A 股所有上市企业慈善捐赠同群效应时也将企业划分为"领先者"和"学习者"两个群体，他们将企业规模位于同行业前30%的划分为大企业，其余为小企业，将资产收益率位于同行业前30%的界定为绩效好的企业，而其余企业为绩效差的企业。但是这一划分方法忽视了中间的企业，即并不是规模没排在前30%的企业都是规模小的企业，绩效不在前30%的企业也并不能被简单界定为绩效差的企业。因此，本书将行业同群企业划分为三类子群体，分别是"领先者""效仿者"以及"跟跑者"子群，而这三类子群体分别以企业规模与企业的财务绩效指标进行划分[③]，其界定见表1-5，这一界定将以往研究中的"跟随者"重新划分为"效仿者"和"跟跑者"，进而通过组别细分体现除"领先者"企业外其他企业在规模和经营业绩上的差异。

表1-5 同群企业的子群体界定

子群类型	企业规模（从大到小）	企业资产收益率（从高到低）
领先者	前30%	前30%
效仿者	中间40%	中间40%
跟跑者	后30%	后30%

资料来源：笔者根据文献资料整理而得。

四 企业财务绩效

企业财务绩效是本书第四章和第六章研究的主要内容，也是一直以

[①] Lieberman M. B., Asaba S., "Why Do Firms Imitate Each Other?", *Academy of Management Review*, Vol. 31, No. 2, 2006, pp. 366 – 385.

[②] 彭镇、彭祖群、卢惠薇：《中国上市公司慈善捐赠行为中的同群效应研究》，《管理学报》2020年第17期。

[③] 在划分子群体时，本书采用了企业规模、总资产收益率、净资产收益率和企业价值进行了主成分分析，但是 KMO 检验值为 0.5016，显示并不适合做主成分分析，因此本书分别以企业规模和资产收益率为指标划分三类子群。

来企业研究领域的一个研究重点。企业财务绩效，在多数研究中被称为企业绩效，是指"企业在一定经营期内的经营效益和经营者业绩"。[①] 企业的经营效益水平一般通过企业的盈利能力、资产运营能力、偿债能力和发展能力进行衡量，这一部分被界定为企业的财务指标；而经营者业绩则由企业经营者在企业经营、成长、发展过程中通过经营管理作出的贡献来衡量，这一部分被界定为非财务指标。由于企业经营者业绩难以量化衡量，现有研究对企业财务绩效基本是基于财务指标对企业经营效益进行研究。

在企业财务指标体系中，衡量企业的盈利能力、资产营运能力、偿债能力及企业发展能力的指标比较多[②]。Griffin 和 Mahon[③] 在回顾了企业承担社会责任的表现与财务绩效之间关系的 51 篇文献后指出：在盈利能力层面使用最多的指标是净资产收益率（Return on Equity，ROE）和营业净利率（Return on Sales，ROS），在 51 篇文献中分别出现了 13 次和 9 次；在资产营运能力层面使用最多的指标是总资产收益率（Return on Assets，ROA）在 51 篇文献中出现了 14 次，而在文献中出现了 16 次的以公司总资产衡量的公司规模则是衡量公司成长性最常用的指标。在企业慈善捐赠对企业财务绩效的研究中 ROA、ROE、ROS 也是较常用的指标，如钟宏武[④]、Wang 和 Qian[⑤]、王克稳等[⑥]、钱丽华等[⑦]、吴文

[①] 孙奕驰：《上市公司财务绩效评价及其影响因素研究》，博士学位论文，辽宁大学，2012年。罗红霞：《公司治理、投资效率与财务绩效度量及其关系》，博士学位论文，吉林大学，2014年。

[②] 参见国泰安数据库中各类财务指标的子指标。

[③] Griffin J. J., Mahon J. F., "The Corporate Social Performance and Corporate Financial Performance Debate: Twenty-Five Years of Incomparable Research", *Business and Society*, Vol. 36, No. 1, 1997, pp. 5 – 31.

[④] 钟宏武：《慈善捐赠与企业绩效》，经济管理出版社 2007 年版。

[⑤] Wang H., Qian C., "Corporate Philanthropy and Corporate Financial Performance: The Roles of Stakeholder Response and Political Access", *Academy of Management*, Vol. 54, No. 6, 2011, pp. 1159 – 1181.

[⑥] 王克稳、金占明、焦捷：《战略群组身份、企业慈善捐赠和企业绩效——基于中国房地产行业的实证研究》，《南开管理评论》2014 年第 6 期。

[⑦] 钱丽华、刘春林、丁慧：《慈善捐赠、利益相关者动机认知与企业绩效——基于 Heckman 二阶段模型的实证研究》，《软科学》2018 年第 5 期。

清等①、赵红建等②、潘奇③等，另外，现有研究还采用 Tobin's Q（TQ）衡量企业市场价值，如王端旭和潘奇④、钱丽华等⑤、江若尘等⑥、邹萍⑦等。

基于以上分析，本书将采用 ROA、ROE、ROS 以及 TQ 作为企业财务绩效的代理变量。

五 非适度捐赠

非适度捐赠是基于对企业过度投资⑧、过度负债⑨、超额薪酬⑩形成的研究成果基础上提出的概念，李四海和江新峰⑪提出了超额捐赠的概念，他们将超额捐赠界定为：企业实际捐赠额与（基于企业自身实力估算的）预期捐赠额之差，反映了企业实际捐赠额偏离预期捐赠额的程度。无论是过度投资、过度负债、超额薪酬还是超额捐赠，都体现了企业在

---

① 吴文清、黄宣、李振华：《企业捐赠与财务绩效及市场绩效的门槛效应研究》，《天津大学学报》（社会科学版）2016 年第 6 期。

② 赵红建、范一博、贾钢：《慈善捐赠、企业绩效与融资约束》，《经济问题》2016 年第 6 期。

③ 潘奇、朱一鸣：《企业持续捐赠价值效应的实证研究——来自 A 股上市公司的经验证据》，《科研管理》2017 年第 6 期。

④ 潘奇、朱一鸣：《企业持续捐赠价值效应的实证研究——来自 A 股上市公司的经验证据》，《科研管理》2017 年第 6 期。

⑤ 钱丽华、刘春林、丁慧：《基于财务绩效视角的企业从事慈善活动研究》，《管理学报》2015 年第 4 期。

⑥ 江若尘、马来坤、郑玲：《慈善捐赠、企业绩效与合理区间把控——基于内生性视角的经验分析》，《现代财经（天津财经大学学报）》2016 年第 1 期。

⑦ 邹萍：《慈善捐赠动态调整机制及其异质性研究》，《管理学报》2019 年第 4 期。

⑧ 方军雄：《企业投资决策趋同：羊群效应抑或"潮涌现象"?》，《财经研究》2012 年第 11 期。Richardson S., "Over-Investment of Free Cash Flow", *Review of Accounting Studies*, Vol. 11, 2006, pp. 159–189.

⑨ 李志生、苏诚、李好等：《企业过度负债的地区同群效应》，《金融研究》2018 年第 9 期。Caskey J., Hughes J., Liu J., "Leverage, Excess Leverage, and Future Returns", *Review of Accounting Studies*, Vol. 17, No. 2, 2012, pp. 443–471.

⑩ Bizjak J. M., Lemmon M. L., Naveen L., "Does the Use of Peer Groups Contribute to Higher Pay and Less Efficient Compensation?", *Journal of Financial Economics*, Vol. 90, 2008, pp. 152–168. 张先治、柳志南：《金字塔式股权结构、超额薪酬与薪酬辩护》，《财经问题研究》2019 年第 4 期。吴成颂、周炜：《高管薪酬限制、超额薪酬与企业绩效——中国制造业数据的实证检验与分析》，《现代财经（天津财经大学学报）》2016 年第 9 期。

⑪ 李四海、江新峰：《企业捐赠行为同群效应研究》，《管理学季刊》2020 年第 3 期。

决策层面的有限理性。企业在不完全竞争市场中进行决策时，一方面，企业的管理者无法获得与决策相关的所有信息；另一方面，管理者可能为了维护自身利益而选择向同群其他企业学习来逃避"管理责任"，这将会诱发企业决策偏离最优决策[①]。

值得注意的是，在投资领域的研究中，与超额投资对应存在另一个概念，即投资不足。超额投资与投资不足均代表企业偏离最优决策的非效率投资[②]，非效率投资将会损害企业的盈利能力。在此基础上本书提出非适度捐赠[③]的概念，非适度捐赠是指企业实际捐赠水平高于（低于）根据企业自身实力测算的期望捐赠水平，其中高于期望水平的部分被界定为超额捐赠，低于期望水平的部分则界定为消极捐赠。

第二节 企业慈善捐赠的理论基础

一 企业战略理论

哈罗德·孔茨在《管理学》中将企业战略界定为根据企业确定的使命和长期目标，制订行动方案并配置相应资源以实现企业目标。为了解释以营利为目的的企业开展慈善捐赠的动机，学者们提出企业开展慈善捐赠是企业管理者的理性选择，这种理性选择服务于企业的营利目的。很多学者提到企业开展慈善捐赠是企业的一种战略选择[④]。企业在经营过

[①] Bursztyn L., Ederer F., Freman B., et al. "Understanding Mechanisms Underlying Peer Effects: Evidence from A Field Experiment on Financial Decisions", *Econometrica*, Vol. 82, No. 4, 2014, pp. 1273 – 1301.

[②] 张功富、宋献中：《我国上市公司投资：过度还是不足？——基于沪深工业类上市公司非效率投资的实证度量》，《会计研究》2009年第5期。

[③] 公司的非效率投资体现在公司将资源投资于净现值小于0的项目（过度投资），或是在公司有闲置资源的情况下，放弃对净现值大于0的项目的投资（投资不足），从而降低了公司投资的效率。参见方红星、金玉娜《公司治理、内部控制与非效率投资：理论分析与经验证据》，《会计研究》2013年第7期。对企业慈善捐赠水平的衡量不能用效率这一概念，同时，由于捐赠的自愿属性，也不能将捐赠水平低于期望值的部分界定为捐赠不足，所以本书将低于期望捐赠水平的捐赠界定为消极捐赠，将超额捐赠与消极捐赠界定为非适度捐赠。

[④] 虽然在早期的研究中，学者们没有使用战略一词分析企业慈善捐赠，但是学者们论证了企业慈善捐赠服务于企业提升财务绩效的目标，所以企业慈善捐赠被视为一种战略性选择。Burt R. S., "Corporate Philanthropy as A Cooptive Relation", *Social Forces*, Vol. 62, No. 2, 1983, pp. 419 – 449.

程中面临着市场约束和政府约束,战略视角下的企业慈善捐赠是企业应对这两类外部约束并实现企业利益最大化目的的理性选择。

在市场约束层面,研究主要集中在企业通过慈善捐赠吸引消费者从而降低收益的不确定性。Schwartz[1]就提到企业开展慈善捐赠是为了塑造良好企业形象从而提升消费者对该企业产品的消费需求。Fry 等[2]的研究也指出相较于利他性动机,企业开展慈善捐赠更大程度上是由提升企业利润这一目的驱动。Burt[3]基于社会网络分析提出企业开展慈善捐赠是一种笼络消费者、减少收益不确定性的策略。Murray 和 Montanari[4]指出包含慈善捐赠在内的企业社会责任都是企业增加相对竞争优势的一种战略层面的管理,企业是在衡量企业行为社会影响的基础上选择承担相应的社会责任来保障企业顺利经营。Smith[5]通过列举美国企业以及在美国经营的他国企业案例说明了企业慈善捐赠对企业经营的战略意义。

在政治约束层面,学者提出企业开展慈善捐赠是企业获取政府支持的战略选择。政府是企业经营管理过程中的核心利益相关者,政府掌握的稀缺资源以及政府制定的政策法规对各行各业的企业开展经营活动意义重大,这也使得企业积极探寻与政府建立良性关系并获取政府支持的途径[6],比如,不合法的贿赂官员[7]以及合法的慈善捐赠[8]。企业开展慈

---

[1] Schwartz R. A., "Corporate Philanthropic Contributions", *The Journal of Finance*, Vol. 23, No. 3, 1968, pp. 479 – 497.

[2] Fry L. W., Keim G. D., Meiners R. E., "Corporate Contributions: Altruistic or for Profit?", *Academy of Management Journal*, Vol. 25, No. 1, 1982, pp. 94 – 106.

[3] Burt R. S., "Corporate Philanthropy as A Cooptive Relation", *Social Forces*, Vol. 62, No. 2, 1983, pp. 419 – 449.

[4] Murray K. B., Montanari J. R., "Strategic Management of the Socially Responsible Firm: Integrating Management and Marketing Theory", *The Academy of Management Review*, Vol. 11, No. 4, 1986, pp. 815 – 827.

[5] Smith C., "The New Corporate Philanthropy", *Harvard Business Review*, 1994, May-June, pp. 105 – 116.

[6] Muller C. B., Brenner S. N., Perrin N. A., "A Structural Analysis of Corporate Political Activity", *Business & Society*, Vol. 34, No. 2, 1995, pp. 147 – 170.

[7] Ades A., Di Tella R. Rents, "Competition, and Corruption", *American Economic Review*, Vol. 89, No. 4, 1999, pp. 982 – 993.

[8] Gao F., Faff R., Navissi F., "Corporate Philanthropy: Insights from the 2008 Wenchuan Earthquake in China", *Pacific Basin Finance Journal*, Vol. 20, No. 3, 2012, pp. 363 – 377.

善捐赠被视为可以提升社会福利、建立并强化与政府间积极关系的一种合法策略,而政府也会基于企业在社会慈善事业层面的付出给予企业相应的支持与照顾,这也被学者界定为企业与政府间的"互利关系"①,而基于企业与政府之间的这种双向互利关系,还会给企业形成"无形的关系资本"(Relationship-based intangible assets)并产生类似保险保护(Insurance-like protection)的作用②,这些都将服务于企业的发展战略。

市场约束和政治约束都属于外部约束,成本约束则是企业经营过程中的内部约束,企业慈善捐赠可以通过提升企业员工的劳动生产率而降低企业的生产成本。企业开展慈善捐赠活动一方面可以帮助企业所在地提升区域环境甚至区域竞争力③;另一方面可以帮助企业塑造优质的企业形象并对外传递正向的企业财务信号,这些将帮助企业吸引到优质的雇员④,优质雇员的优越工作能力和技能水平再加上企业通过慈善捐赠及其他承担社会责任的所形塑的较高道德水平对员工职业道德的激发将会提升员工的绩效,从而降低成本并促进企业生产率的提升⑤,由此可见,企业慈善捐赠的战略价值不仅体现在应对外部约束层面,同时也可能是一

---

① Jia M., Xiang Y., Zhang Z., "Indirect Reciprocity and Corporate Philanthropic Giving: How Visiting Officials Influence Investment in Privately Owned Chinese Firms", *Journal of Management Studies*, Vol. 56, No. 2, 2019, pp. 372–407.

② Godfrey P. C., "The Relationship Between Corporate Philanthropy and Shareholder Wealth: A Risk Management Perspective", *Academy of management review*, Vol. 30, No. 4, 2005, pp. 777–798.

③ Porter M. E., Kramer M. R., "The Competitive Advantage of Corporate Philanthropy", *Harvard Business Review*, Vol. 80, No. 12, 2002, pp. 5–16.

④ Turban D. B., Greening D. W., "Corporate Social Performance and Organizational Attractiveness to Prospective Employees", *Academy of Management Journal*, Vol. 40, No. 3, 1996, pp. 658–672. Davis K., "The Case for and Against Business Assumption of Social Responsibilities", *The Academy of Management Journal*, Vol. 16, No. 2, 1973, pp. 312–322. Fombrun C., Shanley M., "What's in A Name? Reputation Building and Corporate Strategy", *The Academy of Management Journal*, Vol. 33, No. 2, 1990, pp. 233–258.

⑤ Chen M. H., "Understanding the Hospitality Philanthropy-Performance Link: Demand and Productivity Effects", *International Journal of Hospitality Management*, Vol. 80, 2019, pp. 166–172. 卢正文:《企业慈善捐赠、员工反应与收入增长的实证研究》,《管理学报》2017年第2期。

种应对内部约束的策略。

二 委托代理理论

委托代理理论伴随着企业经营过程中所有权与管理权分离而产生。Jensen 和 Meckling[1] 基于财产权利、代理，以及从财务角度出发开展企业所有权结构理论的分析并提出了委托代理理论。Jensen 和 Meckling 将代理关系界定为一个或多个委托人（Principles）通过合同的方式委托给代理人（Agents）代表他们执行某些事务，也将一些决策权授予代理人。在此基础上，他们提出"如果关系的双方都是效用最大化者，那么有充分的理由相信代理人并不总是以委托人的最佳利益行事"[2]。这一理论关注的是：所有权与管理权分离情境下，管理者对所有者权益的背离。委托人将企业的管理权委托给代理人，其目的在于提升企业经营绩效并实现自己的效用最大化，但是代理人在管理企业的过程中会追求满足自己的效用，比如，他们会为自己营造更大、更舒适的办公环境，出差时乘坐飞机的头等舱并且住好的酒店，但是这些对于企业来说都是经营中的额外成本，并且会损害企业所有者的权益。

基于委托代理的视角，企业开展慈善捐赠并不是为了企业的生存与发展，而是管理者为了实现或提升个人效用的策略。Jensen 和 Meckling 在文中提到企业管理者开展慈善捐赠是为了赢得社区精英的认可，同时也提升了个人声誉，但是企业的捐赠行为不会对企业的经营产生明显的改善作用，所以企业的慈善捐赠更大程度上是管理者为了实现个人效用的一种代理成本，而开展慈善捐赠本身产生的成本和企业为了管理慈善捐赠而专门成立的部门都会导致额外的经营管理成本，因此在委托代理视角下，企业慈善捐赠是一种对企业没有助益甚至会侵害企业利益、委托人利益的"代理成本"。

在中国除了企业所有者与企业管理者利益不一致引发的"第一类代

---

[1] Jensen M. C., Meckling W. H., "Theory of the Firm: Managerial Behavior, Agency Costs and Ownership Structure", *Journal of Financial Economics*, No. 3, 1976, pp. 305 – 360.

[2] Kim W. G., Zhong J., Chen M. H., et al., "Risk-Adjusted Performance of Three Restaurant Segments in the USA", *Tourism Economics*, Vol. 15, No. 1, 2009, pp. 139 – 152.

理成本"外，还有由大股东侵占小股东利益所导致的"第二类代理成本"。欧美国家企业的股权高度分散，因此大股东控股被视为对管理者的有效监督机制，但是我国企业股权呈现高度集中的特点①，由此诱发了第二类代理问题，即大股东对小股东权益的侵占，这种侵占表现为：终极控股股东可以通过较小的现金流权获得较大控制权，从而诱发大股东侵占企业与小股东利益、外部监控被削弱、公司价值降低等问题。贾明和张喆②提到由于控制性股东的现金流权被稀释得很小，所以捐赠上市企业资产对控股股东价值损失的影响比较小，因此，控制性股东可能为了特定利益而捐赠上市企业的资产。

三 制度理论

以制度理论的视角分析企业慈善捐赠同群效应，则企业慈善捐赠的同群效应是制度同构的结果。DiMaggio 和 Powell[3] 指出制度同构通过三种机制实现，即强制同构、模仿同构以及规范同构。根据第二章第一节概念界定中对规范同构的界定得知规范同构指的是专业化层面的同构，如企业在新技术、行业规范等层面的行动趋同。而慈善捐赠不涉及企业的专业化发展，所以本书将着重分析企业慈善捐赠是否通过强制同构和模仿同构机制形成同群效应。

制度的三大基础要素是：文化—认知性、规范性、规制性要素，这三大要素构成了由无意识的、理所当然的要素到有意识的、依法实施的要素的连续体（见图 1-2）④。文化—认知性要素决定了人们对社会实在的共同理解，而认知在外部文化符号和个体反应之间起到中介作用，文化决定了特定社会中群体对特定行为的主观理解；规范性要素是一种约

---

① 左晶晶、唐跃军、眭悦：《第二类代理问题、大股东制衡与公司创新投资》，《财经研究》2013 年第 4 期。

② 贾明、张喆：《高管的政治关联影响公司慈善行为吗?》，《管理世界》2010 年第 4 期。

③ DiMaggio P. J., Powell W. W., "The Iron Cage Revisited: Institutional Isomorphism and Collective Rationality in Organizational Fields", American Sociological Review, Vol. 48, No. 21, 1983, pp. 147-160.

④ [美] W. 理查德·斯科特：《制度与组织：思想观念、利益偏好与身份认同》（第 4 版），姚伟等译，中国人民大学出版社 2020 年版。

束性期待，包括价值观以及规范，并界定了追求价值目标的合法手段；规制性要素是一种规制性规则，通过规则、法律以及奖惩强制扩散[1]。制度并不是只有一种形式，三大基础要素通过组合和变化会形成不同的制度形式，不同的制度形式会形成外部压力影响组织的结构和组织的行为[2]。

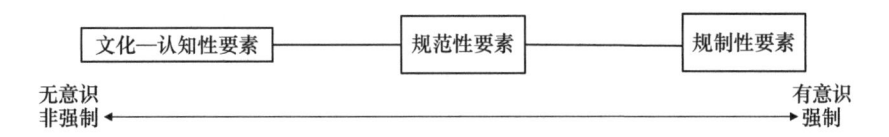

```
┌──────────────┐   ┌──────────┐   ┌──────────┐
│ 文化—认知性要素 │───│ 规范性要素 │───│ 规制性要素 │
└──────────────┘   └──────────┘   └──────────┘
 无意识                                     有意识
 非强制 ◄─────────────────────────────────► 强制
```

图 1-2　制度的基础构成要素

资料来源：笔者根据文献绘制。

与制度密切相关的概念是合法性，Suchman[3]将"合法性"界定为社会行动主体遵循社会规范、价值观、信仰以及定义所开展的，被公众需要和接受的行为。合法性反映了特定社会群体对组织这一行动主体的期望，当组织的行为获得合法性，也就代表他们的行为符合社会群体对他们的期望，社会群体倾向于支持并提供资源给符合他们期望的组织，并且公众也倾向于认为这些符合期望的组织是更具有价值并且更值得信赖的[4]。合法性影响着组织的永续性和稳定性，因而谋求合法性和谋求利益一样，是驱动组织采取不同行动的重要因素[5]。

从制度构成的基础要素层面分析企业慈善捐赠，既可以从制度的文

---

[1] [美] W. 理查德·斯科特：《制度与组织：思想观念、利益偏好与身份认同》（第 4 版），姚伟等译，中国人民大学出版社 2020 年版。

[2] Dacin M. T., "Isomorphism in Context: The Power and Prescription of Institutional", *The Academy of Management Journal*, Vol. 40, No. 1, 1997, pp. 46-81. Oliver C., "Strategic Responses to Institutional Processes", *The Academy of Management Review*, Vol. 16, No. 1, 1991, pp. 145-179.

[3] Suchman M. C., "Managing Legitimacy: Strategic and Institutional Approaches", *The Academy of Management Review*, Vol. 20, No. 3, 1995, pp. 571-610.

[4] Suchman M. C., "Managing Legitimacy: Strategic and Institutional Approaches", *The Academy of Management Review*, Vol. 20, No. 3, 1995, pp. 571-610.

[5] Oliver C., "Strategic Responses to Institutional Processes", *The Academy of Management Review*, Vol. 16, No. 1, 1991, pp. 145-179.

化—认知性要素和规范性要素层面，也可以从规制性要素层面。文化会影响群体共识，是合法性的重要根基，整个社会的文化传统将决定在该社会中规范性要素和规制性要素的合法性基础。在不同文化环境下的群体对组织的同一个行为会形成不同的认知，慈善捐赠作为一种自愿行为，社会公众对其的认知、态度和情感基本是由文化传统决定的；企业慈善捐赠不同于个人慈善捐赠，企业开展慈善捐赠是将本应属于投资者的收益用于社会公益事业，判断这样的行为是否合法合理就取决于价值观的规范性要素；一个国家的法律、法规以及政策如何界定企业慈善捐赠行为则属于规制性要素。由此可见，从制度层面理解企业慈善捐赠行为需要结合制度的三大基础要素。

强制性同构、模仿性同构以及规范性同构也是由以上制度要素组合而成的正式制度或非正式制度对组织产生影响而导致组织结构、行动趋同。值得注意的是，规范既是制度的基础构成要素，也是制度同构的重要机制，所以需要对作为要素的规范和作为同构机制的规范进行区分。作为要素的规范，其内涵在于伦理道德，更多的是公众对于行为主体应该如何行为的价值判断，而作为同构机制的规范则是指同一行业内的企业采用新的技术、新的管理方法或是新的行业规范以提升该行业的专业性，该行业的其他企业也会通过效仿来维护企业的专业属性，所以，作为要素的规范与作为同构机制的规范内涵与适用范围完全不同。

基于强制性同构机制分析企业慈善捐赠同群效应，需要分析影响慈善捐赠同群效应的制度因素有哪些。在特定文化共识下，规制的合法性源于强制程度较高的法律、法规、政策，也在于强制水平相对较低的政府倡导。规制性要素涉及行为主体在行动中的理性选择，也就是说当行动主体选择与规制性要素要求一致的行为时，行动主体一方面可以避免受到惩罚，另一方面可能因此得到奖励。在我国《企业法》中囊括了要求企业承担社会责任的条款，也从税收层面给予企业慈善捐赠以免税政策，同时政府也会通过正式、非正式渠道号召企业开展慈善捐赠活动，政府号召或政府倡导将形成一定的制度压力推动企业开展慈善捐赠活动，在公众期待和政府号召的背景下，开展慈善捐赠的企业越来越多，同行业捐赠企业数量、捐赠水平的增加就会引起行业内没开展捐赠的企业开展慈善捐赠并提升捐赠水平。考虑到促使企业开展慈善捐赠的制度因素不是法律、法规的强制规定①，而是在社会文化共识和政府期望影响下所形成的制度压力导致的同构，因此本书将其界定为"半强制性同构"，半强制性同构在强度上比强制性同构弱，但是仍然属于由制度压力驱动的企业慈善捐赠行为趋同。

基于模仿同构机制分析企业慈善捐赠同群效应，则可知慈善捐赠同群效应产生的过程主要涉及制度的文化—认知性要素与规范性要素。在DiMaggio和Powell②模仿同构机制主要关注外部环境不确定性下，行动主体通过模仿同群其他主体的决策、行为来应对决策、行动结果的不确定性。在不确定性环境下，行动主体的决策和行动仍然会遵循由文化建构的行为图式，在同一文化背景下，行动者的决策和行动还会受到价值观的影响。企业开展慈善捐赠可以塑造良好的企业形象，可以赢得政府的支持，所以在不确定性环境中，企业可能通过模仿其他企业的捐赠行为来应对不确定性。

行动主体的模仿行为不一定是为了应对不确定性，正如Lieberman和Asaba③提出：行动主体模仿其他同类的决策可能是为了学习，也可能是为了维持竞争地位。企业基于学习的模仿是为了获得更好的绩效表现，而基于维持竞争地位的模仿则是为了不让自己在竞争中处于劣势。慈善捐赠可能会提升企业绩效，同时慈善捐赠也是企业维持与政府良好互动关系的重要策略，因此企业可能基于学习模仿同行业其他企业的捐赠行为，也可能为了维持目前的竞争地位来开展慈善捐赠活动。

---

① 相较于企业慈善捐赠，诸如员工权益、环境保护等企业社会责任的具体构成，都从法律上进行了规定，如果违反法律，企业面临着受到处罚甚至起诉的风险，而企业是否开展慈善捐赠则相对有较多的自主权。

② DiMaggio P. J., Powell W. W., "The Iron Cage Revisited: Institutional Isomorphism and Collective Rationality in Organizational Fields", *American Sociological Review*, Vol. 48, No. 21, 1983, pp. 147–160.

③ Lieberman M. B., Asaba S., "Why Do Firms Imitate Each Other?", *Academy of Management Review*, Vol. 31, No. 2, 2006, pp. 366–385.

第三节 现有研究回顾与述评

一 企业慈善捐赠研究回顾

企业慈善捐赠的利他属性与企业营利目标之间的不一致引发了诸多研究对企业慈善捐赠的关注,研究者们致力于通过系统性研究分析驱动并影响以利润最大化为目标的企业开展慈善捐赠的因素。现有研究主要基于以下理论对企业慈善捐赠的动机和驱动因素进行:一是基于企业公民理论的利他性动机;二是基于委托代理理论的管理者效用动机;三是基于企业战略理论的企业自利动机。

(一)基于企业公民理论的利他性企业慈善捐赠

Carroll[1]提出企业慈善捐赠是企业选择成为一个好的企业公民而承担的责任。企业公民不是一个新概念[2],"公民"一词源于政治学,也构成了企业公民概念的核心。"公民"关注的是社会所有成员的权利和责任,权利和责任相互依存[3]。企业公民指企业是拥有权利和责任的法人实体,实际是其所在国的公民[4]。20世纪90年代开始学术界关于"企业公民"的研究越来越多,但是企业公民概念尚未达成共识。而这部分研究重点在论述企业应该承担社会责任,积极开展慈善捐赠,但是并不关注企业慈善捐赠是否以及如何对企业财务绩效产生影响。

Matten等[5]对企业公民概念进行三个层面的界定:(1)狭义层面"企业公民"概念近似于企业慈善,是企业致力于改善所处社区而承担的特

---

[1] Carroll A. B., "The Pyramid of Corporate Social Responsibility: Toward the Moral Management of Organizational Stakeholders", *Business Horizons*, 1991, July-August, pp. 39 – 48.

[2] Davis, K., "Can Business Afford to Ignore Corporate Social Responsibilities?", *California Management Review*, No. 2, 1960, pp. 70 – 76.

[3] Waddell S., "New Institutions for the Practice of Corporate Citizenship: Historical, Intersectoral, and Developmental Perspectives", *Business and Society Review*, Vol. 105, No. 1, 2000, pp. 107 – 126.

[4] Marsden C., "The New Corporate Citizenship of Big Business: Part of The Solution to Sustainability", *Business and Society Review*, Vol. 105, No. 1, 2000, pp. 9 – 25.

[5] Matten D., Crane A., Chapple W., "Behind De Mask: Revealing the True Face of Corporate Citizenship", *Journal of Business Ethics*, Vol. 45, 2003, pp. 109 – 120.

定社会责任（或社会投资）。（2）"企业公民"等同于企业社会责任，Carroll[①]对企业公民和企业社会责任的界定都包含了四个维度：经济、法律、道德以及慈善。Carroll[②]提出由于企业公民的概念与对企业社会责任的界定重合，"企业公民"应该是基于企业在社会中所承担责任而衍生出来的新概念。（3）扩展的"企业公民"概念，以全球化为背景，Matten等[③]提出企业应该在政府无法保护其公民权利的情境下，承担起保护公民权利的责任（Matten也提到这未必是社会发展所需要的，因为企业的权力和影响力会扩大化）。

企业拥有超过普通公民的权利和资源，所以企业如果参与社会活动应该履行类似于政府的责任，而不是普通公民的责任[④]，而对社会公益事业的支持正是企业作为企业公民承担责任的表现[⑤]。基于企业公民理论，企业开展慈善活动是企业承担与权利相对应的责任，企业慈善捐赠不是企业必然要承担的责任，而是企业基于自愿基础上将资源用于社会公益事业，用于提升人类生活质量，所以履行慈善义务的企业被视为好的企业公民[⑥]。

企业捐赠是否是基于利他动机很难进行界定和验证，在实证领域关注企业慈善捐赠的利他动机的研究比较少，现有研究主要从宗教影响力

[①] Carroll A. B., "The Pyramid of Corporate Social Responsibility: Toward the Moral Management of Organizational Stakeholders", *Business Horizons*, 1991, July-August, pp. 39 – 48. Carroll A. B., "The Four Faces of Corporate Citizenship", *Business and Society Review*, Vol. 100/101, 1998, pp. 1 – 7.

[②] Carroll A. B., "Corporate Social Responsibility: Evolution of A Definitional Construct", *Business & Society*, Vol. 38, No. 3, 1999, pp. 268 – 295.

[③] Matten D., Crane A., Chapple W., "Behind De Mask: Revealing the True Face of Corporate Citizenship", *Journal of Business Ethics*, Vol. 45, 2003, pp. 109 – 120.

[④] Matten D., Crane A., Chapple W., "Behind De Mask: Revealing the True Face of Corporate Citizenship", *Journal of Business Ethics*, Vol. 45, 2003, pp. 109 – 120.

[⑤] Saiia D., "Corporate Citizenship and Corporate Philanthropy: Strategic Philanthropy Is Good Corporate Citizenship", *Journal of Corporate Citizenship*, No. 2, 2001, pp. 1 – 19.

[⑥] Carroll A. B., "The Pyramid of Corporate Social Responsibility: Toward the Moral Management of Organizational Stakeholders", *Business Horizons*, 1991, July-August, pp. 39 – 48. Saiia D., "Corporate Citizenship and Corporate Philanthropy: Strategic Philanthropy Is Good Corporate Citizenship", *Journal of Corporate Citizenship*, No. 2, 2001, pp. 1 – 19.

和管理者道德感两个方面进行分析。Du 等[1]指出企业利益相关者理论与宗教教义一样都倡导承担责任，而宗教会通过影响个人的心理和行为影响企业捐赠，在文章中他们提到佛教关注生产（Production）、分配（Distribution）和交换（Exchange）过程中的社会和环境责任，而不是纯粹的物质享乐（Purely material pleasures）。以《道德经》为例，道教重视慈善的思想和行为，并提出在宗教氛围鲜明的城市，企业会更慷慨且更倾向于捐赠也捐得更多。他们用 2004—2010 年 A 股上市企业数据开展实证研证实：宗教氛围和企业慈善捐赠显著正相关。

有部分研究指出企业慈善捐赠的利他动机主要源于管理者的责任感和道德偏好[2]，而基于代理成本理论的研究者则将这种类型的捐赠行为归因于管理者为实现个人效用所进行的捐赠[3]，所以将在管理效用动机与影响因素部分进行回顾。

（二）基于委托代理理论的管理者效用动机

对企业慈善捐赠合理性的质疑以委托代理理论为基础，认为慈善捐赠是管理者实现个人效用的"代理成本"[4]，管理者开展慈善捐赠的决策会损害股东利益和企业利益。前文提到很多学者提出企业慈善捐赠的利

---

[1] Du X., Jian W., Du Y., et al., "Religion, the Nature of Ultimate Owner, and Corporate Philanthropic Giving: Evidence from China", *Journal of Business Ethics*, Vol. 123, No. 2, 2014, pp. 235 – 256.

[2] Sánchez C. M., "Motives for Corporate Philanthropy in El Salvador: Altruism Political Legitimacy", *Journal of Business Ethics*, Vol. 27, No. 4, 2000, pp. 363 – 375. Davis K., "Understanding the Social Responsibility Puzzle: What Does the Businessman Owe to Society?", *Business Horizons*, No. 10, 1967, pp. 45 – 50. Hoeffler S., Bloom P. N., Keller K. L., "Understanding Stakeholder Responses to Corporate Citizenship Initiatives: Managerial Guidelines and Research Directions", *Journal of Public Policy & Marketing*, Vol. 29, No. 1, 2010, pp. 78 – 88. Porter M. E., Kramer M. R., "How to Reinvent Capitalism—and Unleash a Wave of Innovation and Growth", *Harvard Business Review*, 2011, January-Feb, pp. 1 – 17.

[3] Bae J., Cameron G. T., "Conditioning Effect of Prior Reputation on Perception of Corporate Giving", *Public Relations Review*, Vol. 32, No. 2, 2006, pp. 144 – 150.

[4] Brown W. O., Helland E., Smith J. K., "Corporate Philanthropic Practices", *Journal of Corporate Finance*, Vol. 12, No. 5, 2006, pp. 855 – 877. Brammer S., Millington A., "Profit Maximisation Vs. Agency: An Analysis of Charitable Giving by UK Firms", *Cambridge Journal of Economics*, Vol. 29, No. 4, 2005, pp. 517 – 534.

他属性主要源于管理者的社会责任感或是利他倾向①，即当管理者是社会责任导向或利他导向的，管理者都倾向于开展慈善捐赠，就算慈善捐赠对企业经营没有助益或助益很小②。但是基于代理成本理论，研究者认为管理者开展慈善捐赠活动是为了实现管理者效用，而这是以牺牲股东及企业利益为代价的。管理者会通过捐款给当地的、广泛宣传的慈善项目来获得更高的个人声望，树立更好的个人形象或是获取社会精英对他们的支持③，管理者可能通过慈善捐赠来实现个人收入或（和）职位上的提升④。基于代理成本理论，很多研究者提出管理者开展慈善捐赠是为了实现个人效用，而Atkinson和Galaskiewicz⑤提出委托人对代理人进行监督比较困难。

　　基于实证研究结论，很多研究者认为驱动管理者们从事企业慈善的动力是为了满足自己对权力、地位、安全和声望的渴望，向非营利组织捐赠是首席执行官（CEO）的一种策略，以获得当地商业精英的认可和尊重⑥。

---

① Sánchez C. M., "Motives for Corporate Philanthropy in El Salvador: Altruism Political Legitimacy", *Journal of Business Ethics*, Vol. 27, No. 4, 2000, pp. 363–375. Hoeffler S., Bloom P. N., Keller K. L., "Understanding Stakeholder Responses to Corporate Citizenship Initiatives: Managerial Guidelines and Research Directions", *Journal of Public Policy & Marketing*, Vol. 29, No. 1, 2010, pp. 78–88. Davis K., "Understanding the Social Responsibility Puzzle", *Business Horizons*, Vol. 10, No. 4, 1967, pp. 45–50.

② Frey B. S., Meier S., "Pro-Social Behavior in A Natural Setting", *Journal of Economic Behavior and Organization*, Vol. 54, No. 1, 2004, pp. 65–88.

③ Atkinson L., Galaskiewicz J., "Stock Ownership and Company Contributions to Charity", *Administrative Science Quarterly*, Vol. 33, No. 1, 1988, p. 82. Brown, Prudence, "Money for Change: Social Movement Philanthropy at Haymarket People's Fund Susan A. Ostrander", *Social Service Review*, Vol. 71, No. 3, 1997, pp. 501–503. Haley U. C. V., "Corporate Contributions as Managerial Masques: Reframing Corporate Contributions as Strategies to Influence Society", *Journal of Management Studies*, No. 5, 1991 (September), pp. 485–509.

④ Seifert B., Morris S. A., Bartkus B. R., "Having, Giving, and Getting: Slack Resources, Corporate Philanthropy, and Firm Financial Performance", *Business & Society*, Vol. 43, No. 2, 2004, pp. 135–161.

⑤ Atkinson L., Galaskiewicz J., "Stock Ownership and Company Contributions to Charity", *Administrative Science Quarterly*, Vol. 33, No. 1, 1988, p. 82.

⑥ Atkinson L., Galaskiewicz J., "Stock Ownership and Company Contributions to Charity", *Administrative Science Quarterly*, Vol. 33, No. 1, 1988, p. 82.

Campbell 等[1]指出管理者会以利他主义捐赠为手段来转移企业资源,进而获取当地社会精英的认可。Galaskiewicz[2]验证了企业慈善捐赠是一种社会货币,即企业的 CEO 们通过向非营利组织捐赠的策略来获取社会精英的支持。Atkinson 和 Galaskiewicz[3]研究显示如果 CEO 们或其他一些个人持有企业大量股份,则企业的捐赠额就比较低。Haley[4]指出慈善捐赠可以提高管理者的社会地位、自我形象和声誉,而根据代理理论,企业慈善捐赠会为 CEO 带来好处而不为股东创造利益。

管理者倾向于按自己的慈善偏好来开展捐赠活动,并通过慈善捐赠活动提升他们自己的个人声誉和社交地位,所以企业慈善捐赠常常反映出利益相关者与管理者之间的矛盾[5]。Brown 等[6]研究显示代理成本理论在解释财富 500 的慈善捐赠层面占有主要地位,他的研究指出虽然慈善捐赠跟广告支出正相关,但更值得注意的是:慈善捐赠和董事会规模显著正相关,同时与资产负债率显著负相关,所以英国企业的慈善捐赠更大程度上是一种代理成本;Chen 和 Lin[7]研究显示对餐旅企业而言,价值提升理论和代理成本都可以用来解释企业慈善捐赠活动;Masulis 和 Reza[8]研究显示有 62% 的企业捐赠捐给了跟 CEO 有关的慈善机构,而这种捐赠大多发生在 CEO 财务利益与股东不一致的企业;CEO 们还会投机地

---

[1] Campbell L., Gulas C. S., Gruca T. S., "Corporate Giving Behavior and Decision-Maker Social Consciousness", *Journal of Business Ethics*, Vol. 19, No. 4, 1999, pp. 375 – 383.

[2] Galaskiewicz J., Burt R. S., "Interorganization Contagion in Corporate Philanthropy", *Administrative Science Quarterly*, Vol. 36, No. 1, 1991, pp. 88 – 105.

[3] Atkinson L., Galaskiewicz J., "Stock Ownership and Company Contributions to Charity", *Administrative Science Quarterly*, Vol. 33, No. 1, 1988, p. 82.

[4] Haley U. C. V., "Corporate Contributions as Managerial Masques: Reframing Corporate Contributions as Strategies to Influence Society", *Journal of Management Studies*, No. 5, 1991 (September), pp. 485 – 509.

[5] Masulis R. W., Reza S. W., "Agency Problems of Corporate Philanthropy", *Review of Financial Studies*, Vol. 28, No. 2, 2014, pp. 592 – 636.

[6] Brown W. O., Helland E., Smith J. K., "Corporate Philanthropic Practices", *Journal of Corporate Finance*, Vol. 12, No. 5, 2006, pp. 855 – 877.

[7] Chen M. H., Lin C. P., "Understanding Corporate Philanthropy in the Hospitality Industry", *International Journal of Hospitality Management*, No. 48, 2015, pp. 150 – 160.

[8] Masulis R. W., Reza S. W., "Agency Problems of Corporate Philanthropy", *Review of Financial Studies*, Vol. 28, No. 2, 2014, pp. 592 – 636.

将大额捐赠转移到基金会,而这种转移减少了股东的现金流量权;由此可见,企业慈善捐赠有可能是 CEO 用来为自己利益服务的策略,而这种行为将会损害外部股东利益,进而造成股价下跌最终影响企业财务绩效表现。

(三) 基于企业战略理论的企业自利动机

Adams 和 Hardwick[1]指出：相较于慈善捐赠的纯利他属性,慈善捐赠更多被视为一种投资形式,而企业开展慈善捐赠可以满足不同利益相关者群体的期望,提出了企业慈善捐赠是一种"战略性慈善"。Sánchez[2] 总结企业会为了直接提升财务绩效而开展慈善捐赠,也可能为了实现政治和政策的影响力而开展慈善捐赠,这两者都被视为企业开展慈善捐赠的战略动机。王鲜萍[3]以外国研究为基础分析了企业开展慈善捐赠对企业参与市场竞争的积极作用。钟宏武[4]则总结了慈善捐赠在助益企业财务绩效层面的"直接机制"和"间接机制"。

1. 基于营销策略的企业慈善捐赠

1950 年以前,欧美企业开展慈善捐赠被视为不合法的[5]。伴随着企业社会环境变化、企业实践多元化,近些年企业如果不开展慈善活动被视为不合法的[6],而企业也将通过慈善捐赠获得长期收益[7]。Johnson[8] 提出企业开展慈善捐赠并非仅仅是一种利他行为,而是企业基于利润最大化

---

[1] Adams M., Hardwick P., "An Analysis of Corporate Donations: United Kingdom Evidence", *Journal of Management Studies*, Vol. 35, No. 5, 1998, pp. 641 – 654.

[2] Sánchez C. M., "Motives for Corporate Philanthropy in El Salvador: Altruism Political Legitimacy", *Journal of Business Ethics*, Vol. 27, No. 4, 2000, pp. 363 – 375.

[3] 王鲜萍:《慈善捐赠在企业竞争中的作用》,《经济导刊》2005 年第 12 期。

[4] 钟宏武:《企业捐赠作用的综合解析》,《中国工业经济》2007 年第 2 期。

[5] Cowton C. J., "Corporate Philanthropy in the United Kingdom", *Journal of Business Ethics*, No. 6, 1987, pp. 553 – 558. Friedman M., "The Social Responsibility of Business Is to Increase Its Profit", *New York Times Magazine*, 1970, pp. 173 – 178.

[6] Gautier A., Pache A. C., "Research on Corporate Philanthropy: A Review and Assessment", *Journal of Business Ethics*, Vol. 126, No. 3, 2015, pp. 343 – 369.

[7] Davis K., "The Case for and Against Business Assumption of Social Responsibilities", *The Academy of Management Journal*, Vol. 16, No. 2, 1973, pp. 312 – 322.

[8] Johnson O., "Corporate Philanthropy: An Analysis of Corporate Contributions", *The Journal of Business*, Vol. 39, No. 4, 1966, pp. 489 – 504.

而做的理性决策。Fry 等[1]探讨了企业慈善捐赠是利他还是为了企业利润，并得出企业捐赠是企业基于利润最大化目的而采取的营销策略这一结论。一直以来对企业捐赠是利他还是自利的探讨，都离不开企业捐赠是企业自愿承担社会责任的自主性选择还是企业为了利益最大化的策略性选择。基于营销的观点，企业捐赠被视为一种品牌区别化策略[2]，通过捐赠可以树立企业是有社会责任感的企业，进而可以赢得消费者的青睐[3]。

Dienhart[4] 提出慈善与投资是一致的，甚至在某些情况下是互补的。企业捐赠是一种和广告类似的投资，是企业为了实现利益最大化的一种策略。他将慈善捐赠界定为慈善投资（Charitable investment）。Navarro[5]基于需求侧考虑，提出拥护利益最大化理论的管理者会策略性地将企业慈善捐赠作为营销策略的一部分来直接提高产品的销售额，或是提升企业形象：通过增加一些顾客青睐的声誉属性来改变或降低顾客的产品需求曲线进而增加收入。在文章中，Navarro 用实证研究证明了企业慈善捐赠的营销动机。而后，很多研究者也论证了企业会通过慈善捐赠来树立企业形象、提高企业声誉并增加客户忠诚度，通过塑造有社会责任感的企业形象来增加与其他企业竞争的资本[6]。

Schwartz[7] 提出企业捐赠是企业营销的一种补充，一些在营销层面支出更多的企业在捐赠层面的支出也更多，而对于大多数企业来说两者互

---

[1] Fry L. W., Keim G. D., Meiners R. E., "Corporate Contributions: Altruistic or for Profit?", *Academy of Management Journal*, Vol. 25, No. 1, 1982, pp. 94–106.

[2] Rajan P., Menon V., Menon A., "Cause-Related Marketing: A Coalignment of Marketing Strategy and Corporate Philanthropy", *Journal of Marketing*, Vol. 52, No. 3, 1988, pp. 58–74.

[3] Navarro P., "Why Do Corporations Give to Charity?", *The Journal of Business*, Vol. 61, No. 1, 1988, p. 65.

[4] Dienhart J. W., "Charitable Investments: A Strategy for Improving the Business Environment", *Journal of Business Ethics*, Vol. 7, 1988, pp. 63–71.

[5] Navarro P., "Why Do Corporations Give to Charity?", *The Journal of Business*, Vol. 61, No. 1, 1988, p. 65.

[6] Zhang R., Rezaee Z., Zhu J., "Corporate Philanthropic Disaster Response and Ownership Type: Evidence from Chinese Firms' Response to the Sichuan Earthquake", *Journal of Business Ethics*, Vol. 91, No. 1, 2009, pp. 51–63.

[7] Schwartz R. A., "Corporate Philanthropic Contributions", *The Journal of Finance*, Vol. 23, No. 3, 1968, pp. 479–497.

为替代。Brammer 和 Pavelin[1]基于价值提升理论的研究指出英国企业的慈善捐赠主要受到价值提升的驱动，企业在营销领域投入越多越倾向开展慈善捐赠，可见性越高的企业越倾向开展慈善捐赠。Brown 等[2]基于价值提升理论对财富 500 强企业的研究显示，财富 500 强企业的营销支出与慈善捐赠显著正相关，这一研究结论支持企业开展慈善捐赠受到价值提升动机驱动。山立威等[3]的研究指出企业会基于企业本身的经济利益选择捐赠方式和捐赠数额。Lev 等[4]的研究显示美国企业慈善捐赠与企业营业收入增长率之间存在格兰杰因果关系。Zhang 等[5]以 2008 年汶川地震为背景，研究了上市企业慈善捐赠与营销支出的关系，研究结论显示营销支出越高的上市企业更倾向于在灾后提供慈善捐赠并且也捐得更多，而处于竞争激烈行业里的企业表现更为突出。

2. 基于资源依赖理论的企业慈善捐赠

Pfeffer 和 Salancik[6]的著作 "*The External Control of Organizations: A Resource Dependence Perspective*" 面世，资源依赖理论也就成为组织研究领域里一个非常有影响力的理论。资源依赖理论将企业视为一个开放的系统，并认为企业运营行为受到外部环境不确定性的影响，而管理者可以通过控制核心资源来降低外部环境不确定性的影响和企业对外部环境的依赖。Pfeffer 和 Salancik[7]提出资源依赖理论和组织间关系的基本论述：

---

[1] Brammer S., Pavelin S., "Corporate Community Contributions in the United Kingdom and the United States", *Journal of Business Ethics*, Vol. 56, No. 1, 2005, pp. 15 – 26.

[2] Brown W. O., Helland E., Smith J. K., "Corporate Philanthropic Practices", *Journal of Corporate Finance*, Vol. 12, No. 5, 2006, pp. 855 – 877.

[3] 山立威、甘犁、郑涛：《公司捐款与经济动机——汶川地震后中国上市公司捐款的实证研究》，《经济研究》2008 年第 11 期。

[4] Lev B., Petrovits C., Radhakrishnan S., "Is Doing Good Good for You? How Corporate Charitable Contributions Enhance Revenue Growth", *Strategic Management Journal*, Vol. 31, No. 2, 2010, pp. 182 – 200.

[5] Zhang R., Zhu J., Yue H., et al., "Corporate Philanthropic Giving, Advertising Intensity, and Industry Competition Level", *Journal of Business Ethics*, Vol. 94, No. 1, 2010, pp. 39 – 52.

[6] Pfeffer J., Salancik G. R., "The External Control of Organizations: A Resource Dependence Perspective", New York: Harper and Row Publishers, 1978, p. 300.

[7] Pfeffer J., Salancik G. R., *The External Control of Organizations: A Resource Dependence Perspective*, New York: Harper and Row Publishers, 1978, pp. 26 – 27.

"第一，组织是理解企业间关系和社会的基本单位；第二，组织并不是自治的，组织受到与其他组织形成的相互依存的网络关系的限制；第三，当组织相互依存的关系与那些组织赖以生存的外部不确定性联结在一起时，企业是否能继续存活，是否能取得成功就充满了不确定性；第四，当企业存活与成功面临不确定性时，企业倾向于采取行动管理外部依存关系，即使这些行动不可能完全成功并且会形成新的相互依存模式；第五，这些相互依存的模式将促生组织内（Interorganizational）和组织间（Intraorganizational）的权力关系（Power），而这些权力关系将会影响组织行为。"

基于资源依赖理论，慈善捐赠被视为企业与政府建立并维持联结的一种策略，也被界定为慈善捐赠的政治动机[1]。政府是企业的重要利益相关者，即使从世界范围来看，企业的政治关联也是一种普遍现象，政治关联在研究中被界定为企业与政府的联结，现有的一些研究以企业高管（曾）在政府部门任职表示政治关联[2]。政治关联可以为企业带来政策层面的照顾；通过政治关联，企业更容易获得银行贷款，也更容易获得政府补贴；有政治关联的企业还可能会获得一个相对宽松的监管环境；甚至在有的国家，企业可以通过建立政治关联使竞争对手处在更严厉的监管环境中[3]，所以政治关联是企业通过建立与政府的良好关系来降低环境的不确定对企业发展的影响，而慈善捐赠被视为一种建立政治联结的有效途径。

Navarro[4]基于利润最大化理论提出了企业可能通过慈善捐赠来谋求政府政策上的照顾，比如税收优惠、相对宽松的管制环境。现有研究证

---

[1] Sánchez C. M., "Motives for Corporate Philanthropy in El Salvador: Altruism Political Legitimacy", *Journal of Business Ethics*, Vol. 27, No. 4, 2000, pp. 363 – 375.

[2] Faccio M., "Politically Connected Firms", *The American Economic Review*, Vol. 96, No. 1, 2006, pp. 369 – 386.

[3] Fisman R., "Estimating the Value of Political Connections", *The American Economic Review*, Vol. 91, No. 4, 2001, pp. 1095 – 1102.

[4] Navarro P., "Why Do Corporations Give to Charity?", *The Journal of Business*, Vol. 61, No. 1, 1988, p. 65.

明，企业通过开展慈善捐赠活动来跟政府建立良好关系并获得政府支持[1]。Song 等[2]指出由于捐赠数据较难获取，所以在中国过去很少有研究关注企业慈善捐赠。2003 年，中国政府号召企业公布企业社会责任（CSR）报告，研究数据才逐渐变得容易获得；2008 年，上海证券交易市场要求上市企业公布 CSR 报告，再加上汶川地震后企业捐赠引发的关注热潮，引起了国内学术界对企业慈善捐赠的关注。Lin 等[3]指出在 2010 年中国社会捐赠的 2/3 来自企业捐赠，而同一时期美国的企业捐赠只占总捐赠的 5%；李亦楠[4]指出 2016—2018 年美国企业慈善捐赠只占捐赠总额的 5%，而中国企业慈善捐赠则占慈善捐赠总额的 60% 以上。很多学者在关注中美企业慈善捐赠差异的基础上，开展研究以理解中国企业慈善捐赠机制。

Ma 和 Parish[5]指出当出现合法性危机时，企业倾向于采取慈善捐赠作为公共关系策略进而建立政府关系。政治关联是中国学者研究企业慈善捐赠关注的重点之一[6]。张建君和张志学[7]基于资源依赖理论提出慈善

---

[1] Carroll A. B., "Corporate Social Responsibility: The Centerpieces of Competing and Complementary Frameworks", *Organizational Dynamics*, No. 44, 2015, pp. 87 – 96. Useem M., "Market and Institutional Factors in Corporate Contributions", *California Management Review*, 1988, Winter, pp. 77 – 88. Ma D., Parish W L., "Tocquevillian Moments: Charitable Contributions by Chinese Private Entrepreneurs", *Social Forces*, Vol. 85, No. 2, 2006, pp. 943 – 964.

[2] Song L., Wang J., Yao S., et al., "Market Reactions and Corporate Philanthropy: A Case Study of the Wenchuan Earthquake in China", *Journal of Contemporary China*, Vol. 21, No. 74, 2012, pp. 299 – 315.

[3] Lin K. J., Tan J., Zhao L., et al., "In the Name of Charity: Political Connections and Strategic Corporate Social Responsibility in A Transition Economy", *Journal of Corporate Finance*, No. 32, 2015, pp. 327 – 346.

[4] 李亦楠：《中美慈善捐赠结构比较研究》，《治理研究》2020 年第 6 期。

[5] Ma D., Parish W. L., "Tocquevillian Moments: Charitable Contributions by Chinese Private Entrepreneurs", *Social Forces*, Vol. 85, No. 2, 2006, pp. 943 – 964.

[6] He Y., Tian Z., "Government-Oriented Corporate Public Relation Strategies in Transitional China", *Management and Organization Review*, Vol. 4, No. 3, 2008, pp. 367 – 391. Wang H., Qian C., "Corporate Philanthropy and Corporate Financial Performance: The Roles of Stakeholder Response and Political Access", *Academy of Management*, Vol. 54, No. 6, 2011, pp. 1159 – 1181. Chan K. C., Feng X., "Corporate Philanthropy in A Politically Uncertain Environment: Does It Bring Tangible Benefits to A Firm? Evidence from China", *European Journal of Finance*, Vol. 25, No. 3, 2019, pp. 256 – 278.

[7] 张建君、张志学：《中国民营企业家的政治战略》，《管理世界》2005 年第 7 期。

捐赠可能是中国民营企业家的一种积极政治战略，民营企业家将政府放在特别重要的位置上，通过慈善捐赠跟政府建立长期的良性互动，进而获得政府支持。Ma 和 Parish[①] 用 1995 年中国私营企业数据开展实证研究并得出结论：由于中国政府在支撑社会公益事业发展层面的资源不充足，所以政府更倾向于让企业来分担发展公益事业所必需的资源压力。在这种情境下，中国私营企业倾向于对政府福利项目开展捐赠活动从而帮助私营企业的企业家获得并维持合法性地位。

贾明和张喆[②]、梁建等[③]及高勇强等[④]的研究也指出政治关联是促使企业开展慈善捐赠的重要因素，相较于国企与政府之间的天然关联关系，非国企更倾向于通过捐赠建立或强化政治联结。Su 和 He[⑤] 以中国 3837 家私营企业调查数据为样本进行研究并得出结论，中国私营企业开展慈善活动的目的在于培育政治联结以及更好地保护财产权利。Gao 等[⑥]指出在我国禁止"政府寻租"的社会制度下，企业慈善捐赠可能是企业寻求支付庇护的一种合法策略。戴亦一等[⑦]研究显示市长换届后，企业慈善捐赠的意愿和规模都会增加，这一研究结论证明了企业通过开展慈善捐赠或增加慈善捐赠来赢得新任政府官员的好感，进而在竞争中争夺有利地位。Li 等[⑧]研究显示我国的非国有上市企业倾向于通过企业捐赠建立或维护政治关联以期获得政府的支持，如获得实际的或承诺的补贴。

[①] Ma D., Parish W. L., "Tocquevillian Moments: Charitable Contributions by Chinese Private Entrepreneurs", *Social Forces*, Vol. 85, No. 2, 2006, pp. 943–964.

[②] 贾明、张喆:《高管的政治关联影响公司慈善行为吗?》,《管理世界》2010 年第 4 期。

[③] 梁建、陈爽英、盖庆恩:《民营企业的政治参与、治理结构与慈善捐赠》,《管理世界》2010 年第 1 期。

[④] 高勇强、何晓斌、李路路:《民营企业家社会身份、经济条件与企业慈善捐赠》,《经济研究》2011 年第 12 期。

[⑤] Su J., He J., "Does Giving Lead to Getting? Evidence from Chinese Private Enterprises", *Journal of Business Ethics*, Vol. 93, No. 1, 2009, pp. 73–90.

[⑥] Gao F., Faff R., Navissi F., "Corporate Philanthropy: Insights from the 2008 Wenchuan Earthquake in China", *Pacific Basin Finance Journal*, Vol. 20, No. 3, 2012, pp. 363–377.

[⑦] 戴亦一、潘越、冯舒:《中国企业的慈善捐赠是一种"政治献金"吗?——来自市委书记更替的证据》,《经济研究》2014 年第 2 期。

[⑧] Li S., Song X., Wu H., "Political Connection, Ownership Structure, and Corporate Philanthropy in China: A Strategic-Political Perspective", *Journal of Business Ethics*, Vol. 129, No. 2, 2015, pp. 399–411.

伴随着全球一体化，企业慈善捐赠被赋予了新的价值。Saiia 等[1]基于制度理论、利益相关者理论以及资源依赖理论提出：当社会收益成为衡量成功的标准时，企业慈善捐赠既是策略的也是战略的。Seifert 等[2]提出传统企业慈善捐赠被视为企业回馈社会的行为，企业可以通过慈善捐赠获得并维持合法性地位，进而为自身利益服务。Carroll[3] 提出在全球化背景下，企业在跨国经营过程中可以通过成为一个负责任的企业而获得在东道主国家的合法性地位。

二 企业行为的同群效应文献梳理

不同于以往研究主要关注企业基于自身资源特征和企业治理结构对企业财务决策的影响，近些年的研究逐渐开始关注企业基于"有限理性"的决策和行为，同群行为既可能是理性决策也可能是非理性决策[4]，所以企业行为的同群效应成为研究热点之一。现有研究显示，企业的资本结构、投资决策、融资决策、高管薪酬等都会受到同群企业的影响。

（一）企业资本结构的同群效应

企业的资本结构会受到同行业其他企业的影响。在过去很长一段时间内，对企业财务决策的研究基本上关注的都是基于企业基本面特征的财务决策，并且认为这些财务决策与行业内其他企业的同类型决策并不相关[5]。然而，近年来的研究发现企业的财务决策会受到同行业其他企业的影响[6]。

---

[1] Saiia D., "Corporate Citizenship and Corporate Philanthropy: Strategic Philanthropy Is Good Corporate Citizenship", *Journal of Corporate Citizenship*, No. 2, 2001, pp. 1 – 19.

[2] Seifert B., Morris S. A., Bartkus B. R., "Having, Giving, and Getting: Slack Resources, Corporate Philanthropy, and Firm Financial Performance", *Business & Society*, Vol. 43, No. 2, 2004, pp. 135 – 161.

[3] Carroll A. B., "Corporate Social Responsibility: The Centerpieces of Competing and Complementary Frameworks", *Organizational Dynamics*, No. 44, 2015, pp. 87 – 96.

[4] Chang E. C., Cheng J. W., Khorana A., "An Examination of Herd Behavior in Equity Markets: An International Perspective", *Journal of Banking & Finance*, No. 24, 2000, pp. 1651 – 1679.

[5] Leary M. T., Roberts M. R., "Do Peer Firms Affect Corporate Financial Policy?", *Journal of Finance*, Vol. 69, No. 1, 2014, pp. 139 – 178.

[6] Graham J. R., Harvey C. R., "The Theory and Practice of Corporate Finance: Evidence from the Field", *Journal of Financial Economics*, Vol. 60, 2001, pp. 186 – 243. Maté-Sánchez-Val M., López-Hernandez F., Mur-Lacambra J., "How Do Neighboring Peer Companies Influence SMEs' Financial Behavior?", *Economic Modelling*, Vol. 63, 2017, pp. 104 – 114.

Frank 和 Goyal[①] 以 1950—2003 年美国上市企业为样本分析影响美国企业资本结构的重要因素时指出：同群企业的负债率是影响企业负债率的重要因素。Leary 和 Roberts[②] 以美国 1965—2008 年 9126 家企业为样本的研究显示，同行业资产负债率增加一个单位将会引起行业内 i 企业资产负债率增加 10%，这一影响也存在于同行业企业发行股票方面的决策及在发行股票或负债方面的选择对 i 企业决策的影响，因此，他们指出相较于以前研究所确定的影响企业资产结构的影响因素，同群效应是影响企业资产结构更为重要的因素。Duong 等[③]采用三阶段最小二乘法发现美国企业的短期、中期及长期债务期限均存在同群效应，同行业短期（中期、长期）债务期限变化一个单位，将会引起企业短期（中期、长期）债务期限的变化。Francis 等[④]对 47 个国家 87 个不同产业的研究证实企业的负债水平会受到同行业其他企业负债的平均水平影响。

陆蓉等[⑤]以 2007—2014 年我国 A 股上市企业为研究对象，采用市场资本负债测量企业资本结构的同群效应。研究显示我国上市企业的资本结构存在同群效应。具体表现是：同行业企业平均市场负债率增加，行业内企业的市场负债率也会增加；并且，在经济意义上，同行业企业的平均市场负债率对企业市场负债率的影响比企业盈利能力、企业规模对企业市场负债率的影响更显著；研究还发现企业资本结构不仅受同行业企业资本结构的影响，也显著受到同行业企业的平均企业规模、盈利能力等的影响。李志生等[⑥]以 2009—2016 年上市企业为研究对象，研究结果显示企业过度负债在区域层面存在同群效应，也就是说同一地区

[①] Frank M. Z., Goyal V. K., "Capital Structure Decisions: Which Factors Are Reliably Important?", *Financial Management*, 2009, Spring, pp. 1 – 37.

[②] Leary M. T., Roberts M. R., "Do Peer Firms Affect Corporate Financial Policy?", *Journal of Finance*, Vol. 69, No. 1, 2014, pp. 139 – 178.

[③] Duong H. K., Ngo A. D., Mcgowan C. B., "Industry Peer Effect and the Maturity Structure of Corporate Debt", *Managerial Finance*, Vol. 41, No. 7, 2015, pp. 714 – 733.

[④] Francis B. B., Hasan I., Kostova G. L., "When do peers matter?: A cross-country perspective", *Journal of International Money and Finance*, Vol. 69, 2016, pp. 364 – 389.

[⑤] 陆蓉、王策、邓鸣茂：《我国上市公司资本结构 "同群效应" 研究》，《经济管理》2017 年第 1 期。

[⑥] 李志生、苏诚、李好等：《企业过度负债的地区同群效应》，《金融研究》2018 年第 9 期。

所有企业的平均过度负债程度越高,则该地区的 i 企业过度负债程度也越高。

(二) 企业投资决策的同群效应研究

同群效应不仅存在于企业资本结构层面,企业的投资决策也会受到同群效应影响。Knyazeva 等[1]以 1998—2002 年的美国和非美国企业为样本最早验证了企业投资存在同群效应。Dougal 等[2]以 1970—2009 年纽约证券交易所和纳斯达克证券交易市场的上市企业为样本研究企业投资行为是否存在区域同群效应,他们的研究证明城市内企业间的互动关系将会影响企业的投资决策,也就是说一家企业的投资决策会受到周边企业投资决策的影响,总部在同一地区的企业的影响尤为显著,并且这种显著影响不会因为行业一致或不同而产生变化。Park 等[3]以 1980—2010 年的研究再次验证了企业投资的同群效应,并指出财务约束越多的企业受到同群企业投资的影响越大。Bustamante 和 Frésard[4]的研究显示在生产同类型产品的企业中,投资行为存在同群效应,具体表现为同群企业投资增加一个标准差将使焦点企业投资增加 10%,而且这种同群效应在市场较为集中的行业以及小企业中更为显著。

方军雄[5]以 1999—2009 年沪深 A 股上市企业为样本的研究显示,在观测期间我国企业投资行为的同群效应较为显著,即同一行业的某个企业投资变化趋势与该行业其他企业投资变化趋势显著正相关,并且他的研究指出投资的同群效应对企业绩效会产生负面影响。石桂峰[6]以 1999—2012 年沪深 A 股上市企业为样本的研究指出同一地区的

---

[1] Knyazeva A., Knyazeva D., Morck R. K., et al., "Comovement in Investment", *SSRN Electronic Journal*, 2011.

[2] Dougal C., Parsons C. A., Titman S., "Urban Vibrancy and Corporate Growth", *Journal of Finance*, Vol. 70, No. 1, 2015, pp. 163–210.

[3] Park K., Yang I., Yang T., "The Peer-Firm Effect on Firm's Investment Decisions", *North American Journal of Economics and Finance*, Vol. 40, 2017, pp. 178–199.

[4] Bustamante M. C., Frésard L., "Does Firm Investment Respond to Peers' Investment?", *Management Science*, 2020 (October), pp. 1–22.

[5] 方军雄:《企业投资决策趋同:羊群效应抑或"潮涌现象"?》,《财经研究》2012 年第 11 期。

[6] 石桂峰:《地方政府干预与企业投资的同伴效应》,《财经研究》2015 年第 12 期。

企业观测年的新增投资受到同地区不同行业其他的区域同群企业的影响，企业投资行为存在区域同群效应。Chen 和 Ma[1]以 1999—2012 年的沪深 A 股上市企业为样本，研究了企业投资行为的同群效应。夏子航和谢伟[2]研究显示系族控制的上市企业，集团内部的投资效率呈现同群效应，投资效率恶化会在集团企业内部传染，同时投资效率改善在集团企业内部也会传递。李秋梅和梁权熙[3]的研究显示，在具体投资行为上，企业在金融领域投资呈现同群效应，企业呈现出"脱实向虚"趋势。

除了企业资本结构和企业投资决策的同群效应以外，还涌现了一些对其他企业行为同群效应的研究，比如企业融资决策的同群效应[4]、企业高管薪酬的同群效应[5]、企业研发投入的同群效应[6]、企业违规的同群效应[7]。这些研究证实了在企业经营管理决策的很多领域都存在同群效应。

（三）企业慈善捐赠的同群效应文献梳理

很长时间以来，慈善捐赠被认为是企业在没有外部压力情况下，自

---

[1] Chen S., Ma H., "Peer Effects in Decision-Making: Evidence from Corporate Investment", *China Journal of Accounting Research*, Vol. 10, No. 2, 2017, pp. 167 – 188.

[2] 夏子航、谢伟：《企业集团投资效率同群效应研究——基于系族控股上市公司的实证检验》，《会计与经济研究》2020 年第 1 期。

[3] 李秋梅、梁权熙：《企业"脱实向虚"如何传染？——基于同群效应的视角》，《财经研究》2020 年第 8 期。

[4] Graham J. R., Harvey C. R., "The Theory and Practice of Corporate Finance: Evidence from the Field", *Journal of Financial Economics*, Vol. 60, 2001, pp. 186 – 243.

[5] Gabaix X., Landier A., "Why Has CEO Pay Increased So Much?", *Quarterly Journal of Economics*, Vol. 123, No. 1, 2008, pp. 49 – 100. Faulkender M., Yang J., "Is Disclosure an Effective Cleansing Mechanism? The Dynamics of Compensation Peer Benchmarking", *Review of Financial Studies*, Vol. 26, No. 3, 2013, pp. 806 – 839.

[6] 刘静、王克敏：《同群效应与公司研发——来自中国的证据》，《经济理论与经济管理》2018 年第 1 期。彭镇、连玉君、戴亦一：《企业创新激励：来自同群效应的解释》，《科研管理》2020 年第 4 期。曾江洪、于彩云、李佳威等：《高科技企业研发投入同群效应研究——环境不确定性、知识产权保护的调节作用》，《科技进步与对策》2020 年第 2 期。

[7] 陆蓉、常维：《近墨者黑：上市公司违规行为的"同群效应"》，《金融研究》2018 年第 8 期。Parsons C. A., Sulaeman J., Titman S., "The Geography of Financial Misconduct", *Journal of Finance*, Vol. 73, No. 5, 2018, pp. 2087 – 2137.

愿选择承担慈善责任的表现。对企业慈善捐赠决策的研究一直以来都着重关注企业异质性特征对捐赠决策的影响，近年来开始有学者关注外部制度压力及企业间互动对企业慈善捐赠的影响，如企业积极开展慈善捐赠可能是由公众期望[①]、政府要求[②]所产生的压力而引发的慈善行为，也可能是企业基于模仿而采取相同策略的同群效应[③]，由于政府要求、公众期望隶属于本书的半强制性同构，而企业模仿行为则是属于模仿性同构，这两种同构的结果都会产生同群效应。

Oliver[④]提到企业的慈善捐赠是企业在应对非正式制度压力时采取的一种策略，即同行业其他企业的捐赠行为会对企业形成非制度压力，促使行业内的某家企业开展捐赠。Campbell[⑤]指出企业通过模仿其他企业承担社会责任的行为来遵从规范性原则，并获得合法性。Marquis等[⑥]的研究证实社区层面的制度压力会促使企业开展利于社会发展和减轻社区社会问题的社会行动[⑦]。他们提出：在文化认知压力（Culture cognitive forces）、社会规范压力（Social normative forces）和规制压力（Regulative forces）三大制度压力的影响下，企业社会行动的重点、形式以及企业卷入社会行动的水平，呈现社区同构特点。Tang等[⑧]以2010—2014年中国A股上市企业为样本的研究显示：企业在承担社会责任层面存在同群效

[①] 黄敏学、李小玲、朱华伟：《企业被"逼捐"现象的剖析：是大众"无理"还是企业"无良"？》，《管理世界》2008年第10期。

[②] Marquis C., Glynn M. A., Davis G. F., et al., "Community Isomorphism and Corporate Social Action", *Academy of Management Review*, Vol. 32, No. 3, 2007, pp. 925-945.

[③] 彭镇、彭祖群、卢惠薇：《中国上市公司慈善捐赠行为中的同群效应研究》，《管理学报》2020年第2期。

[④] Oliver C., "Strategic Responses to Institutional Processes", *The Academy of Management Review*, Vol. 16, No. 1, 1991, pp. 145-179.

[⑤] Campbell J. L., "Why Would Corporations Behave in Socially Responsible Ways? An Institutional Theory of Corporate Social Responsibility", *Academy of Management Review*, Vol. 32, No. 3, 2007, pp. 946-967.

[⑥] Marquis C., Glynn M. A., Davis G. F., et al., "Community Isomorphism and Corporate Social Action", *Academy of Management Review*, Vol. 32, No. 3, 2007, pp. 925-945.

[⑦] Marquis等（2007）并不认可开展社会性事务，如支持社会公益、帮助解决社会问题，是企业应该承担的责任，所以在呈现他们观点的过程中没有使用企业社会责任的概念。

[⑧] Tang P., Fu S., Yang S., "Do Peer Firms Affect Corporate Social Performance?", *Journal of Cleaner Production*, 2019, p. 239.

应，焦点企业的社会责任表现会受到总部在同一地区的其他企业影响，并指出跟从企业更容易受到同群企业的平均水平影响。韩沈超和潘家栋[1]以2013—2014年我国上市企业为样本的研究显示企业社会责任承担行为受到同地区企业的影响，而不会受同行业企业的影响。Cao等[2]以美国1997—2011年的3000家上市企业为样本，研究指出生产同类型产品的企业在社会责任承担层面存在同群效应，并指出这些企业承担社会责任的同群效应是通过竞争压力传导产生的。

伴随着对企业社会责任同群效应的关注，也有一些研究者开始探索企业慈善捐赠的同群效应。彭镇等[3]、李四海和江新峰[4]的研究显示中国上市企业的慈善捐赠受到同群效应的影响，表现为：同地区、同行业内的企业开展慈善捐赠活动会促使单个企业开展慈善捐赠。彭镇等以2005—2016年的上市企业为研究对象开展的研究显示企业在市场中越能获取信息，则同群效应对企业的影响越弱，而社会压力会强化同群效应对企业捐赠的影响。大企业的慈善捐赠既受到同行业小企业的慈善捐赠影响，也受到同行业大企业的慈善捐赠影响；绩效好的企业慈善捐赠既受同行业绩效好的企业慈善捐赠行为的影响，也会受到同行业绩效差的企业的影响，进而提出了同群效应是通过社会学习和社会压力两种机制影响企业慈善捐赠的。

李四海和江新峰以2008—2014年的上市企业为研究对象的研究也证实了企业捐赠存在同群效应，而他们同时也关注了企业慈善捐赠同群效应产生的经济后果。他们的研究显示：在我国，企业捐赠既有可能向同地区、同行业企业捐赠一般水平趋近（规避性趋同），也可能向同地区、同行业捐赠的最高水平趋近（竞争性趋同）。在政治关联的企业中，捐赠行为呈现竞争性趋同，而在国有企业中慈善捐赠呈现规避性趋同。同时

---

[1] 韩沈超、潘家栋：《企业社会责任表现存在同群效应吗》，《财会月刊》2018年第19期。

[2] Cao J., Liang H., Zhan X., "Peer Effects of Corporate Social Responsibility", *Management Science*, 2019.

[3] 彭镇、彭祖群、卢惠薇：《中国上市公司慈善捐赠行为中的同群效应研究》，《管理学报》2020年第2期。

[4] 李四海、江新峰：《企业捐赠行为同群效应研究》，《管理学季刊》2020年第3期。

他们的研究指出，企业捐赠的竞争性趋同会诱发有政治关联的企业出现超额捐赠。

三 对现有研究成果的述评

在分别回顾了企业慈善捐赠、企业行为的同群效应以及企业慈善捐赠的同群效应研究成果后，这一部分，本书将分别基于研究内容、研究对象和研究方法、研究结论对现有研究成果进行述评。

（一）基于研究内容的述评

从研究内容来看，对企业慈善捐赠的研究经历了三个阶段，第一个阶段以1960—1990年的西方研究为主，主要是辨析企业开展慈善捐赠是否合理、合法；第二个阶段以1990—2006年欧美研究为主，学者分别基于委托代理理论和战略性慈善视角验证企业慈善捐赠是代理成本还是提升企业财务绩效的战略选择，这一阶段还涌现了一些研究企业特质（如规模、盈利能力、企业治理）是否影响慈善捐赠的研究；第三个阶段以2006年至今我国企业慈善捐赠为主要研究对象的研究，一方面探索企业慈善捐赠对企业的价值，另一方面分析影响我国企业开展慈善捐赠的因素有哪些。

基于委托代理理论将慈善捐赠视为"代理成本"的研究多半在验证企业治理与慈善捐赠的关系，并认为如果董事会规模（代表治理效率低下）对企业慈善捐赠有显著正向影响、独立董事规模（代表监督有效）对企业慈善捐赠有显著负向影响，则说明企业慈善捐赠是一种"代理成本"[1]，但是并没有研究揭示企业慈善捐赠作为代理成本如何影响企业财务绩效；基于战略视角对企业慈善捐赠的研究多以分析企业营销强度与企业慈善捐赠之间的关系、企业慈善捐赠对财务绩效的影响为主，并且研究结论并不一致[2]；另外，基于委托代理理论分析企

---

[1] Brammer S., Millington A., "Corporate Reputation and Philanthropy: An Empirical Analysis", *Journal of Business Ethics*, Vol. 61, No. 1, 2005, pp. 29–44.

[2] Chen M. H., Lin C. P., "The Impact of Corporate Charitable Giving on Hospitality Firm Performance: Doing Well by Doing Good?", *International Journal of Hospitality Management*, Vol. 47, 2015, pp. 25–34. Wang K., Miao Y., Chen M. H., et al., "Philanthropic Giving, Sales Growth, and Tourism Firm Performance: An Empirical Test of a Theoretical Assumption", *Tourism Economics*, Vol. 25, No. 6, 2019, pp. 835–855.

业慈善捐赠对财务绩效影响的研究并不多，所以在这一领域还有待探索。

2007年以后，伴随着制度理论的发展以及学者对企业决策"同群效应"的关注，也有学者对企业社会责任以及企业慈善捐赠的同群效应开展了研究，相较于在资本结构、投资决策领域取得的丰硕成果，对企业社会责任尤其是企业慈善捐赠同群效应的研究还有很广阔的可探索空间。

现有研究分析探索了企业慈善捐赠同群效应的存在性、同群效应的发生机制以及同群效应的影响路径。但是一方面，研究尚未关注外部环境不确定性如何影响同群效应，也没有关注制度压力对可视度及管理者能力存在差异的企业影响是否存在差异；另一方面，对于慈善捐赠同群效应将会如何影响企业财务绩效的研究尚不充分，只有李四海和江新峰[1]的研究提到企业慈善捐赠同群效应将会诱发企业的超额捐赠行为，并指出只有向行业内领先者趋同的竞争性同群效应会诱发超额捐赠，同时，他们的研究发现有政治关联的企业更有可能在竞争性捐赠过程中出现超额捐赠现象，而国有产权则会削弱企业的超额捐赠，他们的研究重点在于分析影响企业超额捐赠的因素。

超额捐赠是企业的实际捐赠额偏离于理想捐赠额的值，既然是对理想捐赠额的偏离，就存在超额捐赠和消极捐赠[2]两种情况。在现实环境中，2008年王石高调宣称"万科捐200万元是合适的"引起了公众的不满，公众将万科称为"铁公鸡"，虽然万科企业在同一年补捐了一亿元，但是其在捐赠层面的"吝啬"表现所诱发的消费者对企业的负面评价仍然持续了很长时间，这一事件使万科的企业形象受到极大损害，股价下跌也使股东利益受到损害。从这一层面分析，李四海和江新峰的研究存在两个局限性：首先，他们只考虑了同群效应与超额捐赠的关系，而没有考虑同群效应与捐赠不足的关系，同群效应

---

[1] 李四海、江新峰：《企业捐赠行为同群效应研究》，《管理学季刊》2020年第3期。

[2] 参照超额捐赠被界定为超过期望捐赠额的企业捐赠，消极捐赠被界定为低于期望捐赠额的企业捐赠。

会诱发过度捐赠,那同群效应与捐赠不足的关系也值得进一步探讨;其次,是他们的研究并没有关注超额捐赠会对企业带来什么影响,而现有研究显示无论是过度投资、超额薪酬还是过度负债都会对企业绩效产生负面影响。

(二)基于研究对象和研究方法的述评

从研究对象来看,早期的研究以欧美国家对企业慈善捐赠的研究为主,研究的对象要么是"财富500"企业("财富1000"企业)慈善捐赠的驱动及影响因素,如 Navarro[1]、Wang 和 Coffey[2]、Brammer 和 Millington[3];要么是对该国所有行业企业慈善捐赠的影响因素,如 Adams 和 Hardwick[4]、Brammer 和 Millington[5]、Brown 等[6],这些研究发表得较早,所选用的样本数据是2000年以前的,并通过实证研究证明企业慈善捐赠会受到企业异质性因素的影响。

受制于数据可得性,我国学者对企业慈善捐赠的研究起步较晚。我国对企业慈善捐赠的研究基本上以2000年以后国内沪深A股上市企业为样本,其中,很多研究是以2008年沪深A股上市企业的截面数据为样本探究慈善捐赠影响因素的。同时,也有很多研究是用上市企业的面板数据作为样本,但是数据的时间区间选取差异比较大(见表1-6)。

---

[1] Navarro P., "Why Do Corporations Give to Charity?", *The Journal of Business*, Vol. 61, No. 1, 1988, p. 65.

[2] Wang J., Coffey B. S., "Board Composition and Corporate Philanthropy", *Journal of Business Ethics*, Vol. 11, 1992, 11, pp. 771–778.

[3] Brammer S., Millington A., "Profit Maximisation Vs. Agency: An Analysis of Charitable Giving by UK Firms", *Cambridge Journal of Economics*, Vol. 29, No. 4, 2005, pp. 517–534.

[4] Adams M., Hardwick P., "An Analysis of Corporate Donations: United Kingdom Evidence", *Journal of Management Studies*, Vol. 35, No. 5, 1998, pp. 641–654.

[5] Brammer S., Millington A., "The Development of Corporate Charitable Contributions in the UK: A Stakeholder Analysis", *Journal of Management Studies*, Vol. 41, No. 8, 2004, pp. 1411–1434.

[6] Brown W. O., Helland E., Smith J. K., "Corporate Philanthropic Practices", *Journal of Corporate Finance*, Vol. 12, No. 5, 2006, pp. 855–877.

表1-6　　　　　　　　　　　　现有研究的研究对象

截面数据	面板数据
以下研究的样本为2008年中国沪深A股上市企业截面数据：山立威等①、Zhang等②、Gao③、高勇强等④、田雪莹和蔡宁⑤、Jia和Zhang⑥等	张建君⑦的研究样本是2001—2006年的上市企业，戴亦一等⑧的研究样本是2006—2014年的上市企业，李诗田和宋献中⑨的研究样本是2007—2009年的上市企业，修宗峰和周泽将⑩的研究样本是2007—2013年的上市企业； 对慈善捐赠同群效应进行研究的有：李四海和江新峰⑪，他们的研究样本是2008—2014年的沪深A股上市企业；彭镇等⑫的研究样本是2005—2016年的沪深A股上市企业

---

① 山立威、甘犁、郑涛：《公司捐款与经济动机——汶川地震后中国上市公司捐款的实证研究》，《经济研究》2008年第11期。

② Zhang R., Zhu J., Yue H., et al., "Corporate Philanthropic Giving, Advertising Intensity, and Industry Competition Level", *Journal of Business Ethics*, Vol. 94, No. 1, 2010, pp. 39-52.

③ Gao Y., "Philanthropic Disaster Relief Giving as A Response to Institutional Pressure: Evidence from China", *Journal of Business Research*, Vol. 64, No. 12, 2011, pp. 1377-1382.

④ 高勇强、何晓斌、李路路：《民营企业家社会身份、经济条件与企业慈善捐赠》，《经济研究》2011年第12期。

⑤ 田雪莹、蔡宁：《企业捐赠的前因变量与组织绩效研究》，《重庆大学学报》（社会科学版）2012年第5期。

⑥ Jia M., Zhang Z., "Managerial Ownership and Corporate Social Performance: Evidence from Privately Owned Chinese Firms' Response to the Sichuan Earthquake", *Corporate Social Responsibility and Environmental Management*, Vol. 20, No. 5, 2013, pp. 257-274.

⑦ 张建君：《竞争—承诺—服从：中国企业慈善捐款的动机》，《管理世界》2013年第9期。

⑧ 戴亦一、潘越、冯舒：《中国企业的慈善捐赠是一种"政治献金"吗？——来自市委书记更替的证据》，《经济研究》2014年第2期。

⑨ 李诗田、宋献中：《声誉机制、代理冲突与企业捐赠——基于中国上市公司的实证研究》，《经济经纬》2014年第4期。

⑩ 修宗峰、周泽将：《地区幸福感、社会资本与企业公益性捐赠》，《管理科学》2016年第2期。

⑪ 李四海、江新峰：《企业捐赠行为同群效应研究》，《管理学季刊》2020年第3期。

⑫ 彭镇、彭祖群、卢惠薇：《中国上市公司慈善捐赠行为中的同群效应研究》，《管理学报》2020年第2期。

目前的研究对于企业慈善捐赠的行业差异探索并不充分。Johnson[1]提出企业如果隶属于竞争激励的行业是没有必要开展捐赠活动的，除非行业内的每一家企业都开展捐赠活动，而垄断行业的企业没有开展慈善捐赠的动机。Useem[2]提出与公众接触较多的行业（比如零售、保险业以及银行业）会比与公众接触少的行业（如采矿业、原料金属业）捐赠更多，而Gao[3]研究指出服务业企业的慈善捐赠显著低于非服务业。Seifert等[4]指出产业因素会影响企业慈善捐赠与企业绩效之间的关系。Amato和Amato[5]的研究显示除了企业规模外，产业差异也是影响企业慈善捐赠的重要因素，同时，它们的研究显示对于零售业来说产业差异甚至比企业盈利能力对慈善捐赠的影响更大。

有少量研究以特定行业为样本对企业慈善捐赠进行研究，如Amato和Amato[6]对美国零售业企业慈善捐赠的研究，Chen和Lin[7]对餐旅企业慈善捐赠影响因素的研究，以及Miao等[8]对酒店慈善捐赠影响因素的研究。以上研究支持影响不同行业的企业开展慈善捐赠的因素存在差异这一结论。同时，以上研究并没有对同行业企业的慈善捐赠是否影响行业内某企业的捐赠行为进行研究。伴随着对影响企业慈善捐赠研究的深入，

---

[1] Johnson O., "Corporate Philanthropy: An Analysis of Corporate Contributions", *The Journal of Business*, Vol. 39, No. 4, 1966, pp. 489–504.

[2] Useem M., "Market and Institutional Factors in Corporate Contributions", *California Management Review*, 1988, Winter, pp. 77–88.

[3] Gao Y., "Philanthropic Disaster Relief Giving as A Response to Institutional Pressure: Evidence from China", *Journal of Business Research*, Vol. 64, No. 12, 2011, pp. 1377–1382.

[4] Seifert B., Morris S. A., Bartkus B. R., et al., "Comparing Big Givers and Small Givers: Financial Correlates of Corporate Philanthropy", *Journal of Business Ethics*, Vol. 45, No. 3, 2003, pp. 195–211.

[5] Amato L. H., Amato C. H., "The Effects of Firm Size and Industry on Corporate Giving", *Journal of Business Ethics*, Vol. 72, No. 3, 2007, pp. 229–241.

[6] Amato L. H., Amato C. H., "Retail Philanthropy: Firm Size, Industry, and Business Cycle", *Journal of Business Ethics*, Vol. 107, No. 4, 2012, pp. 435–448.

[7] Chen M. H., Lin C. P., "Understanding Corporate Philanthropy in the Hospitality Industry", *International Journal of Hospitality Management*, No. 48, 2015, pp. 150–160.

[8] Miao Y., Chen M. H., Su C. H. (Joan), et al., "Philanthropic Giving of China's Hotel Firms: The Roles of State Ownership, Corporate Misconduct and Executive Remuneration", *International Journal of Hospitality Management*, 2021, (April 2020): 102897.

以产业为基础开展研究可以更好地、更有针对性地了解影响特定产业企业慈善捐赠或履行社会责任的因素。

从研究方法来看，现有研究基本是以理论为基础，通过建立多元回归模型的方式探索影响企业慈善捐赠的因素。在回归方法层面，分析企业慈善捐赠对财务绩效的影响的研究多以截面回归、面板固定效应模型以及 Heckman 二阶段模型为主，本书将采用面板数据固定（或随机）效应模型分析企业慈善捐赠对文化类上市企业财务绩效的影响；而在企业慈善捐赠同群效应研究层面，李四海和江新峰[1]以及彭镇等[2]都是采用固定效应模型对面板数据进行回归分析，考虑到同群效应是群体内个体的相互影响，采用固定效应模型无法避免内生性问题，所以本书采用动态面板回归的方法来避免内生性对回归结果的影响，动态面板一方面可以避免内生性问题，另一方面还可以检验企业在慈善捐赠层面的过去和现在一致性表现，所以动态面板是用于分析"同群效应"比较恰当的方法。

（三）基于研究结论的述评

不同于在资本结构、投资决策层面丰富的研究成果，目前研究慈善捐赠同群效应的核心文献只有两篇，而两篇文献在研究结论上并没有达成共识。

李四海和江新峰[3]、彭镇等[4]虽然均验证了企业慈善捐赠会存在同群效应，但是在影响机制和路径层面，他们的研究尚未达成共识。彭镇等[5]的研究指出企业的慈善捐赠行为的同群效应是基于学习机制和竞争机制，但是企业慈善捐赠行为不会受行业领先者的影响，他们的研究发现企业会向行业中具有信息优势的企业学习，信息优势通过企业年龄和企业规模进行测度，并发现处于信息优势地位的企业受同群影响的程度比较低，

---

[1] 李四海、江新峰：《企业捐赠行为同群效应研究》，《管理学季刊》2020 年第 3 期。
[2] 彭镇、彭祖群、卢惠薇：《中国上市公司慈善捐赠行为中的同群效应研究》，《管理学报》2020 年第 2 期。
[3] 李四海、江新峰：《企业捐赠行为同群效应研究》，《管理学季刊》2020 年第 3 期。
[4] 彭镇、彭祖群、卢惠薇：《中国上市公司慈善捐赠行为中的同群效应研究》，《管理学报》2020 年第 2 期。
[5] 彭镇、彭祖群、卢惠薇：《中国上市公司慈善捐赠行为中的同群效应研究》，《管理学报》2020 年第 2 期。

而处于信息劣势的企业受同群影响的程度较高；而李四海和江新峰[①]的研究指出企业慈善捐赠既会受到同群企业平均水平的影响也会受到捐赠领先者的影响。他们的研究提出基于企业与政府存在资源互换的情况，企业慈善捐赠会受到同群企业最高捐赠额影响，并且模仿捐赠额度高的企业开展捐赠活动导致了超额捐赠。鉴于现有研究结论的不一致，需要对企业慈善捐赠同群效应机制和路径进行更多研究以全面理解慈善捐赠同群效应。

---

① 李四海、江新峰:《企业捐赠行为同群效应研究》,《管理学季刊》2020年第3期。

第二章

文化类上市企业发展与慈善捐赠情况

在全面回顾了企业慈善捐赠以及企业行为同群效应相关研究的基础上，本章将介绍研究对象——文化类上市企业的发展背景、发展现状以及企业开展慈善捐赠的情况。

第一节 文化类上市企业发展情况

一 文化类上市企业发展背景

（一）经济增长拉动文化及相关产品消费需求

我国经济经过持续高速发展，经济总量不断扩大，生产技术快速发展，人民生活水平伴随着收入水平的提升而快速提升，我国社会的主要矛盾也从"人民日益增长的物质文化需要与落后的社会生产"转变为"人民日益增长的美好生活需要和不平衡不充分的发展之间的矛盾"。文化产业发展所带来的优质文化产品和服务是人民美好生活的重要组成部分。通过文化产品和服务，人民的思想境界得以提升，精神生活得以滋养，审美水平得以提升。

图 2-1（a—b）显示了我国城镇居民和农村居民人均可支配收入、人均消费支出与文化娱乐支出情况，其中文化娱乐支出占比是指文化娱乐支出占人均消费支出的比率。通过图 2-1（a）可以看到我国城镇居民人均可支配收入和人均消费支出从 2005 年开始以年均 10% 左右的增

速持续增长①，人均可支配收入从 2005 年的 1.05 万元增至 2019 年的 4.24 万元，年人均消费支出从 2005 年的 0.79 万元增至 2019 年的 2.81 万元，这一数据体现出我国城镇居民生活水平提升、消费能力增强。另外，通过图 2-1（a）可以看到城镇居民的文化娱乐支出虽然在人均消费支出中占比较低，但是文化娱乐消费支出的绝对值在持续增加：2005—2012 年以年均 8.92% 增幅从 0.11 万元增至 2012 年的 0.20 万元，2013 年更换统计口径后城镇居民文化娱乐支出以年均 6.32% 的增速从 2013 年的 0.09 万元增长至 2019 年的 0.13 万元。

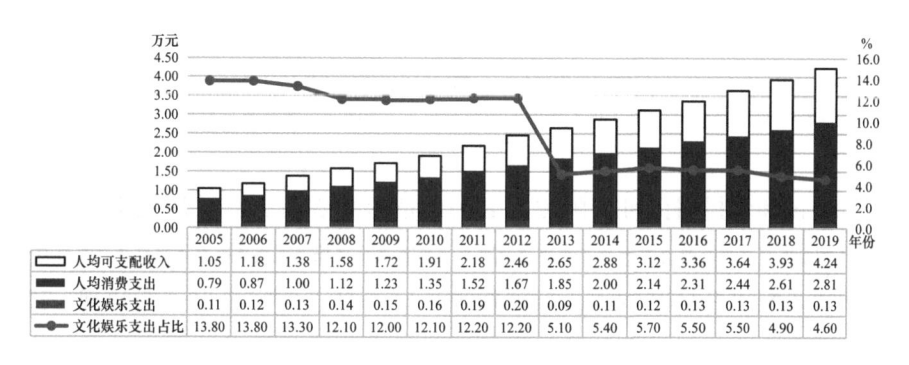

年份	2005	2006	2007	2008	2009	2010	2011	2012	2013	2014	2015	2016	2017	2018	2019
人均可支配收入	1.05	1.18	1.38	1.58	1.72	1.91	2.18	2.46	2.65	2.88	3.12	3.36	3.64	3.93	4.24
人均消费支出	0.79	0.87	1.00	1.12	1.23	1.35	1.52	1.67	1.85	2.00	2.14	2.31	2.44	2.61	2.81
文化娱乐支出	0.11	0.12	0.13	0.14	0.15	0.16	0.19	0.20	0.09	0.11	0.12	0.13	0.13	0.13	0.13
文化娱乐支出占比	13.80	13.80	13.30	12.10	12.00	12.10	12.20	12.20	5.10	5.40	5.70	5.50	5.50	4.90	4.60

图 2-1（a） 城镇居民收支情况

资料来源：根据《中国文化及相关产业统计年鉴（2020）》数据整理而得。

图 2-1（b）显示农村居民人均可支配收入和人均消费支出从 2005 年起以年均 11.94% 及 14.01% 的增速增长，人均可支配收入从 2005 年的 0.33 万元增至 2019 年的 1.60 万元，人均消费支出从 2005 年的 0.21 万元增至 2019 年的 1.33 万元，人均消费支出的增速略高于人居可支配收入的增速。图 2-1（b）显示，农村居民用于文化娱乐消费的支出占人均消费支出的比重略低，但是其绝对值也呈增长态势：2005—2012 年以年均 4.20% 的增速从 0.03 万元增至 0.04 万元，2013 年更换统计口径后农村居民的文化娱乐支出以年均 7.00% 的增速从约 0.02 万元增至 2019 年的

---

① 国家统计局从 2013 年开始开展城乡一体化住户收支与生活状况调查，所以 2013 年及以后的调查数据与 2013 年前分城镇和农村住户调查的调查范围、调查方法和指标口径有所不同。由于 2013 年以前的统计数据是按城镇和农村分别统计的，为保持数据的一致性，本书也分别呈现城镇和农村居民收支情况。

0.03 万元。

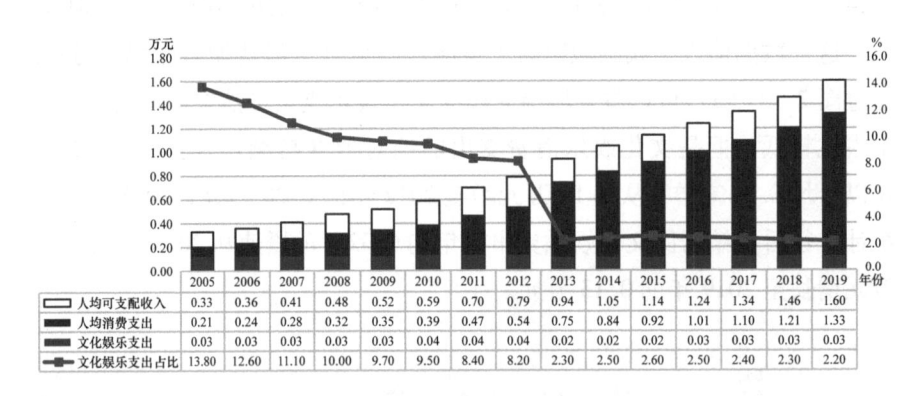

年份	2005	2006	2007	2008	2009	2010	2011	2012	2013	2014	2015	2016	2017	2018	2019
人均可支配收入	0.33	0.36	0.41	0.48	0.52	0.59	0.70	0.79	0.94	1.05	1.14	1.24	1.34	1.46	1.60
人均消费支出	0.21	0.24	0.28	0.32	0.35	0.39	0.47	0.54	0.75	0.84	0.92	1.01	1.10	1.21	1.33
文化娱乐支出	0.03	0.03	0.03	0.03	0.03	0.04	0.04	0.04	0.02	0.02	0.02	0.03	0.03	0.03	0.03
文化娱乐支出占比	13.80	12.60	11.10	10.00	9.70	9.50	8.40	8.20	2.30	2.50	2.60	2.50	2.40	2.30	2.20

图 2-1（b） 农村居民收支情况

资料来源：根据《中国文化及相关产业统计年鉴（2020）》数据整理而得。

城镇和农村居民可支配收入之间的落差使农村、城镇居民文化娱乐支出呈现出不平衡状态，但是其绝对数的持续增长表现了我国人民在物质消费不断提升的基础上，滋养精神和娱乐身心的需求也逐渐涌现，进而体现在文化娱乐消费的持续增长。居民文化娱乐用品消费增长反映了文化娱乐产品市场需求的增长，这也是文化产业发展的基础，生产优质文化娱乐产品以适应人民对美好生活的需要。

（二）文化体制改革激活文化经营主体活力

文化对于一个国家来说具有举足轻重的地位，文化既凝聚了政治价值也凝聚了经济价值[①]。文化的政治属性使我国文化单位在很长时间内都属于政府主管的事业单位性质，伴随着我国经济、社会的发展，文化的经济价值凸显，但是传统的文化体制束缚了文化经济价值的发展。因此，我国通过文化体制改革来重塑政治、经济与文化三者之间的关系[②]。

为适应生产力发展的需求，我国 1978 年开始进行经济体制改革，为了满足文化市场发展需求、适应文化生产力发展规律、满足人民对优良文化产品的需求，我国文化事业体制历经了 1978—1991 年、1992—2002

---

① 胡惠林：《论文化体制改革》，《开发研究》2005 年第 4 期。
② 胡惠林：《论文化体制改革》，《开发研究》2005 年第 4 期。

年、2003—2012 年、2013 年至今四个阶段的改革①。

在文化体制改革的四个阶段，第一阶段和第二阶段主要由我国经济体制改革主导，转变计划经济体制下文化生产关系以适应市场经济体制下文化生产力的发展。这一阶段文化体制改革的主要目的在于促进文化经济发展、培育健康文化市场。值得注意的是，在文化体制改革的第一、第二阶段，"文化产业"逐渐形成并正式确立，"文化产业"替代了"文化市场"概念，这意味着要从产业的角度理解文化生产力、文化生产关系的变化与发展，而不仅仅是关注市场层面的文化产品需求与供给关系的变化②。

2003 年开始的第三阶段文化体制改革以前期形成的系统为基础进入实质性改革阶段，文化产业与文化事业确立了不同发展路径，对文化产业与文化事业的区分也初步厘清了文化、政治与经济的关系，发展文化产业可以更好地实现文化的经济价值。为了促进文化产业发展，激活文化经营单位的活力，我国出台了一系列政策文件以促进文化经营性事业单位转变为文化类企业。

产业的基础构成单位是企业，文化产业的发展也离不开文化类上市企业的发展。通过对文化产业发展历程的关注，可以发现：在计划经济体制影响下，我国传统的文化单位经营是一种管办不分的模式，政府既是"国有资产出资人"也是"公共文化管理者"③。而采用计划体制管理文化产业导致文化产业效率低下，也使文化产业的活力与竞争力不足④，与经济体制不匹配的文化产业管理体制束缚并阻碍了文化产业的发展。

为了进一步激活文化产业活力、转变政府职能、培育合格的市场主体、优化生产要素配置、建立市场体系，以 2003 年中共中央办公厅和国务院办公厅转发《中央宣传部、文化部、国家广电总局、新闻出版总署关于文化体制改革试点工作的意见》为起点，我国率先在北京等 9 个地

---

① 陈庚：《中国文化体制的改革与创新》，经济科学出版社 2020 年版。
② 陈庚：《中国文化体制的改革与创新》，经济科学出版社 2020 年版。
③ 霍步刚、傅才武：《我国文化体制改革的理论分期与深化文化体制改革的策略问题》，《中国软科学》2007 年第 8 期。
④ 郑世林、葛珺沂：《文化体制改革与文化产业全要素生产率增长》，《中国软科学》2012 年第 10 期。

区和35个文化宣传单位试点进行文化体制改革，也揭开了文化产业从计划经济体制向市场经济体制转轨的序幕。而2006年在中央召开全国文化体制改革会议后，文化体制改革工作也从试点地区和单位扩展到全国89个地区和170个单位，伴随着文化体制改革工作推进，文化类企业的市场主体地位得以确立。文化经营单位也从政府管办不分模式逐渐转变为政府管理、企业自主经营的模式（见表2-1）。

表2-1　　2003年以来经营性文化事业单位转制相关政策文件

年份	发文单位	政策文件
2003	中共中央办公厅、国务院办公厅转发	《中央宣传部、文化部、国家广电总局、新闻出版总署关于文化体制改革试点工作的意见》
	国务院办公厅	《文化体制改革中经营性文化事业单位转制为企业的规定（试行）》
		《进一步支持文化企业发展的规定（试行）》
	文化部	《关于支持和促进文化产业发展的若干意见》
2004	文化部	《关于鼓励、支持和引导非公有制经济发展文化产业的意见》
2005	国务院	《关于深化文化体制改革的若干意见》
	财政部	《关于文化体制改革中经营性文化事业单位转制为企业的若干税收政策问题的通知》
	国务院	《关于非公有资本进入文化产业的若干决定》
2006	国务院办公厅	《国家"十一五"时期文化发展规划纲要》
2008	国务院办公厅	《关于印发文化体制改革中经营性文化事业单位转制为企业和支持文化企业发展两个规定的通知》
2009	财政部	《关于支持文化企业发展若干税收政策问题的通知》
	国务院	《文化产业振兴规划》
2010	财政部	《关于金融支持文化产业振兴和发展繁荣的指导意见》
2011	党的十七届六中全会	《关于深化文化体制改革推动社会主义文化大发展大繁荣若干重大问题的决定》
2013	国务院办公厅	《深化文化体制改革实施方案》
2014	国务院办公厅	《关于印发文化体制改革中经营性文化事业单位转制为企业和进一步支持其文化与发展两个规定的通知》

续表

年份	发文单位	政策文件
2017	财政部、中共中央宣传部	《关于加快推进国有文化企业公司制股份制改革有关工作的通知》
2018	财政部、中共中央宣传部	《中央文化企业公司制改制工作实施方案》
	国务院办公厅	《文化体制改革中经营性文化事业单位转制为企业的规定》
		《进一步支持文化企业发展的规定》

资料来源：笔者根据相关文件整理而得。

不同过去政府管办的文化事业，文化产业的资源主要由市场决定，政府不再直接干预生产经营活动，而是采取价格杠杆、税收政策以及法律等手段间接调控。经过三个阶段的文化体制改革后，我国文化市场开始逐渐进入有序发展阶段，文化产业的市场运行机制和体系已初步成形，文化产业的行业体系与行业结构已基本形成，文化经营主体市场化程度显著提升[1]。文化经营单位转制为企业使经营性文化事业单位的体制架构、管理机制以及运行模式都发生了变化[2]，逐渐转变成产权清晰、权责明晰、自主经营、自负盈亏的市场主体[3]，但是政府支持对文化类上市企业发展仍然十分重要。

（三）文化产业持续稳定发展

在我国经济高速及中高速发展背景下，在政府文化体制改革措施的影响和促进下，文化产业从2003年开始就进入了稳定增长期。国家统计局的数据显示（见图2-2）：文化产业的增加值从2004年的3440亿元增长到2019年的44363亿元，年平均增速为18.58%，高于我国GDP的平均增速，文化产业增加值占GDP的比重从2004年的2.15%增长至2019年的4.50%。这一统计数据揭示文化产业在我国经济增长中的重要性逐渐凸显。

---

[1] 陈庚：《中国文化体制的改革与创新》，经济科学出版社2020年版。
[2] 李媛媛：《深化文化体制改革问题研究》，人民出版社2017年版。
[3] 王晓刚：《文化体制改革研究》，博士学位论文，中共中央党校，2007年。

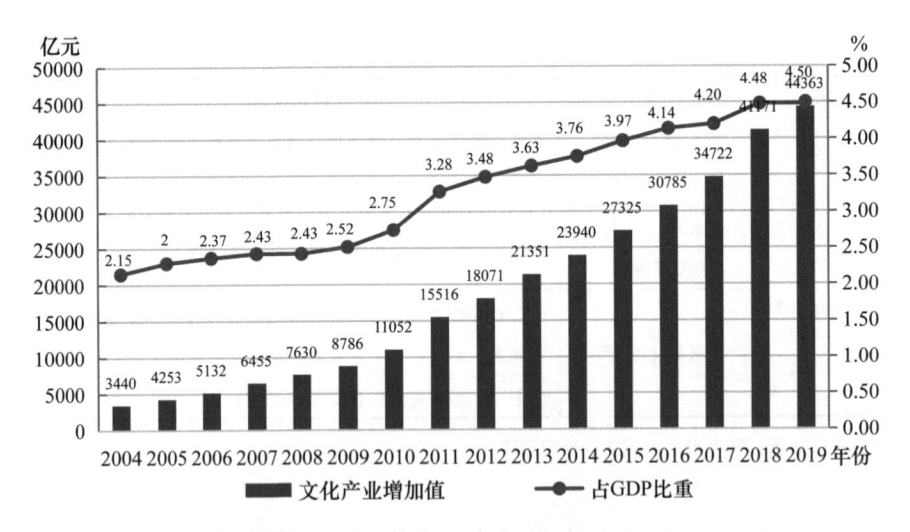

图 2-2 文化产业发展情况及 GDP 占比

资料来源：根据《中国文化及相关产业统计年鉴（2020）》数据整理而得。①

二 文化类上市企业发展情况分析

文化产业繁荣发展，文化类上市企业数量和规模持续增长，达到上市标准的企业通过公开募股上市以拓宽融资渠道，扩展企业经营规模，提升企业竞争力，服务于企业发展战略目标，文化类上市企业数量从2003年起也呈现持续增长的趋势。

（一）文化类上市企业数量快速增长

以本书中六个行业文化类上市企业为例（见图2-3），2003—2020年六个行业文化类上市企业数量的增长呈现出两个阶段性特征：第一阶段是2003—2008年，文化类上市企业数量增长缓慢，仅从2003年的17家增至2008年的25家，年均增长率为8%；第二阶段是2009—2020年，文化类上市企业数量快速增长，2008年的25家上市企业到2009年增至34家，到2020年增加到141家②，年均增长率为15.5%。文化类上市企

---

① 《文化及相关产业统计年鉴（2020）》对统计数据进行以下说明：2004—2011年按2004年颁布的《文化及相关产业分类》测算，2012—2016年按《文化及相关产业分类（2012）》测算，2017—2019年按《文化及相关产业分类（2018）》测算。

② 由于《上市公司行业分类指引（2012）》中批发、零售业为一类，且没有进行产业细分，所以本书没有纳入上市的文化批发、零售业企业。

业数量的增加一方面反映了我国文化体制改革取得的成效,另一方面也反映了市场化激活了文化产品、服务经营单位的活力。

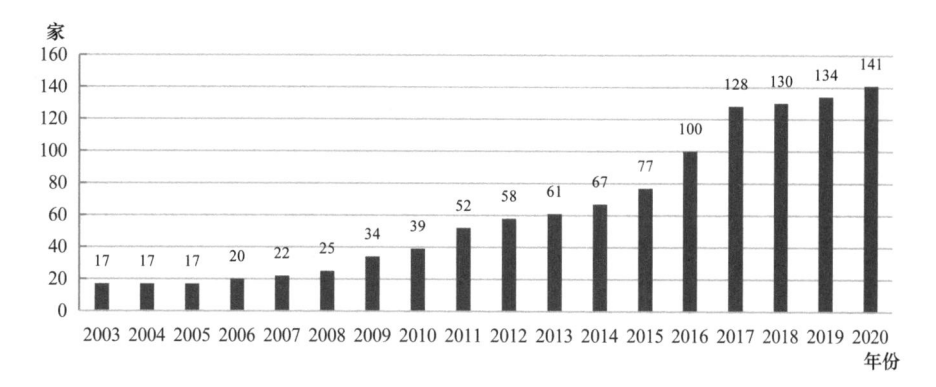

图 2-3　2003—2020 年六个行业文化类上市企业总数

资料来源:根据国泰安数据库与和讯网公布信息整理而得。

通过表 2-2 可以了解各行业文化类上市企业数量变化情况。首先,通过各行业上市企业数量统计表格可以了解到:六个行业的文化类上市企业数量增长呈现四类特征。

表 2-2　　2003—2020 年六个行业文化类上市企业数量统计

年份	印刷、复制业	文娱用品制造业	互联网服务业	旅游业	新闻和出版业	文化艺术业	合计
2003	2	—	14	—	1	—	17
2004	2	—	14	—	1	—	17
2005	2	—	14	—	1	—	17
2006	3	2	14	—	1	—	20
2007	4	2	14	—	2	—	22
2008	5	2	16	—	2	—	25
2009	5	7	18	—	4	—	34
2010	5	8	21	—	5	—	39
2011	7	9	27	—	9	—	52
2012	7	10	10	17	13	1	58
2013	7	10	13	16	13	2	61

续表

年份	印刷、复制业	文娱用品制造业	互联网服务业	旅游业	新闻和出版业	文化艺术业	合计
2014	7	11	15	17	14	3	67
2015	7	12	19	16	19	4	77
2016	11	11	37	15	20	6	100
2017	12	14	53	16	25	8	128
2018	12	14	59	13	23	9	130
2019	14	14	59	14	24	9	134
2020	13	16	65	15	23	9	141

资料来源：根据国泰安数据库与上市企业年报数据整理而得。

一是隶属于制造业（C）的印刷和复制业、文娱用品制造业以及隶属于文化、体育和娱乐业（R）的新闻和出版业，上市企业的数量基本呈现稳定增长趋势；二是隶属于水利、环境和公共设施管理业（N）的旅游业和隶属于文化、体育和娱乐业（R）的文化艺术业上市企业，这两个行业早年基本没有上市的企业；三是互联网服务业企业，互联网服务业企业的数量在波动中增长，从2003年的14家增至2011年的27家，2012年突然降到10家，从2013年开始飞速增长，到2020年增加到65家，是文化产业各行业上市企业数量最多的。

进一步分析上市企业数量变化背后企业主营业务的变化，发现企业主营业务变化也呈现四类特征。第一类是隶属于制造业（C）的印刷、复制业和文娱用品制造业，这两个行业的上市企业基本从上市开始主营业务就是印刷、记录媒介复制或文娱用品制造业，后期有少量文娱用品制造业企业主营业务发生变化，如星辉车模（300043）2017年主营业务转变为互联网服务（I），姚记扑克（002605）2019年主营业务也转变为互联网服务，而骅威股份（002502）2016年主营业务转为广播、电视、电影和影视录音制作（R）等。

第二类是旅游业上市企业，表2-2显示2012年以前公共设施管理业（N）没有旅游业上市企业，通过对照上市企业股票代码和《国民经济行业分类》（GB/T 4754—2017）、《文化及相关产业分类（2018）》进行分析后了解到：2012年以前旅游业上市企业基本被划分为商务服务业（L72）的旅行社及相关服务，而到2012年旅游业上市企业被划分到公共设施管理业（N78），其对应的则是游览景区管理（N786），后者的主营业务与《文化及相关产业分类（2018）》的景区游览服务（062）主营业务一致。以此为基础，本书只选取了2012年以后的旅游业上市企业，因为其主营业务与《文化及相关产业分类（2018）》一致。

第三类是隶属于文化、体育和娱乐业（R）的新闻和出版业与文化艺术业上市企业，这两类上市企业数量的增加有两个来源：一是所属行业上市企业的新增；二是制造业上市企业主营业务变更带来的数量增长。新闻和出版业企业数量比如时代出版（600551）2009年以前是制造业，大地传媒（000719）2011年以前是制造业（C），中文传媒（600373）2011年以前是制造业（C），长江传媒（600757）2012年以前是制造业（C），华媒控股（000607）2015年以前是制造业（C），等等。文化艺术业的上市企业在2014年以前很多是制造业（C）企业，如当代东方（000673）2013年以前是制造业，视觉中国（000681）2015年以前是制造业，等等。

第四类是隶属于信息传输、软件和信息技术服务业（I）的互联网和相关服务上市企业，这类企业呈现的特点是：上市企业数量有增也有减，数量增加一方面是由于新增，另一方面则是很多上市企业主营业务变更为互联网和相关服务业的企业，如海虹控股（000503）2011年以前是综合业（S）上市企业，顺利办（000606）、智度股份（000676）2018年以前是制造业，等等；而数量减少是源于很多企业互联网服务业上市企业的主营业务转向其他行业，如宝丽来（000008）、深大通（000038）两家企业在股票被多次特别处理，即ST后经历了重大资产组分别与2015年、2010年转变为制造业（C）和房地产业（K）东方电子（000682）2012年转为制造业，等等。

（二）文化类上市企业规模变化情况

在分析了上市企业数量变化的基础上再结合上市企业规模变化分析文化类上市企业发展状况。本书以每年（样本）文化类上市企业总资产的平均值衡量企业规模，通过图2-4可以看到文化类上市企业的企业规模变化呈现三个阶段性特征：第一阶段为2003—2009年，文化类上市企业的年平均总资产基本从13.45亿元增长到19.60亿元，年均增长率为6.47%；第二阶段为2010—2016年，文化类上市企业的年平均总资产从

22.89亿元增至65.01亿元，年均增长率为19%，说明文化类上市企业规模在这一短时间内快速扩张；第三阶段为2017—2020年，2017年企业平均总资产为69.24亿元，较2016年增长6.51%，2018—2019年呈负增长状态，到2020年企业平均总资产为52.38亿元，年均减少1.37%。

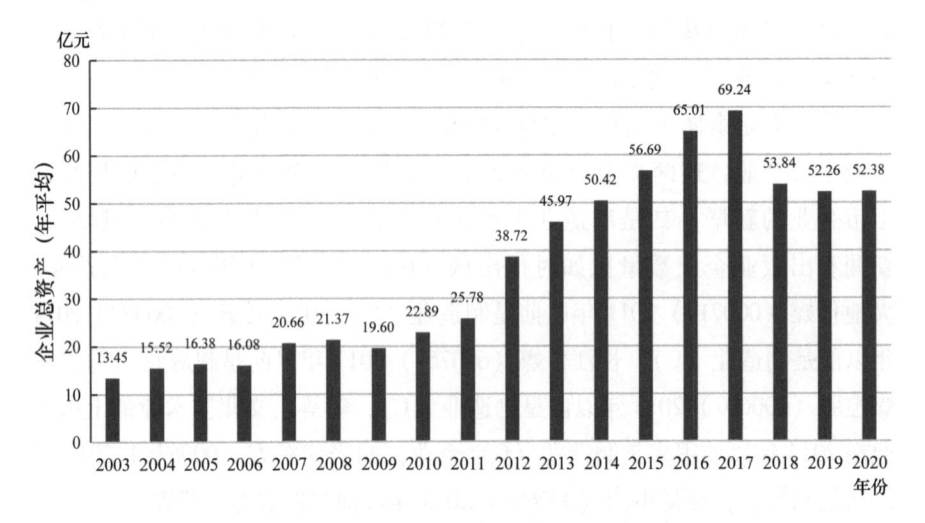

图2-4 2003—2020年文化类上市企业规模变化情况
资料来源：根据国泰安数据库公布数据整理计算而得。

如图2-5所示，隶属于制造业的印刷、复制业和文娱用品制造业的上市企业2003—2020年的年平均规模增长速度相对较慢，印刷、复制业上市企业平均规模以年均6.51%的增幅从2003年的9.09亿元增长至2020年的26.56亿元；文娱用品制造业上市企业平均规模以年均8.00%的增幅从2006年的9.50亿元增长至2020年的27.76亿元；互联网服务业上市企业的平均规模以年均8.01%的增幅从2003年的14.61亿元增长至2020年的54.10亿元；旅游业上市企业的平均规模以年均20.01%的增幅从2012年的63.93亿元增长至2017年的159.64亿元，以年均45.84%的降幅从159.64亿元降至2020年的25.35亿元①；新闻、出版业

---

① 旅游业上市企业年平均规模的高速增长主要源于龙头企业HQC规模的飞速扩张，排除HQC后，旅游业上市企业2012—2017年的年均增长幅度为14.89%，从2012年的15.73亿元增长到2017年的25.5亿元，2018—2020年的年均增幅为0.23%，2020年的平均总资产为25.35亿元。

上市企业的平均规模以年均 17.84% 的增幅从 2003 年的 5.96 亿元增长到 2020 年的 97.03 亿元；文化艺术业上市企业的平均规模以年均 21.18% 的增幅从 2014 年的 16.43 亿元增长至 2020 年的 52.03 亿元，相对而言是六个行业中增长速度最快的。

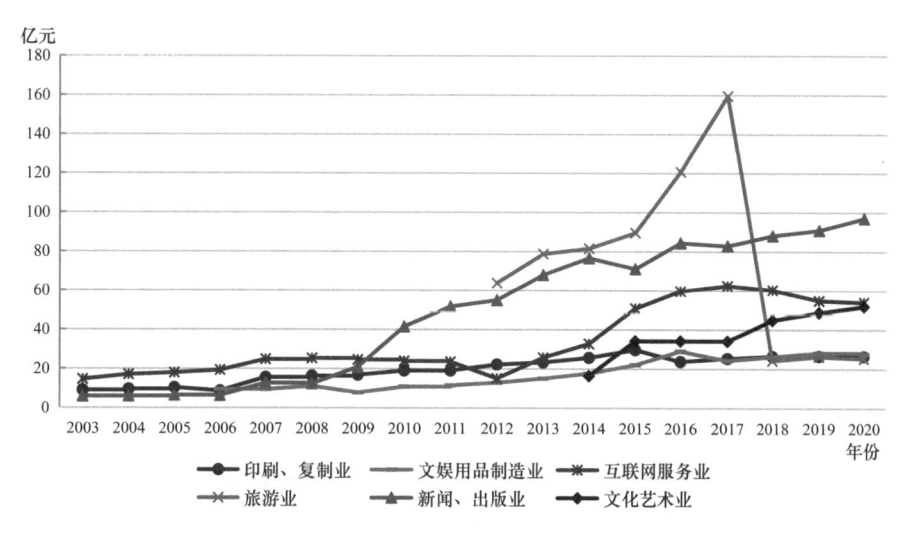

图 2-5　2003—2020 年分行业文化类上市企业规模变化情况
资料来源：根据国泰安数据库公布数据整理计算而得。

上市企业数量和规模的增长一方面反映出我国文化体制改革颇具成效，经营性文化事业单位通过改革转变为自主经营、自负盈亏的企业，使文化产品、服务供给更好地与市场需求相匹配；另一方面也使适应市场化竞争环境的企业获得成长机会，企业规模也在发展中持续扩大。

（三）文化类上市企业经营效益分析

通过对文化类上市企业数量和规模分析，可以看到文化产业的蓬勃发展体现在文化类上市企业数量和规模的增长上。在关注文化类上市企业数量和规模增长的同时，也需要关注企业的经营效益，经营效益是影响企业可持续发展的重要因素。通过对文化类上市企业的年平均营业总收入和年平均净利润进行统计分析（见图 2-6）可以了解到文化类上市企业的年平均营业总收入呈现两个阶段性特征：第一阶段是 2003—2011 年，文化类上市企业的年平均营业总收入在波动中增长，从 2003 年的 10.23 亿元增长至 2011 年的 17.45 亿元，年均增长率为 6.90%；第二阶段是2012—2019年，年平均营业总收入呈现增长趋势，2012年的平均营业总收入为17.74亿元，较2011年增长了1.66%，到2019年增长至38.15亿元，年均增长率为11.56%；2020年受到新冠疫情影响，文化类上市企业的年平均营业总收入降至31.90亿元。

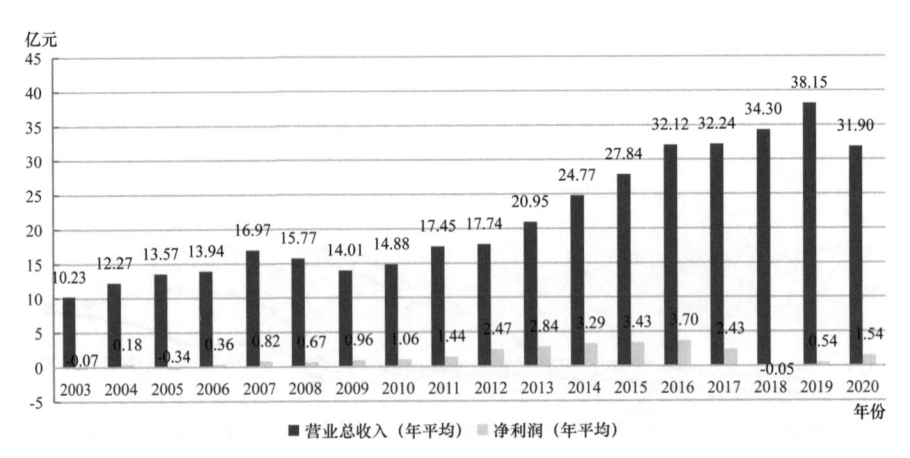

图2-6　2003—2020年文化类上市企业经营效益
资料来源：根据国泰安数据库公布数据整理计算而得。

同时，通过图2-6可以看到，文化类上市企业的年平均净利润变化呈现三个阶段性特征：第一阶段为2003—2008年，文化类上市企业的盈利水平在波动中提高，2003年文化类上市企业平均净利润为-0.07亿元，2008年文化类上市企业的平均净利润为0.67亿元，这一阶段文化类上市企业盈利水平相对低且不稳定；第二阶段为2009—2016年，文化类上市企业的盈利呈现快速上升的态势，从2009年0.96亿元的平均净利润增长至2016年的3.70亿元，年均增长率为21.26%；第三阶段为2017—2020年，文化类上市企业的盈利水平经历了一次断崖式下滑然后攀升，平均净利润从2016年的3.70亿元跌至2018年的-0.05亿元，2019年开始逐渐攀升，到2020年平均净利润为1.54亿元，虽然没有达到2017年的2.43亿元，但是考虑到2020年新冠疫情的影响，文化类上市企业的盈利水平已经相较2018年明显回升。

上市企业净利润的变化一方面受国家文化体制改革政策的影响，另一方面伴随着文化体制改革，文化类上市企业数量增多、规模扩大、企业营业收入提升,使市场竞争日趋激励、企业成本增加、税收压力增大,在多维因素影响下,文化类上市企业盈利能力从2017年出现下滑的态势。

进一步对不同行业大类文化类上市企业经营效益进行分析,通过图2-7(a—f)可以看到:六个行业文化产业上市企业的经营效益变化存在差异。

首先,通过图2-7(a—b)分析印刷、复制业以及文娱用品制造业上市企业经营效益变化情况。图2-7(a)显示印刷、复制业上市企业年平均净利润增长趋势基本与年营业总收入相一致,年平均营业总收入的增加或减少基本上伴随着年平均净利润的增加或减少。印刷、复制业上市企业的经营效益呈现三个阶段性特征:第一阶段为2003—2011年,第二阶段为2012—2015年,第三阶段为2016—2020年。

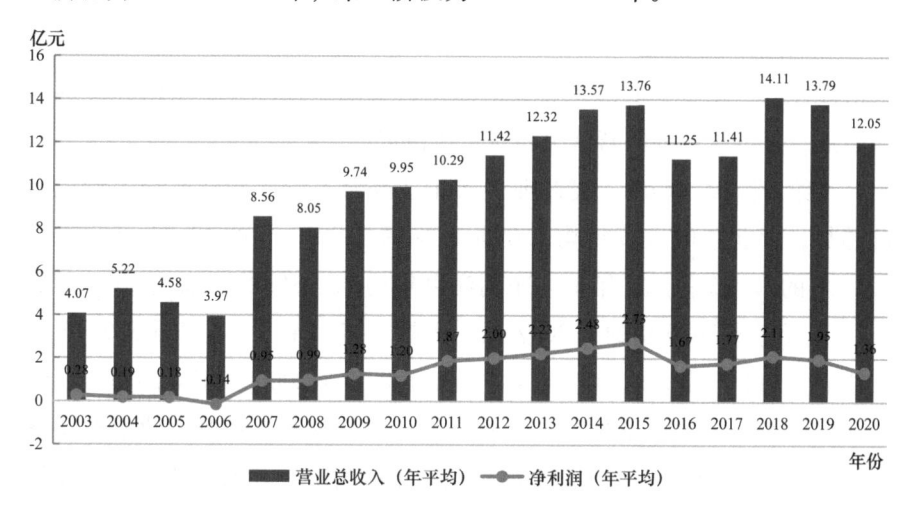

图2-7(a) 2003—2020年印刷、复制业上市企业经营效益
资料来源:根据国泰安数据库公布数据整理计算而得。[①]

在第一阶段,印刷、复制业上市企业的年平均营业总收入从2003年的4.07亿元增长至2011年的10.29亿元,年均增长率为12.28%;年平

---

① 以各行业上市企业平均营业总收入和平均净利润衡量,即以 j 行业上市企业 t 年营业总收入总和除以 j 行业上市企业数计算平均营业总收入,以及以 j 行业上市企业 t 年净利润总和除以 j 行业上市企业数计算平均净利润。

均净利润从 2003 年的 0.28 亿元增长至 2011 年的 1.87 亿元，年均增长率为 27.05%。这一阶段印刷、复制业上市企业数量较少（2—5 家），年平均营业总收入和年平均净利润在波动中增长，而造成这种波动的主要原因是上市企业数量少，某家企业的经营效益变化会导致行业平均值发生变化。比如，2006 年印刷、复制业上市企业的平均净利润明显下降是受到陕西金叶企业①亏损约 1.13 亿元导致的。而 2007 年的平均营业总收入和平均净利润的明显提升除了该行业上市企业②普遍经营效益提升外，还有两方面影响因素：一方面陕西金叶摆脱了亏损状况；另一方面上市企业中新增了劲嘉股份，该企业的经营效益较好。

在第二阶段，印刷、复制业上市企业的经营效益呈平稳上升状态，上市企业的年平均营业总收入以年均 6.40% 的增长率从 2011 年的 10.29 亿元增长至 2015 年的 13.76 亿元，而上市企业的年平均净利润以年均 10.89% 的增长率从 2011 年的 1.87 亿元增长至 2015 年的 2.73 亿元。这一阶段印刷、复制业上市企业经营效益的稳定提升得益于国内经济的繁荣发展，上市企业的经营状况相对较为稳定。

在第三阶段，印刷、复制业上市企业经营效益在剧烈波动中呈现下降趋势，营业总收入以年均 2.60% 的降幅从 2015 年的 13.76 亿元降至 2020 年的 12.05 亿元，年平均净利润以年均 12.98% 的降幅从 2015 年的 2.73 亿元降至 2020 年的 1.36 亿元。从图 2-7（a）中可以看到 2016 年印刷、复制业上市企业的经营效益明显下降，与 2006 年不同的是，导致此次经营效益明显下降的主要原因是所有该行业上市企业经营效益均下滑，这就使得 2016 年在没有上市企业亏损的情况下，该行业上市企业的平均营业总收入和平均净利润均明显下降。由此可以了解，2016 年该行业经营效益下降主要受到宏观经济形势③的影响，使得整个行业的盈利水

---

① 通过查询国泰安数据库发布的数据了解到：JY 企业 2006 年的净利润为 -1.13 亿元，而同一时期的其余三家上市企业的净利润平均值约为 4.57 千万元。

② 公开发表（网站）2007 年印刷、复制业四家上市企业为：东港股份、界龙实业、劲嘉股份、陕西金叶，其中劲嘉股份是印刷、复制业新增上市企业，该企业 2007 年营业总收入为 14.58 亿元，净利润为 2.2 亿元，其余三家上市企业的平均营业总收入为 6.5 亿元，平均净利润为 0.53 千万元。

③ 2015 年开始，我国经济增长速度放缓，从高速增长转变为中高速增长。

平受到冲击。2017年、2018年该行业经营效益虽然呈攀升状,但是持续性不强,2019年企业的经营效益回落,2020年受新冠疫情影响,企业的经营效益下滑比较明显,2020年平均营业总收入较2019年减少12.58%,平均净利润较2019年减少30.18%。

图2-7(b)显示了文娱用品制造业上市企业的2006—2020年的经营效益,可以看到文娱用品制造业上市企业的经营效益发展呈现三个阶段性特征,第一阶段是2006—2011年,文娱用品制造业上市企业经营效益上下波动;第二阶段是2012—2016年,文娱用品制造业上市企业经营效益稳定提升;第三阶段是2017—2020年,文娱用品制造业上市企业的年平均营业收入与年平均净利润变化的方向和程度呈现出差异性。

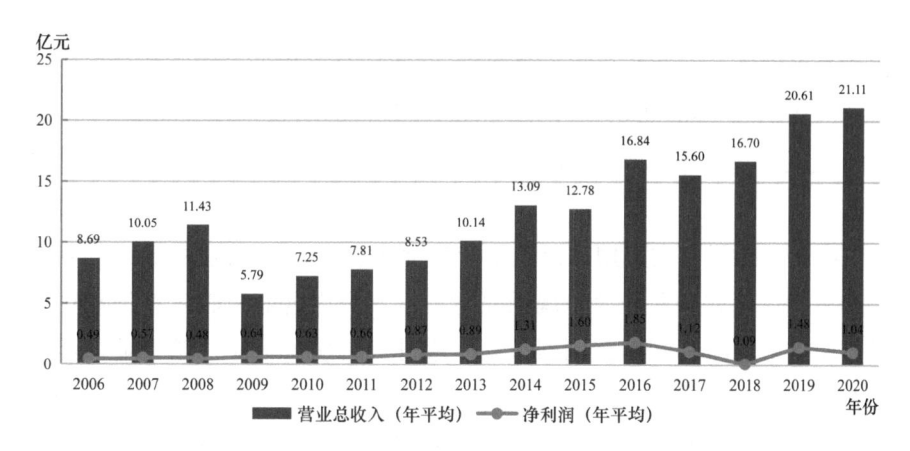

图2-7(b) 2006—2020年文娱用品制造业上市企业经营效益

资料来源:根据国泰安数据库公布数据整理计算而得。①

在第一阶段,文娱用品制造业上市企业经营效益波动的主要原因在于该行业上市企业数量少,一家企业的经营状况或上市企业数量变化都会影响上市企业经营效益的平均水平。2006年文娱用品制造业上市企业的平均营业总收入为8.69亿元,到2011年该值降至7.81亿元,导

---

① 以各行业上市企业平均营业总收入和平均净利润衡量,即以 j 行业上市企业 t 年营业总收入总和除以 j 行业上市企业数计算平均营业总收入,以及以 j 行业上市企业 t 年净利润总和除以 j 行业上市企业数计算平均净利润。

致这一变化的主要原因在于 2009 年新增 5 家上市企业①对该行业上市企业营业总收入平均值的影响，2009 年的平均营业总收入较 2008 年的 11.43 亿元下降 49.37% 后降为 5.79 亿元；2006 年文娱用品制造业上市企业的平均净利润为 0.49 亿元，以年均 5.82% 的增长率增至 2011 年的 0.66 亿元，其中 2008 年在平均营业总收入上升的情况下平均净利润下降，原因在于 2008 年 2 家上市企业中的广博股份扩大经营规模，所以导致企业经营成本上升，进而使得企业净利润下降，从而拉低了 2 家企业的平均净利润。

在第二阶段，文娱用品制造业上市企业经营效益快速提升，年平均营业总收入以年均 18.54% 的增长率从 2012 年的 8.53 亿元增长至 2016 年的 16.84 亿元，其中 2015 年平均营业总收入的轻微下滑是由于当年文娱用品制造业上市企业新增了邦宝益智，这家上市企业相对同行业其他上市企业规模略小，营业总收入较低②。文娱用品制造业上市企业的年平均净利润从 2012 年的 0.87 亿元以年均 16.31% 的增长率增长至 2016 年的 1.85 亿元，这一阶段文娱用品制造业的经营效益较好，整体盈利水平较高。

在第三阶段，文娱用品制造业上市企业的年平均营业总收入和年平均净利润变化方向和程度呈现明显差异：年平均营业总收入在波动中增长，而年平均净利润则在剧烈下降、攀升后再次降低了。该行业的年平均营业总收入以年均 10.62% 的增长率从 2017 年的 15.60 亿元增长至 2020 年的 21.11 亿元，而年平均净利润则受亏损企业经营状况的影响呈现较大幅度的滑坡和攀升，其中 2017 年的平均净利润下降有两个方面的影响因素③：一是行业整体盈利水平下降；二是群兴玩具亏损拉低了整个行业的平均净利润。2018 年平均净利润的大幅下降则是由于奥飞娱乐的

---

① 2006—2008 年文娱用品制造业只有 2 家上市企业，2009 年新增 5 家上市企业后合计 7 家上市企业。

② 2015 年，BBYZ 的营业总收入为 3.1 亿元，而其余 11 家上市企业的平均营业总收入为 13.65 亿元。

③ QX 玩具的盈利水平低于其余文娱用品制造业上市企业，2017 年 QX 玩具营业总收入降低，导致该企业 2017 年亏损 2.1 千万元，在排除 QX 玩具后，2017 年该行业上市企业的平均净利润为 1.22 亿元，较 2016 年的 1.85 亿元的平均净利润下降了 34%。

巨额亏损①，该企业的巨额亏损导致行业净利润平均值降至 0.09 亿元，2019 年奥飞娱乐摆脱亏损状况后，该行业上市企业的平均净利润回升至 1.48 亿元，2020 年由于受到新冠疫情影响，整个行业的盈利水平下降，并且有 4 家企业呈亏损状态，该行业上市企业的平均净利润降至 1.04 亿元。

图 2-7 （c）呈现了互联网服务业上市企业经营效益的四个阶段性特征。第一阶段是 2003—2007 年，互联网上市企业的经营效益总体呈上升趋势；第二阶段是 2008—2012 年，该行业上市企业的年平均营业总收入呈下降态势，而年平均净利润在波动中小幅上升；第三阶段是 2013—2016 年，互联网服务业上市企业经营效益快速提升；第四阶段是 2017—2020 年，互联网服务业上市企业的年平均营业总收入与年平均净利润变化方向不一致。

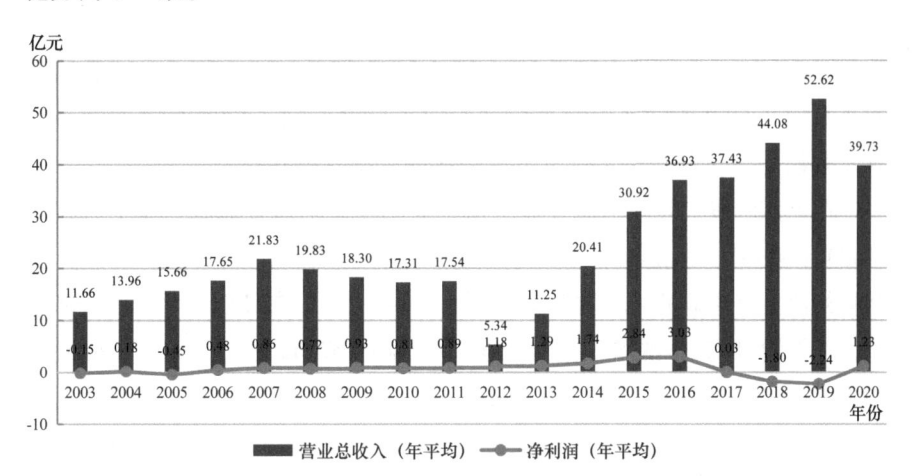

图 2-7（c） 2003—2020 年互联网服务业上市企业经营效益

资料来源：根据国泰安数据库公布数据整理计算而得。

在第一阶段，互联网服务业上市企业的经营效益总体快速增长，上市企业的年平均营业总收入以年均 16.97% 的增长率从 2003 年的 11.66 亿元增长至 2007 年的 21.83 亿元；而受到亏损企业的影响，互联网服务业上市企业的年平均净利润的波动较大，2003 年该行业 14 家上市企业中

---

① 2018 年 AF 娱乐亏损 16.9 亿元（巨额亏损与该企业资产减值相关，2018 年 AF 娱乐资产减值 14.95 亿元），排除 AF 娱乐后，该行业的平均净利润为 1.39 亿元。

4家企业处于亏损状态①，在4家亏损企业的影响下，2003年互联网服务业上市企业的平均净利润为-0.15亿元增至2007年的0.86亿元②。

在第二阶段，互联网服务业上市企业的年平均营业总收入呈下降态势，年平均营业总收入从2008年的19.83亿元降至2012年的5.34亿元③，年均降幅为27.95%；与年平均营业总收入下降的态势不同，年平均净利润在波动中上升，2008年平均净利润为0.72亿元，较2007年下降17.31%④，2012年的平均净利润为1.18亿元，年平均增长率为13.24%，其间年平均净利润的波动主要是该行业上市企业变化导致的。

在第三阶段，互联网服务业上市企业的年平均营业总收入和年平均净利润均呈高速增长状态，2013年的平均营业总收入为11.25亿元，较2012年增长110.43%，随后以年均48.64%的增长率增长到2016年的36.93亿元；2013年的平均净利润为1.29亿元，较2012年增长10.03%，随后以32.77%的增长率增至2016年的3.03亿元。这一阶段是互联网服务业上市企业盈利水平提升最快的阶段，同时，这一阶段互联网上市企业大多数处于盈利状态，仅有1家企业偶尔呈亏损状态。

在第四阶段，互联网服务业上市企业的年平均营业总收入呈上升状态（2020年除外），但是年平均净利润剧烈下降（2020年除外）。2017年互联网服务业上市企业的平均营业总收入为37.43亿元，较2016年增长1.35%，随后以年均18.56%的增长率增长至2019年的52.62亿元，2020年受到新

---

① 2003年亏损的四家企业是：TDTC亏损3.84亿元、CZKJ亏损约1.05亿元、HLJZ亏损9.24千万元，以及XYRJ。

② 2003—2007年互联网上市企业净利润增长率波动幅度较大，比如，2004年由于亏损企业数量减少，亏损额降低，所以上市企业的平均净利润为0.18亿元，较2003年增长215.42%；而2005年由于CZKJ亏损5.47亿元，TDTC亏损4.18亿元，两家企业的巨额亏损导致该行业上市企业的平均净利润降为-0.45亿元，降幅达352.47%；2006年CZKJ和TDTC的股票被列为"特别处理"（ST），从样本中删除后，该行业2006年的平均净利润0.48亿元，增长率为207.40%。

③ 2012年互联网服务业上市企业数量从2011年的27家骤降至10家，导致2012年互联网服务业上市企业的平均营业总收入下降69.52%，从2011年的17.54亿元降至5.34亿元。经过对比2011年与2012年互联网服务业上市企业，发现2011年27家互联网服务业上市企业中23家上市企业的主营业务发生变化不再隶属于互联网服务业，同时有6家上市企业转变为互联网服务业，所以2012年互联网服务业仅有10家上市企业。

④ 导致2008年互联网服务业上市企业平均净利润下降的主要原因是HXKJ亏损约4.33亿元。

冠疫情影响该行业的平均营业总收入下降至 39.73 亿元。另外，互联网上市企业的年平均净利润从 2017 年开始骤降，且下降持续到 2019 年，2017 年互联网服务业上市企业的平均净利润为 0.03 亿元，较 2016 年下降 99.12%，2018 年的平均净利润下降至 -1.80 亿元，2019 年的平均净利润为 -2.24 亿元，较 2018 年下降 24.75%，导致互联网上市企业年均净利润明显下降的原因有两个：一是互联网上市企业整体盈利水平降低，主要表现为亏损企业数量和亏损额度增加①；二是在亏损的互联网上市企业中有企业出现巨额亏损②。这一阶段，一方面受到宏观经济形势的影响；另一方面在互联网服务业上市企业数量和规模快速增长的影响下，市场竞争越来越激烈，上市企业的运营成本逐渐增加，导致上市企业盈利水平降低。

图 2-7（d）显示 2012—2020 年旅游业上市企业经营效益呈两个阶段性特征，第一阶段是 2012—2017 年，旅游业上市企业经营效益呈上升态势；第二阶段是 2018—2020 年，旅游业上市企业经营效益呈断崖式下降态势。

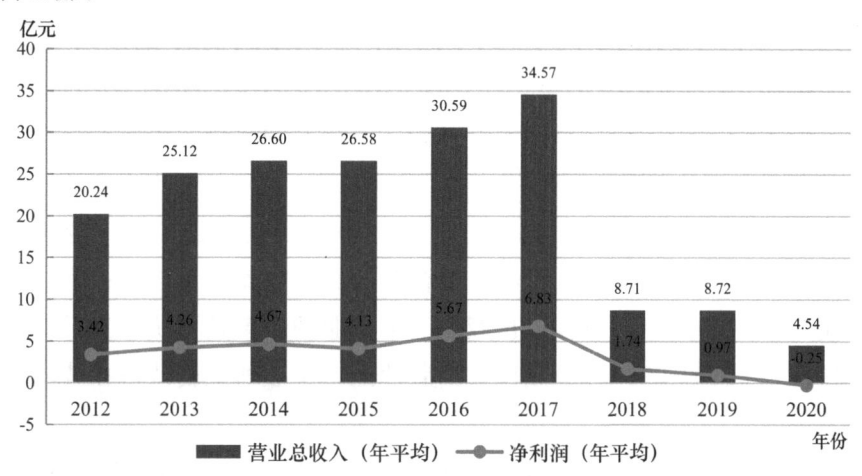

图 2-7（d） 2012—2020 年旅游业上市企业经营效益

资料来源：根据国泰安数据库公布数据整理计算而得。

---

① 2016 年互联网服务业 37 家上市企业有 5 家亏损，平均亏损 2.35 亿元；2017 年 53 家上市企业有 7 家亏损，平均亏损 27.5 亿元；2018 年 59 家上市企业有 18 家亏损，平均亏损 17.1 亿元；2019 年 59 家上市企业有 16 家亏损，平均亏损 22.2 亿元。

② 2017 年 LSW 亏损 181.84 亿元，2018 年亏损超过 10 亿元的企业有 9 家，2019 年亏损超过 10 亿元的企业有 12 家，其中 LSW 亏损达 113.37 亿元。

在第一阶段，旅游业上市企业的年平均营业总收入从2012年的20.24亿元以年均11.30%的增长率增长至2017年的34.57亿元；年平均净利润从2012年的3.42亿元以年均14.86%的增长率增长至2017年的6.83亿元，这一阶段旅游业上市企业的数量和构成相对稳定，几乎没有企业因为主营业务变化而更改行业。

在第二阶段，旅游业上市企业的经营效益在2018年出现剧烈下降，年平均营业总收入从2017年的34.57亿元下降至2018年的8.71亿元，降幅达74.79%；年平均净利润从2017年的6.83亿元降至2018年的1.74亿元，降幅达74.59%。究其原因在于2018年旅游业龙头上市企业主营业务发生变化①，2018年以后，旅游业上市企业年平均营业总收入增长缓慢，年平均净利润下滑，由此可见，旅游业上市企业的良好经营效益主要受龙头企业优良经营效益影响。2020年受新冠疫情影响，15家旅游业上市企业营业总收入大幅缩水，其中有8家上市企业亏损，其中桂林旅游亏损额度最高（2.96亿元），旅游业上市企业平均营业总收入较2019年下滑47.93%，降至4.54亿元；平均净利润较2019年下滑125.94%，降至-0.25亿元。

图2-7（e）、（f）呈现的是新闻、出版业和文化艺术业上市企业的经营效益变化情况。图2-7（e）显示新闻、出版业上市企业的经营效益总体在波动中呈上升态势，呈现三个阶段性特征，第一阶段是2003—2008年，新闻、出版业上市企业的经营效益相对较低；第二阶段是2009—2016年，新闻、出版业上市企业的经营效益快速提升；第三阶段是2017—2020年，新闻、出版业上市企业的经营效益在波动中略有下降。

第一阶段经营效益较低的主要原因在于2003—2008年新闻、出版业仅有1—2家上市企业。在第二阶段，新闻、出版业上市企业经营效益就进入快速增长期，2009年新闻、出版业上市企业的平均营业总收入为14.42亿元，较2008年的6.88亿元增长了109.70%，然后以年均

---

① 2018年HQC经营业务中，房地产的营业收入超过总营业收入的50%，故HQC转为房地产业（K70），HQC的净利润从2012年开始占旅游业上市企业净利润总和的70%以上，2017年占比更是高达85%。

19.70%的增长率增至2016年的50.77亿元；2009年的平均净利润为1.25亿元，较2008年-0.28亿元增长了544.79%，然后以年均24.72%的增长率增至2016年的5.88亿元，在这一阶段新闻、出版业上市企业的发展较快，无论从上市企业数量、规模还是经营效益层面进行衡量，都与我国文化体制改革取得的成效密切相关。

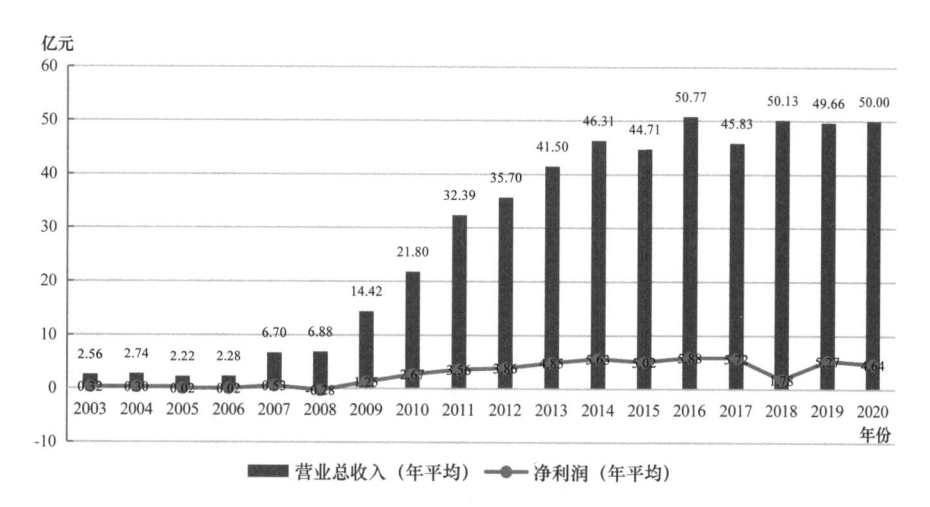

图2-7（e） 2003—2020年新闻、出版业上市企业经营效益
资料来源：根据国泰安数据库公布数据整理计算而得。

在第三阶段，新闻、出版业上市企业的经营效益在波动中下降，2017年上市企业平均营业总收入较2016年下降9.73%，降至45.83亿元，平均净利润较2016年下降2.74%，降至5.72亿元。导致经营效益下滑的原因，一方面在于新闻、出版业上市企业平均营业总收入轻微下降；另一方面则是2010年被列为"ST"的赛迪传媒调整经营内容，更名为"南华生物"①后2017年解除退市风险警告，但是该企业2017年净利润为-3.62千万元，因而拉低了该行业2017年的平均净利润。2018年新闻、出版业上市企业的平均营业总收入呈上升状态，而平均净利润剧烈下跌，从2017年的5.72亿元下跌至1.78亿元，跌幅达68.91%。通过分

---

① 该企业于2018年转为专业技术服务业（M74），2017年及以前均划分在新闻、出版业。

析了解到导致这一现象的原因在于 2018 年新闻、出版业 23 家上市企业中有 4 家企业①呈巨额亏损状态，平均亏损额达 20.93 亿元，通过分析明确了导致这 4 家企业亏损的原因并不是经营不善，因而 2019 年新闻、出版业上市企业在平均营业总收入略下降的情况下，平均净利润升至 5.27 亿元，较 2018 年增长 196.51%，2020 年新闻、出版业上市企业平均营业总收入微增，增至 50 亿元，平均净利润在 3 家亏损企业②影响下降至 4.64 亿元。

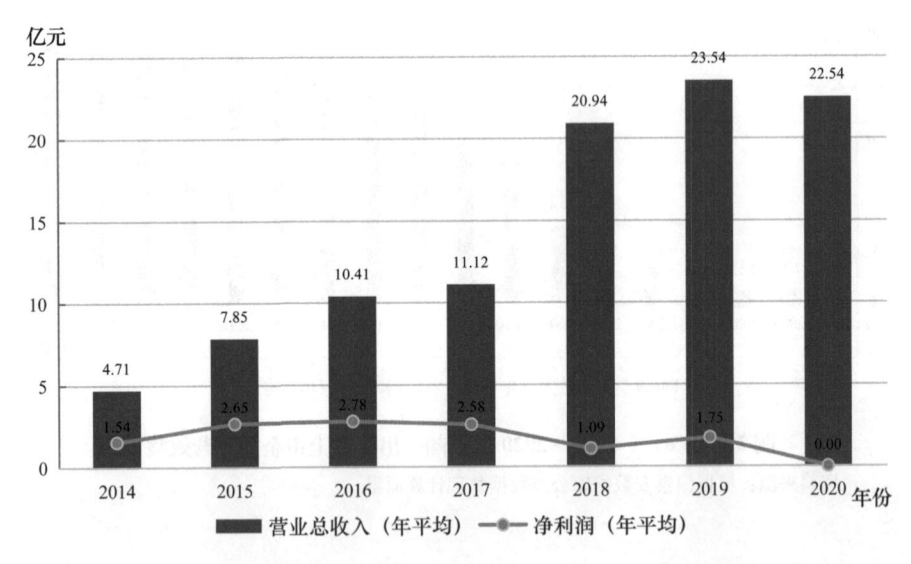

图 2-7（f） 2014—2020 年文化艺术业上市企业经营效益

资料来源：根据国泰安数据库公布数据整理计算而得。

图 2-7（f）显示出 2014—2020 年文化艺术业上市企业经营效益最大的特征是上市企业的年平均营业总收入基本呈持续增长状态，但是年平均净利润并没有伴随年平均营业总收入的增加而增加，年平均净利润在波动中降低。文化类上市企业数量较少，年平均净利润的波动主要受

---

① 四家企业分别为 HWCM 亏损 49.34 亿元，ZWZX 亏损 15.05 亿元，TZWH 亏损 10.88 亿元，BRCB（600880）亏损 8.44 亿元。

② 2020 年新闻、出版业亏损的三家上市企业是：HWJT 亏损 21.40 亿元，HMKG 亏损 3.71 亿元，XHCM 亏损 2.91 亿元。

该行业亏损上市企业①对平均净利润的影响。导致上市企业亏损的主要原因有三个：一是宏观经济下行导致很多企业出现影视剧销售下滑，回款困难；二是伴随行业发展，竞争日趋激烈，而规模不断扩张且经营趋向多元化的企业盈利能力面临越来越多的挑战；三是政策调整，政府通过政策和舆论引导加强对影视、娱乐业上市企业的监管。

通过对文化及相关产业规模以上企业发展情况以及文化类上市企业发展情况的梳理可以了解到，虽然文化及相关产业规模以上企业经营效益持续提升，但是微观层面各行业上市企业的经营效益存在一定差异，规模和经营效益提升最快的是互联网服务业上市企业和新闻、出版业上市企业，较慢的是印刷、复制业上市企业和文娱用品制造业上市企业。

第二节 文化类上市企业慈善捐赠情况

文化类上市企业经营效益在波动中增长，企业经营效益一方面受到宏观经济形势、社会环境的影响；另一方面则受到微观层面企业运营情况的影响。企业对资源的分配很大程度上会影响企业的经营绩效，企业开展慈善捐赠有可能是企业为了提升绩效的策略性选择，也可能是基于"真善"的利他性选择，文化类上市企业的相对捐赠水平在各行业上市企业中排在前20位，说明文化类上市企业在慈善捐赠层面投入的资源相对于其他行业高。这一节将具体分析文化产业各行业上市企业开展慈善捐赠的情况。

一 文化类上市企业慈善捐赠总体情况

通过图2-8可以看到文化类上市企业中开展慈善捐赠的企业比例从2003年开始持续上升，从2003年17家上市企业中的约42%开展慈善捐赠到2020年141家上市企业的约84%开展慈善捐赠，六个行业上市企业

---

① 2018年DDDF亏损16.02亿元、MSWH亏损2.38亿元，2019年XYWH亏损8.76亿元、DDDF亏损6.31亿元，2020年SCYY亏损17.67亿元、MSWH亏损9.46亿元、HKCY亏损0.62亿元。

中捐赠企业的绝对数量和相对数量都大幅增长，同时，在捐赠企业比例攀升的过程中形成三个小高峰，分别是：2008年，有79%的文化类上市企业开展慈善捐赠；2010年，约有75%的文化类上市企业开展慈善捐赠；2012年，有78%的文化类上市企业开展慈善捐赠。

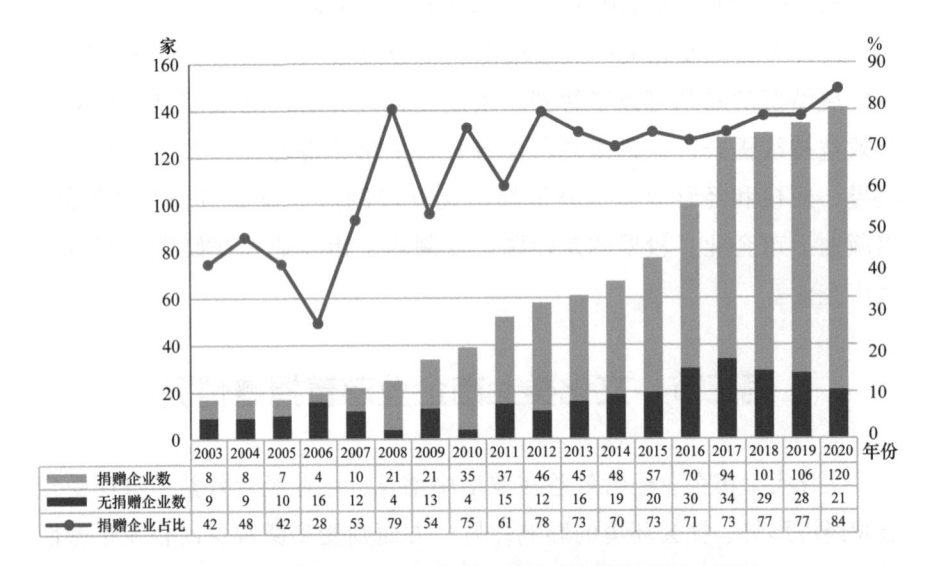

图2-8 2003—2020年文化类上市企业捐赠企业数量变化

资料来源：根据国泰安数据库与上市企业年报数据整理计算而得。

对比文化产业六个行业上市企业2003—2019年捐赠企业的占比与沪深A股所有上市企业中捐赠企业占比（见图2-9）可以看到：首先，文化类上市企业捐赠企业占比的变化基本与A股上市企业捐赠企业占比变化趋势一致，但是在程度上存在差异，沪深A股上市企业慈善捐赠企业的比重呈持续、稳定上升状态，而文化产业六个行业上市企业开展慈善捐赠的企业占比则呈波动状态增长，这主要是由于A股上市企业数量大，所以整体趋势更平缓；其次，文化产业六个行业上市企业开展慈善捐赠的企业占比从2008年开始，除少数几年外，基本都略高于A股所有上市企业开展慈善捐赠企业的占比，这在一定程度上说明文化产业六个行业的上市企业开展慈善捐赠的积极性略高。

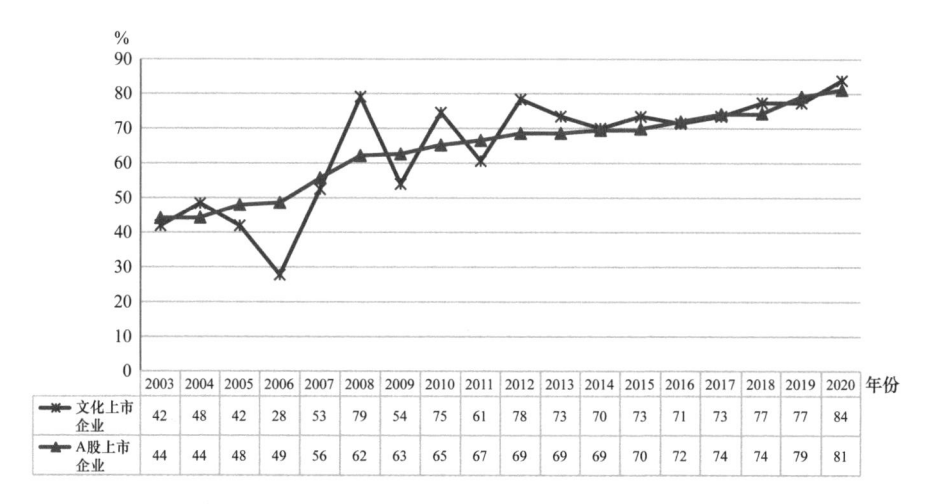

第二章　文化类上市企业发展与慈善捐赠情况 / 107

年份	2003	2004	2005	2006	2007	2008	2009	2010	2011	2012	2013	2014	2015	2016	2017	2018	2019	2020
文化上市企业	42	48	42	28	53	79	54	75	61	78	73	70	73	71	73	77	77	84
A股上市企业	44	44	48	49	56	62	63	65	67	69	69	69	70	72	74	74	79	81

图 2-9　2003—2019 年文化类上市企业与沪深 A 股上市企业捐赠企业占比

资料来源：根据国泰安数据库与上市企业年报数据整理计算而得。

进一步分析上市企业用于开展慈善捐赠的资金情况。图 2-10 呈现了文化产业六个行业上市企业的慈善捐赠水平[①]和沪深 A 股上市企业的慈善

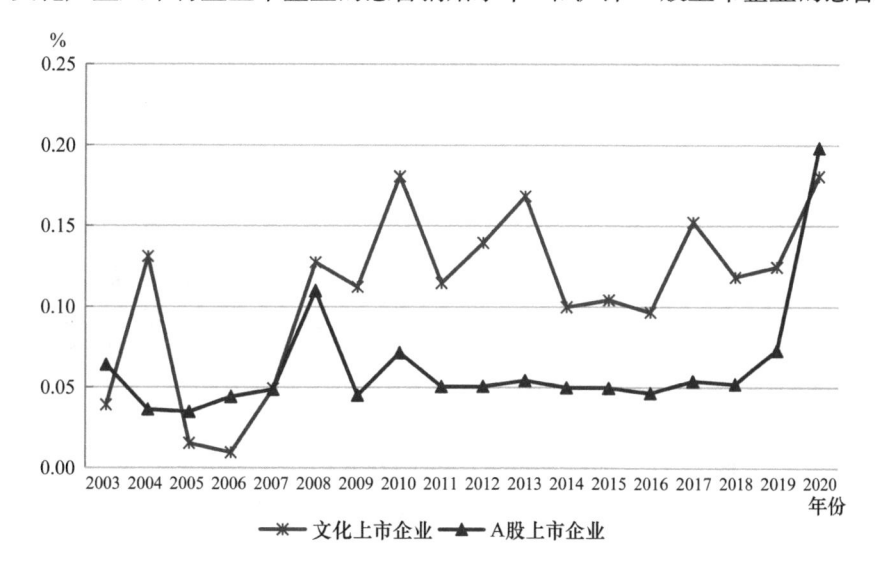

图 2-10　2003—2020 年文化类上市企业与沪深 A 股上市企业相对捐赠水平

资料来源：根据国泰安数据库与上市企业年报数据整理计算而得。

---

① 以开展慈善捐赠的上市企业的捐赠金额和营业总收入的比值进行衡量。

捐赠水平，可以看到文化类上市企业的相对捐赠水平从 2007 年以后就普遍高于 A 股上市企业的慈善捐赠水平，这代表开展慈善捐赠的文化类上市企业在慈善捐赠层面的投入较 A 股上市企业的平均水平高，即这六个行业的文化类上市企业在慈善捐赠层面表现更积极。值得注意的是，在 2020 年各行业盈利水平普遍下降的情况下，六个行业上市企业的相对捐赠水平为 0.181%。

如图 2-11 所示，六个行业中亏损的文化类上市企业仍有很大比例的企业开展慈善捐赠。在 2015 年以前，亏损企业数量较少，基本在 4 家企业以内，2015 年以后亏损企业数量骤增，同时捐赠的亏损企业数量也骤增。根据图 2-11 数据显示：2016 年及以后，每年约有 60% 的亏损文化类上市企业开展慈善捐赠活动，只有 2019 年为 48%。由此可见，作为自愿承担的社会责任，很多文化类上市企业即使在亏损的状态下也没有取消慈善捐赠支出。

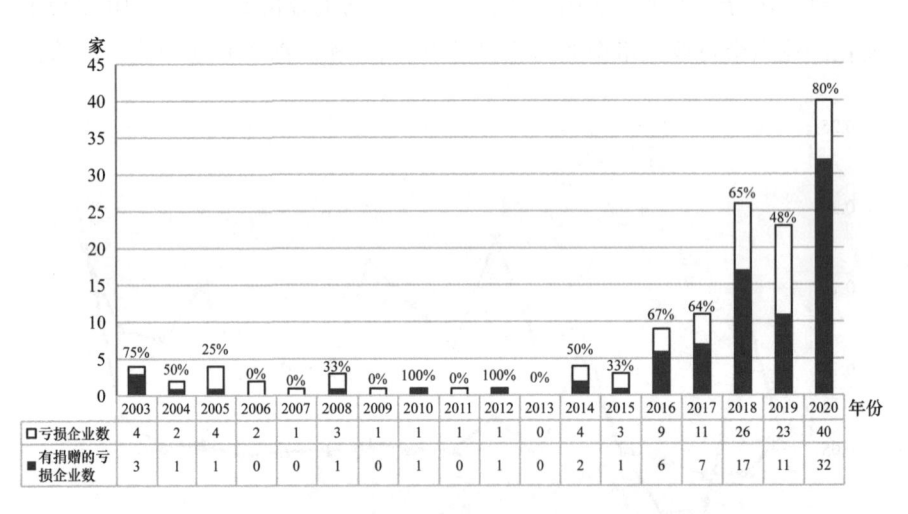

图 2-11　2003—2020 年亏损的文化类上市企业捐赠情况

资料来源：根据国泰安数据库与上市企业年报数据整理计算而得。

通过对文化产业六个行业上市企业捐赠情况的分析，可以了解这六个行业的上市企业在参与捐赠的积极性上略高于沪深 A 股上市企业的平均水平，而开展捐赠的企业在慈善捐赠的投入层面普遍高于沪深 A 股上市企业的平均水平。同时，很多企业即使在亏损状况下也仍然开展慈善捐赠活动，这意味着对于这六个行业的上市企业来说，开展慈善捐赠是一项重要的管理决策。

二 按行业分析文化类上市企业慈善捐赠

通过统计分析发现文化产业六个行业的上市企业相对慈善捐赠水平排在所有行业上市企业的前20。在此基础上，进一步分析这六个行业上市企业慈善捐赠情况。如图2-12所示：从捐赠总额来看，文化产业六个行业慈善捐赠总额的增加主要由新闻、出版业上市企业的捐赠构成，新闻、出版业上市企业的捐赠总额从2007年的2.6万元增至2020年的3.99亿元，这与新闻、出版业上市企业较好的经营效益和较高的盈利水平有关，对六个行业捐赠总额贡献第二大的是互联网服务业，这与互联网服务业上市企业、数量、规模以及经营效益的快速发展紧密相关，其余行业的文化类上市企业在捐赠总额中占比相对较小。

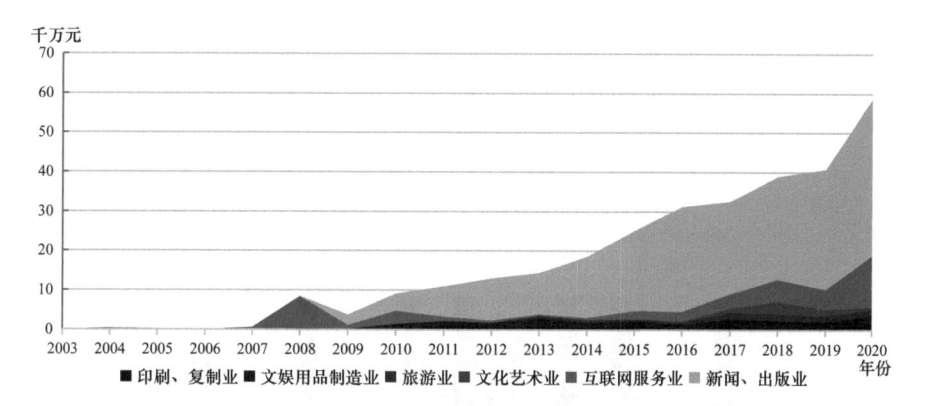

图2-12 2003—2020年各行业文化类上市企业捐赠总额
资料来源：根据国泰安数据库与上市企业年报数据整理计算而得。

图2-13（a—f）分别显示了文化产业六个行业在慈善捐赠层面的表现，这一表现通过两个维度的数据进行衡量：一是该行业上市企业开展慈善捐赠的企业比重；二是开展慈善捐赠企业投入资金的情况[①]。通过图2-13可以看到无论是捐赠企业占比还是捐赠企业的平均捐赠水平均呈

---

① 与前文一致，通过企业捐赠金额与营业总收入的比率来衡量。

现不同程度的波动，从中并不能总结出六个行业上市企业慈善捐赠波动的特征，而结合图 2-13（a—e）和图 2-13（f），将这六个行业的上市企业作为样本总体进行分析，可以看到开展慈善捐赠的上市企业比率和相对捐赠水平都在波动中提升了。

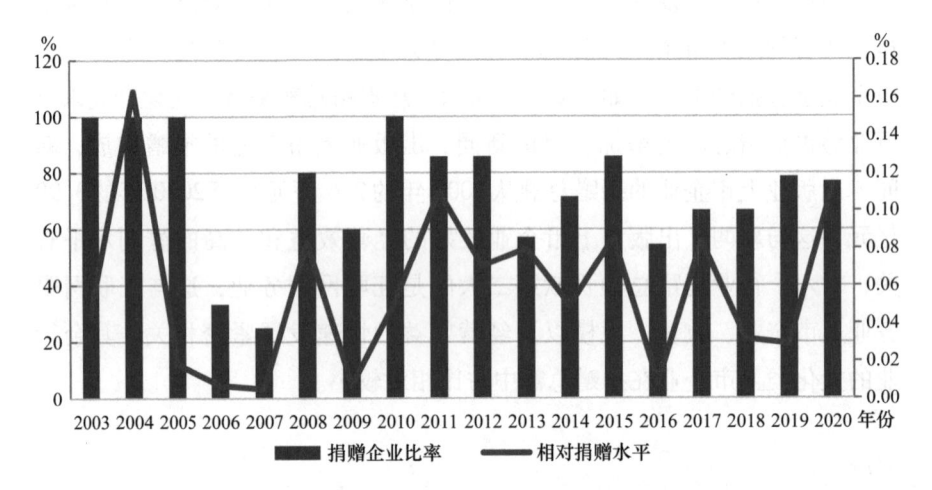

图 2-13（a）　2003—2020 年印刷、复制业上市企业捐赠情况

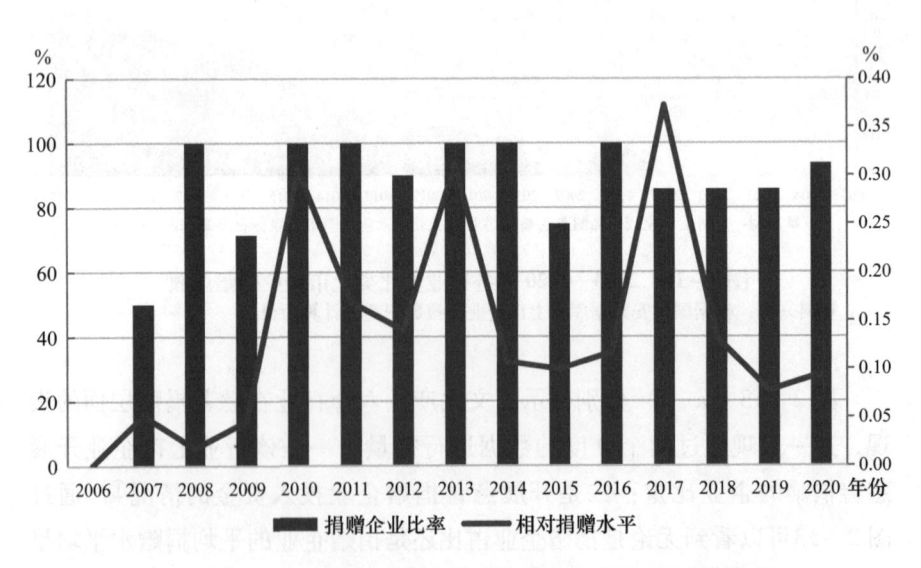

图 2-13（b）　2006—2020 年文娱用品业上市企业捐赠情况

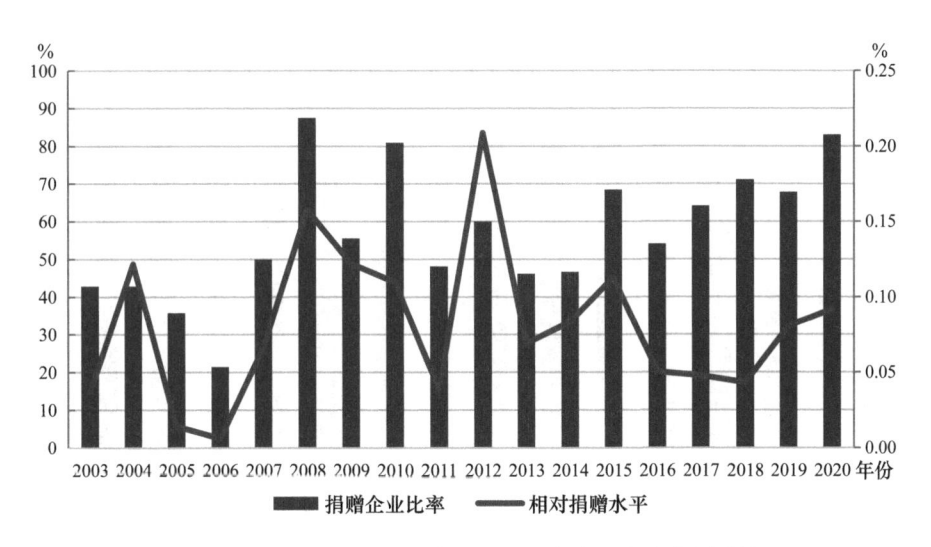

图 2-13（c） 2003—2020 年互联网服务业上市企业捐赠情况

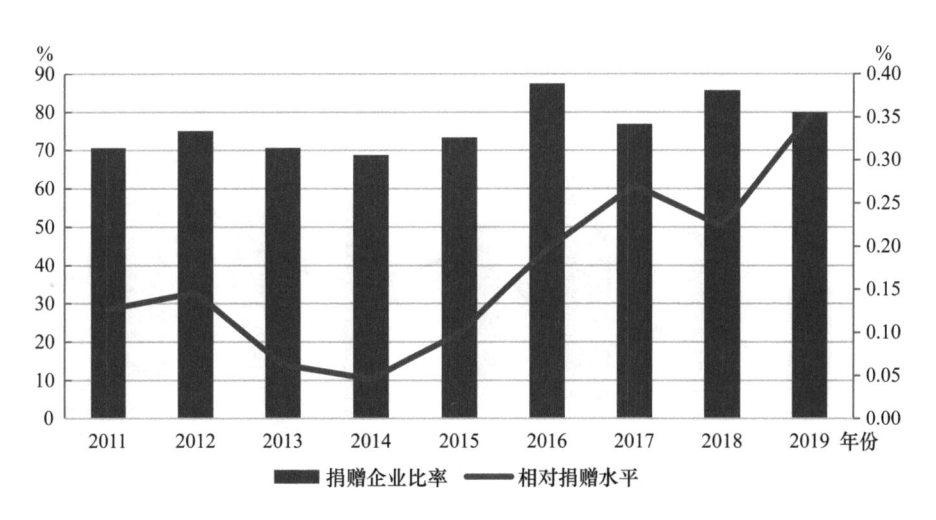

图 2-13（d） 2011—2020 年旅游业上市企业捐赠情况

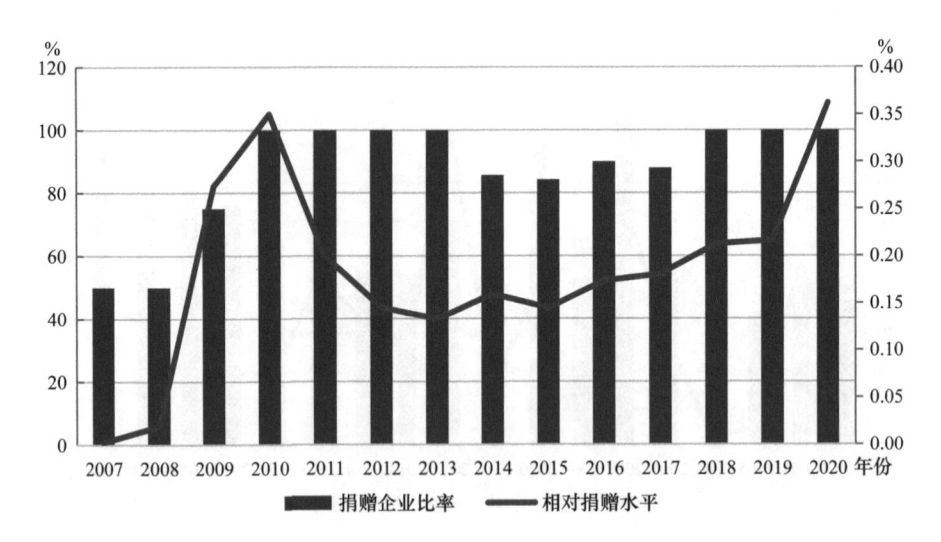

图2-13（e） 2007—2020年新闻、出版业上市企业捐赠情况

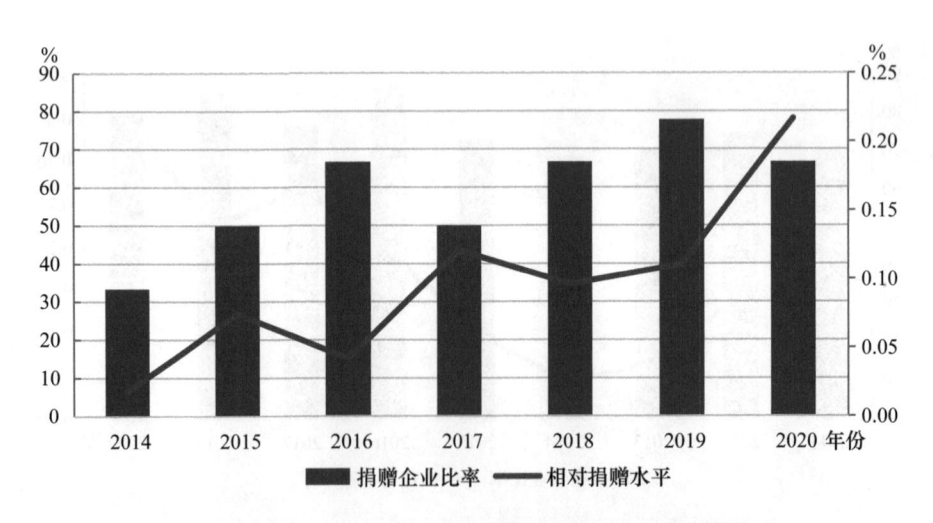

图2-13（f） 2014—2020年文化艺术业上市企业捐赠情况

资料来源：根据国泰安数据库与上市企业年报数据整理计算而得。

第三章

文化类上市企业慈善捐赠对企业财务绩效的影响

通过分析发现,文化产业作为我国的战略性新兴产业,其蓬勃发展的基础是市场需求提升与政府政策调整。在文化类上市企业发展的过程中可以看到六个行业的文化类上市企业的捐赠积极性较高,本章将探索捐赠积极性高的文化类上市企业慈善捐赠对企业财务绩效的影响。

第一节 理论分析与研究假设

一 文化类上市企业慈善捐赠积极影响企业财务绩效

现有研究以企业战略理论为基础提出企业开展慈善捐赠对企业财务绩效能够产生积极影响。Navarro[1]提出企业开展慈善捐赠可以起到广告作用,企业进行慈善捐赠可以提升企业形象,[2] 会形成声誉资本,[3] 帮助

---

[1] Navarro P., "Why Do Corporations Give to Charity?", *The Journal of Business*, Vol. 61, No. 1, 1988, p. 65.

[2] Brammer S. J., Pavelin S., "Corporate Reputation and Social Performance: The Importance of Fit", *Journal of Management Studies*, Vol. 43, No. 3, 2006, pp. 435–455.

[3] Gardberg N. A., Fombrun C., "Corporate Citizenship: Creating Intangible Assets Across Institutional Environments", *Academy of Management Review*, Vol. 31, No. 2, 2006, pp. 329–346.

企业降低获取资源的困难程度,[1] 塑造良好品牌形象提升顾客忠诚度。[2] 钟宏武[3]在对外文文献回顾的基础上总结：慈善捐赠可以增加企业的关系资本,改善企业经营环境,巩固企业资源基础或减少资源约束,形成核心能力,增强竞争优势,进而直接改善企业财务绩效。

基于现有研究,本书提出企业开展慈善捐赠可以对利益相关者释放一种积极的信号,进而对企业财务绩效提升产生促进作用,但是在信号机制的影响层面存在差异,现有研究提出企业开展慈善捐赠会释放关于企业财务情况的积极信息,传递企业是"可靠的"这一信息,进而获取利益相关者的青睐,[4] 因此本书认为"可靠的企业"形象可以强化慈善捐赠对财务绩效的积极影响。另外,现有研究提出企业可以通过慈善捐赠达到差异化营销目的：通过营销企业开展慈善捐赠这一行为,来让消费者相信企业是"负责任"的企业,"负责任"的企业提供的产品品质是良好的,同时也是一种善意的表示,在这种差异化策略的作用下,企业营销强度将会强化慈善捐赠对企业财务绩效的正向影响（见图3-1）。

大多数研究结论支持企业慈善捐赠可以提升企业财务绩效,[5] 其中也包括很多对中国上市企业慈善捐赠的研究。Su 和 He[6] 以2006 年私营企

---

[1] Berman S., Wicks A., Kotha S., et al., "Does Stakeholder Orientation Matter? The Relationship Between Stakeholder Management Models and Firm Financial", *Academy of Management Journal*, Vol. 42, 1999, pp. 488 – 506. Haley U. C. V., "Corporate Contributions as Managerial Masques: Reframing Corporate Contributions as Strategies to Influence Society", *Journal of Management Studies*, Vol. 28, No. 5, 1991, pp. 485 – 509. 李维安、王鹏程、徐业坤：《慈善捐赠、政治关联与债务融资——民营企业与政府的资源交换行为》,《南开管理评论》2015 年第1 期。

[2] Sánchez C. M., "Motives for Corporate Philanthropy in El Salvador: Altruism Political Legitimacy", *Journal of Business Ethics*, Vol. 27, No. 4, 2000, pp. 363 – 375.

[3] 钟宏武：《企业捐赠作用的综合解析》,《中国工业经济》2007 年第2 期。

[4] Peloza J., "Using Corporate Social Responsibility as Insurance for Financial Performance", *California Management Review*, Vol. 48, No. 2, 2006, pp. 52 – 72. May S. K., "Corporate Social Responsibility and Employee Health", *Organizations, Communication, and Health*, Vol. 16, No. 1, 2016, pp. 187 – 203.

[5] Orlitzky M., Schmidt F. L., Rynes S. L., et al., "Corporate Social and Financial Performance: A Meta-Analysis", *Organization Studies*, Vol. 24, No. 3, 2003, pp. 403 – 441.

[6] Su J., He J., "Does Giving Lead to Getting? Evidence from Chinese Private Enterprises", *Journal of Business Ethics*, Vol. 93, No. 1, 2009, pp. 73 – 90.

业为样本的研究显示慈善捐赠可以提升私营企业的财务绩效。汪凤桂等[①]以 2003—2007 年我国沪深 A 股 345 家上市企业为样本的研究显示：慈善捐赠可以显著提高企业的财务绩效，钱丽华等[②]以及顾雷雷等[③]的研究再次验证了慈善捐赠对企业财务绩效的积极影响。雷宇[④]以 2003—2010 年 A 股上市企业为样本的研究显示企业开展慈善捐赠对企业的市场价值有积极影响。

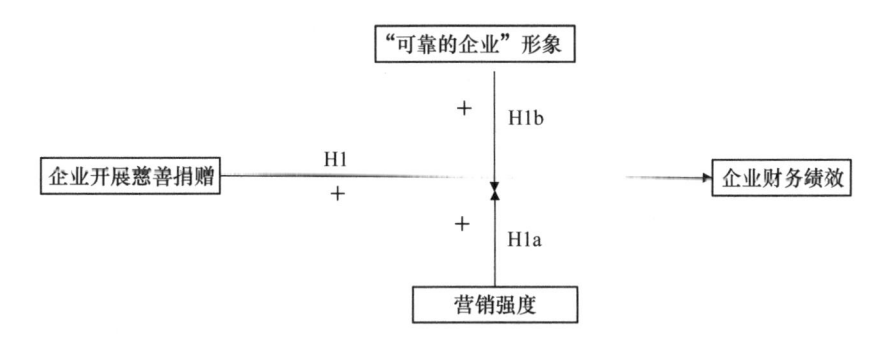

图 3-1 企业慈善捐赠对财务绩效的正向影响机制

资料来源：笔者根据文献资料绘制。

通过前期分析了解到文化类上市企业慈善捐赠积极性较高，但是目前还没有研究揭示文化类上市企业慈善捐赠与企业财务绩效之间的关系，Griffin 和 Mahon[⑤]以及山立威等[⑥]都提出企业慈善捐赠存在产业差异，为

---

① 汪凤桂、欧晓明、胡亚飞等：《捐赠与企业财务绩效关系研究——对 345 家上市公司的实证分析》，《华南农业大学学报》（社会科学版）2011 年第 1 期。

② 钱丽华、刘春林、丁慧：《慈善捐赠、利益相关者动机认知与企业绩效——基于 Heckman 二阶段模型的实证研究》，《软科学》2018 年第 5 期。钱丽华、刘春林、丁慧：《基于财务绩效视角的企业从事慈善活动研究》，《管理学报》2015 年第 4 期。

③ 顾雷雷、欧阳文静：《慈善捐赠、营销能力和企业绩效》，《南开管理评论》2017 年第 2 期。

④ 雷宇：《慈善、"伪善"与公众评价》，《管理评论》2015 年第 3 期。

⑤ Griffin J. J., Mahon J. F., "The Corporate Social Performance and Corporate Financial Performance Debate: Twenty-Five Years of Incomparable Research", *Business and Society*, Vol. 36, No. 1, 1997, pp. 5 - 31.

⑥ 山立威、甘犁、郑涛：《公司捐款与经济动机——汶川地震后中国上市公司捐款的实证研究》，《经济研究》2008 年第 11 期。

了了解文化类上市企业积极开展慈善捐赠对企业的影响，本书以战略性慈善的观点和现有研究成果为基础，提出以下假设：

H1：文化类上市企业慈善捐赠可以显著提升企业财务绩效。

Murray 等[1]提出慈善捐赠可以提升企业及其产品在消费者心中的形象，慈善捐赠可以作为一种营销策略。Mohr 和 Webb[2] 提出企业承担社会责任的行为如果不被公众所感知，则这些行为并不会对企业财务绩效有所帮助，只有在公众感知了企业的这些行为后，才会对这些行为有积极的反应，进而有益于提升企业绩效。而营销是企业树立品牌、提升形象的重要策略，所以企业如果致力于提升公众对企业的积极认知，会通过营销策略营造"负责任的"企业形象。Zhang 等[3]的研究显示企业在广告上支出越多越倾向于开展慈善捐赠，也捐得越多。朱翊敏[4]以实验的方式验证了慈善捐赠会提升消费者对企业的正向评价，并提高购买产品的积极性。张建君[5]的研究显示营销支出越多的企业越可能捐款，捐款也越多，进而提出慈善捐赠可以起到广告宣传效果。胡珺等[6]的研究显示企业的营销支出显著强化慈善捐赠与对产品市场竞争力的正向影响。基于以上研究成果，如果企业力图通过营销慈善捐赠行为来吸引消费者，那么企业的营销支出应该能提升慈善捐赠对财务绩效的积极影响，本书提出以下假设：

H1a：企业营销强度显著强化文化类上市企业慈善捐赠对财务绩效的影响。

---

[1] Murray K. B., Montanari J. R., "Strategic Management of the Socially Responsible Firm: Integrating Management and Marketing Theory", *The Academy of Management Review*, Vol. 11, No. 4, 1986, pp. 815–827.

[2] Mohr L. A., Webb D. J., "The Effects of Corporate Social Responsibility and Price on Consumer Responses", *The Journal of Consumer Affairs*, Vol. 39, No. 1, 2005, pp. 121–147.

[3] Zhang R., Zhu J., Yue H., et al., "Corporate Philanthropic Giving, Advertising Intensity, and Industry Competition Level", *Journal of Business Ethics*, Vol. 94, No. 1, 2010, pp. 39–52.

[4] 朱翊敏：《慈善捐赠额度与产品类型对消费者响应的影响》，《经济管理》2013 年第 3 期。

[5] 张建君：《竞争—承诺—服从：中国企业慈善捐款的动机》，《管理世界》2013 年第 9 期。

[6] 胡珺、王红建、宋献中：《企业慈善捐赠具有战略效应吗？——基于产品市场竞争的视角》，《审计与经济研究》2017 年第 4 期。

Mcelroy 和 Siegfried[①]对美国企业的研究显示企业规模越大，企业捐得越多，Adams 和 Hardwick[②]以及 Brammer 和 Millington[③]的研究支持这一结论，显示规模越大的企业在慈善捐赠上的支出越多。Ball 和 Foster[④]认为企业规模是企业特征的综合性指标，它既可以反映规模化生产的经济性也可以反映企业的竞争优势。Meznar 和 Nigh[⑤]认为企业规模是企业影响力的象征，大企业相对于小企业有更多资源来承担社会责任，大企业也拥有更多财务或其他资源。相较于小企业，大企业开展捐赠活动更容易引起人们的关注，而大企业因为较好的运营状况和资源状况也更容易获得利益相关者的信任，所以相对于小企业而言，大企业开展慈善捐赠将更能赢得利益相关者青睐，并提升企业财务绩效。因此，本书提出以下假设：

H1b：企业规模显著强化文化类上市企业慈善捐赠对财务绩效的影响。

二 文化类上市企业慈善捐赠消极影响企业财务绩效

以 Friedman 为代表的学者提出企业并不应该开展慈善捐赠，企业除了盈利以外的活动都是对股东利益的背离，同时由于企业管理者缺乏公益事业管理的经验与技能，开展慈善捐赠会导致企业成本上升。在此基础上，学者们提出慈善捐赠是一种"代理成本"，管理者（或大股东）为了实现个人利益而不惜以股东（或小股东）、企业的利益为代价而开展慈善捐赠。通过慈善捐赠，管理者（大股东）可以获得更好的声誉并得到精英阶层的认可，进而提升个人的社会地位，管理者（大股东）也可能

[①] Mcelroy K. M., Siegfried J. J., "The Effect of Firm Size on Corporate Philanthropy", *Quarterly Review of Economics and Business*, Vol. 25, No. 2, 1985, pp. 18 – 26.

[②] Adams M., Hardwick P., "An Analysis of Corporate Donations: United Kingdom Evidence", *Journal of Management Studies*, Vol. 35, No. 5, 1998, pp. 641 – 654.

[③] Brammer S., Millington A., "Firm Size, Organizational Visibility and Corporate Philanthropy: An Empirical Analysis", *Business Ethics: A European Review*, Vol. 15, No. 1, 2006, pp. 6 – 18.

[④] Ball R., Foster G., "Corporate Financial Reporting: A Methodological Review of Empirical Research", *Journal of Accounting Research*, Vol. 20, 1982, p. 161.

[⑤] Meznar M. B., Nigh D., "Buffer or Bridge? Environmental and Organizational Determinants of Public Affairs Activities in American Firms", *Academy of Management Journal*, Vol. 38, No. 4, 1995, pp. 975 – 996.

将捐赠对象锁定在那些能为他们带来好处或是他们偏好的慈善机构,[①] 在这种情境下,企业开展慈善捐赠并不能带来企业财务绩效的提升,甚至可能对企业财务绩效产生消极影响(见图3-2)。

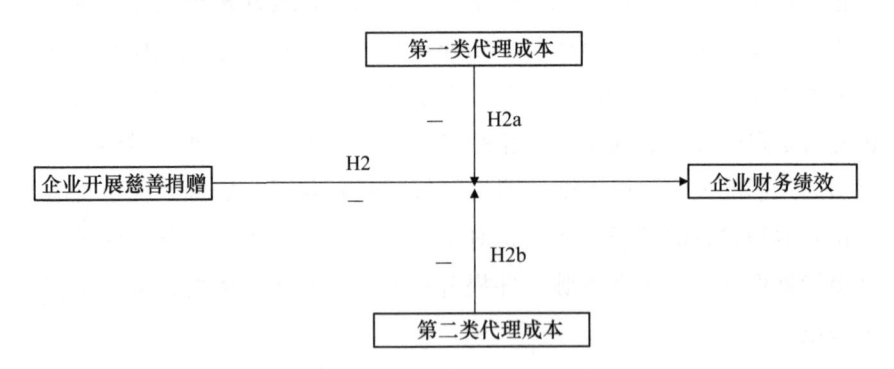

图3-2 企业慈善捐赠对财务绩效的消极影响机制

资料来源:笔者根据文献资料绘制。

在实证研究层面,有一些研究发现企业开展慈善捐赠并不能正向影响企业财务绩效,甚至可能对财务绩效产生负面影响。Griffin 和 Mahon[②]以1992年美国化工产业企业为样本的研究发现慈善捐赠与企业财务绩效无相关关系。Berman 等[③]以1991—1996年"财富500"企业的排名前100的企业为样本,他们的研究也显示企业慈善捐赠与 ROA 没有显著相关性。

[①] Bartkus B. R., Morris S. A., Seifert B., "Governance and Corporate Philanthropy: Restraining Robin Hood?", *Business & Society*, Vol. 41, No. 3, 2002, pp. 319 – 344. Fama E. F., Jensen M. C., "Agency Problems and Residual Claims", *The Journal of Law and Economics*, Vol. 26, No. 2, 1983, 327 – 349. Masulis R. W., Reza S. W., "Agency Problems of Corporate Philanthropy", *Review of Financial Studies*, Vol. 28, No. 2, 2015, pp. 592 – 636. Barnett M. L., "Stakeholder Influence Capacity and the Variability of Financial Returns to Corporate Social Responsibility", *Academy of Management Review*, Vol. 32, No. 3, 2007, pp. 794 – 816.

[②] Griffin J. J., Mahon J. F., "The Corporate Social Performance and Corporate Financial Performance Debate: Twenty-Five Years of Incomparable Research", *Business and Society*, Vol. 36, No. 1, 1997, pp. 5 – 31.

[③] Berman S., Wicks A., Kotha S., et al., "Does Stakeholder Orientation Matter? The Relationship Between Stakeholder Management Models and Firm Financial", *Academy of Management Journal*, Vol. 42. 1999, pp. 488 – 506.

Seifert 等[1]以"财富1000"中的157家企业为样本的研究显示企业慈善捐赠对股票收益率的影响几乎可以忽略不计。朱金凤等[2]对2006年689家上市企业慈善捐赠的研究显示企业开展慈善捐赠并不能促进企业财务绩效提升。Wang 等[3]的研究显示企业慈善捐赠不能显著影响中国上市企业的财务指标。另外，钟宏武[4]的实证研究显示中国上市企业的慈善捐赠会侵蚀企业利润。方军雄[5]对2008年上市企业慈善捐赠的研究显示，汶川地震后企业的大额慈善捐赠会引起市场的负面反应，他们提出投资者对灾后做出快速、大额捐赠的企业治理水平表示担忧。

基于以上研究结论可以了解，以代理成本理论为基础，企业的慈善捐赠本身是一种成本，很可能是管理者基于自利的选择，这种自利决策是以牺牲企业以及股东利益为代价的，从"代理成本"角度考虑，企业开展慈善捐赠不能促进企业财务绩效提升，还可能损害企业财务绩效。在此基础上，本书提出与H1对应的竞争假设H2：

H2：企业开展慈善捐赠会对企业财务绩效产生负向影响。

基于代理成本理论，一方面，企业经营权和所有权的分离会导致第一类代理成本，也就是非持股管理者通过优化办公环境、提升津贴或差旅补助等手段提升个人利益，而且管理者也可能通过慈善捐赠来获取公众和政府支持，并获得较好的个人声誉；另一方面，大股东持股被认为是对第一类代理成本的监督，但是伴随着大股东持股比例的增加，又会导致第二类代理成本，即大股东侵占企业资金并以牺牲小股东的利益为代价提升大股东货币或非货币收益。[6]

---

[1] Seifert B., Morris S. A., Bartkus B. R., "Having, Giving, and Getting: Slack Resources, Corporate Philanthropy, and Firm Financial Performance", *Business & Society*, Vol. 43, No. 2, 2004, pp. 135 – 161.

[2] 朱金凤、赵红建：《慈善捐赠会提升企业财务绩效吗？——来自沪市A股上市公司的实证检验》，《会计之友（上旬刊）》2010年第10期。

[3] Wang K., Miao Y., Su C-H, et al., "Does Corporate Charitable Giving Help Sustain Corporate Performance in China?", *Sustainability*, Vol. 11, No. 5, 2019.

[4] 钟宏武：《慈善捐赠与企业绩效》，经济管理出版社2007年版。

[5] 方军雄：《捐赠，赢得市场掌声了吗？》，《经济管理》2009年第7期。

[6] 王鹏：《投资者保护、代理成本与公司绩效》，《经济研究》2008年第2期。杨大楷、王鹏：《股权集中下的大股东侵占和债务融资的关系研究评述》，《北京工商大学学报》（社会科学版）2013年第6期。

现有研究提出，慈善捐赠可能是第一类代理成本。Jensen 和 Mackling[1] 提出慈善捐赠可能是非控股管理者为了非货币利益而背离股东利益的代理成本。Ma 和 Parish[2] 提出在政府缺少资源开展社会福利事业时，慈善捐赠是中国私营企业主向政府和公众示好的有效方式，慈善捐赠可以帮助私营企业主获得政治地位。贾明和张喆[3]以 2008 年沪深上市企业为样本的研究显示企业高管会为了获得个人利益而捐赠企业资产。黄送钦[4]以 2008—2013 年沪深上市企业为样本的研究显示，代理成本越高的企业慈善捐赠支出也越多。

也有研究提出，慈善捐赠可能是第二类代理成本。La Porta 等[5]指出大股东通常拥有超过他们现金流量权的管理权，这就给他们机会利用手上的控制权做出一些只有大股东获利的管理决策。贾明和张喆[6]认为大股东持股比例高可能会通过慈善捐赠来实现大股东利益诉求。张敏等[7]的研究显示慈善捐赠是企业强化政企纽带的重要策略，Li 等[8]的研究也提出慈善捐赠是企业赢得政府支持的重要策略。现实生活中，2020 年 10 月，贵州茅台在两大股东的影响下发布公告表示要向仁怀市和习水县政府开展金额约为 8.2 亿元的慈善捐赠，捐赠决策的公告一出便引起了小股东的不满，小股东提出高额捐赠导致利润直接减少，进而侵害了投资者的利益，小股东通过实名举报的方式表达他们对这一决策的不满，最终，茅台集团 2021 年的第一次董事会议达成一致意见：终止 8.2 亿元

---

[1] Jensen M. C., Meckling W. H., "Theory of the Firm: Managerial Behavior, Agency Costs and Ownership Structure", *Journal of Financial Economics*, No. 3, 1976, pp. 305 – 360.

[2] Ma D., Parish W. L., "Tocquevillian Moments: Charitable Contributions by Chinese Private Entrepreneurs", *Social Forces*, Vol. 85, No. 2, 2006, pp. 943 – 964.

[3] 贾明、张喆:《高管的政治关联影响公司慈善行为吗？》,《管理世界》2010 年第 4 期。

[4] 黄送钦:《代理成本、制度环境变迁与企业慈善捐赠》,《上海财经大学学报》2017 年第 1 期。

[5] La Porta R., Lopez-De-Silanes F., Shleifer A., "Corporate Ownership Around the World", *Journal of Finance*, Vol. 54, No. 2, 1999, pp. 471 – 517.

[6] 贾明、张喆:《高管的政治关联影响公司慈善行为吗？》,《管理世界》2010 年第 4 期。

[7] 张敏、马黎珺、张雯:《企业慈善捐赠的政企纽带效应——基于我国上市公司的经验证据》,《管理世界》2013 年第 7 期。

[8] Li S., Song X., Wu H., "Political Connection, Ownership Structure, and Corporate Philanthropy in China: A Strategic-Political Perspective", *Journal of Business Ethics*, Vol. 129, No. 2, 2015, pp. 399 – 411.

的慈善捐款。贾明和张喆[①]的研究揭示慈善捐赠具有"第二类代理成本"属性。

陈文强和贾生华[②]以2006—2013年沪深A股上市企业为样本的研究显示：第一类代理成本和第二类代理成本增加都会损害企业财务绩效。[③]如果文化类上市企业的慈善捐赠是一种牺牲企业利益的代理成本，那第一类和第二类代理成本持续增加将提升企业成本，这将会降低企业盈利水平，以此为基础，本书提出以下假设：

H2a：第一类代理成本会强化慈善捐赠对财务绩效的负向影响。

H2b：第二类代理成本会强化慈善捐赠对财务绩效的负向影响。

三 文化类上市企业慈善捐赠与企业财务绩效间的非线性关系

对企业开展慈善捐赠与财务绩效关系的理论视角存在差异，并且实证检验结果也不一致。基于理论和实证结果差异，学者提出了新的解释视角：慈善捐赠与企业财务绩效之间并不是简单的正相关或负相关，而是一种非线性关系。在综合不同理论视角和实证检验结论后，Wang等[④]提出企业开展慈善捐赠可能形成"关系资本"帮助企业获取重要资源，但其本质上是企业的经营成本，所以慈善捐赠对企业财务绩效的影响不是简单的正相关或负相关关系。他们提出：一定额度以内的慈善捐赠可以帮助企业树立良好形象、与核心利益相关者建立良好关系并获得核心资源，也不会形成企业经营过高的成本，在这样的情境下，慈善捐赠与企业财务绩效正相关；但是，由于大多数利益相关者并不能直接从企业开展的慈善捐赠中获益，所以他们并不一定会关注企业慈善捐赠，同时，慈善捐赠如果超过一定额度，慈善捐赠通过获得资源所带来的正向影响

---

① 贾明、张喆：《高管的政治关联影响公司慈善行为吗？》，《管理世界》2010年第4期。

② 陈文强、贾生华：《股权激励、代理成本与企业绩效——基于双重委托代理问题的分析框架》，《当代经济科学》2015年第2期。

③ 张建平、裘丽、刘子亚：《股权结构、代理成本与企业经营绩效》，《技术经济与管理研究》2016年第5期。姚贝贝、林爱梅：《股权结构、代理成本与企业绩效》，《财会通讯》2018年第27期。

④ Wang H., Choi J., Li J., "Too Little or too Much? Untangling the Relationship Between Corporate Philanthropy and Firm Financial Performance", *Organization Science*, Vol. 19, No. 1, 2008, pp. 143 – 159.

并不能抵消慈善捐赠导致的成本增加所带来的负面影响，在这种情境下，慈善捐赠与企业财务负相关，所以企业慈善捐赠与财务绩效的关系是倒"U"形（见图3-3）。

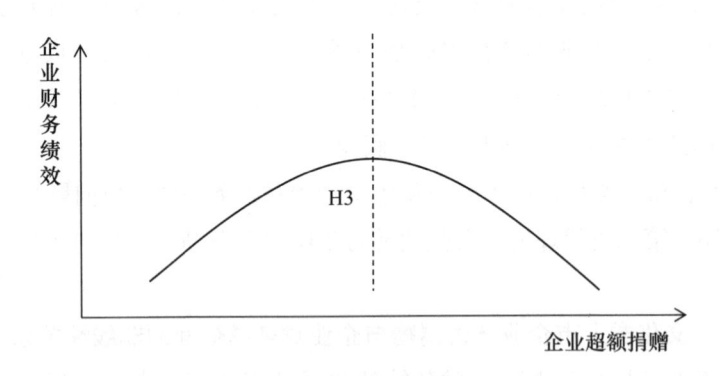

图3-3 企业慈善与财务绩效倒"U"形关系

资料来源：笔者根据文献资料绘制。

Wang 等[①]以 1987—1999 年美国 817 家上市企业为样本验证了他们的假设，其实证检验结果揭示：企业慈善捐赠与财务绩效的关系呈倒"U"形关系，这一结果验证了他们的假设，慈善捐赠对企业财务绩效的积极影响是有限的，当捐赠金额过高时，其"成本"属性将抵消其对财务绩效的积极影响，还会消极影响财务绩效。江若尘等[②]以 2008—2012 年沪深 A 股上市企业为样本的研究也支持企业慈善捐赠与财务绩效之间倒"U"形关系的假设。吴文清等[③]的研究也揭示慈善捐赠对财务绩效的影响呈无效、增强和减弱三个阶段特征，对市场绩效的影响呈无效、有效、增强的阶段性特征。基于现有研究，本书提出以下假设：

H3：文化类上市企业慈善捐赠与财务绩效之间呈倒"U"形关系。

---

① Wang H., Choi J., Li J., "Too Little or too Much? Untangling the Relationship Between Corporate Philanthropy and Firm Financial Performance", *Organization Science*, Vol. 19, No. 1, 2008, pp. 143-159.

② 江若尘、马来坤、郑玲：《慈善捐赠、企业绩效与合理区间把控——基于内生性视角的经验分析》，《现代财经（天津财经大学学报）》2016年第1期。

③ 吴文清、黄宣、李振华：《企业捐赠与财务绩效及市场绩效的门槛效应研究》，《天津大学学报》（社会科学版）2016年第6期。

第二节 研究设计

一 样本选择与数据来源

通过对我国沪深 A 股所有上市企业慈善捐赠水平进行分析发现文化产业有六个行业的上市企业在慈善捐赠投入层面较积极（见图 0-3），这说明慈善捐赠对这六个行业的上市企业比较重视慈善捐赠，因此本书选取 2003—2020 年这六个行业 162[①] 家文化类上市企业为研究样本，[②] 之所以以 2003 年为起点是因为企业捐赠的数据从 2003 年才可以获取，而 2020 年是目前可获得的最新年度数据。上市企业慈善捐赠金额数据来源于国泰安数据库以及上市企业年报，企业的财务数据来自国泰安数据库。

在样本筛选层面，本书做了以下处理：第一，由于被"ST"特别处理的企业财务异常，可能影响分析结果，所以本书剔除了被"ST"特别处理的企业；第二，删除所有在样本期间主营业务不是文化及相关产业的企业以保证样本企业主营业务以经营文化产品、服务为主；第三，删除财务报表里的捐赠项目涉及赞助的企业以保证样本企业捐赠的公益性；第四，本书对照上市企业财务报表剔除了当期公布的捐赠额与下一期公布的上期捐赠额不一致的企业；第五，为了避免极端值的影响，本书对所有连续数值型变量在上下 1% 的水平进行缩尾处理。

二 模型与变量

本书的样本是 2003—2020 年六个行业文化类上市企业的数据，它包含两个维度的数据：横截面以及时间序列，这两个维度的数据构成了"平衡面板数据"，运用面板数据回归进行分析可以提供更多个动态行

---

① 由于在观测期间部分文化类上市企业主营业务发生改变，所以第三章中 2020 年的 141 家文化类上市企业是当时主营业务仍为文化产品即服务经营类业务的企业数量，而样本数量则包含在样本期间变更主营业务的公司，所以样本企业是 162 家，第五章和第六章的样本企业也是 162 家。

② 各变量观测值参见文中表 3-2 慈善捐赠与财务绩效关系研究各变量的描述统计。

为信息，避免遗漏变量问题，同时面板数据提供了较大的样本容量，[1]所以本书采用面板数据回归开展分析。模型 3-（1）研究企业慈善捐赠对企业财务绩效的正向或负向影响，以验证 H1、H2；模型 3-（2）研究企业营销强度、企业规模以及企业代理成本是否显著强化慈善捐赠与财务绩效之间的正向（负向）关系，以验证 H1a、H1b 以及 H2a、H2b；模型 3-（3）研究企业慈善捐赠对财务绩效的非线性影响，用以验证 H3。

$$CFP_{i,t} = \alpha + \beta_{11} CG_{i,t-1} + Controls + \gamma_i + \varepsilon_{i,t} \quad 3-(1)$$

$$CFP_{i,t} = \alpha + \beta_{21} CG_{i,t-1} + \beta_{22} MOD_{i,t-1} \times CG_{i,t-1} + Controls + \gamma_i + \varepsilon_{i,t}$$
$$3-(2)$$

$$CFP_{i,t} = \alpha + \beta_{31} CG_{i,t-1} + \beta_{32} CG_{i,t-1}^2 + Controls + \gamma_i + \varepsilon_{i,t} \quad 3-(3)$$

本书关注的是企业慈善捐赠对财务绩效的影响。研究的因变量企业财务绩效（CFP）以财务指标：营业净利率、资产收益率、净资产收益率，以及市场价值指标——托宾 Q 进行衡量，这四个指标也是研究慈善捐赠与企业财务绩效较常用的指标，[2]研究选用指标的差异是造成研究结论不一致的原因之一，所以为保证研究结论的稳健性，本书选取这四个指标来反映慈善捐赠对企业财务绩效的影响，下标 i 代表 i 企业、t 代表第 t 年。

自变量慈善捐赠（CG）选取三个指标：捐赠意愿参照王端旭和潘奇[3]、王克稳等[4]、顾雷雷等[5]、邹萍[6]以企业是否有货币捐赠这一哑变

---

[1] 陈强编著：《高级计量经济学及 STATA 应用》（第二版），高等教育出版社 2014 年版，第250页。

[2] Griffin J. J., Mahon J. F., "The Corporate Social Performance and Corporate Financial Performance Debate: Twenty-Five Years of Incomparable Research", *Business and Society*, Vol. 36, No. 1, 1997, pp. 5-31. 钟宏武：《日本企业社会责任研究》，《中国工业经济》2008 年第 9 期。

[3] 王端旭、潘奇：《企业慈善捐赠带来价值回报吗？——利益相关者满足程度为调节变量的上市公司实证研究》，《中国工业经济》2011 年第 7 期。

[4] 王克稳、金占明、焦捷：《战略群组身份、企业慈善捐赠和企业绩效——基于中国房地产行业的实证研究》，《南开管理评论》2014 年第 6 期。

[5] 顾雷雷、欧阳文静：《慈善捐赠、营销能力和企业绩效》，《南开管理评论》2017 年第 2 期。

[6] 邹萍：《慈善捐赠动态调整机制及其异质性研究》，《管理学报》2019 年第 4 期。

量进行衡量，当期有货币捐赠赋值为 1，当期无货币捐赠赋值为 0；绝对捐赠水平参照郑杲娉和徐永新[①]、王克稳等[②]、古志辉[③]、刘海建[④]以企业当期捐赠额加 1 后取对数计算，为避免内生性问题取滞后一期；相对捐赠额参照张敏等[⑤]、赵红建等[⑥]、顾雷雷等[⑦]、Wang 等[⑧]以上市企业捐赠金额占营业总收入之比乘以 100 进行衡量，同样做滞后一期处理。现有研究在慈善捐赠指标层面的选择也存在差异，而指标差异也被认为是导致研究结论不一致的原因之一，所以本书选用的指标涵盖：是否有捐赠行为、捐赠的绝对水平以及捐赠的相对水平，以区分指标选取对实证研究的影响。

为了验证 H1a、H1b 以及 H2a，本书将检验营销强度、企业可靠性及代理成本对慈善捐赠与财务绩效关系的调节作用（MOD），营销强度参照 Zhang 等[⑨]的研究以营销费用与营业总收入之比进行衡量；企业可靠性则以企业规模来进行衡量，大企业往往代表有较丰富的资源、较强的盈利能力和较强的应对风险能力，所以本书以企业规模衡量企业可靠性，参

[①] 郑杲娉、徐永新：《慈善捐赠、公司治理与股东财富》，《南开管理评论》2011 年第 2 期。

[②] 王克稳、金占明、焦捷：《战略群组身份、企业慈善捐赠和企业绩效——基于中国房地产行业的实证研究》，《南开管理评论》2014 年第 6 期。

[③] 古志辉：《公司治理与公司捐赠：来自中国上市公司的经验研究》，《管理评论》2015 年第 9 期。

[④] 刘海建：《捐赠行为的信号机制与投资者解读——基于负溢出情境中波及者的研究》，《中国工业经济》2016 年第 11 期。

[⑤] 张敏、马黎珺、张雯：《企业慈善捐赠的政企纽带效应——基于我国上市公司的经验证据》，《管理世界》2013 年第 7 期。

[⑥] 赵红建、范一博、贾钢：《慈善捐赠、企业绩效与融资约束》，《经济问题》2016 年第 6 期。

[⑦] 顾雷雷、欧阳文静：《慈善捐赠、营销能力和企业绩效》，《南开管理评论》2017 年第 2 期。

[⑧] Wang K., Miao Y., Chen M. H., et al., "Philanthropic Giving, Sales Growth, and Tourism Firm Performance: An Empirical Test of a Theoretical Assumption", *Tourism Economics*, Vol. 25, No. 6, 2019, pp. 835–855.

[⑨] Zhang R., Zhu J., Yue H., et al., "Corporate Philanthropic Giving, Advertising Intensity, and Industry Competition Level", *Journal of Business Ethics*, Vol. 94, No. 1, 2010, pp. 39–52.

照 Wang 等[1]通过对企业当期总资产取对数来衡量企业规模；第一类代理成本参照李寿喜[2]、潘奇等[3]、张建平等[4]、陈文强和贾生华[5]以管理费用[6]与营业总收入之比进行衡量，值越大则第一类代理成本问题越严重；第二类代理成本参照徐向艺和徐宁[7]、魏志华等[8]以及陈文强和贾生华以其他应收款[9]与期末总资产之比来衡量，值越大则第二类代理成本问题越严重。在开展模型 3 - （2）的回归前，对自变量和调节变量中心化后构建交乘项。参考现有研究，本书的控制变量（Controls）包括控制营业收入增长率（SG）、资产负债率（LEV）、企业所有权性质（SOD）、企业年龄（AGE）、行业以及时间效应对企业财务绩效的影响。因变量、自变量、调节变量以及控制变量[10]的赋值情况见表 3 - 1。

---

[1] Wang K., Miao Y., Chen M. H., et al., "Philanthropic Giving, Sales Growth, and Tourism Firm Performance: An Empirical Test of a Theoretical Assumption", *Tourism Economics*, Vol. 25, No. 6, 2019, pp. 835 - 855.

[2] 李寿喜：《产权、代理成本和代理效率》，《经济研究》2007 年第 1 期。

[3] 潘奇、龙建辉、朱一鸣：《基于行为粘性的企业逼捐实证研究》，《管理学报》2017 年第 2 期。

[4] 张建平、裘丽、刘子亚：《股权结构、代理成本与企业经营绩效》，《技术经济与管理研究》2016 年第 5 期。

[5] 陈文强、贾生华：《股权激励、代理成本与企业绩效——基于双重委托代理问题的分析框架》，《当代经济科学》2015 年第 2 期。

[6] "管理费用，是指企业行政管理部门为组织和管理生产经营活动而发生的各种费用，包括企业经费、董事会费、聘请中介机构费、业务招待费、工会经费（按企业工资总额的2% 计提）、职工教育经费（按企业工资总额的2% 计提）、无形资产摊销、提取的坏账准备和存货跌价准备等，其中的企业经费包括总部人员的工资及福利费（福利费按工资的14% 计提）、差旅费、办公费、折旧费等。"引自李寿喜《产权、代理成本和代理效率》，《经济研究》2007 年第 1 期。

[7] 徐向艺、徐宁：《金字塔结构下股权激励的双重效应研究——来自我国上市公司的经验证据》，《经济管理》2010 年第 9 期。

[8] 魏志华、吴育辉、李常青：《家族控制、双重委托代理冲突与现金股利政策——基于中国上市公司的实证研究》，《金融研究》2012 年第 7 期。

[9] "其他应收款是大股东通过借贷等手段直接占用上市企业资金，是直接的侵占行为，且大多来自金字塔大股东或其交叉持股关联方的拖欠。"引自徐向艺、徐宁《金字塔结构下股权激励的双重效应研究——来自我国上市公司的经验证据》，《经济管理》2010 年第 9 期。

[10] 本来应该包含公务员在企业兼职的政治关联变量，但是自从2020 年国家强化并落实《公务员法》后，代表政治关联的公务员企业兼职数据已不可得，所以本书的控制变量中没有政治关联这一变量。

表 3-1 变量定义及计算

变量类别	名称	简写	计算
因变量	营业净利率	ROS	净利润÷营业总收入
	总资产收益率	ROA	净利润÷总资产平均余额 总资产平均余额=（资产合计期末余额+资产合计上年期末余额）÷2
	净资产收益率	ROE	净利润÷股东权益平均余额 股东权益平均余额=（股东权益期末余额+股东权益期初余额）÷2
	托宾 Q	TQ	市值÷资产总计
自变量	捐赠意愿	CGD	捐赠=1，未捐赠=0
	绝对捐赠水平	LLNCG	Log（捐赠金额+1），滞后一期
	相对捐赠水平	LCGS	（捐赠金额÷营业总收入）×100，滞后一期
调节变量	营销强度	LADV	销售费用÷营业总收入，滞后一期
	企业规模	SIZE	Log（总资产）
	第一类代理成本	LAC1	管理费用÷营业总收入
	第二类代理成本	LAC2	其他应收款÷总资产
控制变量	营业收入增长率	LSG	（本期营业收入-上期营业收入）÷上期营业收入
	资产负债率	LLEV	总负债÷总资产，滞后一期
	所有权属性	SOD	1=国有控股，0=其他
	企业年龄	AGE	观测年份-企业成立年份
	行业效应	IND	以哑变量表示，某行业=1，其余=0；为避免多重共线性，删除印刷、复制业（C23）
	时间效应	YEAR	以哑变量表示，观测年度为1，其余为0，为避免多重共线性删除2003年

第三节　实证分析

一　变量的描述统计

表3-2呈现了各变量的描述统计，可以看到在企业财务绩效层面：文化类上市企业的营业净利率均值为0.9%，[①] 最大值为50.7%，最小值为-362.6%，标准差为0.533；总资产收益率的均值为3.6%，最大值为26.1%，最小值为-58.3%，标准差为0.125；净资产收益率均值为5.1%，最大值为38.3%，最小值为-112.4%，标准差为0.205；代表企业市场价值的托宾Q均值为2.326，最大值为13.251，最小值为0.976，标准差为1.747。通过以上数据可以了解到文化类上市企业的市场价值存在很大差异，在通过销售创造利润的能力层面存在较大差异。

捐赠意愿显示有74.4%的文化类上市企业开展过慈善捐赠，相对捐赠水平显示有慈善捐赠的企业平均捐赠营业收入的0.093%，捐赠最多的企业捐赠营业收入的1.272%，标准差为0.203；绝对捐赠水平的均值为12.68（0.36千万元[②]），最大值为18.798（14.58千万元），标准差为2.747。以上数据表示文化类上市企业普遍开展慈善捐赠，企业间在绝对慈善捐赠水平上差异较大，而企业间以慈善捐赠与营业总收入的比值衡量的企业相对捐赠水平差异较小。

可以看到，文化类上市企业营销强度均值为10%，最大值为46.3%，最小值为0.4%，标准差为0.093，这一数据说明文化类上市企业平均支出营业总收入的10%用于营销及相关支出；企业规模均值为21.622，最大值为26.105，最小值为18.157，标准差为1.073，这代表文化类上市企业的规模存在一定差异；第一类代理成本均值为13.6%，最大值为76.9%，最小值为1.1%，标准差为0.118，这说明文化类上市企业平均支出营业总收入的13.6%用于管理、组织生产经营活动；第二类代理成本的均值是3.2%，最大值为39.6%，最小值为0.1%，标准差为0.052，

[①] 以百分比形式呈现描述统计结果，下同。

[②] 这一金额是对上市企业的慈善捐赠金额计算平均值所得，而不是根据对数的平均值进行计算。

这代表文化类上市企业的平均资产占用率为3.2%。

表3-2 慈善捐赠与财务绩效关系研究各变量的描述统计

变量	观测值	均值	标准差	最大值	最小值
ROS	1139	0.009	0.533	0.507	-3.626
ROA	1139	0.036	0.125	0.261	-0.583
ROE	1130	0.051	0.205	0.383	-1.124
TQ	1090	2.326	1.747	13.251	0.976
CGD	1139	0.744	0.436	1	0
LCGS	935	0.093	0.203	1.272	0
LLNCG	935	12.68	2.747	18.798	0
LADV	935	0.1	0.093	0.463	0.004
SIZE	1139	21.622	1.073	26.105	18.157
LAC1	935	0.136	0.118	0.769	0.011
LAC2	935	0.032	0.052	0.396	0.001
LSG	935	0.185	0.426	2.62	-0.725
LLEV	935	0.344	0.202	1.037	0.033
SOD	1139	0.323	0.468	1	0
AGE	1139	16.016	7.419	53	1

进一步通过图3-4（a—b）进行分析，可以了解各行业文化类上市企业财务绩效情况。图3-4（a）显示：印刷、复制业（C23）和旅游业（N78）上市企业销售盈利能力比较强，印刷、复制业上市企业营业净利率（ROS）均值为13.1%，旅游业上市企业的ROS为7.7%。值得注意的是，互联网服务业（I64）和文化艺术业（R87）上市企业的营业净利率（ROS）为负：其中互联网服务业上市企业的ROS均值为-7.6%，文化艺术业的ROS均值为-1.1%，其值为负主要是由于亏损企业的营业总收入较低，但是亏损额度较高，因而导致ROS为负。净资产盈利能力较强的是文娱用品制造业（C24）和新闻、出版业（R85），文娱用品制造业的净资产收益率（ROE）均值为8.3%，新闻、出版业的ROE均值为7.2%。

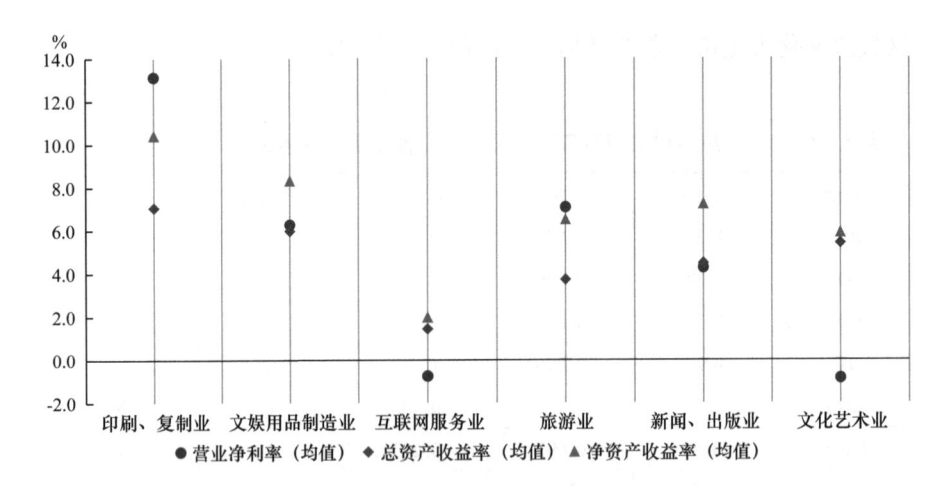

图 3-4（a） 分行业文化类上市企业财务指标

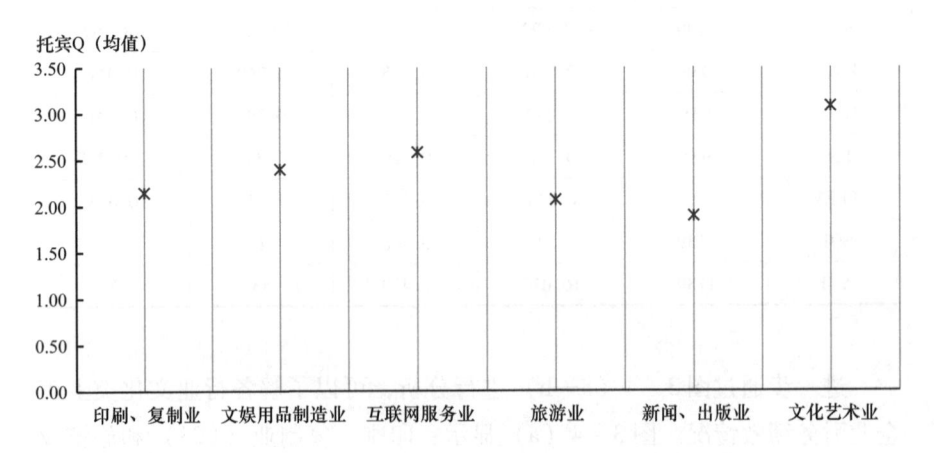

图 3-4（b） 分行业文化类上市企业市场指标

如图 3-4（b）所示除新闻、出版业外的五个行业的文化类上市企业的托宾 Q（TQ）均值均大于 2，而新闻、出版业上市企业的 TQ 也接近 2，这说明这几个文化类上市企业的市场价值约为该企业账面价值的两倍多，其中 TQ 值最高的是文化艺术业和互联网服务业，文化艺术业上市企业的 TQ 均值为 3.07，互联网服务业上市企业的 TQ 均值为 2.55。而这两个行业上市企业的营业净利率是最低的，因此，这两个行业的上市企业可能出现市场价值过高的情况。

如表 3-2 所示的是按捐赠与无捐赠对文化类上市企业进行分组，并对比无捐赠企业（CGD=0）与捐赠企业（CGD=1）财务绩效差异。从表3-3中可以看到：首先，无捐赠的企业数量低于有捐赠的企业数量；其次，无捐赠文化类上市企业与捐赠文化类上市企业的财务绩效存在差异。无捐赠企业的ROS均值为-11.9%，捐赠企业的ROS均值为5.4%；无捐赠企业的ROA均值为1.1%，捐赠企业的ROA均值为4.5%；无捐赠企业的ROE均值为1.4%，捐赠企业的ROE均值为6.5%。可见，无捐赠企业的平均财务绩效水平低于捐赠企业的平均财务绩效水平，进行两样本t检验后，检验结果显示p值均小于0.01，这代表无捐赠上市企业的平均财务绩效水平显著低于捐赠企业的平均财务绩效水平。另外，无捐赠企业的TQ均值为2.74，捐赠企业的TQ均值为2.186，两样本t检验显示无捐赠企业的市场价值显著高于捐赠企业。

表3-3 捐赠企业与未捐赠企业财务绩效对比

变量	无捐赠组（CGD=0）观测值	均值	捐赠组（CGD=1）观测值	均值	均值差	p值
ROS	301	-0.119	838	0.054	-0.173	0.000***
ROA	301	0.011	838	0.045	-0.034	0.000***
ROE	292	0.014	838	0.065	-0.051	0.000***
TQ	276	2.74	814	2.186	0.554	0.000***

注：*** 表示$p<0.01$，** 表示$p<0.05$，* 表示$p<0.1$。

同时，通过图3-5看文化产业这六个行业捐赠上市企业与无捐赠上市企业在财务绩效层面的差异。通过图3-5（a）可以看到：在财务指标层面，除了文娱用品制造业（C24）文化艺术业（R87）的ROA和ROE以外，其余四个行业捐赠企业以财务指标衡量的财务绩效都高于无捐赠企业，而文娱用品制造业和文化艺术业捐赠企业的ROS高于无捐赠企业。但如图3-5（b）所示：在市场价值指标层面，除印刷、复制业（C23）及旅游业（N78）捐赠企业与无捐赠企业在以TQ衡量的市场价值上相差不大外，其余四个行业捐赠企业的市场价值都低于无捐赠企业的市场价值。

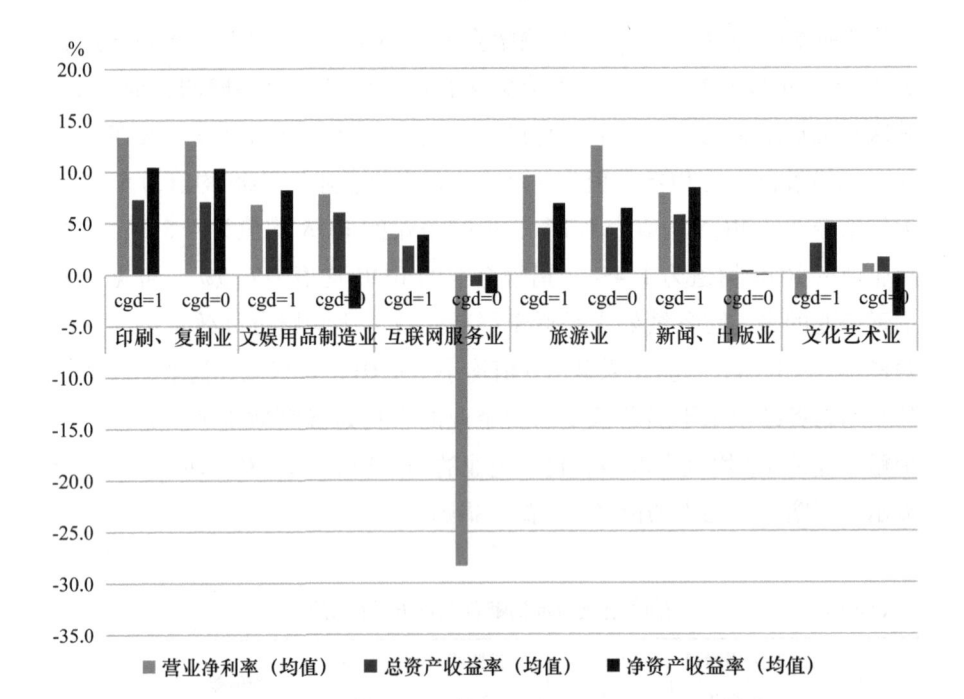

图 3-5（a） 分行业捐赠与无捐赠文化类上市企业财务指标差异

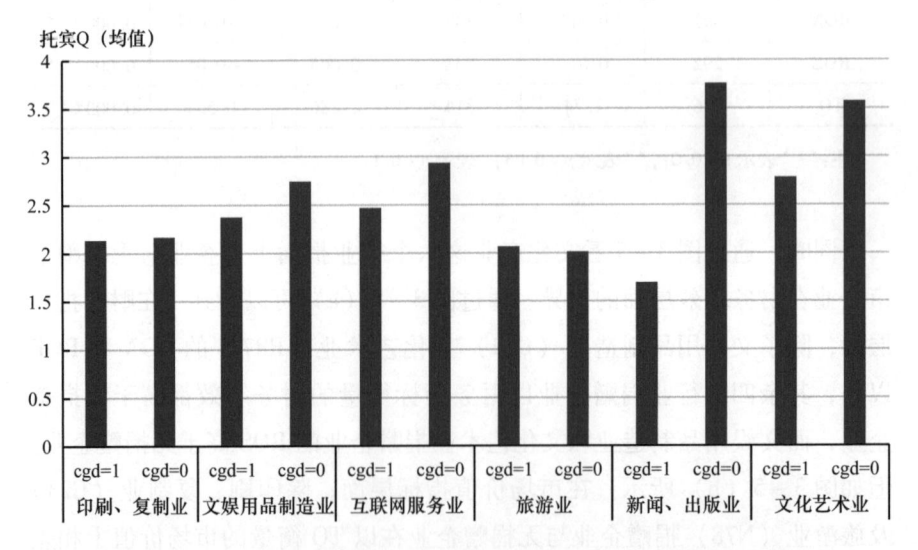

图 3-5（b） 分行业捐赠与无捐赠文化类上市企业市场指标差异

资料来源：纵轴上的 0 表示 CGD=0，代表无捐赠组；1 表示 CGD=1，代表捐赠组。

通过描述统计，我们发现捐赠的文化类上市企业与无捐赠的文化类上市企业在财务绩效层面存在显著差异，同时可以看到的是两组企业在财务指标和市场价值指标上的差异也不一致，这在一定程度上体现了现有研究结论的不一致。本书可以更好地呈现慈善捐赠对文化类上市企业财务绩效会产生什么样的影响。

二 相关性分析

在对研究的变量进行描述统计基础上，本书进一步对变量进行皮尔逊相关性检验，结果见表3-4。表3-4中显示代表企业财务绩效的指标中，财务指标ROS、ROA以及ROE三个指标在1%水平上显著相关，且相关系数大于0.7，这说明用这三个指标来代表企业财务表现具有内部一致性；而市场价值指标TQ仅与ROS在10%的水平上显著负相关，与ROA、ROE正相关但不显著。

分别看代表企业慈善捐赠的三个指标与企业财务绩效的关系：在不控制其他因素影响的情况下，CGD与ROS、ROA以及ROE在1%水平上显著正相关，与TQ在1%水平上显著负相关；LCGS与ROS、ROA以及ROE在1%水平上显著正相关，与TQ在5%水平上显著负相关；LLNCG在1%水平上与ROS、ROA、ROE显著正相关，但与TQ显著负相关。三个代表企业慈善捐赠的变量与四个代表企业财务绩效的变量的相关分析显示：在不控制其他因素影响的情况下，企业慈善捐赠与代表企业财务绩效的财务指标显著正相关，但是与市场价值指标显著负相关。这在一定程度上反映了现有研究结论的不一致。

同时，在不控制其他因素影响的情况下：企业营销强度（LADV）与ROE在5%水平上显著正相关，与TQ在1%水平上显著正相关，另外LADV与CGD、LCGS以及LLNCG的相关关系并不显著；企业规模（SIZE）变量与ROS、ROA、ROE显著正相关，但与TQ显著负相关，SIZE与CGD、LLNCG在1%水平上显著正相关，与LCGS在5%的水平上显著正相关；企业第一类代理成本（LAC1）与ROS、ROA、ROE在1%水平上显著负相关，与TQ在1%水平上显著正相关，同时LAC1与CGD显著负相关；企业第二类代理成本（LAC2）在1%水平上与ROS、ROA以及ROE负相关，与TQ正相关但不显著，同时LAC2与CGD、LCGS、

表 3-4　企业慈善捐赠与财务绩效变量的相关性分析

变量	ROS	ROA	ROE	TQ	CGD	LCGS	LLNCG	LADV	SIZE	LAC1	LAC2	LSG	LLEV	SOD	AGE
ROS	1.00														
ROA	0.837***	1.00													
ROE	0.782***	0.954***	1.00												
TQ	-0.054*	0.00	0.00	1.00											
CGD	0.143***	0.118***	0.109***	-0.138***	1.00										
LCGS	0.059	0.086***	0.075**	-0.057	0.193***	1.00									
LLNCG	0.139***	0.193***	0.214***	-0.04	0.236***	0.530***	1.00								
LADV	-0.01	0.05	0.076**	0.173***	-0.01	-0.01	-0.00	1.00							
SIZE	0.091***	0.060**	0.078***	-0.238***	0.326***	0.078***	0.405***	0.05	1.00						
LAC1	-0.193***	-0.116***	-0.04	0.362***	-0.134***	0.03	-0.04	0.263***	-0.115***	1.00					
LAC2	-0.243***	-0.262***	-0.249***	0.05	-0.171***	-0.115***	-0.213***	0.03	-0.137***	0.105***	1.00				
LSG	0.128***	0.094***	0.071**	-0.01	-0.02	-0.095***	0.01	-0.04	0.118***	-0.188***	-0.04	1.00			
LLEV	-0.172***	-0.176***	-0.081**	-0.175***	-0.065**	-0.167***	-0.073**	-0.125***	0.195***	-0.112***	0.229***	0.064*	1.00		
SOD	0.060**	0.04	0.04	-0.104***	0.112***	0.05	0.200***	-0.152***	0.280***	-0.05	0.05	-0.134***	0.067**	1.00	
AGE	-0.120***	-0.131***	-0.097***	0.04	0.107***	0.03	0.05	-0.133***	0.216***	0.059*	0.065*	-0.104***	0.03	0.128***	1.00

注：*** 表示 $p<0.01$，** 表示 $p<0.05$，* 表示 $p<0.1$。

LLNCG 在 1% 水平上显著负相关；营业收入增长率（LSG）与 ROS、ROA 在 1% 水平上显著正相关，与 ROE 在 5% 水平上显著正相关，与 TQ 负相关但不显著，LSG 与 LCGS 在 1% 水平上显著负相关，与 LLNCG 正相关但不显著；资产负债率（LLEV）与 ROS、ROA、ROE 以及 TQ 在 1% 水平上显著正相关，与 CGD、LLNCG 在 5%、10% 水平上负相关，与 LCGS 在 1% 水平上显著负相关；企业所有权属性（SOD）在 5% 水平上与 ROS 显著正相关，与 TQ 在 1% 水平上显著负相关，与 ROA、ROE 正相关但不显著，与 CGD 和 LLNCG 在 1% 水平上显著正相关，与 LCGS 正相关但不显著；企业年龄（AGE）与 ROS、ROA、ROE 在 1% 水平上显著负相关，与 TQ 正相关但不显著，与 CGD 在 1% 水平上显著正相关，与 LCGS、LLNCG 相关但不显著。通过表 3-4 可以看到，除三个财务指标变量彼此间的相关系数大于 0.7 之外，其余变量的相关系数都小于 0.7，说明变量间不存在严重的多重共线性问题，另外，由于 LSG、LLEV、SOD、AGE 与代表财务绩效的变量及代表企业慈善捐赠的变量存在（或部分存在）显著相关性，所以在进行回归时，对这些变量进行控制是必要的。

三 实证检验结果

在进行面板数据回归时，要通过 F 检验和 Hausman 检验来确认是运用混合效应模型、固定效应模型还是随机效应模型。检验结果（见表 3-4）显示本书应该运用固定效应模型进行回归分析，为了避免异方差和序列相关的影响，本书采取稳健标准误进行估计。

（一）文化类上市企业慈善捐赠不能显著影响财务绩效

表 3-5（a—c）显示，文化类上市企业的慈善捐赠并不能显著影响企业财务绩效：在控制营业收入增长率（LSG）、资产负债率（LLVE）、企业规模（SIZE）、所有权属性（SOD）、年龄（AGE）以及行业效应、时间效应后，慈善捐赠并不能显著影响企业财务绩效，也意味着研究结论不支持 H1 和 H2。

表3-5（a） 企业慈善捐赠意愿与财务绩效

	(1)	(2)	(3)	(4)
变量	ROS	ROA	ROE	TQ
CGD	0.057	-0.011	-0.007	0.141
	(0.89)	(-0.84)	(-0.30)	(1.23)
LSG	0.094	0.031*	0.061*	-0.028
	(1.19)	(1.75)	(1.86)	(-0.22)
LADV	-0.186	0.022	0.089	0.845
	(-0.28)	(0.15)	(0.37)	(0.75)
LLEV	-0.201	-0.002	0.015	0.265
	(-0.60)	(-0.03)	(0.18)	(0.63)
SIZE	0.303***	0.068***	0.124***	-0.973***
	(3.45)	(3.61)	(3.51)	(-3.20)
SOD	0.017	0.006	-0.012	-0.098
	(0.10)	(0.15)	(-0.15)	(-0.29)
AGE	-0.005	0.002	0.004	-0.036
	(-0.08)	(0.09)	(0.13)	(-0.33)
Constant	-6.713***	-1.612***	-2.907***	22.414***
	(-2.81)	(-3.17)	(-3.59)	(2.91)
IND	控制	控制	控制	控制
YEAR	控制	控制	控制	控制
N	161	161	161	160
F test	4.73***	4.96***	4.33***	18.71***
Hausman test	40.01**	61.58***	80.42***	36.57**
Adj-R²	0.11	0.06	0.05	0.19

注：括号里是稳健 t 统计量；Hausman test 报告的是 chi²；N 为样本企业数量；*** 表示 $p<0.01$，** 表示 $p<0.05$，* 表示 $p<0.1$。

表3-5（a）的(1)—(4)显示，CGD 正向影响 ROS 和 TQ，负向影响 ROA 和 ROE，但是无论是正向影响还是负向影响均不显著，这意味着文化类上市企业开展慈善捐赠对企业销售创造利润的能力和企业的市场价值的正向影响不具备统计显著性，而对资产和净资产创造利润的负面影响也不具备统计显著性。

表3-5（b）回归（1）—（4）的结果显示 LCGS 与 ROS、ROA、ROE 正相关但不显著，与 TQ 负相关也不显著，这意味着文化类上市企业慈善捐赠支出的增加对以财务指标衡量企业盈利能力有正向影响，但是正向影响不具备统计学的显著性；而对以市场价值指标衡量的盈利能力的影响是负向的，也不具备统计显著性。

表3-5（b）　　　　企业慈善捐赠相对水平与财务绩效

变量	(1) ROS	(2) ROA	(3) ROE	(4) TQ
LCGS	0.055	0.014	0.033	-0.080
	(0.36)	(0.58)	(0.89)	(-0.33)
LSG	0.096	0.031*	0.061*	-0.029
	(1.20)	(1.78)	(1.89)	(-0.23)
LADV	-0.173	0.025	0.095	0.845
	(-0.25)	(0.17)	(0.39)	(0.75)
LLEV	-0.188	0.001	0.023	0.254
	(-0.54)	(0.02)	(0.27)	(0.60)
SIZE	0.304***	0.068***	0.124***	-0.972***
	(3.43)	(3.62)	(3.51)	(-3.19)
SOD	0.037	0.005	-0.008	-0.076
	(0.22)	(0.14)	(-0.11)	(-0.22)
AGE	-0.002	0.000	0.003	-0.025
	(-0.02)	(0.03)	(0.10)	(-0.23)
Constant	-6.804***	-1.604***	-2.914***	22.281***
	(-2.78)	(-3.14)	(-3.57)	(2.90)
IND	控制	控制	控制	控制
YEAR	控制	控制	控制	控制
N	161	161	161	162
F test	4.74***	5.00***	4.45***	19.03***
Hausman test	38.09*	38.67*	45.26**	49.81**
Adj-R²	0.09	0.07	0.06	0.20

注：括号里是稳健 t 统计量；Hausman test 报告的是 chi²；N 为样本企业数量；*** 表示 $p<0.01$，** 表示 $p<0.05$，* 表示 $p<0.1$。

表 3-5（c）呈现了慈善捐赠绝对水平对企业绩效的影响,① 回归 (1)—(4) 的结果显示，LLNCG 与 ROS、ROA、ROE、TQ 正相关但不显著，这说明如果仅以企业捐赠金额的绝对数额进行衡量，而不考虑 $t-1$ 年 i 企业慈善捐赠占企业在营业总收入中的占比，慈善捐赠对代表 t 年企业财务绩效的财务指标和市场价值指标均有正向影响，但是影响不具备统计显著性。

表 3-5（c）　　企业慈善捐赠绝对水平与财务绩效

变量	(1) ROS	(2) ROA	(3) ROE	(4) TQ
LLNCG	0.004	0.001	0.006	0.010
	(0.41)	(0.54)	(1.17)	(0.45)
LSG	0.121	0.028*	0.048**	-0.041
	(1.48)	(1.84)	(2.36)	(-0.50)
LADV	-0.124	0.057	0.155	1.177
	(-0.28)	(0.59)	(1.11)	(1.46)
LLEV	-0.375	-0.048	-0.005	-0.476
	(-1.35)	(-1.03)	(-0.07)	(-1.27)
SIZE	0.158***	0.029***	0.043***	-0.312***
	(3.66)	(2.98)	(2.77)	(-3.42)
SOD	-0.070	-0.000	0.008	0.217
	(-0.79)	(-0.01)	(0.30)	(1.06)
AGE	-0.009	-0.002	-0.002	0.006
	(-1.08)	(-1.08)	(-1.06)	(0.47)
Constant	-3.154***	-0.578***	-0.918***	8.919***
	(-3.81)	(-2.87)	(-2.85)	(4.82)
IND	控制	控制	控制	控制
YEAR	控制	控制	控制	控制
N	143	143	143	143
Wald test	61.10***	2.92***	102.59***	448.21***

① Hausman 检验结果显示以慈善捐赠绝对水平对企业绩效的回归应采用随机效应模型。

续表

变量	(1) ROS	(2) ROA	(3) ROE	(4) TQ
Hausman test	32..67	31.95	28.72	16.86
Adj-R²	0.09	0.01	0.17	0.25

注：括号里是稳健 z 统计量；Wald test 和 Hausman test 报告的是 chi²；N 为样本企业数量；＊＊＊表示 $p<0.01$，＊＊表示 $p<0.05$，＊表示 $p<0.1$。

表3-5（a—c）呈现模型 3-（1）的实证检验结果，三个表格的回归结果显示：无论是 CGD、LCGS 还是 LLNCG 的系数都不显著≠0，这说明慈善捐赠意愿、绝对捐赠水平和相对捐赠水平都不能显著影响企业的财务绩效。这验证了慈善捐赠对财务绩效的作用存在行业差异，这一研究发现响应了之前学者的研究：Griffin 和 Mahon[1] 的研究指出慈善捐赠并不能提升美国化工行业企业的财务绩效；Seifert 等[2] 的研究提出企业慈善捐赠不能对企业绩效有所助益；Wang 等[3] 的研究结论显示慈善捐赠可以提升酒店业上市企业的财务绩效，但是对旅游业上市企业的财务绩效没有显著影响。本书结果进一步证实慈善捐赠对企业绩效的影响存在行业差异，文化类上市企业的慈善捐赠水平虽然高，但是却没有对企业绩效产生显著影响。

在控制变量层面，可以看到：（1）SIZE 在 1% 水平上显著正向影响 ROS、ROA 以及 ROE，在 1% 水平上显著负向影响 TQ，这说明企业规模越大，企业通过销售盈利的能力、通过资产和投资盈利的能力越强，而以企业总资产衡量的企业规模越大，则计算 TQ 的账面资产总值（即分

---

[1] Griffin J. J., Mahon J. F., "The Corporate Social Performance and Corporate Financial Performance Debate: Twenty-Five Years of Incomparable Research", *Business and Society*, Vol. 36, No. 1, 1997, pp. 5-31.

[2] Seifert B., Morris S. A., Bartkus B. R., "Having, Giving, and Getting: Slack Resources, Corporate Philanthropy, and Firm Financial Performance", *Business & Society*, Vol. 43, No. 2, 2004, pp. 135-161.

[3] Wang K., Miao Y., Chen M. H., et al., "Philanthropic Giving, Sales Growth, and Tourism Firm Performance: An Empirical Test of a Theoretical Assumption", *Tourism Economics*, Vol. 25, No. 6, 2019, pp. 835-855.

母)越大,所以企业规模对企业市场价值的显著负向影响主要是由计算指标引起的,并不能说明企业规模越大企业的市场价值越低;(2)在以企业捐赠意愿和相对捐赠水平衡量慈善捐赠时,LSG 在 10% 水平上与 ROA、ROE 显著正相关,与 ROS 正相关但不显著;而以绝对捐赠水平衡量慈善捐赠时,LSG 对 ROA、ROE 有显著正向影响,对 ROS 的正向影响不显著,对 TQ 有负向影响但不显著,这说明营业收入增长率可以促进以企业财务指标衡量的财务绩效提升,但是对市场价值指标有微弱的负向影响。其他控制变量对企业财务绩效的影响不显著,控制变量的影响虽然不显著,但是根据理论分析在开展回归时不能删除控制变量。

现有研究结论不一致在一定程度上与指标选取有关系,如钟宏武[①]的研究显示上市企业开展慈善捐赠会侵蚀企业利润,即绝对捐赠水平负向影响营业净利率(ROS),但是对企业市场价值(TQ)没有显著影响。吴文清等[②]的研究显示慈善捐赠的绝对水平对净资产收益率(ROE)有长效作用,但是对企业市场价值(TQ)没有显著影响。潘奇[③]的研究显示企业相对慈善捐赠水平并不能显著提升企业的总资产收益率(ROA)和企业市场价值(TQ)。在本书中,虽然慈善捐赠意愿、慈善捐赠相对水平和绝对水平对财务绩效指标的影响不显著,但是慈善捐赠三个指标对财务绩效指标的影响不尽相同,因而验证了现有研究结论不一致在一定程度上受到学者所选用指标的影响。

考虑到绝对捐赠水平不能规避企业规模和营业收入对慈善捐赠的影响,相对捐赠水平可以更好地衡量企业在慈善捐赠层面的资金安排,也能更好地验证企业慈善捐赠支出在营业收入影响下对企业财务绩效的影响,所以后续研究采用相对捐赠水平代表企业慈善捐赠。

(二)营销强度、企业规模对慈善捐赠与财务绩效关系的影响

本书用模型 3-(2)检验:H1a、H1b,即营销强度(LADV)、企业规模(SIZE)、相对捐赠水平(LCGS)对财务绩效的正向影响。

---

① 钟宏武:《慈善捐赠与企业绩效》,经济管理出版社 2007 年版。
② 吴文清、黄宣、李振华:《企业捐赠与财务绩效及市场绩效的门槛效应研究》,《天津大学学报》(社会科学版)2016 年第 6 期。
③ 潘奇、朱一鸣:《企业持续捐赠价值效应的实证研究——来自 A 股上市公司的经验证据》,《科研管理》2017 年第 6 期。

表3-6的回归(1)—(4)呈现营销强度对慈善捐赠与财务绩效关系影响的回归分析结果,回归(5)—(8)呈现了企业规模对慈善捐赠与企业财务绩效关系的影响。

表3-6(1)—(4)的回归结果显示文化类上市企业的LADV削弱了LCGS对ROS、ROA、ROE的正向影响,只是这种削弱的影响并不显著;LADV强化了LCGS对TQ的负向影响,负向强化的影响也不显著,这一研究结论不支持H1a,也就是说对于文化类上市企业而言,通过营销慈善捐赠来提升企业财务绩效面临很大挑战。Shapira[1]曾提到企业通过营销慈善捐赠来吸引"善意的"消费者,消费者通过购买这些有慈善捐赠行为的企业提供的产品或服务来表达自己的善意是不成立的,因为消费者可以通过直接捐赠来达到表达善意的目标,而企业致力于通过营销宣传慈善捐赠的行为会使消费者怀疑企业开展慈善捐赠行为的动机,而Godfrey[2]也曾提到如果消费者感知到企业慈善捐赠的动机不是"利他的""真善的",消费者不会对企业产生积极的情感,也不会对企业产品产生正向评价,在这种情境下,慈善捐赠不会对企业财务绩效产生积极影响。另外,营销费用和慈善捐赠持续增加会导致企业经营成本增加,进而削弱企业的盈利能力。因此,当前情境下,文化类上市企业并不能通过慈善捐赠来实现差异化营销策略从而达到提升企业绩效的目的。

表3-6的(5)—(8)回归结果显示,在其他条件不变的情况下,SIZE在10%的水平上显著强化了LCGS对ROA、ROE的正向影响,但是SIZE对LCGS与ROS、市场价值TQ之间的关系产生的强化影响不具备统计显著性,H1b部分获得支持。数据结果说明企业规模越大,慈善捐赠越有可能正向影响企业的资产收益率和净资产收益率,企业规模大在一定程度上代表企业拥有相对丰富的资源,企业在市场上有较高的可视度,同时企业的管理、运营水平比较高。考虑到SIZE对LCGS与ROS、TQ之

---

[1] Shapira R., "Corporate Philanthropy as Signaling Co-optation", *Fordham Law Review*, Vol. 80, No. 5, 2012, pp. 1889–1939.

[2] Godfrey P. C., "The Relationship Between Corporate Philanthropy and Shareholder Wealth: A Risk Management Perspective", *Academy of Management Review*, Vol. 30, No. 4, 2005, pp. 777–798.

表3-6 营销强度、企业规模以及慈善捐赠与财务绩效

变量	(1) ROS	(2) ROA	(3) ROE	(4) TQ	(5) ROS	(6) ROA	(7) ROE	(8) TQ
LCGS	0.015	0.011	0.030	-0.073	0.044	0.014	0.038	-0.050
	(0.11)	(0.45)	(0.77)	(-0.33)	(0.29)	(0.60)	(0.97)	(-0.20)
LCGS×LADV	-1.347	-0.189	-0.473	-2.002				
	(-0.83)	(-0.69)	(-0.98)	(-0.74)				
LCGS×SIZE					0.066	0.036*	0.073*	0.113
					(0.52)	(1.71)	(1.78)	(0.47)
LADV	-0.316	0.024	0.121	1.093				
	(-0.49)	(0.17)	(0.51)	(0.91)				
SIZE	0.298***	0.067***	0.122***	-0.980***	0.309***	0.069***	0.126***	-0.977***
	(3.31)	(3.58)	(3.51)	(-3.05)	(3.36)	(3.81)	(3.82)	(-3.08)
LSG	0.107	0.031*	0.057*	-0.058	0.113	0.031*	0.058*	-0.070
	(1.31)	(1.80)	(1.92)	(-0.50)	(1.35)	(1.85)	(1.95)	(-0.64)
LLEV	-0.255	-0.000	0.033	0.350	-0.244	0.002	0.035	0.382
	(-0.72)	(-0.00)	(0.36)	(0.73)	(-0.68)	(0.04)	(0.38)	(0.78)
SOD	0.022	0.005	-0.007	-0.059	0.030	0.008	0.000	-0.040
	(0.13)	(0.12)	(-0.09)	(-0.17)	(0.17)	(0.20)	(0.01)	(-0.12)

续表

变量	(1) ROS	(2) ROA	(3) ROE	(4) TQ	(5) ROS	(6) ROA	(7) ROE	(8) TQ
AGE	0.002	0.000	0.002	-0.032	-0.000	0.000	0.002	-0.025
	(0.03)	(0.03)	(0.06)	(-0.29)	(-0.00)	(0.02)	(0.08)	(-0.23)
Constant	-6.668***	-1.580***	-2.853***	22.561***	-6.947***	-1.617***	-2.948***	22.436***
	(-2.67)	(-3.09)	(-3.56)	(2.77)	(-2.71)	(-3.20)	(-3.69)	(2.81)
IND	控制	控制	控制	控制	控制	控制	控制	控制
YEAR	控制	控制	控制	控制	控制	控制	控制	控制
N	162	162	161	162	162	162	161	162
F test	5.08***	1502.23***	6.64***	154.66***	5.83***	177.43***	6.46***	30.62***
Hausman test	38.37*	38.13*	42.04**	37.25*	136.73***	38.81*	43.83**	37.43*
Adj-R^2	0.09	0.07	0.06	0.20	0.10	0.07	0.05	0.19

注：括号里是稳健 t 统计量；Hausman test 报告的是 chi^2；N 为样本企业数量；*** 表示 $p<0.01$，** 表示 $p<0.05$，* 表示 $p<0.1$。

间的关系没有显著影响,所以企业可见度高低并不会让慈善捐赠投入过多的文化类上市企业获得更多销售收入和正向市场反应,因而不能显著提升 ROS 与 TQ,但是管理、运营水平高、可获得资源多的大企业更善于对企业资源进行合理化配置,所以大规模的企业因其"可靠的"企业形象加上良好的管理、运营能力,就可以强化 LCGS 对 ROA 和 ROE 的正向影响。

(三) 代理成本对企业慈善捐赠与财务绩效关系的影响

表3-7呈现了第一类代理成本(LAC1)和第二类代理成本(LAC2)对企业慈善捐赠与财务绩效关系的影响。(1)—(4)的回归结果显示:在其他条件不变的情况下,LAC1 对 LCGS 与财务绩效的关系影响不显著。(5)—(8)的回归结果显示:在其他条件不变的情况下,与 LAC1 一样,LAC2 对 LCGS 与财务绩效的关系影响也不显著,实证结果并不支持假设 H2a 和 H2b。控制变量对企业财务绩效的影响与之前的实证分析结果一致。

由于 H2 和 H2a、H2b 没有得到实证检验的支持,说明文化类上市企业开展慈善捐赠不一定是管理者或大股东为了实现自己的利益而侵蚀企业或其他股东的利益。现有研究基本都是从企业治理层面开展研究,提出企业董事会规模越大,沟通效率越低,对高管决策的监管水平越低,[①]所以如果董事会规模扩大的同时,企业慈善捐赠水平也不断提升,则慈善捐赠被界定为代理成本。另外,由于独立董事可以避免"内部人"控制,所以独立董事规模扩大的同时,慈善捐赠水平降低,那慈善捐赠也被界定为一种代理成本。Brown 等[②]、Chen 和 Lin[③] 的研究验证了慈善捐赠是一种代理成本,贾明和张喆[④]对 2008 年我国 A 股上市企业慈善捐赠的研究也认为慈善捐赠是一种代理成本。

[①] Jensen M. C., "The Modern Industrial Revolution, Exit, and the Failure of Internal Control Systems", *The Journal of Finance*, 1993, 48 (3), pp. 831 – 880.

[②] Brown W. O., Helland E., Smith J. K., "Corporate Philanthropic Practices", *Journal of Corporate Finance*, Vol. 12, No. 5, 2006, pp. 855 – 877.

[③] Chen M. H., Lin C. P., "Understanding Corporate Philanthropy in the Hospitality Industry", *International Journal of Hospitality Management*, No. 48, 2015, pp. 150 – 160.

[④] 贾明、张喆:《高管的政治关联影响公司慈善行为吗?》,《管理世界》2010 年第 4 期。

表3-7　代理成本、慈善捐赠与财务绩效

变量	(1) ROS	(2) ROA	(3) ROE	(4) TQ	(5) ROS	(6) ROA	(7) ROE	(8) TQ
LCGS	0.041	0.012	0.031	-0.034	0.028	0.012	0.042	-0.058
	(0.26)	(0.51)	(0.79)	(-0.15)	(0.21)	(0.51)	(1.08)	(-0.26)
LCGS×LAC1	1.079	0.049	0.141	-3.898				
	(0.99)	(0.34)	(0.61)	(-1.41)				
LAC1	-0.486	0.007	0.133	0.934				
	(-1.12)	(0.10)	(0.70)	(1.15)				
LCGS×LAC2					-0.677	-0.079	0.648	1.790
					(-0.28)	(-0.19)	(0.80)	(0.48)
LAC2					-0.578	-0.056	-0.246	-2.684**
					(-1.17)	(-0.52)	(-0.89)	(-2.31)
SIZE	0.328***	0.068***	0.124***	-0.901***	0.327***	0.067***	0.121***	-0.940***
	(3.32)	(3.75)	(3.65)	(-3.60)	(3.30)	(3.73)	(3.60)	(-3.45)
LSG	0.085	0.025	0.049	-0.039	0.100	0.024	0.043	-0.101
	(1.11)	(1.55)	(1.55)	(-0.37)	(1.26)	(1.59)	(1.54)	(-1.20)
LLEV	-0.144	0.004	0.027	0.043	-0.182	0.008	0.053	0.417
	(-0.43)	(0.07)	(0.31)	(0.11)	(-0.52)	(0.13)	(0.56)	(0.86)

续表

变量	(1) ROS	(2) ROA	(3) ROE	(4) TQ	(5) ROS	(6) ROA	(7) ROE	(8) TQ
SOD	-0.005	-0.001	-0.026	0.035	-0.046	-0.003	-0.033	0.030
	(-0.03)	(-0.03)	(-0.31)	(0.16)	(-0.26)	(-0.06)	(-0.40)	(0.14)
AGE	0.002	0.000	0.004	0.014	0.007	0.000	0.002	-0.009
	(0.03)	(0.02)	(0.13)	(0.13)	(0.11)	(0.01)	(0.08)	(-0.09)
Constant	-7.544***	-1.547***	-2.854***	21.479***	-7.579***	-1.541***	-2.767***	22.726***
	(-2.83)	(-3.15)	(-3.58)	(3.33)	(-2.79)	(-3.10)	(-3.43)	(3.28)
IND	控制	控制	控制	控制	控制	控制	控制	控制
YEAR	控制	控制	控制	控制	控制	控制	控制	控制
N	162	162	161	162	162	162	161	162
F test	4.93***	216.23***	6.52***	120.63***	5.69***	1895.44***	6.63***	26.20***
Hausman test	64.30***	42.84**	42.80***	65.02***	43.81**	41.69**	43.01**	45.41***
Adj-R^2	0.12	0.07	0.05	0.22	0.11	0.07	0.06	0.17

注：括号里是稳健 t 统计量；Hausman test 报告的是 chi^2；N 是样本企业数量；*** 表示 $p<0.01$，** 表示 $p<0.05$，* 表示 $p<0.1$。

然而，古志辉①对2002—2010年上市企业的面板数据的研究显示：虽然董事规模与慈善捐赠显著正相关，但是独立董事规模也与慈善捐赠显著正相关。同时，企业资产负债率与企业慈善捐赠正相关，代表高管利益的高管持股与慈善捐赠正相关，而大股东持股比例与慈善捐赠显著负相关，这说明将慈善捐赠理解为管理者自利的代理成本或大股东侵害中小股东利益的代理成本是值得商榷的。进一步地，他们指出在中国文化背景下，不能用西方的代理成本理论来解释中国企业的慈善捐赠。在本书中，基于代理成本理论提出的假设H2以及H2a和H2b均没有得到验证，这表示目前而言，不能将文化类上市企业的慈善捐赠理解为有损于企业财务绩效的代理成本，本书的实证结果支持古志辉②的研究结论。

（四）企业慈善捐赠与财务绩效非线性关系检验

表3-8是对H3的检验。从(1)—(4)的回归结果可以看到在其他因素不变的情况下，文化类上市企业的慈善捐赠与企业财务绩效之间不存在显著的非线性关系。

表3-8　　企业慈善捐赠与财务绩效非线性关系检验结果

变量	(1) ROS	(2) ROA	(3) ROE	(4) TQ
LCGS	-0.023	0.036	0.098	0.149
	(-0.11)	(0.81)	(1.32)	(0.27)
LCGS2	0.018	-0.029	-0.071	-0.158
	(0.09)	(-0.78)	(-1.23)	(-0.36)
LSG	0.124	0.027*	0.046**	-0.069
	(1.47)	(1.82)	(2.32)	(-0.86)
LLEV	-0.370	-0.048	-0.008	-0.525
	(-1.40)	(-1.06)	(-0.13)	(-1.43)
SIZE	0.157***	0.030***	0.047***	-0.305***
	(3.80)	(3.27)	(3.27)	(-3.32)

---

① 古志辉：《公司治理与公司捐赠：来自中国上市公司的经验研究》，《管理评论》2015年第9期。

② 古志辉：《公司治理与公司捐赠：来自中国上市公司的经验研究》，《管理评论》2015年第9期。

续表

	(1)	(2)	(3)	(4)
变量	ROS	ROA	ROE	TQ
SOD	-0.065	-0.001	0.009	0.196
	(-0.71)	(-0.06)	(0.29)	(0.91)
AGE	-0.009	-0.002	-0.002	0.003
	(-1.03)	(-1.17)	(-1.26)	(0.26)
Constant	-3.117***	-0.574***	-0.919***	9.032***
	(-3.78)	(-2.96)	(-2.97)	(4.99)
IND	控制	控制	控制	控制
YEAR	控制	控制	控制	控制
N	143	143	143	143
Wald test	61.45***	81.11***	106.29***	416.11***
Hausman test	33.08	26.13	23.79	9.19
Adj-R²	0.09	0.13	0.14	0.24

注：括号里是稳健 t 统计量；Hausman test 报告的是 chi^2；N 是样本企业数量；*** 表示 $p<0.01$，** 表示 $p<0.05$，* 表示 $p<0.1$。

文化类上市企业慈善捐赠并没有呈现出现有部分研究所提出的慈善捐赠与财务绩效存在倒"U"形关系的结论。这一实证结果也说明在现阶段，文化类上市企业的慈善捐赠与企业财务绩效之间也不存在非线性关系。

第四节　拓展性研究与稳健性检验

一　拓展性研究

慈善捐赠可能是企业建立并强化与政府关系，进而获得政府支持的一种途径。[1] 李四海等[2]以 2004—2010 年亏损上市企业为样本的研究显

---

[1] Long C., Yang J., "What Explains Chinese Private Entrepreneurs' Charitable Behaviors? A Story of Dynamic Reciprocal Relationship Between Firms and the Government", *China Economic Review*, No. 40, 2016, pp. 1-16. 戴亦一、潘越、冯舒：《中国企业的慈善捐赠是一种"政治献金"吗？——来自市委书记更替的证据》，《经济研究》2014 年第 2 期。

[2] 李四海、陆琪睿、宋献中：《亏损企业慷慨捐赠的背后》，《中国工业经济》2012 年第 8 期。

示：亏损企业通过慈善捐赠可以获取政府补助，因此，他们提出政府补助是驱动亏损企业开展慈善捐赠的一个重要因素。张敏等[1]将研究扩展到沪深 A 股所有上市企业，他们以 2003—2006 年所有上市企业为样本，研究结果显示慈善捐赠与政府补贴显著正相关，因而他们提出我国上市企业开展慈善捐赠可以获得政府补贴。其他学者的研究也验证了上述研究的结论。[2]

慈善捐赠也被视为一种积极信号可以吸引优秀的应聘者，[3] 企业开展慈善捐赠可能会提升员工的道德感、责任感进而提升员工的工作效率，从而降低企业的运营成本。[4] 在实证研究层面，有一些研究结论支持慈善捐赠对员工行为的积极影响：Lee 等[5]的研究显示慈善捐赠显著提升了韩国服务业企业员工的敬业度。Chen[6] 对酒店业的实证研究也显示慈善捐赠可以提升企业的劳动生产率。卢正文[7]以 2008—2013 年沪深 A 股上市企业为样本的研究结论支持企业慈善捐赠行为提升了企业员工的工作积极性，确实改善了员工的工作绩效。

基于以上两个研究趋势，本书将检验文化类上市企业慈善捐赠是否能帮助企业获得政府补贴，以及是否能促进企业劳动生产率的提升。政府补贴（SUB）以每年政府对企业的补助金额与企业营业总收入之比进

---

[1] 张敏、马黎珺、张雯：《企业慈善捐赠的政企纽带效应——基于我国上市公司的经验证据》，《管理世界》2013 年第 7 期。

[2] 杜勇、陈建英：《政治关联、慈善捐赠与政府补助——来自中国亏损上市公司的经验证据》，《财经研究》2016 年第 5 期。刘佳刚、张琼霞：《政府补贴能让企业更慷慨吗？——来自战略性新兴产业的实证研究》，《会计之友》2019 年第 4 期。

[3] Turban D. B., Greening D. W., "Corporate Social Performance and Organizational Attractiveness to Prospective Employees", *Academy of Management Journal*, Vol. 40, No. 3, 1996, pp. 658 – 672.

[4] Greening D. W., Turban D. B., "Corporate Social Performance as A Competitive Advantage in Attracting a Quality Workforce", *Business and Society*, Vol. 39, No. 3, 2000, pp. 254 – 280. Branco M. C., Rodrigues L. L., "Corporate Social Responsibility and Resource-Based Perspectives", *Journal of Business Ethics*, Vol. 69, 2006, pp. 111 – 132.

[5] Lee Y. K., Choi J., Moon B. Young, et al., "Codes of Ethics, Corporate Philanthropy, and Employee Responses", *International Journal of Hospitality Management*, Vol. 39, 2014, pp. 97 – 106.

[6] Chen M. H., "Understanding the Hospitality Philanthropy-Performance Link: Demand and Productivity Effects", *International Journal of Hospitality Management*, Vol. 80, 2019, pp. 166 – 172.

[7] 卢正文：《企业慈善捐赠、员工反应与收入增长的实证研究》，《管理学报》2017 年第 2 期。

行衡量；参照 Sánchez 和 Benito-Hernández[①] 的研究，企业的劳动生产率（PROD）以企业营业总收入与员工人数比值进行衡量，并对其取对数以衡量劳动生产率增长情况。控制变量与本章实证检验的控制变量一致，回归分析（见表 3-9）发现文化类上市企业的慈善捐赠意愿和相对慈善捐赠水平均不能显著影响企业的劳动生产率，也不能为文化类上市企业带来政府补贴（描述性统计和相关性分析见附录 2 和附录 3）。

表 3-9　　　　慈善捐赠与企业劳动生产率、政府补贴的关系

变量	(1) SUB	(2) SUB	(3) SUB	(4) PROD	(5) PROD	(6) PROD
CGD	0.002			0.109		
	(1.11)			(1.45)		
LCGS		0.003			-0.189	
		(0.61)			(-1.48)	
LLNCG			-0.000			0.011
			(-0.42)			(1.05)
LSC	0.002	0.002	0.000	0.050	0.054	0.051
	(1.15)	(1.15)	(0.20)	(0.92)	(1.10)	(0.90)
LLEV	0.006	0.007	0.005	-0.239	-0.306	0.347
	(0.86)	(0.92)	(0.62)	(-0.65)	(-1.48)	(1.53)
SIZE	-0.005	-0.005	-0.004	-0.051	-0.045	-0.310***
	(-1.24)	(-1.27)	(-0.99)	(-0.23)	(-0.76)	(-4.69)
SOD	-0.004	-0.003	-0.006*	-0.089	-0.187	-0.243
	(-1.34)	(-0.96)	(-1.95)	(-0.52)	(-1.23)	(-1.37)
AGE	0.001	0.001	0.001	-0.185***	-0.174***	-0.219***
	(0.24)	(0.28)	(0.54)	(-4.51)	(-2.79)	(-3.60)
Constant	0.057	0.056	0.087	9.064*	8.899***	14.651***
	(0.71)	(0.69)	(0.83)	(1.82)	(4.82)	(7.74)

① Sánchez P. E., Benito-Hernández S., "CSR Policies: Effects on Labour Productivity in Spanish Micro and Small Manufacturing Companies", Journal of Business Ethics, Vol. 128, No. 4, 2015, pp. 705 – 724.

续表

	(1)	(2)	(3)	(4)	(5)	(6)
变量	SUB	SUB	SUB	PROD	PROD	PROD
IND	控制	控制	控制	控制	控制	控制
YEAR	控制	控制	控制	控制	控制	控制
N	160	161	142	135	136	116
F test	—	—	—	7.34***	13.27***	11.06***
Hausman test	17.93	14.78	20.18	968.78***	203.50***	62.18***
Adj-R^2	0.17	0.17	0.29	0.03	0.02	0.00

注：政府补贴回归结果中括号里是稳健 z 统计量，劳动生产率回归结果中括号里是稳健 t 统计量；N 是样本企业数量；Hausman test 报告的是 chi^2；*** 表示 $p<0.01$，** 表示 $p<0.05$，* 表示 $p<0.1$。

表 3-9(1)—(3)的回归结果显示文化类上市企业慈善捐赠在帮助企业获得政府补贴层面的作用微乎其微，这一研究结果并不支持之前学者的研究结论。这一方面可能是因为捐赠企业数量和捐赠水平的提升，另一方面可能是由于所研究对象的独特性。

如第二章图 2-9 所示在 2007 年以前沪深 A 股上市企业开展捐赠的企业不到 50%，从 2008 年开始捐赠企业的比例超过 60%，到 2015 年开展慈善捐赠的企业则达 70%；而如图 2-10 所示在 2003—2018 年，沪深 A 股上市企业大多将营业总收入（相对捐赠水平）的 0.05% 用于捐赠，由于企业营业总收入一直在持续增长，所以上市企业用于捐赠的资金也在不断增加。张敏等[1]以 2003—2006 年 A 股上市企业为样本的研究显示：这一时间区间内，开展捐赠的上市企业不到 50%，而相对捐赠水平[2]也约为 0.06%，所以在当时的情境下政府为了激励企业开展慈善捐赠活动，会通过补贴的方式来激发企业捐赠意愿。而伴随着开展慈善捐赠的企业数量增多，企业慈善捐赠水平提升，政府如果不调整补助策略就会导致财政负担。

---

[1] 张敏、马黎珺、张雯：《企业慈善捐赠的政企纽带效应——基于我国上市公司的经验证据》，《管理世界》2013 年第 7 期。

[2] 文章中的相对捐赠水平用慈善捐赠与营业总收入之比乘以 100 来衡量。

李四海等[①]、杜勇和陈建英[②]研究了亏损上市企业慈善捐赠与政府补助之间的关系。亏损上市本身在持续经营层面面临严峻考验，企业在这样的情境下还开展捐赠被认为是向政府表达补助诉求的一个策略，[③] 而政府也倾向于对开展慈善赠的亏损企业给予补助，以在一定程度上缓解亏损企业的财务压力。刘佳刚和张琼霞[④]的研究是以2017年上交所发布的战略性新兴产业指数为依据所选取的隶属于战略性新兴产业的上市企业，样本区间为2014—2016年，战略性新兴产业本身就是政府重点扶持和发展的产业，这就代表企业对这些企业的扶持力度本来就比较大，而企业在政府给予补贴的情况下面临的成本约束会降低，所以企业也会通过慈善捐赠反馈政府支持。由此可见，以上学者关于企业慈善捐赠与政府补贴显著正相关的研究结论主要源自所选取样本的特殊性，这一结论对于文化类上市企业并不成立。

表3-9(4)—(6)的回归结果显示文化类上市企业的慈善捐赠不能显著提升企业的劳动生产率。现有研究指出企业慈善捐赠可以提升员工的道德感、责任感进而提升企业的劳动生产率，是基于赫茨伯格"双因素"理论，企业开展慈善捐赠这一承担社会责任的行为属于激励因素，激励因素起作用的基础是保健因素得到普遍满足，也就是员工在工作中诱发不满意情绪的因素少，员工在没有不满意情绪的情境下，才可能受到激励因素的影响提升工作绩效，本书通过面板数据分析发现文化类上市企业慈善捐赠并不能提升企业的劳动生产率，但是并不能解释为什么企业慈善捐赠不能影响企业劳动生产率，未来的研究需要从质性层面对这一问题进行探索。

二 稳健性检验

在稳健性检验层面，由于企业慈善捐赠对企业财务绩效的影响是在企

[①] 李四海、陆琪睿、宋献中：《亏损企业慷慨捐赠的背后》，《中国工业经济》2012年第8期。

[②] 杜勇、陈建英：《政治关联、慈善捐赠与政府补助——来自中国亏损上市公司的经验证据》，《财经研究》2016年第5期。

[③] 李四海、陆琪睿、宋献中：《亏损企业慷慨捐赠的背后》，《中国工业经济》2012年第8期。

[④] 刘佳刚、张琼霞：《政府补贴能让企业更慷慨吗？——来自战略性新兴产业的实证研究》，《会计之友》2019年第4期。

业规模的影响下实现的，所以这一部分主要检验企业规模对企业慈善捐赠与企业财务绩效关系的调节作用是否稳健，在稳健性检验层面本书将剔除2008年和2010年受灾年份的数据来进行稳健性检验。① 表3-10呈现的是稳健性检验结果。

表3-10　　　　企业规模强化慈善捐赠对财务绩效的影响

变量	(1) ROS	(2) ROA	(3) ROE	(4) TQ
LCGS	0.050	0.016	0.041	-0.054
	(0.32)	(0.62)	(1.01)	(-0.21)
LCGS×SIZE	0.068	0.036*	0.076*	0.090
	(0.51)	(1.69)	(1.75)	(0.37)
LSG	0.111	0.027*	0.049	-0.114
	(1.34)	(1.69)	(1.65)	(-1.27)
LLEV	-0.240	0.003	0.033	0.270
	(-0.65)	(0.05)	(0.36)	(0.60)
SIZE	0.333***	0.066***	0.121***	-0.883***
	(3.27)	(3.76)	(3.77)	(-3.27)
SOD	0.029	0.030	0.055	0.097
	(0.16)	(0.81)	(0.98)	(0.53)
AGE	0.010	0.001	0.004	-0.009
	(0.14)	(0.03)	(0.14)	(-0.09)
Constant	-7.784***	-1.540***	-2.838***	21.407***
	(-2.83)	(-3.15)	(-3.63)	(3.10)
Industry FE	控制	控制	控制	控制
Year FE	控制	控制	控制	控制
N	159	159	161	162
F test	6.20***	609.61***	6.77***	33.33***
Adj-R^2	0.10	0.07	0.06	0.19

注：括号里是稳健z统计量；***表示$p<0.01$，**表示$p<0.05$，*表示$p<0.1$。

---

① 由于新闻、出版业捐赠水平是最高的，所以本书还检验了新闻、出版业企业慈善捐赠对企业财务绩效、政府补助以及企业劳动生产率的影响，参见附录4。

通过表 3-10 回归结果（2）和（3）可以看到，在剔除 2008 年和 2010 年两年的数据后，LCGS×SIZE 的系数在 10% 水平上显著 ≠0 且为正，说明企业规模显著强化文化类上市企业慈善捐赠对 ROA 和 ROE 的正向影响这一结论是稳健的。

第五节 结论与讨论

一 研究结论

通过实证检验，本书得出以下结论：（1）文化类上市企业的慈善捐赠本身并不能对企业财务绩效产生影响。一方面，文化类上市企业慈善捐赠不能产生广告效应促进企业财务绩效提升；另一方面，也不能将慈善捐赠简单视为直接或间接成本，慈善捐赠并没有对企业财务绩效产生显著的负向影响。（2）文化类上市企业的企业规模会显著强化慈善捐赠对以 ROA、ROE 衡量的财务绩效的影响，也就是说文化类上市企业规模越大，慈善捐赠对财务绩效的正向影响越显著，而慈善捐赠对财务绩效的这种正向影响在规模小的企业中不显著。（3）文化类上市企业的规模越大，企业的盈利能力越强；同时，研究结果显示企业的营销强度并不会显著促进企业财务绩效提升。（4）变量指标选取的差异会带来研究结论的不一致。实证研究结论呈现了文化类上市企业慈善捐赠对企业财务绩效的影响，从一定程度上丰富了现有研究成果。

二 对结论的讨论

首先，在检验企业慈善捐赠对财务绩效的影响层面需要考虑行业差异。不同于现有以沪深 A 股所有上市企业为样本所得的企业慈善捐赠可以显著提升企业财务绩效，本书显示文化类上市企业的慈善捐赠并不能显著提升企业财务绩效，这一研究结论意味着以各行业所有上市企业为样本的研究结论对部分行业不具有适用性。这也说明：和影响不同行业上市企业开展慈善捐赠的动因存在差异一样，在现阶段，不同行业上市企业慈善捐赠行为对企业财务绩效的影响也存在差异，这与 Wang 等[①]对旅游业和酒店业慈善捐赠对企业绩效影响的结论一致。而这一研究结论也说明为了更好地了解慈善捐赠对企业财务绩效的影响，应该基于行业层面开展更多研究，而不仅是以所有行业上市企业为研究对象。

其次，本书发现虽然文化类上市企业积极开展慈善捐赠，但是文化类上市企业慈善捐赠并不能积极影响企业财务绩效。这与 Seifert 等[②]1998年对"财富1000"企业慈善捐赠的研究所得的结论一致，即慈善捐赠不能显著影响企业财务绩效。文化类上市企业开展慈善捐赠不能起到广告效应的作用，也就是说文化类上市企业开展慈善捐赠并不能通过提升企业的品牌形象或声誉来促进绩效提升，这一结论不同于现有研究结论，即慈善捐赠作为一种品牌差异化策略可以提升企业声誉进而促进财务绩效提升，文化类上市企业慈善捐赠不能起到广告效应的这一结论与文化产品的特性有关。慈善捐赠之所以能起到广告效应主要原因在于：一方面，企业的慈善捐赠行为是一种信号，释放企业是"负责任"的信息，而负责任的企业所生产的产品品质是可靠的，进而吸引消费者；另一方面，企业开展慈善捐赠还会释放"企业是好的、善的企业"，进而通过品牌差异化来吸引关注社会福利的消费者。但是，文化产品作为一种商品，其品质并不像其他物质产品一样以性能进行衡量，而是消费者在消费过程中所体验到的精神层面的满足感和愉悦感，因此，文化类上市企业开展慈善捐赠并不能让消费者获得文化产品品质是否优良的信息；同时，Shapira[③] 提到企业开展慈善捐赠并不能吸引那些关注公益和关爱社会的消费者，他提出关爱社会、关注公益的消费者会通过个人捐赠、服务社会来实现个人精神的满足，而不是通过购买开展慈善捐赠企业的产品来实现个人的价值诉求，所有的消费者在商品购买层面最关注的仍然是产品

[①] Wang K., Miao Y., Chen M. H., et al., "Philanthropic Giving, Sales Growth, and Tourism Firm Performance: An Empirical Test of a Theoretical Assumption", *Tourism Economics*, Vol. 25, No. 6, 2019, pp. 835–855.

[②] Seifert B., Morris S. A., Bartkus B. R., "Having, Giving, and Getting: Slack Resources, Corporate Philanthropy, and Firm Financial Performance", *Business & Society*, Vol. 43, No. 2, 2004, pp. 135–161.

[③] Shapira R., "Corporate Philanthropy as Signaling Co-optation", *Fordham Law Review*, Vol. 80, No. 5, 2012, pp. 1889–1939.

的品质。

再次，本书发现文化类上市企业慈善捐赠对财务绩效也不会产生明显的负向影响，这在一定程度上说明以西方的代理成本理论来理解中国企业的慈善捐赠行为有一定的局限性，这与古志辉[①]的研究结论一致。慈善捐赠之所以被视为一种代理成本，是因为以"委托代理"理论为基础认为管理者会为了提升个人声誉、社会地位或其他利益而开展慈善捐赠活动，这样的"慈善捐赠"行为会对企业发展造成负面影响，并且会侵害股东利益。但是 Shapira[②] 指出即使企业管理者为了提升个人声誉或社会地位而开展慈善捐赠，慈善捐赠也不会损害企业利益，因为社会各界对企业开展的慈善捐赠活动的评价一般都是积极的，同时他指出管理者要提升个人声誉或是获得精英支持可以通过个人捐款的方式而不是通过企业捐款的方式。本书结论认为将企业慈善捐赠视为代理成本是值得商榷的。

最后，本书发现企业规模是影响慈善捐赠与企业绩效关系的重要因素，也就是说企业规模越大，企业慈善捐赠对企业财务绩效的帮助越大，这说明大企业开展慈善捐赠可以更好地促进企业绩效提升。其原因可能在于：其一，大企业的管理者在管理水平上相较于小企业更高，更善于在慈善捐赠层面做出合理决策；其二，大企业本身具有较高的可视度，进而大企业的捐赠行为更容易引起公众的关注，而公众也认为大企业应该承担更多的社会责任，大企业积极开展慈善捐赠可以释放企业财务状况良好、是"可靠的企业"的信号，更容易获得利益相关者的青睐。

---

① 古志辉：《公司治理与公司捐赠：来自中国上市公司的经验研究》，《管理评论》2015 年第 9 期。

② Shapira R., "Corporate Philanthropy as Signaling Co-optation", *Fordham Law Review*, Vol. 80, No. 5, 2012, pp. 1889–1939.

第四章

文化类上市企业慈善捐赠同群效应驱动机制研究

文化产业上市企业的慈善捐赠行为并没有产生多数研究所提出的"战略性慈善"的作用,也就是文化类上市企业不能通过慈善捐赠来提升企业的财务绩效(规模大的企业例外)、劳动生产率或获得政府补贴;同时,"代理成本"理论在解释文化产业上市企业慈善捐赠层面也存在局限性。本章将基于制度理论的视角探讨驱动文化产业上市企业开展慈善捐赠的因素及其作用机制,即企业慈善捐赠的同群效应。

第一节 理论分析与研究假设

一 半强制同构驱动文化类上市企业慈善捐赠同群效应

制度理论认为:基于社会影响力或社会压力所形成的社会一致性对企业行为的影响,这种影响将会影响企业的可持续异质性竞争力。这与资源基础理论(Resource-based theory)在对企业可持续异质性竞争力进行衡量的过程中,忽视了企业所处的制度环境会从根本上忽视资源选择决策所嵌入的社会情境。[1] 基于制度理论的视角,企业持久的异质性竞争

---

[1] Oliver C., "Strategic Responses to Institutional Processes", *The Academy of Management Review*, Vol. 16, No. 1, 1991, pp. 145–179. Oliver C., "Sustainable Competitive Advantage: Combining Institutional and Resource-Based Views", *Strategic Management Journal*, Vol. 18, No. 9, 1997, pp. 697–713. Baum J. A. C., Oliver C., "Institutional Linkages and Organizational Mortality", *Administrative Science Quarterly*, Vol. 36, No. 2, 1991, pp. 187–218.

优势并不仅仅来自企业的资源优势,更主要的是源于其在经营过程中对正式制度和非正式制度的遵循,因为资源优势本身就内嵌于由正式制度和非正式制度构成的制度环境中。因此,制度理论认为应该基于制度的视角对企业可持续异质性竞争力进行分析。

东西方文化对企业慈善捐赠的认知、界定和理解存在巨大差异。① 基于西方"经济人"视角,认为企业应该通过理性选择实现效用最大化目标,也就是企业"利润最大化"的经营目标,企业慈善捐赠活动在西方曾一度被界定为不合法的,包括企业慈善捐赠在内的其他不以"利润最大化"为目标的企业社会责任活动都是对股东利益的背离,直到企业慈善捐赠能带来税额降低,② 可以通过广告效应提升企业形象与企业声誉,企业慈善捐赠在西方的合法性、合理性地位才得以被接受。后期的研究指出企业慈善捐赠可以为企业带来竞争优势以及"关系资本"可以帮助企业应对竞争,2007 年 Marquis 等③学者提出慈善捐赠是制度压力通过社区传导到企业,使企业放弃眼前"利益最大化"的目标而采取有利于社会或是帮助解决社区问题的行为,从而揭开了基于制度理论对企业亲社会行为的研究。

我国对企业慈善捐赠的研究以西方的研究为基础,④ 也从战略价值的角度解析了慈善捐赠对提升企业绩效的积极作用,与西方研究不同的是,我国对慈善捐赠的研究并没有关于企业"应不应该"开展慈善捐赠的辨析,而是直接探索企业开展慈善捐赠是如何助益企业发展的,这和中国与西方不同的制度密切相关,不同于西方基于"经济人"的最优化决策文化环境,以"儒""道""释"文化为内核的中国文化更多

---

① [美] 约翰·R. 塞尔:《社会实在的建构》,李步楼译,上海人民出版社 1995 年版。
② Levy F. K., Shatto G. M., "The Evaluation of Corporate Contributions", *Public Choice*, Vol. 33, No. 1, 1978, pp. 19 – 28.
③ Marquis C., Glynn M. A., Davis G. F., et al., "Community Isomorphism and Corporate Social Action", *Academy of Management Review*, Vol. 32, No. 3, 2007, pp. 925 – 945.
④ 刘军伟、郑小明:《我国企业慈善捐赠的理论渊源与现状研究》,《企业经济》2009 年第 7 期。陈支武:《企业慈善捐赠的理论分析与策略探讨》,《当代财经》2008 年第 4 期。田雪莹、叶明海:《企业慈善捐赠行为的研究综述:现实发展和理论演进》,《科技与经济》2009 年第 1 期。

强调的是"仁""慈"以及"慈悲为怀",注重"为大家舍小家"。在文化的影响下,我国政府从2003年开始号召企业应积极承担社会责任,并且把企业承担社会责任纳入《企业法》中,因此可以看到无论是非正式制度的文化层面,还是正式制度的法律、法规层面都号召企业应该承担企业社会责任,这与美国1954年之前,法律只认可对股东有利的赞助的合法地位有天壤之别。因此,研究中国企业行为需要立足于中国的制度环境。

中华人民共和国成立后,通过生产资料私有制的改造,建立了社会主义集体经济和全民所有制经济,不同于资本主义语境下的企业,中国国有企业伴随着私有制改造的完成,成为了我国的主要生产经营主体,同时国有企业承担着众多社会职能,如职工的生、老、病、死甚至连职工子女的教育都由国有企业承担,由此可见,中华人民共和国成立后,社会责任是国有企业必须承担的责任是一种共同认知。伴随着改革开放政策,为了激活国有企业的竞争活力,降低国有企业的经营负担,政府逐渐将国有企业承担的广泛社会职能从企业经营中剥离出来,值得注意的是,国有企业仍然肩负着稳定社会的非经济责任。[1] 比如,2015年,中国政府发布《中共中央 国务院关于打赢脱贫攻坚战的决定》后,沪深A股上市企业中有超过20%的企业积极捐赠以支持减贫,其中国有企业相较于非国有企业表现更积极。[2]

私营企业作为国有企业的重要补充,在1978年改革开放后获得快速发展机会,但是相较于国有企业,私营企业和私营企业主的合法性地位在很长一段时间内并没有得到充分认可,私营企业主为了获得合法的政治身份,争取资源参与竞争,常常将慈善捐赠作为一种策略来建立并维护跟政府间的良好关系。[3] 私营企业之所以能通过慈善捐赠建立与政府之

---

[1] 高尚全:《新时期的国有经济调整和国有企业改革》,《中国工业经济》1999年第10期。刘传谌、刘凌波:《我国国有企业特殊社会责任研究》,《经济管理》2010年第10期。

[2] Chang Y., He W., Wang J., "Government Initiated Corporate Social Responsibility Activities: Evidence from a Poverty Alleviation Campaign in China", *Journal of Business Ethics*, Vol. 173, 2021, pp. 661–685.

[3] Ma D., Parish W. L., "Tocquevillian Moments: Charitable Contributions by Chinese Private Entrepreneurs", *Social Forces*, Vol. 85, No. 2, 2006, pp. 943–964.

间的良好关系，主要原因在于政府缺乏支持社会福利发展的充分资源，而国有企业已经承担了很多维持社会稳定的非经济责任，因此，政府期望非国有企业可以积极表现以分担政府在提升社会福利层面的压力，企业的慈善捐赠因而被视为一种"政治献金"，私营企业也因为慈善捐赠获得了合法性身份，私营企业主也可以通过慈善捐赠获取获得政治通道的机会。[1]

正式制度和非正式制度是影响企业行为趋同的重要驱动因素（见图4-1），而影响企业采取同样行为的制度情境主要来自公众（期望）和政府（规制）的压力，[2] 这也被界定为制度压力，制度压力是企业同群行为的一大动因。[3] 政府规制和公众期望均会影响企业的合法性地位，无视政府规制的企业会受到行政处罚或法律制裁，并最终影响企业的声誉以及市场价值；而不满足公众期望的企业将会引起公众的负面情绪，并导致消费者、投资者等利益相关者的负面评价，最终导致企业财务绩效下滑。因此，资源基础理论和制度理论均认为企业在经营过程中需要获得并维持"合法性"[4]，这种合法性地位来源于对正式和非正式制度的遵

---

[1] 贾明、向翼、张喆：《政商管理的重构：商业腐败还是慈善献金》，《南开管理评论》2015年第5期。Jeong Y-C, Kim T-Y., "Between Legitimacy and Efficiency: An Institutional Theory of Corporate Giving", *Academy of Management Journal*, Vol. 62, No. 5, 2019, pp. 1583-1608.

[2] Oliver C., "Sustainable Competitive Advantage: Combining Institutional and Resource-Based Views", *Strategic Management Journal*, Vol. 18, No. 9, 1997, pp. 697-713. Powell W. W., "The Institutionalization of Rational Organization", *Contemporary Sociology*, Vol. 14, No. 5, 1985, pp. 564-566.

[3] Gao Y., Hafsi T., "Government Intervention, Peers' Giving and Corporate Philanthropy: Evidence from Chinese Private SMEs", *Journal of Business Ethics*, Vol. 132, No. 2, 2015, pp. 433-447.

[4] Suchman基于"战略流派"和"制度流派"对合法性的分析，将合法性界定为"合法性是公众（或特定的一组观察者）基于社会建构的价值、规范、信念和定义系统，对主体行为是'被期望的'（Desirable）、'合理的'（Proper）或'合适的'（Appropriate）的大概感知（Perception）或设想（Assumption）"。引自Suchman M. C., "Managing Legitimacy: Strategic and Institutional Approaches", *The Academy of Management Review*, Vol. 20, No. 3, 1995, pp. 571-610。Oliver C., "Strategic Responses to Institutional Processes", *The Academy of Management Review*, Vol. 16, No. 1, 1991, pp. 145-179. Oliver C., "Sustainable Competitive Advantage: Combining Institutional and Resource-Based Views", *Strategic Management Journal*, Vol. 18, No. 9, 1997, pp. 697-713.

循，也就是强制同构，考虑到企业不会因为不捐赠而面临法律制裁，因此企业慈善捐赠面临的是非正式制度压力，其同群行为的驱动机制则是半强制同构机制。以此为基础，本书提出以下假设：

H1a：制度压力是驱动文化类上市企业开展慈善捐赠的重要因素。

H1b：同行业企业慈善捐赠的平均水平上升形成的制度压力将会显著正向影响行业内企业的捐赠水平。

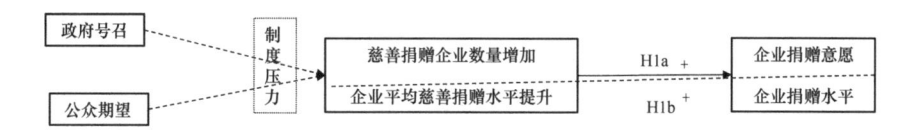

图 4-1　半强制同构驱动慈善捐赠同群效应

资料来源：笔者根据理论绘制。

二　经济政策不确定性、企业可视度、管理者能力与企业慈善捐赠同群效应

环境不确定性是影响企业经营、结构以及绩效与企业生存、发展环境的重要因素，[1] 在宏微观经济运行中，经济政策不确定性是不可忽视的环境不确定性。Baker 等[2]将经济政策不确定性界定为微观经济主体不能明确预测政策制定者将在何时、如何改变现行政策，以及由政策改变导致的不确定性引发的经济不确定性。现有研究多沿用这一概念界定以及 Baker 等学者研究形成的经济政策不确定性指数（EPU）。现有研究指出经济政策不确定性会影响政府支出、税收、货币政策等，进而影响国家的宏观经济形势，[3] 一个国家的经济政策不确定性还会影响其他国家的经

---

[1] Kim C-S, Mauer D. C., Sherman A. E. "The Determinants of Corporate Liquidity: Theory and Evidence", *The Journal of Financial and Quantitative Analysis*, Vol. 33, No. 3, 1998, p. 335.

[2] Baker S. R., Bloom N., Davis S. J., "Measuring Economic Policy Uncertainty", *Quarterly Journal of Economics*, Vol. 131, No. 4, 2016, pp. 1593–1636.

[3] Baker S. R., Bloom N., Davis S. J., "Measuring Economic Policy Uncertainty", *Quarterly Journal of Economics*, Vol. 131, No. 4, 2016, pp. 1593–1636. Huang Y., Luk P., "Measuring Economic Policy Uncertainty in China", *China Economic Review*, Vol. 59, 2020.

济活动。[1] 经济政策不确定性对宏观经济形势的影响将会传导到企业经营决策层面，在经济政策不确定性高的环境中，企业将会降低投资水平、[2] 提高现金持有水平、[3] 促使企业提高 R&D 投入、[4] 影响企业资本结构调整[5]等。综合以上研究，可以看到经济政策不确定性不仅会影响宏观经济形势，也会对企业各类经营决策产生影响，企业慈善捐赠也会受到经济政策不确定性的影响（见图 4-2）。

阳镇等[6]的研究提到企业承担社会责任的行为可以向公众释放积极信号，赢取利益相关者对企业的支持。慈善捐赠作为企业社会责任的特殊组成部分，也是企业向外界释放的积极信号，帮助企业获取竞争优势。在经济政策不确定性相对较低的环境中，稳定的经济政策环境可以降低企业在决策过程中的不确定性。但是，在经济政策不确定性较高的环境

---

[1] Fontaine I., Didier L., Razafindravaosolonirina J., "Foreign Policy Uncertainty Shocks and US Macroeconomic Activity: Evidence from China", *Economics Letters*, Vol. 155, 2017, pp. 121-125. Colombo V., "Economic Policy Uncertainty in the US: Does It Matter for the Euro Area?", *Economics Letters*, Vol. 121, No. 1 2013, pp. 39-42.

[2] Wang Y., Chen C. R., Huang Y. S., "Economic Policy Uncertainty and Corporate Investment: Evidence from China", *Pacific Basin Finance Journal*, Vol. 26, 2014, pp. 227-243. 王染、余博、刘喜梅等：《经济政策不确定性与企业投资行为关系研究》，《会计之友》2020 年第 12 期。李凤羽、杨墨竹：《经济政策不确定性会抑制企业投资吗？——基于中国经济政策不确定指数的实证研究》，《金融研究》2015 年第 4 期。邵林、韩传兵、陈富永：《基于董事网络的经济政策不确定性对企业投资影响研究》，《中国软科学》2020 年第 5 期。

[3] Phan H. V., Nguyen N. H., Nguyen H. T., et al., "Policy Uncertainty and Firm Cash Holdings", *Journal of Business Research*, Vol. 95, 2018, pp. 71-82. Demir E., Ersan O., "Economic Policy Uncertainty and Cash Holdings: Evidence from BRIC Countries", *Emerging Markets Review*, Vol. 33, 2017, pp. 189-200. 王红建、李青原、邢斐：《经济政策不确定性、现金持有水平及其市场价值》，《金融研究》2014 年第 9 期。李凤羽、史永东：《经济政策不确定性与企业现金持有策略——基于中国经济政策不确定指数的实证研究》，《管理科学学报》2016 年第 6 期。

[4] Wang Y., Wei Y., Song F. M., "Uncertainty and Corporate R&D Investment: Evidence from Chinese Listed Firms", *International Review of Economics and Finance*, Vol. 47, 2017, pp. 176-200. 孟庆斌、师倩：《宏观经济政策不确定性对企业研发的影响：理论与经验研究》，《世界经济》2017 年第 9 期。

[5] 王朝阳、张雪兰、包慧娜：《经济政策不确定性与企业资本结构动态调整及稳杠杆》，《中国工业经济》2018 年第 12 期。

[6] 阳镇、凌鸿程、陈劲：《经济政策不确定性、企业社会责任与企业技术创新》，《科学学研究》2021 年第 3 期。

中,企业管理者无法预判政府政策以及经济形势的变化,也无法准确分析政策变化将会对企业的经营管理带来怎样的影响,所以企业在决策层面将会更注重培育长期的竞争力,比如企业将会在增加研发层面投入的同时降低在其他短期投资层面的支出,慈善捐赠被认为是企业与政府建立并强化正向关联的重要渠道,同时经济政策不确定性会促使企业提升捐赠水平,而这将影响企业感受到的制度压力进而促使企业提升捐赠水平,因此,本书提出以下假设:

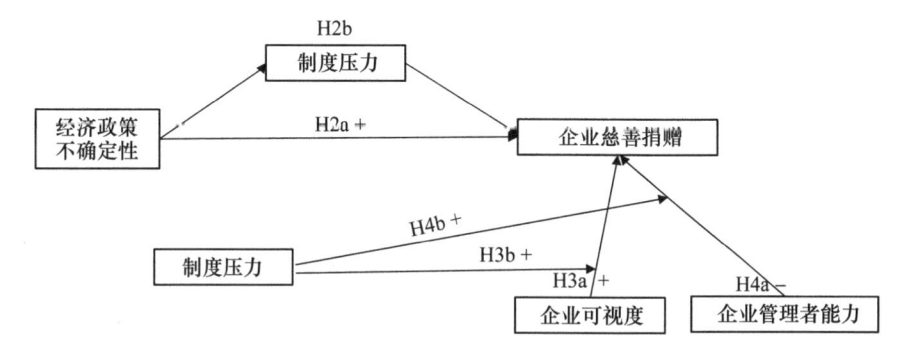

图 4-2 经济不确定性、企业可视度、管理者能力与企业慈善捐赠同群效应

资料来源:笔者根据理论绘制。

H2a:在经济政策不确定性高的环境中,企业倾向于提高捐赠水平。

H2b:制度压力在经济政策不确定与企业捐赠水平之间存在中介机制。

企业的可视度有两层含义:一是企业行为的可观测性;二是指企业获取内外部利益相关者认可的能力。[1] 企业可视度的积极价值在于可以为

---

[1] Burke L., Logsdon J. M., "How Corporate Social Responsibility Pays Off", *Long Range Planning*, Vol. 29, No. 4, 1996, pp. 495-502. Chiu S. C., Sharfman M., "Legitimacy, Visibility, and the Antecedents of Corporate Social Performance: An Investigation of the Instrumental Perspective", *Journal of Management*, Vol. 37. No. 6, 2011, pp. 1558-1585. Wu W., Liang Z., Zhang Q., "Effects of Corporate Environmental Responsibility Strength and Concern on Innovation Performance: The Moderating Role of Firm Visibility", *Corporate Social Responsibility and Environmental Management*, Vol. 27, No. 3, 2020, pp. 1487-1497.

企业赢得媒体关注以及正面报道，吸引投资者的关注，提升企业的公众认可度和盈利能力，企业的可视度还可以降低管理者和利益相关者之间的信息不对称程度。[1] 同时，企业可视度也对企业形成一些约束：可视度越高的企业也会面临来自政府更严格的监管和审查，被公众寄予更高的期望。[2] Useem[3]的研究显示当企业隶属于诸如零售、保险以及银行等可视度高的行业时，企业的捐赠水平显著高于隶属于类似采矿业、金属冶炼等可视度低的行业里的企业捐赠水平。Wang和Qian[4]的研究显示，利益相关者对可视度高的企业开展慈善捐赠有积极的回应，而可视度低的企业并不能获得利益相关者的关注。

基于制度理论，Jeong和Kim[5]以韩国企业为样本的研究指出企业将慈善捐赠作为一种"合法性—管理成本"（Legitimacy-management cost），[6] 企业通过慈善捐赠寻求外部合法性和公众的支持。公众对可视度高的企业在社会责任层面会有更高的期待，也就意味着可视度高的企业会面临更高的制度压力，现有研究显示制度压力会影响企业慈善捐赠水平，企业可视度也会影响企业慈善捐赠水平，[7] 但是对于企业可视度对制度压力与企业慈善捐赠水平的探讨还不充分，考虑到现有研究提出可视度高的企

---

[1] Campbell J. L., "Institutional Analysis and the Paradox of Corporate Social Responsibility", *American Behavioral Scientist*, Vol. 49. No. 7, 2006, pp. 925 – 938.

[2] Bowen F. E., "Does Size Matter? Organizational Slack and Visibility as Alternative Explanations for Environmental Responsiveness", *Business & Society*, Vol. 41, No. 1, 2002, pp. 118 – 124. Udayasankar K., "Corporate Social Responsibility and Firm Size", *Journal of Business Ethics*, Vol. 83, No. 2, 2008, pp. 167 – 175.

[3] Useem M., "Market and Institutional Factors in Corporate Contributions", *California Management Review*, 1988, Winter, pp. 77 – 88.

[4] Wang H., Qian C., "Corporate Philanthropy and Corporate Financial Performance: The Roles of Stakeholder Response and Political Access", *Academy of Management*, Vol. 54, No. 6, 2011, pp. 1159 – 1181.

[5] Jeong Y-C, Kim T-Y., "Between Legitimacy and Efficiency: An Institutional Theory of Corporate Giving", *Academy of Management Journal*, Vol. 62, No. 5, 2019, pp. 1583 – 1608.

[6] 文中的"合法性—管理成本"定义为企业为获得合法性遵从制度、规范以及文化所产生的成本，即企业遵从制度、规范以及文化都要运用企业资源或改变企业结构及惯例。

[7] Jia M., Zhang Z., "News Visibility and Corporate Philanthropic Response: Evidence from Privately Owned Chinese Firms Following the Wenchuan Earthquake", *Journal of Business Ethics*, Vol. 129, No. 1, 2015, pp. 93 – 114.

业被要求在承担社会责任层面应该表现更好,这意味着企业可视度将会强化制度压力对企业慈善捐赠水平的影响(见图4-3),基于此,本书提出以下假设:

H3a:企业可视度显著正向影响企业慈善捐赠水平。

H3b:制度压力会强化可视度高的企业的慈善捐赠水平。

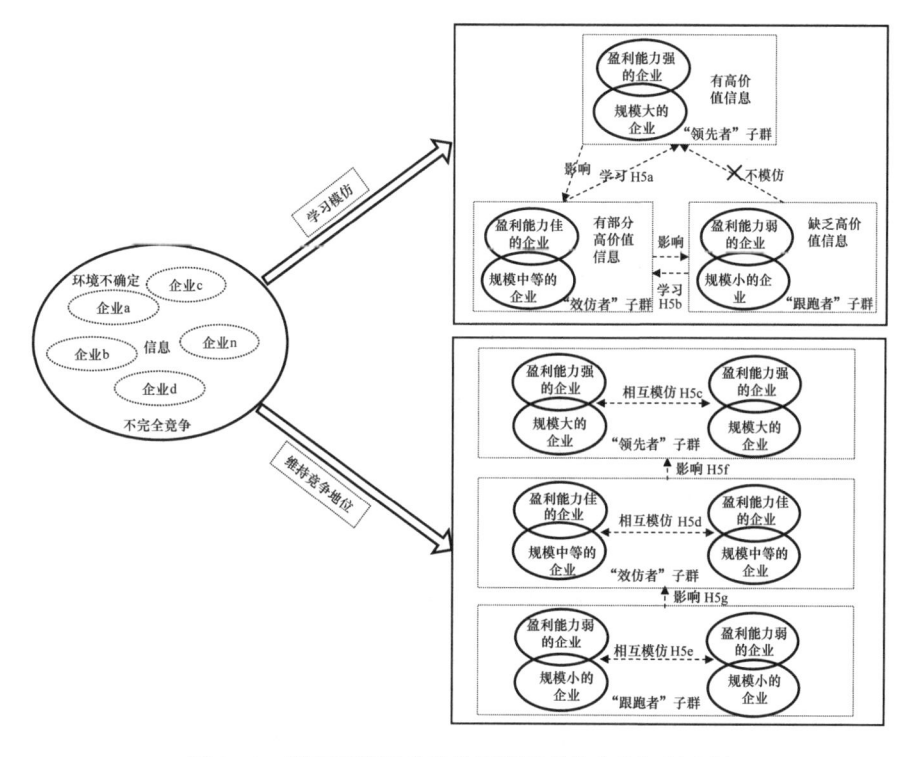

图4-3 模仿同构驱动慈善捐赠同群效应的机制分析

资料来源:笔者根据理论绘制。

管理者能力是影响企业创造价值的重要因素。管理者能力源于管理者的经验,是一种难以模仿的隐性特质,管理者能力本身对于企业来说是一种重要资源,[①] 它会影响企业盈余质量、投资决策、研发投入以及企

---

① Holcomb T. R., Holmes R. M., Connelly B. L., "Making the Most of What You Have: Managerial Ability as A Source of Resource Value Creation", *Strategic Management Journal*, Vol. 30, No. 5, 2009, pp. 457-485.

业信用评级和股价崩盘。具体而言,管理者能力越强的企业盈余质量越好,[1] 非理性投资水平越低,[2] 研发投入越高,[3] 企业的信用评级越高,[4] 企业股价崩盘的风险越低。[5] 由此可见,管理者能力对企业的生存发展有举足轻重的作用,管理者能力越高,意味着管理者对所经营的企业及企业所处的环境有较充分的了解,这让他们具备做出更合理的评估和决策的能力。[6]

现有研究显示,慈善捐赠常常被视为一种赢得政府支持、投资者青睐、消费者偏爱的策略,但是现有研究结论对慈善捐赠是否能达成以上目的并未形成一致性结论。在了解市场环境下,企业的理性投资以及研发投入可以提升企业价值,现有研究也显示能力强的管理者更善于在以上领域做出合理决策。在我国,慈善捐赠被验证了是建立并维持政治联结的有效策略,[7] 但是慈善捐赠并不是建立和维持政治联结、获取政府支持的唯一途径,企业还可以通过较好的盈利水平缴纳高额税收来赢得政府支持,在这种情境下,管理者能力越强,企业盈利能力越强,对通过慈善捐赠建立政治联结的依赖性越低。所以,管理者能力高的企业并不一定会在慈善捐赠上投入很多企业资源。

企业通过慈善捐赠可以建立与政府间的正向关联并获得政府支持,这将会引起同行业其他企业的模仿,而如果一个行业内的企业普遍开展慈善捐赠,则会形成制度压力促使行业内没有捐赠的企业开展慈善捐赠

---

[1] Demerjian P. R., Lev B., Lewis M. F., et al., "Managerial Ability and Earnings Quality", *Accounting Review*, Vol. 88, No. 2, 2013, pp. 463–498.

[2] 张墩力、江新峰:《管理者能力与企业投资羊群行为:基于薪酬公平的调节作用》,《会计研究》2015 年第 2 期。

[3] 梁安琪、武晓芬:《管理者能力与企业创新:基于上市公司的实证》,《统计与决策》2020 年第 9 期。

[4] Bonsall S. B., Holzman E. R., Miller B. P., "Managerial Ability and Credit Risk Assessment", *Management Science*, Vol. 63, No. 5, 2017, pp. 1425–1449.

[5] 周兰、张玥:《管理者能力与股价崩盘风险》,《系统工程》2019 年第 4 期。

[6] Demerjian P. R., Lev B., Lewis M. F., et al., "Managerial Ability and Earnings Quality", *Accounting Review*, Vol. 88, No. 2, 2013, pp. 463–498.

[7] Zhang R., Rezaee Z., Zhu J., "Corporate Philanthropic Disaster Response and Ownership Type: Evidence from Chinese Firms' Response to the Sichuan Earthquake", *Journal of Business Ethics*, Vol. 91, No. 1, 2009, pp. 51–63.

活动。衡量管理者能力强弱的一个重要标准是管理者对所经营的企业以及企业所处环境的了解程度，以及对信息的敏锐洞察力。可以预见，在没有形成制度压力的情况下，管理者能力越高的企业慈善捐赠水平可能越低，但是在慈善捐赠形成制度压力后，伴随着管理者对企业竞争地位的判断和对同行业其他企业的准确评估，管理者能力强的将会参照同行业其他企业的慈善捐赠决策。在此情境下，管理者能力越强，对制度压力越敏锐，就更可能参照同行业企业的捐赠投入（见图4-3）。基于以上分析，本书提出以下假设：

H4a：管理者能力越强的企业，企业慈善捐赠水平越低。

H4b：制度压力会削弱企业管理者能力对慈善捐赠水平的负向影响。

三 模仿同构驱动文化类上市企业慈善捐赠同群效应

除了制度压力外，企业间的模仿也会诱发同群效应。不同于古典经济学所主张的完美竞争市场，现实社会中的企业是在充满不确定性因素的环境中进行经营活动，而管理者并不掌握完全信息，管理者面临的挑战就是如何在不确定性环境中评估各种决策可能产生的后果，在这种情境下企业决策时会参照或模仿其他企业的决策，也就是模仿性同构。①

Hannan 和 Freeman② 提出同构之所以出现一方面是因为非最优模式是从组织中被选择出来的；另一方面则是组织决策者会根据环境变化而学习恰当的反应并调整组织行为，Hannan 和 Freeman 关注的重点是选择（Selection）。而 DiMaggio 和 Powell③ 关注的重点是适应（Adaptation）。选择是选择同群体的最优模式进行模仿，而适应则是对外部制度要求和环境的适应。制度性同构关注的是企业面对制度压力时的行为趋同，而选

---

① DiMaggio P. J., Powell W. W. "The Iron Cage Revisited: Institutional Isomorphism and Collective Rationality in Organizational Fields", *American Sociological Review*, Vol. 48, No. 21, 1983, pp. 147–160.

② 张敦力、江新峰：《管理者能力与企业投资羊群行为：基于薪酬公平的调节作用》，《会计研究》2015年第2期。

③ DiMaggio P. J., Powell W. W. "The Iron Cage Revisited: Institutional Isomorphism and Collective Rationality in Organizational Fields", *American Sociological Review*, Vol. 48, No. 21, 1983, pp. 147–160.

择则是掌握有限信息的企业在充满不确定性因素的环境中，基于本企业的资源现状和掌握的信息，有选择性地模仿其他企业的决策和行为。企业的这种模仿行为在一定程度上可以降低竞争压力。[1] 虽然有学者认为模仿既可能加剧竞争也可能降低竞争，但是对于企业间普遍存在模仿行为是没有争议的。[2]

选择性模仿同行业的其他企业是企业应对不确定性，降低决策复杂性的一种策略。企业需要分析选择什么样的对象进行模仿（见图4-3之学习模仿）。Lieberman 和 Asaba[3] 将企业对同群企业决策和行为的模仿动机分为：学习型模仿和维持竞争地位型模仿。[4] 基于信息不对称理论，在不完全竞争环境中，企业掌握的信息是不完全、不对称的，一些企业掌握较优质的信息，一些企业掌握价值相对一般的信息，还有一些企业掌握的信息价值极为有限，企业的管理者在决策时常常面临着严峻的不确定性环境：一些管理者可能缺乏评价概率的能力，可能缺乏分析事件因果关系（Cause-effect relation）的信息，并且他们不可能评估企业决策、行为的所有可能结果和状态，[5] 所以企业的管理者倾向于模仿和学习那些被视为拥有优质信息的企业，这是一种企业的学习行为。[6]

基于资源基础理论，企业为了维持现有竞争地位，会选择模仿实力相当的竞争对手，以维持自己的竞争地位，这是一种企业的战略性反应。[7] 当企业处于激烈的竞争环境中时，企业会选择模仿资源水平相当、

---

[1] Hannan M. T., Freeman J., "The Population Ecology of Organizations", *American Journal of Sociology*, Vol. 82, No. 5, 1977, pp. 929 – 964.

[2] Lieberman M. B., Asaba S., "Why Do Firms Imitate Each Other?", *Academy of Management Review*, Vol. 31, No. 2, 2006, pp. 366 – 385.

[3] Lieberman M. B., Asaba S., "Why Do Firms Imitate Each Other?", *Academy of Management Review*, Vol. 31, No. 2, 2006, pp. 366 – 385.

[4] Lieberman M. B., Asaba S., "Why Do Firms Imitate Each Other?", *Academy of Management Review*, Vol. 31, No. 2, 2006, pp. 366 – 385.

[5] Milliken F. J., "Three Types of Perceived Uncertainty About the Environment: State, Effect, and Response Uncertainty", *Academy of Management Review*, Vol. 12, No. 1, 1987, pp. 133 – 143.

[6] Lieberman M. B., Asaba S., "Why Do Firms Imitate Each Other?", *Academy of Management Review*, Vol. 31, No. 2, 2006, pp. 366 – 385.

[7] Klemperer P., "Equilibrium Product Lines: Competing Head-to-Head May Be Less Competitive", *The American Economic Review*, Vol. 82, No. 4, 1992, pp. 740 – 755.

规模相似企业的决策和行为来维持自身的竞争地位,在这种模式中,企业并不是根据企业掌握信息所存在的价值差异来选择模仿对象,而是根据企业自身条件选择模仿对象,在这种情境中,企业模仿并不是为了获得更优决策,而是为了避免在竞争中处于不利地位(见图 4-3 之维持竞争地位)。

在财务决策层面(例如资本结构、投融资、高管薪酬等),企业趋向于通过学习来模仿那些业绩好的、信息渠道多的企业,[1] 因为财务绩效表现好的、信息渠道多的企业被视为掌握有更多优质的信息,可以做出更优决策,[2] 那些被模仿的企业被界定为"领先者",而那些模仿的企业被界定为"效仿者"。[3] 不同于以营利为目的资本结构、投融资、高管薪酬决策,利益相关者期望企业通过投融资决策、高管薪酬调整决策等提升企业业绩,企业慈善捐赠决策的驱动因素更加复杂,[4] 利益相关者对企业开展慈善捐赠的态度也存在差异,消费者不一定对开展慈善捐赠的企业有更积极的评价,股东和投资者对慈善捐赠的态度并非总是积极的,[5] 相对而言,政府和社区对企业开展慈善捐赠的态度是积极的。因此,企业慈善捐赠决策有可能是学习同行业的"领先者",也可能是模仿势均力敌的"竞争者"。

以此为基础,本书将文化产业六个行业上市企业分为三类子群体:

---

[1] Leary M. T., Roberts M. R., "Do Peer Firms Affect Corporate Financial Policy?", *Journal of Finance*, Vol. 69, No. 1, 2014, pp. 139-178. Foucault T., Fresard L., "Learning from Peers' Stock Prices and Corporate Investment", *Journal of Financial Economics*, Vol. 111, No. 3, 2014, pp. 554-577.

[2] Lieber E. M. J. J., Skimmyhorn W., "Peer Effects in Financial Decision-making", *Journal of Public Economics*, 2018, 163: 37-59.

[3] Lieberman M. B., Asaba S., "Why Do Firms Imitate Each Other?", *Academy of Management Review*, Vol. 31, No. 2, 2006, pp. 366-385.

[4] Brammer S., Millington A., "Profit Maximisation Vs. Agency: An Analysis of Charitable Giving by UK Firms", *Cambridge Journal of Economics*, Vol. 29, No. 4, 2005, pp. 517-534.

[5] Kolk A., Dolen W. Van, Ma L., "Consumer Perceptions of CSR: (How) Is China Different?", *International Marketing Review*, Vol. 32, No. 5, 2015, pp. 492-517. 邓新明、龙贤义、刘禹等:《善行必定有善报吗?——消费者抵制企业社会责任行为的内在机理研究》,《南开管理评论》2017 年第 6 期。Jia M., Zhang Z., "Donating Money to Get Money: The Role of Corporate Philanthropy in Stakeholder Reactions to IPOs", *Journal of Management Studies*, Vol. 51, No. 7, 2014, pp. 1118-1152.

规模大或财务绩效优的"领先者"子群体；① 规模中等或财务绩效佳的"效仿者"子群体以及规模相对较小或财务绩效表现相对较弱的"跟跑者"子群体。基于学习型模仿，"效仿者"子群体会学习"领先者"子群体的慈善捐赠行为，而"跟跑者"由于实力悬殊，选择不学习"领先者"；而基于维持竞争地位的模仿，"领先者"子群体会模仿同属于"领先者"子群体的企业群体；而"效仿者"也会模仿同属于"效仿者"子群体的企业；"跟跑者"则模仿同属于"跟跑者"子群体的企业。基于此，本书提出以下假设：

H5a：基于学习机制，"效仿者"企业会模仿"领先者"企业的慈善捐赠投入；

H5b：基于学习机制，"跟跑者"企业会模仿"效仿者"企业的慈善捐赠投入；

H5c：为维持竞争地位，"领先者"企业之间会相互模仿彼此的慈善捐赠投入；

H5d：为维持竞争地位，"效仿者"企业之间会相互模仿彼此的慈善捐赠投入；

H5e：为维持竞争地位，"跟跑者"企业之间会相互模仿彼此的慈善捐赠投入；

H5f：为维持竞争地位，"领先者"企业慈善捐赠投入水平会被"效仿者"企业慈善捐赠水平倒逼提升；

H5g：为维持竞争地位，"效仿者"企业慈善捐赠投入会被"跟跑者"企业慈善捐赠水平倒逼提升。

第二节 研究设计

一 样本选择与数据来源

本书选取 2003—2020 年文娱用品制造业、印刷复制业、互联网服务

---

① 本书曾以企业规模、总资产收益率、净资产收益率以及代表企业价值的托宾 Q 做主成分分析，但是 KMO 检验值为 0.50，并不适合做主成分分析，所以本书分别以企业规模和总资产收益率为指标对企业进行分组。

业、新闻和出版业以及文化艺术业六个行业的162家文化类上市企业为研究样本，之所以以2003年为起点是因为企业捐赠的数据从2003年才可以获取，而2020年是目前可获得的最新年度数据。上市企业慈善捐赠金额数据来源于国泰安数据库以及上市企业年报，企业的财务数据来自国泰安数据库。制度压力、模仿同构变量的数据采用各行业企业捐赠数据进行计算。

在企业样本筛选层面，本书做了以下处理：第一，由于被"ST"特别处理的企业财务异常，可能影响分析结果，所以本书剔除了被"ST"特别处理的企业；第二，删除所有在样本期间主营业务不是文化及相关产业的企业以保证样本企业主营业务以经营文化产品、服务为主；第三，删除财务报表里的捐赠项目涉及赞助的企业以保证样本企业捐赠的公益性；第四，本书对照上市企业财务报表剔除了当期公布的捐赠额与下一期公布的上期捐赠额不一致的企业；第五，为了避免极端值的影响，本书对所有连续数值型变量在上下1%的水平进行缩尾处理。

二 模型与变量

本书采用面板Tobit模型和两阶段系统动态面板（System GMM）模型检验文化类上市企业慈善捐赠的同群效应。面板Logit模型用于分析企业对于"是否开展慈善捐赠"的决策是否存在同群效应 [模型4-（1）]，用以验证H1a，在企业捐赠决策（CGD）层面，企业存在"是"或"否"二值选择，即：

$$CGD_{it} = \begin{cases} 1 & 若\ CGD_{it}^* > 0 \\ 0 & 若\ CGD_{it}^* \leq 0 \end{cases}$$

给定 j 行业第 $t-1$ 年开展慈善捐赠上市企业的百分比（即制度压力变量）$RCGD_{j,t-1}$，β，u_i，则：

$$\begin{aligned} P(CGD_{i,t} = 1 \mid RCGD_{i,t-1}, \beta, u_i) &= P(CGD_{i,t}^* > 0 \mid RCGD_{i,t-1}, \beta, u_i) \\ &= P(CGD_{i,t}^* + u_i + \varepsilon_{i,t} > 0 \mid RCGD_{i,t-1}, \beta, u_i) \\ &= P(\varepsilon_{i,t} > -u_i - CGD_{i,t}^*\beta \mid RCGD_{i,t-1}, \beta, u_i) \\ &= P(\varepsilon_{i,t} > u_i + CGD_{i,t}^*\beta \mid RCGD_{i,t-1}, \beta, u_i) \\ &= F(u_i + CGD_{it}^*\beta) \end{aligned}$$

$F(\cdot)$ 为 ε_{it} 的累积分布函数，假设 ε_{it} 的密度函数关于原点对称，当 ε_{it} 服从逻辑分布，则为 Logit 模型。

$$P(CGD_{it} = 1 \mid RCGD_{i,t-1}, \beta, u_i) = P(CGD_{it}^* > 0 \mid RCGD_{i,t-1}, \beta, u_i)$$
$$= \wedge(u_i + RCGD'_{i,t-1}\beta) = \frac{e^{u_i + RCGD'_{i,t-1}}}{1 + e^{u_i + RCGD'_{i,t-1}}}$$

于是，测量制度压力 RCGD 对企业慈善捐赠二元决策影响的模型写为：

$$CGD_{i,t} = \alpha_{11} + \alpha_{12}RCGD_{j,t-1} + Controls + \mu_i + \varepsilon_{i,t} \quad 4-(1)$$

在模型 4-(1) 中 CGD 代表企业是否开展慈善捐赠，RCGD 为以某行业捐赠企业数与该行业企业数的百分比，用来测量制度性同构（制度压力），下标 i 表示 i 企业、j 表示 j 行业、t 表示 t 年、μ 表示不随时间变化的扰动项、ε 表示随时间变化的不可观测的个体异质特征。现有研究采用企业规模、是否有政治关联、公众关注[1][2]来衡量制度压力，彭镇等[3]用某地区某行业上市企业数来测度社会压力对企业慈善捐赠的影响，考虑到某地区一个行业的企业数量多代表该地区这一行业竞争激烈，但是竞争激烈并不一定会产生促使企业开展慈善捐赠的社会压力，本书采用文化类上市企业各行业开展慈善捐赠的企业数占该行业企业数的百分比来衡量制度压力对行业内某企业是否开展慈善捐赠的影响。如果一个行业内开展慈善捐赠的企业数量少，该行业内没有开展慈善捐赠的企业并不会被期望开展慈善捐赠，但是如果一个行业内开展慈善捐赠的企业数量多，则该行业内没有开展慈善捐赠的企业会"被期望"甚至"被要求"开展慈善捐赠。

如果慈善捐赠是企业的理性选择结果，那企业慈善捐赠将会呈现出时间维度的一致性，也就是企业的当期慈善捐赠会受到上一期慈善

---

[1] Aharonson B. S., Bort S., "Institutional Pressure and An Organization's Strategic Response in Corporate Social Action Engagement: The Role of Ownership and Media Attention", *Strategic Organization*, Vol. 13, No. 4, 2015, pp. 307-339.

[2] Gao Y., "Philanthropic Disaster Relief Giving as A Response to Institutional Pressure: Evidence from China", *Journal of Business Research*, Vol. 64, No. 12, 2011, pp. 1377-1382.

[3] 彭镇、彭祖群、卢惠薇:《中国上市公司慈善捐赠行为中的同群效应研究》,《管理学报》2020 年第 2 期。

捐赠的影响，也就是祝继高等①提出的慈善捐赠的"锚定效应"②；另外，Manski③提出在研究社会交往中某群体在某属性上的平均水平对群体内某个体产生的影响时需要考虑内生性问题，群体的平均水平会受到个体的影响，从而导致互为因果的内生性问题，为了研究慈善捐赠决策的一致性和克服内生性问题，本书采用动态面板模型来克服这一内生性问题来验证假设 H1b 和 H5a – g。④ Arellano 和 Bond⑤ 构造了将滞后一期因变量纳入模型中的动态面板模型，⑥ 使模型具备动态解释能力。

$$RCG_{i,t} = \delta' RCG_{i,t-1} + \beta'(L)MCG_{i,t} + \nu_i + \mu_{i,t}$$

模型中 $RCG_{i,t}$ 为因变量，表示 i 企业 t 年的慈善捐赠水平，其中，下标 i 为 i 企业、t 为 t 年；$RCG_{i,t-1}$ 为因变量的滞后一期，即企业上一期的慈善捐赠水平，用以衡量企业慈善捐赠决策的一致性；δ' 为因变量滞后一期的系数向量，$(L)MCG_{i,t}$ 为自变量，表示 j 行业除 i 企业外其他企业的平均捐赠水平及其滞后项，β' 为 $(L)MCG_{i,t}$ 的系数向量，ν_i 为不随时间改变的个体效应，$\mu_{i,t}$ 为随时间变化的扰动因素。先通过一阶差分消除个体效应 ν_i，则有：

---

① 祝继高、辛宇、仇文妍：《企业捐赠中的锚定效应研究——基于"汶川地震"和"雅安地震"中企业捐赠的实证研究》，《管理世界》2017 年第 7 期。

② 上文指出：我国企业在雅安地震的捐赠受其在汶川地震捐赠决策的影响，这被视为企业慈善捐赠存在由内在锚引发的"锚定效应"。

③ Manski C. F., "Identification of Endogenous Social Effects the Reflection Problem", *Review of Economic Studies*, Vol. 60, No. 3, 1993, pp. 531 – 542.

④ H1b 检验的是行业群体效应，H5a – g 检验的是行业内"领先者""效仿者"和"跟跑者"子群体之间同群影响机制，所以采用行业平均捐赠水平或各子群体平均捐赠水平来测度同群效应。

⑤ Arellano M., Bond S., "Some Tests of Specification for Panel Data: Monte Carlo Evidence and an Application to Employment Equations", *Review of Economic Studies*, Vol. 58, No. 2, 1991, 58 (2), pp. 277 – 297.

⑥ Blundell R., Bond S., "Initial Conditions and Moment Restrictions in Dynamic Panel Data Models", *Journal of Econometrics*, Vol. 87, No. 1, 1998, pp. 115 – 143. Blundell R., Bond S., "GMM Estimation with Persistent Panel Data: An Application to Production Functions", *Econometric Reviews*, Vol. 19, No. 3, 2000, pp. 321 – 340. Blundell R., Griffith R., Windmeijer F., "Individual Effects and Dynamics in Count Data Models", *Journal of Econometrics*, Vol. 108, No. 1, 2002, pp. 113 – 131.

$$\Delta RCG_{i,t} = \delta' \Delta RCG_{i,t-1} + \Delta \beta'(L) MCG_{i,t} + \Delta \mu_{i,t}$$

由于 $\Delta RCG_{i,t-1} \equiv RCG_{i,t-1} - RCG_{i,t-2}$ 与 $\Delta \mu_{i,t} \equiv \mu_{i,t} - \mu_{i,t-1}$ 相关，所以 $\Delta RCG_{i,t-1}$ 为内生变量，需要寻找工具变量才可以得到一致性估计，Arellano 和 Bond[1] 提出将因变量的所有可能作为工具变量，进行"广义矩估计"（即 GMM，Generalize Method of Moments），也就是"差分 GMM"，但是"差分 GMM"也存在诸如无法估计不随时间变化的个体效应 v_i 系数的问题、自变量的差分项可能与误差项的差分项相关导致内生性问题，以及弱工具变量等问题。在此基础上，Blundell 和 Bond[2] 构建了"系统 GMM"，"系统 GMM"将利用滞后水平的矩条件作为差分方程的工具变量，将滞后差分项作为水平方程的工具变量外，构建了复合矩条件进行估计，"系统 GMM"可以修正未观察到的个体异质性问题、遗漏变量偏差、测量误差和潜在内生性问题。值得注意的是，在运用"系统 GMM"进行回归分析时，假定因变量的差分项与干扰项无关，如不满足这一假设，否则不能使用系统 GMM 进行估计。基于以上分析，本书将检验 H1b 的模型[3]写为：

$$RCG_{i,t} = \sum_{K=1}^{p} \alpha_k RCG_{i,t-k} + \alpha_{21}(L) MCG_{j-i,t} + Controls_{i,t-1} + v_i + \mu_{i,t}$$

$$4-(2)$$

在模型 4-(2) 中，p 为 $RCG_{i,t-k}$ 滞后的最大阶数，MCG 为内生变量，所以用 MCG 的滞后项 [即 $(L) MCG_{j-i,t}$] 作为工具变量，$Controls$ 为控制变量集合，v_i 为不随时间改变的个体效应，$\mu_{i,t}$ 为随机扰动项。

为了检验假设 H2a 以及 H2b 的制度压力（MCG）是经济政策不确定

---

[1] Arellano M., Bond S., "Some Tests of Specification for Panel Data: Monte Carlo Evidence and an Application to Employment Equations", *Review of Economic Studies*, Vol. 58, No. 2, 1991, pp. 277-297.

[2] Blundell R., Bond S., "GMM Estimation with Persistent Panel Data: An Application to Production Functions", *Econometric Reviews*, Vol. 19, No. 3, 2000, pp. 321-340.

[3] 这一模型测度的是行业内企业慈善捐赠的同群效应，在实证研究中也用于检验"领先者""效仿者"与"跟跑者"子群慈善捐赠的学习机制与维持竞争地位机制。

性（EPU）与企业捐赠（RCG）的中介因素，本书参照温忠麟等[①]建立以下中介效应模型检验制度压力（MCG）的中介机制：

$$RCG_{i,t} = \sum_{k=1}^{p} \beta_k RCG_{i,t-k} + \beta_{11} EPU_t + Controls_{i,t-1} + v_i + \mu_{i,t} \quad 4-(3)$$

$$MCG_{j-i,t} = \sum_{k=1}^{p} \beta' RCG_{i,t-k} + \beta_{21} EPU_t + Controls_{i,t-1} + v'_i + \mu'_{i,t} \quad 4-(4)$$

$$RCG_{i,t} = \sum_{k=1}^{p} \beta''_k RCG_{i,t-k} + \beta'_{11} EPU_t + \beta_{31}(L) MCG_{j-i,t} + Controls_{i,t-1} + v''_i + \mu''_{i,t} \quad 4-(5)$$

模型4-(3)的β_{11}是自变量经济政策不确定性（EPU）对因变量企业慈善捐赠水平（RCG）的总效应，根据H2a，预期β_{11}显著$\neq 0$且应该为正。方程4-(4)的系数β_{21}是自变量经济政策不确定性（EPU）对中介变量制度压力（MCG）的效应。方程4-(5)的系数β_{31}是在控制了自变量EPU的影响后，中介变量MCG对因变量RCG的效应，根据H2b，β_{21}应该显著$\neq 0$且应该为正，同时，β_{31}也应该显著$\neq 0$且应该为正；系数β'_{11}是在控制了中介变量MCG的影响后，自变量EPU对因变量RCG的直接效应，如果β'_{11}与0的差异不具有显著性，则MCG在EPU与RCG之间存在完全中介效应，如果系数β'_{11}显著不等于0，则MCG在EPU与RCG之间存在部分中介效应。总效应（即β_{11}）、中介效应（即$\beta_{21}\beta_{31}$）与直接效应（即β'_{11}）有以下关系：

$$\beta_{11} = \beta'_{11} + \beta_{21}\beta_{31} \quad 4-(6)$$

本书在模型4-(2)的基础上，为了检验H3a，即企业可视度显著正向影响企业慈善捐赠水平，建立模型4-(7)。模型中SIZE为企业可视度，并预期系数ϑ_{11}显著$\neq 0$，且为正。

$$RCG_{i,t} = \sum_{K=1}^{p} \vartheta_k RCG_{i,t-k} + \vartheta_{11} SIZE_{i,t} + Controls + \varphi_i + \omega_{i,t} \quad 4-(7)$$

[①] 温忠麟、叶宝娟：《中介效应分析：方法和模型发展》，《心理科学进展》2014年第5期。

为了检验 H3b，即制度压力会强化企业可视度对企业慈善捐赠水平的正向影响，本书建立模型 4-(8)。模型中的 $(L)MCG_{j-i,t} \times SIZE_{i,t}$ 检验制度压力（MCG）强化企业可视度（$SIZE$）对企业慈善捐赠的影响，并预期系数 ϑ_{22} 显著 $\neq 0$ 且为正。

$$RCG_{i,t} = \sum_{K=1}^{p} \vartheta'_k RCG_{i,t-k} \vartheta_{21}(L)MCG_{j-i,t} + \vartheta_{22}(L)MCG_{j-i,t} \times SIZE_{i,t} + \vartheta_{23} VIS_{i,t} + Controls + \phi'_i + \omega'_{i,t}$$

4-(8)

为了检验 H4a，即企业管理者能力越强，企业慈善捐赠水平越低，本书建立模型 4-(9)，模型中 MA 为企业管理者能力，根据假设系数 θ_{11} 应显著 $\neq 0$ 且为负，σ_i 为不随时间变化的个体效应，$\tau_{i,t}$ 为随机扰动项。

$$RCG_{i,t} = \sum_{K=1}^{p} \theta_k RCG_{i,t-k} + \theta_{11} MA_{i,t} + Controls + \sigma_i + \tau_{i,t} \quad 4-(9)$$

为了检验 H4b 制度压力会削弱管理者能力对企业慈善捐赠水平的负向影响，本书建立模型 4-(10)。模型中 $(L)MCG_{j-i,t} \times MA_{i,t}$ 检验制度压力（MCG）削弱管理者能力（MA）对企业慈善捐赠的负向影响，根据 H4b，若系数 θ_{23} 显著 $\neq 0$ 且为负，则系数 θ_{22} 应显著 $\neq 0$ 且为正。

$$RCG_{i,t} = \sum_{K=1}^{p} \theta'_k RCG_{i,t-k} + \theta_{21}(L)MCG_{j-i,t} + \theta_{22}(L)MCG_{j-i,t} \times MA_{i,t} + \theta_{23} MA_{i,t} + Controls + \sigma'_i + \tau'_{i,t}$$

4-(10)

经济政策不确定性参考 Lee 等[1]、孟庆斌和师倩[2]、王染等[3]采用由

---

[1] Lee C., Zeng J., et al., "Peer Bank Behavior, Economic Policy Uncertainty, and Leverage Decision of Financial Institutions", *Journal of Financial Stability*, Vol. 30, 2017, pp. 79-91.

[2] 孟庆斌、师倩：《宏观经济政策不确定性对企业研发的影响：理论与经验研究》，《世界经济》2017 年第 9 期。

[3] 王染、余博、刘喜梅等：《经济政策不确定性与企业投资行为关系研究》，《会计之友》2020 年第 12 期。

Steven J. Davis、Dingqian Liu 和 Xuguang S. Sheng 运用 Baker 等[1]构建的测量经济政策不确定性指数的方法测量中国经济政策不确定性的指数（EPU for China），采用自 1949 年起《人民日报》和《光明日报》两份报纸的报道，并通过文本分析量化与"不确定性""经济不确定性""政策不确定性"相关的概念，[2] 通过将概念量化测算中国经济政策的不确定指数，这一指数也是目前国内研究经济政策不确定性用得较多的指标。

目前测度企业可视度的指标有企业规模[3]、企业营销可视度以及企业的传媒可视度。Neustadtl[4]区分了普遍可视度（也被界定为组织可视度）和议题可视度。普遍可视度是企业本身的特质（如企业规模），一个行业内大规模的企业本身就比小规模的企业更容易被利益相关者和公众所关注；而议题可视度则是指企业在特定领域的付出让企业在这一领域被公众所认知。由此可见，Wang 和 Qian[5] 以营销强度作为企业可视度的指标是一种议题可视度，也就是企业在营销层面对企业形象的打造以吸引并获取消费者关注；Brammer 和 Millington[6] 以及

---

[1] Baker S. R., Bloom N., Davis S. J., "Measuring Economic Policy Uncertainty", *Quarterly Journal of Economics*, Vol. 131, No. 4, 2016, pp. 1593–1636.

[2] 参见 "China Policy Uncertainty Indices Based on Mainland Papers"，Baker 等也采用 1995 年以来香港发行的《南华早报》为数据源构建了中国经济政策不确定性，考虑到《人民日报》和《光明日报》能较好反映国内经济政策变化，所以本文选用以《人民日报》和《光明日报》为数据源构建的经济政策不确定性指数。网址为：http://www.policyuncertainty.com/china_monthly.html。

[3] Udayasanka K., "Corporate Social Responsibility and Firm Size", *Journal of Business Ethics*, Vol. 83, No. 2, 2008, pp. 167–175. 万赫、钟熙、彭秋萍：《控股股东股权质押对企业创新方向的影响——股权制衡与企业可视性的调节作用》，《科技进步与对策》2020 年第 6 期。

[4] Neustadtl A., "Interest-Group PACsmanship: An Analysis of Campaign Contributions, Issue Visibility, and Legislative Impact", *Social Forces*, Vol. 69, No. 2, 1990, pp. 549–564.

[5] Wang H., Qian C., "Corporate Philanthropy and Corporate Financial Performance: The Roles of Stakeholder Response and Political Access", *Academy of Management*, Vol. 54, No. 6, 2011, pp. 1159–1181.

[6] Brammer S., Millington A., "Firm Size, Organizational Visibility and Corporate Philanthropy: An Empirical Analysis", *Business Ethics: A European Review*, Vol. 15, No. 1, 2006, pp. 6–18.

Jia 和 Zhang[①]采用媒体报道情况来代表企业可视度也是一种议题可视度，一方面企业在营销层面的支出会引发媒体关注；另一方面在一些新闻议题更能赢得媒体的关注，媒体报道会提升企业在某一事件上的可视度，但是这种可视度并不持久。相较于营销可视度和媒体可视度，企业规模是更广泛意义上的组织可视度指标，企业规模一般情况下是稳定的，由其衡量的可视度也相对稳定，因此本书参照 Udayasankar[②]以及万赫等[③]的研究以企业规模（SIZE）衡量企业可视度。

管理者能力数据参考 Demerjian 等[④]进行计算，这一方法也被国内学者用于研究管理者能力。[⑤] Demerjian 等[⑥]结合数据包络分析（DEA）和 Tobit 模型来衡量管理者能力。本书通过以下程序进行计算：第一步，本书将固定资产净额、无形资产净额、商誉净额、研发支出、营业成本、销售费用与管理费用之和作为投入要素，将营业收入作为产出变量，通过 DEA 计算企业效率值；第二步，采用 Tobit 模型分离企业规模、市场份额、自由现金流、企业年龄等因素对企业效率的影响，通过回归计算企业效率的预期值，用 DEA 计算的企业效率值与预期效率值之差表示管理者能力变量。模型 4 - (1) —模型 4 - (10) 的因变量、自变量、调节变量和控制变量的界定参照表 4 - 1。

[①] Jia M., Zhang Z., "News Visibility and Corporate Philanthropic Response: Evidence from Privately Owned Chinese Firms Following the Wenchuan Earthquake", *Journal of Business Ethics*, Vol. 129, No. 1, 2015, pp. 93 - 114.

[②] Udayasankar K., "Corporate Social Responsibility and Firm Size", *Journal of Business Ethics*, Vol. 83, No. 2, 2008, pp. 167 - 175.

[③] 万赫、钟熙、彭秋萍：《控股股东股权质押对企业创新方向的影响——股权制衡与企业可视性的调节作用》，《科技进步与对策》2020 年第 6 期。

[④] Demerjian P., Lev B., Mcvay S., "Quantifying Managerial Ability: A New Measure and Validity Tests", *Management Science*, Vol. 58, No. 7, 2012, pp. 1229 - 1248.

[⑤] 张路、李金彩、张瀚文等：《管理者能力影响企业成本黏性吗？》，《会计研究》2019 年第 3 期。何威风、刘巍、黄凯莉：《管理者能力与企业风险承担》，《中国软科学》2016 年第 6 期。

[⑥] Demerjian P., Lev B., Mcvay S., "Quantifying Managerial Ability: A New Measure and Validity Tests", *Management Science*, Vol. 58, No. 7, 2012, pp. 1229 - 1248.

表4-1 变量定义与赋值

变量类型	变量名称	简写	变量计算
因变量	企业捐赠意愿	CGD	企业是否捐赠，1=是，0=否
	企业捐赠水平	RCG	在t年，文化产业j行业上市企业除i企业外的企业捐赠额之和与文化产业j行业上市企业除i企业外营业额之和的比值乘以100
	"领先者"群体中i企业的捐赠水平	LRCG1	隶属于文化产业j行业的i企业，其企业规模在该行业前30%，以该企业捐赠额与营业收入的比值乘以100衡量捐赠水平
		LRCG2	隶属于文化产业j行业的i企业，其资产收益率在该行业前30%，用该企业捐赠额与营业收入的比值乘以100衡量捐赠水平
	"效仿者"群体中i企业的捐赠水平	MRCG1	隶属于文化产业j行业的i企业，其规模位于该行业中间40%，用其捐赠额与营业收入的比值乘以100衡量其捐赠水平
		MRCG2	隶属于文化产业j行业的i企业，其资产收益率位于该行业中间40%，用其捐赠额与营业收入的比值乘以100衡量其捐赠水平
	"跟跑者"群体中i企业的捐赠水平	FRCG1	隶属于文化产业j行业的i企业，其规模位于该行业后30%，用其捐赠额与营业收入的比值乘以100衡量其捐赠水平
		FRCG2	隶属于文化产业j行业的i企业，其资产收益率位于该行业后30%，用其捐赠额与营业收入的比值乘以100衡量其捐赠水平
自变量	制度压力a	LRCGD	文化产业j行业捐赠企业占该行业企业总数的百分比，滞后一期处理
	制度压力b	MCG	文化产业j行业除i企业外企业捐赠总额与除i企业外企业营业收入总额之比乘以100
	"领先者"群体平均捐赠水平	LMCG1	领先者（规模）企业群体除i企业外捐赠总额与除i企业外营业收入总额之比乘以100
		LMCG2	领先者（绩效）企业群体除i企业外捐赠总额与除i企业外营业收入总额之比乘以100

续表

变量类型	变量名称	简写	变量计算
自变量	"效仿者"群体平均捐赠水平	IMCG1	效仿者（规模）企业群体除 i 企业外捐赠总额与除 i 企业外营业收入总额之比乘以100
		IMCG2	效仿者（绩效）企业群体除 i 企业外捐赠总额与除 i 企业外营业收入总额之比乘以100
	"跟跑者"群体平均捐赠水平	FMCG1	跟跑者（规模）企业群体除 i 企业外捐赠总额与除 i 企业外营业收入总额之比乘以100
		FMCG2	跟跑者（绩效）企业群体除 i 企业外捐赠总额与除 i 企业外营业收入总额之比乘以100
调节变量	经济政策不确定性	EPU	用 Steven J. Davis、Dingqian Liu 和 Xuguang S. Sheng 构建的经济政策不确定指数并除以100作为衡量经济政策不确定的指标
	企业可视度	SIZE	企业可视度，用企业规模，即企业总资产的自然对数衡量
	管理者能力	MA	采用 DEA 计算的企业效率值与 Tobit 模型测算的预期效率值之差
控制变量	同群企业规模	LMSIZE	同群企业规模的平均值，取滞后一期
	企业营业收入增长率	LSG	（当期营业收入－上期营业收入）÷上期营业收入，做滞后一期处理
	企业营销强度	LADV	企业销售支出÷企业营业总收入
	企业现金充裕度	LCASH	企业期末现金及现金等价物÷营业总收入，滞后一期处理
	企业资产负债率	LLEV	企业总负债÷企业总资产，滞后一期处理
	企业规模	SIZE	企业总资产的自然对数
	董事会规模	BDN	董事会人数的自然对数
	独立董事规模	INDBD	独立董事人数÷董事会人数
	前五大股东持股比例	SHR5	前五大股东持股数占总股数的百分比
	行业集中度	LHHI	采用赫芬达尔指数测算，j 行业营业收入前五名的企业市场占有率的平方和
	所有制类型	SOD	哑变量，国有=1，非国有=0
	国内生产总值增长水平	GDPG	按国家统计局公布的数据，将上期国内生产总值计为100，当期与上期的比值计为 GDPG
	行业变量	IND	通过行业哑变量进行界定

第三节 实证分析

一 变量的描述统计

表4-2呈现的是变量的描述性统计,其中企业捐赠意愿(CGD)显示文化产业上市企业2003—2020年平均有74.4%的企业开展过慈善捐赠;企业平均支出营业收入的0.093%用于慈善捐赠,即相对捐赠水平(CGS);制度压力a(LRCGD)的均值为50.3%,这代表在2003—2020年,文化产业捐赠企业数量平均占企业总数的50%,捐赠企业最多时,捐赠企业数占上市企业数的79.1%(这一数值采用滞后一期,所以2020年的数值没有纳入统计分析);制度压力b(MCG)的均值为0.099,这代表文化产业各行业同群上市企业捐赠总额平均占营业总收入的近0.10%。

表4-2 变量的描述性统计

	观测值	均值	标准差	最大值	最小值
CGD	1139	0.744	0.436	1	0
RCG	1139	0.093	0.203	1.272	0
LRCGD	935	0.503	0.309	0.791	0
MCG	1114	0.099	0.095	0.446	0.005
LRCG1	286	0.121	0.139	0.67	0.001
FRCG1	285	0.148	0.165	0.755	0.003
MRCG1	568	0.031	0.045	0.356	0
MRCG2	568	0.058	0.079	0.394	0
LRCG2	286	0.136	0.121	0.547	0.003
FRCG2	285	0.088	0.122	0.717	0
LSG	935	0.194	0.43	2.62	-0.725
LADV	935	0.101	0.095	0.596	0
LCASH	932	0.638	0.811	4.816	0.027
EPU	1139	2.01	1.165	3.904	0.504
LMSIZE	935	23.864	1.612	26.343	18.327
MA	1138	0.007	0.161	0.436	-0.439
BDN	1138	2.101	0.214	2.708	1.386

续表

	观测值	均值	标准差	最大值	最小值
INDBD	1138	0.381	0.059	0.75	0.154
CEOM	1091	0.327	0.469	1	0
SHR5	1139	54.986	16.454	91.332	13.841
SOD	1139	0.323	0.468	1	0
AGE	1139	16.02	7.427	53	1
LLEV	935	0.334	0.19	0.967	0.033
SIZE	1139	21.623	1.074	26.105	18.157
LHHI	935	0.22	0.151	1	0.068
GDPG	1139	7.078	2.483	14.2	2.3

其余变量值的描述性统计结果见表4-2。值得注意的是，规模大的"领先者"企业平均相对捐赠水平为0.121%，低于规模小的"跟跑者"企业平均相对捐赠水平为0.148%，而盈利强的"领先者"企业平均相对捐赠水平0.136%高于盈利弱的"跟跑者"企业平均相对捐赠水平0.088%；无论按规模还是盈利能力划分的"效仿者"企业的平均相对捐赠水平都低于"领先者"企业群和"跟跑者"企业群。考虑到规模大的企业营业收入也较高，所以规模大的企业平均捐赠水平低于规模小的企业并不代表规模大的企业捐赠额低于规模小的企业，反而可能是因为规模大的企业营业收入较高，而规模小的企业营业收入相对较低，所以规模小的企业慈善捐赠相对水平的平均值才会高于规模大的企业慈善捐赠相对水平的平均值，表4-3的统计结果印证了这一分析。

表4-3　规模"跟跑者""效仿者"与"领先者"营收与捐赠

变量	(1) "跟跑者" 均值	(2) "效仿者" 均值	(3) "领先者" 均值	(4) "效仿者" vs "跟跑者"	(5) "领先者" vs "跟跑者"	(6) "效仿者" vs "领先者"
SIZE	20.42	21.59	22.89	1.16***	2.47***	-1.30***
	(0.59)	(0.58)	(0.75)	(0.04)	(0.06)	(0.05)

续表

变量	(1)"跟跑者"均值	(2)"效仿者"均值	(3)"领先者"均值	(4)"效仿者" vs "跟跑者"	(5)"领先者" vs "跟跑者"	(6)"效仿者" vs "领先者"
ROA	0.04	0.03	0.05	-0.01	0.01	-0.02***
	(0.13)	(0.13)	(0.11)	(0.01)	(0.01)	(0.01)
TA	8.72e+08	2.86e+09	1.25e+10	1.99e+09***	1.17e+10***	-9.68e+09***
	(5.36e+08)	(2.06e+09)	(1.89e+10)	(1.24e+08)	(1.12e+09)	(8.03e+08)
SALES	4.55e+08	1.66e+09	7.16e+09	1.20e+09***	6.70e+09***	-5.50e+09***
	(3.54e+08)	(2.03e+09)	(1.18e+10)	(1.21e+08)	(6.98e+08)	(5.08e+08)
CG	713226.69	2.06e+06	8.26e+06	1.35e+06***	7.55e+06***	-6.12e+06***
	(1.25e+06)	(6.58e+06)	(1.89e+07)	(507193.72)	(1.45e+06)	(1.00e+06)
观测值	285	568	286	853	571	854

注：均值三列的括号里是标准差；组间对比三列呈现的是均值差，括号里是标准误；*** 表示 $p<0.01$, ** 表示 $p<0.05$, * 表示 $p<0.1$。

如表4-3所示，按企业规模划分的"跟跑者"企业（Follower）的平均规模（SIZE）为20.42，资产收益率（ROA）均值为0.038，总资产（TA）均值约为8.72亿元，[①] 平均营业收入（SALES）约为4.55亿元，平均捐赠额（CG）约为71万元；"效仿者"企业（Imitator）的平均规模为21.59，资产收益率均值为0.03，总资产均值约为28.6亿元，平均营业收入约为16.6亿元，平均捐赠额约为206万元；"领先者"企业（Leader）的平均规模为22.89，资产收益率均值为0.05，总资产均值约为125亿元，平均营业收入约为71.6亿元，平均捐赠额约为826万元。

组间均值比较结果显示：规模大的"领先者"企业资产收益率显著高于"效仿者"企业，"领先者"企业与"跟跑者"企业的资产收益率的差异没有呈现出统计显著性，"效仿者"企业与"跟跑者"企业资产收益率的差异也不具有统计显著性；规模大的"领先者"企业总资产显著

---

① 虽然企业规模是对企业总资产取对数进行测算的，在计算总资产均值时是以文化类上市企业总资产的值来进行计算。

高于"效仿者"企业和"跟跑者"企业,"效仿者"企业的总资产也显著高于"跟跑者"企业,规模大的"领先者"企业的营业总收入显著高于"效仿者"企业和"跟跑者"企业,"效仿者"企业的营业总收入显著高于"跟跑者"企业;"领先者"企业的平均捐赠额显著高于规模中等的"效仿者"企业,"效仿者"企业的平均捐赠额显著高于规模小的"跟跑者"企业。所以,规模大的"领先者"企业相对捐赠水平低于规模小的"跟跑者"企业的主要原因就是规模大的"领先者"企业的营业收入较高,进而稀释了捐赠水平。

如表4-4所示,按企业盈利能力划分的"跟跑者"企业(Follower)的资产收益率均值为-0.1,平均规模(SIZE)为21.40,企业总资产(TA)均值约为28.7亿元,平均营业收入(SALES)约为18.8亿元,平均捐赠额(CG)约为61.5万元;"效仿者"企业(Imitator)的资产收益率(ROA)均值为0.05,平均规模为21.73,总资产均值约为60.4亿元,平均营业收入约为33.9亿元,平均捐赠约为507万元;"领先者"企业(Leader)的资产收益率均值为0.13,平均规模为21.64,总资产均值约为42.4亿元,平均营业收入约为23亿元,平均捐赠额约为360万元。由此可见,以总资产收益率衡量的企业盈利最强的企业并不是规模最大的企业,规模最大的企业按盈利能力分算是"效仿者"。

表4-4　盈利能力"跟跑者""效仿者"与"领先者"营收与捐赠

变量	"跟跑者"均值	"效仿者"均值	"领先者"均值	"效仿者" vs "跟跑者"	"领先者" vs "跟跑者"	"效仿者" vs "领先者"
ROA	-0.10	0.05	0.13	0.15***	0.23***	-0.08***
	(0.17)	(0.02)	(0.05)	(0.01)	(0.01)	(0.00)
SIZE	21.40	21.73	21.64	0.34***	0.24***	0.10
	(0.88)	(1.14)	(1.08)	(0.08)	(0.08)	(0.08)
TA	2.87e+09	6.04e+09	4.24e+09	3.16e+09***	1.37e+09***	1.80e+09**
	(3.21e+09)	(1.44e+10)	(4.77e+09)	(8.61e+08)	(3.40e+08)	(8.72e+08)
SALES	1.88e+09	3.39e+09	2.30e+09	1.51e+09***	4.19e+08	1.09e+09**
	(5.52e+09)	(8.22e+09)	(2.83e+09)	(5.39e+08)	(3.66e+08)	(5.00e+08)

续表

变量	"跟跑者"均值	"效仿者"均值	"领先者"均值	"效仿者" vs "跟跑者"	"领先者" vs "跟跑者"	"效仿者" vs "领先者"
CG	614760.75	5.07e+06	3.60e+06	4.46e+06***	2.98e+06***	1.48e+06
	(1.24e+06)	(1.50e+07)	(9.21e+06)	(1.06e+06)	(656118.06)	(1.08e+06)
观测值	286	566	287	852	573	853

注：均值三列的括号里是标准差；组间对比三列呈现的是均值差，括号里是标准误；***表示 $p<0.01$，**表示 $p<0.05$，*表示 $p<0.1$。

组间均值比较结果显示：按盈利划分"领先者""效仿者"和"跟跑者"后，"领先者"企业的资产收益率显著高于"效仿者"和"跟跑者"，"效仿者"的资产收益率高于"跟跑者"。值得注意的是，以盈利能力进行分组的企业里，"领先者"的规模、总资产以及营业总收入都低于"效仿者"，但是"领先者"的净利润高于"效仿者"和"跟跑者"，所以"领先者"的资产收益率较高[1]，盈利能力较强的"领先者"企业规模低于"效仿者"，这种差异不具备统计学的显著性，"领先者"企业规模显著高于"跟跑者"，总资产显著低于"效仿者"企业；"领先者"企业的平均捐赠额显著高于"跟跑者"，"效仿者"企业的捐赠额显著高于"跟跑者"，但是"领先者"与"效仿者"企业捐赠额的差异不具有统计显著性。

二 相关性分析

在相关性分析部分，表4-5呈现了制度压力 a 与相关变量之间的相关关系；表4-6呈现的制度压力 b 与相关变量之间的相关关系，表4-7是"领先者""效仿者"以及"跟跑者"群体捐赠变量与国有文化类企业慈善捐赠变量的相关性分析。

---

[1] 数据分析显示，"领先者"企业的净利润均值为5.15亿元，"效仿者"企业的净利润均值为3.12亿元，"跟跑者"企业的净利润均值为-4.50亿元。

表4—5 制度压力a及研究变量间的相关性

	CGD	LRCGD	LSG	LADV	LCASH	LLEV	SIZE	AGE	BDN
CGD	1.000								
LRCGD	0.523***	1.000							
LSG	-0.033	-0.099***	1.000						
LADV	-0.017	0.007	-0.045	1.000					
LCASH	-0.044	-0.030	-0.020	0.347***	1.000				
LLEV	-0.051	-0.036	0.069**	-0.123***	-0.378***	1.000			
SIZE	0.310***	0.320***	0.123***	0.049	-0.085***	0.197***	1.000		
AGE	0.100***	0.128***	-0.089***	-0.133***	-0.170***	0.031	0.217***	1.000	
BDN	0.104***	0.097***	-0.080**	-0.154***	-0.018	0.110***	0.043	-0.016	1.000
INDBD	-0.007	0.018	0.007	0.050	-0.105***	-0.063***	0.057**	0.158***	-0.512***
CEOM	-0.051*	-0.047	0.040	0.211***	0.086***	-0.168***	-0.196***	-0.127***	-0.150***
SHR5	0.135***	0.152***	0.052	-0.064*	0.017	-0.252***	0.020	-0.120***	0.017
MA	-0.198***	-0.150***	0.196***	0.149***	0.080**	-0.105***	-0.148***	-0.109***	-0.220***
SOD	0.107***	0.103***	-0.133***	-0.153***	-0.093***	0.069**	0.279***	0.128***	0.333***
LHHI	-0.155***	-0.191***	-0.031	-0.167***	-0.027	0.114***	-0.255***	-0.072***	0.202***
GDPG	-0.163***	-0.262***	0.051	-0.133***	0.051	0.100***	-0.319***	-0.415***	0.192***
EPU	0.144***	0.216***	-0.104***	0.097***	-0.082**	-0.039	0.265***	0.364***	-0.205***

续表

	INDBD	CEOM	SHR5	MA	SOD	LHHI	RGDP	EPU2
INDBD	1.000							
CEOM	0.070**	1.000						
SHR5	0.087***	-0.006	1.000					
MA	0.048	0.168***	-0.037	1.000				
SOD	-0.078***	-0.329***	0.175***	-0.368***	1.000			
LHHI	-0.065**	-0.118***	-0.077**	-0.039	0.114***	1.000		
GDPC	-0.119***	-0.073**	0.024	-0.081*	0.045	0.320***	1.000	
EPU2	0.132***	0.108***	-0.067**	0.065*	-0.089***	-0.343***	-0.791***	1.000

注：*** 表示 $p<0.01$，** 表示 $p<0.05$，* 表示 $p<0.1$。

表 4-5 显示制度压力 a（LRCGD）与企业捐赠意愿（CGD）之间在 1% 水平上显著正相关，说明在不控制其他因素影响的情况下[①]，同行业开展捐赠的企业越多，行业内的企业越倾向于捐赠。

在企业特质层面，企业营业收入增长率（LSG）、企业营销强度（LADV）、企业现金充裕度（LCASH）、企业资产负债率（LLEV）与企业慈善捐赠意愿负相关但不显著，这说明企业营业收入增长率较高（或企业营销强度较高/企业现金充裕度/企业资产负债率较高）的企业，捐赠的可能性较低，但是这一现象不具有统计显著性；企业规模（SIZE）、企业年龄（AGE）与企业慈善捐赠意愿在 1% 水平上显著正相关，这说明企业规模越大，企业越倾向于开展慈善捐赠，企业成立的时间越久企业越倾向于开展慈善捐赠。

在企业治理层面，董事会规模（BDN）与企业慈善捐赠意愿在 1% 水平上显著正相关，这说明董事会规模越大的企业越倾向于开展慈善捐赠；独立董事规模（INDBD）与企业捐赠意愿负相关但不具有统计显著性；董事长总经理二职合一（CEOM）与企业慈善捐赠意愿在 10% 水平上显著负相关，这说明董事长和总经理二职合一的企业开展慈善捐赠的意愿较低；前五大股东持股比例（SHR5）与企业慈善捐赠意愿在 1% 水平上显著正相关，这说明前五大股东持股比例越高的企业越倾向于开展慈善捐赠；管理者能力（MA）与企业慈善捐赠在 1% 水平上显著负相关，这说明管理者能力越高的企业捐赠意愿越低；企业所有制（SOD）与企业慈善捐赠意愿在 1% 水平上显著正相关，这说明国有上市企业相较于非国有上市企业更倾向于开展捐赠。

行业集中度（LHHI）与企业慈善捐赠意愿在 1% 水平上显著负相关，这说明行业集中度越高的行业，行业内企业开展慈善捐赠的意愿越低；国内生产总值增长率（GDPG）与企业慈善捐赠在 1% 水平上显著负相关，这说明国内生产总值增长率越高，企业的捐赠意愿相对越低；政治经济不确定性（EPU）与企业慈善捐赠意愿在 1% 水平上显著正相关，这说明政治经济不确定性越高的年份，企业越倾向于开展慈善捐赠。下一步，本书将继续分析制度压力 b 与其他研究变量间的相关关系。

[①] 在做相关性分析时，都以"在不控制其他因素的影响"为前提，为避免赘述，下文在进行相关性分析时，不再强调"在不控制其他因素的影响时"。

第四章 文化类上市企业慈善捐赠同群效应驱动机制研究 / 189

表4-6 制度压力 b 与研究变量间的相关关系

	RCG	MCG	LMSIZE	LSG	LADV	LCASH	LLEV	SIZE	AGE	BDN
RCG	1.000									
MCG	0.311***	1.000								
MSIZE	0.121***	0.024	1.000							
LSG	-0.081**	-0.111***	0.050	1.000						
LADV	-0.022	-0.081**	0.241***	-0.045	1.000					
LCASH	0.075**	-0.058*	-0.009	-0.020	0.347***	1.000				
LLEV	-0.171***	-0.100***	0.010	0.069**	-0.128***	-0.378***	1.000			
SIZE	0.084***	0.198***	0.485***	0.123***	0.049	-0.085***	0.197***	1.000		
AGE	0.036	0.040	0.161***	-0.089***	-0.133***	-0.170***	0.031	0.217***	1.000	
BDN	0.103***	0.153***	-0.105***	-0.080**	-0.154***	-0.018	0.110***	0.043	-0.016	1.000
INDBD	-0.007	-0.067**	0.094***	0.007	0.050	-0.105***	-0.063*	0.057*	0.158***	-0.512***
CEOM	-0.040	-0.218***	0.047	0.040	0.211***	0.086***	-0.168***	-0.196***	-0.127***	-0.150***
SHR5	0.176***	0.330***	-0.041	0.052	-0.064**	0.017	-0.252***	0.020	-0.120***	0.017
MA	-0.105***	-0.215***	-0.015	0.196***	0.149***	0.080***	-0.105***	-0.148***	-0.109***	-0.220***
SOD	0.051*	0.393***	0.091***	-0.133***	-0.153***	-0.093***	0.069**	0.279***	0.128***	0.333***
LHHI	-0.090***	-0.308***	-0.414***	-0.031	-0.167***	-0.027	0.114***	-0.255***	-0.072***	0.202***
GDPG	-0.096***	-0.117***	-0.409***	0.051	-0.133***	0.051	0.100***	-0.319***	-0.415***	0.192***
EPU	0.088***	0.063**	0.416***	-0.104***	0.097***	-0.082**	-0.039	0.265***	0.364***	-0.205***

续表

	INDBD	CEOM	SHR5	MA	SOD	LHHI	GDPG	EPU2
INDBD	1.000							
CEOM	0.070**	1.000						
SHR5	0.087***	-0.006	1.000					
MA	0.048	0.168***	-0.037	1.000				
SOD	-0.078***	-0.329***	0.175***	-0.368***	1.000			
LHHI	-0.065**	-0.118***	-0.077**	-0.039	0.114***	1.000		
GDPG	-0.119***	-0.073**	0.024	-0.081**	0.045	0.320***	1.000	
EPU2	0.132***	0.108***	-0.067**	0.065*	-0.089***	-0.343***	-0.791***	1.000

注：*** 表示 $p<0.01$，** 表示 $p<0.05$，* 表示 $p<0.1$。

表4-6中显示制度压力b（MCG）在1%水平上与企业慈善捐赠显著正相关，这说明企业慈善捐赠会伴随着行业平均捐赠水平增加而增加，行业企业的平均规模（MSIZE）在1%水平上与企业慈善捐赠显著正相关，这一相关关系是伪相关，所以不做分析。

在企业特征变量层面，企业营业收入增长率（LSG）与企业慈善捐赠在5%水平上显著负相关，这说明企业营业收入增长率越高，企业相对慈善捐赠水平越低；营销强度（LADV）与企业慈善捐赠水平负相关但不具备统计显著性；企业现金充裕度（LCASH）与企业慈善捐赠在5%水平上显著正相关，这意味着企业现金越充裕捐赠水平越高；企业资产负债率（LLEV）与企业慈善捐赠在1%水平上显著负相关，这说明资产负债率越高的企业捐赠水平越低；企业规模（SIZE）与企业慈善捐赠在1%水平上显著正相关，这说明企业规模越大捐赠水平越高；企业年龄（AGE）与企业慈善捐赠水平正相关但不显著。

在企业治理因素中，企业董事会规模（BDN）与企业慈善捐赠在1%水平上显著正相关，这说明企业董事会规模越大企业慈善捐赠水平越高；企业独立董事规模（INDBD）与企业慈善捐赠负相关但不具备统计显著性；企业两职合一（CEOM）与慈善捐赠负相关但不显著；企业前五大股东控股比例（SHR5）与企业慈善捐赠在1%水平上显著正相关，这说明前五大股东持股比例越高，企业的捐赠水平越高；企业管理者能力（MA）与企业慈善捐赠水平在1%水平上显著负相关，这说明管理者能力越强的企业，慈善捐赠水平越低；企业所有制（SOD）与慈善捐赠水平在10%水平上显著正相关，这说明相对于非国有上市企业，国有上市企业捐赠水平较高。

行业集中度（LHHI）与企业慈善捐赠水平在1%水平上显著负相关，说明行业集中度越高，行业内企业慈善捐赠水平越低；国内生产总值增长率（GDPG）与企业慈善捐赠水平在1%水平上显著负相关，这代表宏观经济形势对企业慈善捐赠水平的影响，负相关说明国内生产总值增长率越高，企业捐赠水平越低；政治经济不确定性（EPU）与企业慈善捐赠水平在1%水平上显著正相关，这说明在政治经济不确定性越高的年份，企业慈善捐赠水平越高；同时，可以看到GDPG与EPU相关系数为-0.791，这一相关系数说明EPU与GDPG之间存在严重的多重共线性。

除 EPU 和 GDPG 之外，其余变量的相关系数均小于 0.6，不存在严重多重共线性问题。

表 4–7　　"领先者""效仿者"与"跟跑者"企业捐赠与企业捐赠相关性[1]

	RCG	LRCG1	LRCG2	MRCG1	MRCG2	FRCG1	FRCG2
RCG	1.000						
LRCG1	0.203***	1.000					
LRCG2	0.214***	0.224***	1.000				
MRCG1	0.250***	0.398***	0.410***	1.000			
MRCG2	0.293***	0.821***	0.262***	0.556***	1.000		
FRCG1	0.245***	0.271***	0.416***	0.182***	0.571***	1.000	
FRCG2	0.125***	-0.105***	0.198***	0.219***	0.042	0.242***	1.000

注：*** 表示 $p<0.01$，** 表示 $p<0.05$，* 表示 $p<0.1$。

如表 4–7 所示，各行业规模"领先者"、盈利"领先者"企业的捐赠水平都在 1% 水平上与企业慈善捐赠显著正相关，这说明规模和盈利"领先者"企业捐赠水平越高，行业内企业的捐赠水平也越高[2]；各行业规模"效仿者"和盈利"效仿者"企业的捐赠水平与企业捐赠水平在 1% 水平上显著正相关，这说明规模和盈利"效仿者"企业捐赠水平越高，行业内企业的捐赠水平越高；同时，规模和盈利"跟跑者"企业的捐赠水平与行业内企业的捐赠水平也在 1% 水平上显著正相关，这说明规模和盈利"跟跑者"企业的慈善捐赠水平越高，行业内企业的捐赠水平越高。

同时，从相关系数可以了解到，盈利"效仿者"企业捐赠水平与企

---

[1] 其余变量与企业捐赠变量的相关性已经呈现在表 4–5 和表 4–6 中，所以表 4–7 主要呈现的是行业内"领先者"企业子群、"效仿者"企业子群和"跟跑者"企业子群与企业捐赠水平变量的相关性分析。

[2] 行业内"领先者""效仿者""跟跑者"企业群体捐赠指标计算时都排除了 i 企业（即因变量测量的企业），参见变量定义。

业慈善捐赠水平的相关度最高,相关系数为0.293;规模"效仿者"企业捐赠水平与企业慈善捐赠水平的相关度排第二,相关系数为0.250;规模"跟跑者"企业捐赠水平与企业慈善捐赠水平的相关度排第三,相关系数为0.245。值得注意的是,虽然盈利"效仿者"企业捐赠水平与规模"领先者"企业捐赠水平的相关系数为0.821,这说明盈利"效仿者"企业的慈善捐赠水平与规模"领先者"企业的慈善捐赠水平非常接近,两者的相关度达到0.821,但是两个变量并没有出现在同一个回归方程中,所以并不存在多重共线性问题。

三 实证检验结果

(一)制度压力对企业慈善捐赠的影响

表4-8呈现的是方程4-(1)的回归结果,是对H1a,即制度压力a影响企业慈善捐赠意愿的检验结果。

表4-8　　　　　　制度压力a对企业慈善捐赠的影响

变量	(1) CGD	(2) CGD	(3) CGD	(4) CGD
LRCGD	1.007***		0.694*	0.739**
	(3.07)		(1.85)	(2.11)
LSG		0.003	0.017	
		(0.01)	(0.06)	
LADV		-0.328	-0.430	
		(-0.11)	(-0.15)	
LCASH		-0.650**	-0.600**	-0.361
		(-2.20)	(-2.01)	(-1.47)
LLEV		-1.342	-1.372	-1.039
		(-0.93)	(-0.95)	(-0.81)
BDN		0.108	-0.371	
		(0.05)	(-0.16)	

续表

变量	(1) CGD	(2) CGD	(3) CGD	(4) CGD
INDBD		-2.564	-2.676	
		(-0.43)	(-0.45)	
CEOM		-0.030	-0.034	
		(-0.07)	(-0.08)	
SHR5		0.007	0.008	
		(0.27)	(0.28)	
SIZE		0.581	0.518	0.411
		(1.61)	(1.42)	(1.53)
SOD		1.892	1.842	1.958*
		(1.46)	(1.42)	(1.68)
AGE		-0.021	-0.026	
		(-0.21)	(-0.26)	
LHHI		-0.766	-0.587	
		(-0.52)	(-0.40)	
GDPG		-0.194*	-0.191*	-0.126*
		(-1.83)	(-1.79)	(-1.82)
LR-test	9.44***	21.91*	25.32**	22.24***
IND	控制	控制	控制	控制
YEAR①	NO	NO	NO	NO
N②	64	60	60	60

注：括号里是 z 统计量；*** 表示 $p<0.01$，** 表示 $p<0.05$，* 表示 $p<0.1$。

回归（1）是没有加入控制变量的情况下，以捐赠企业占比衡量的制度压力 a（LRCGD）对企业是否捐赠的影响，回归结果显示：各行业捐赠企业占比提升显著增加了企业开展慈善捐赠的概率；回归（2）是控制

---

① 如果对年份进行控制，会导致 Logit 模型由于组间变差较小而无法收敛，所以在进行回归的时候没有控制年份变量，而通过控制国内生产总值增长率来控制宏观经济形势的影响。

② Logit 回归样本企业数较少的原因在于 STATA 在进行 Logit 回归时，会自动删除观测期内 CGD 没有变化的样本。

变量对企业是否捐赠的回归分析，回归结果显示在所有控制变量中，企业现金充裕度（LCASH）和宏观经济形势（GDPG）对企业开展慈善捐赠的概率有显著负向的影响；回归（3）是加入控制变量后，制度压力 a 对企业慈善捐赠决策的影响，回归结果显示在加入控制变量后，制度压力 a 仍在 10% 水平上显著影响企业开展慈善捐赠的概率；回归（4）是删除所有 p 值大于 0.4 的变量后的回归结果，可以看到制度压力 a 对企业慈善捐赠意愿的正向影响仍然在 5% 水平上显著，但是控制变量中现金充裕度的影响变得不显著了，而企业所有制（SOD）对企业慈善捐赠的影响变得在 10% 水平上显著。由此可见，制度压力 a 对企业慈善捐赠决策的显著影响是稳健的，但是企业现金充裕度和企业所有制类型的影响会受到其他控制变量的影响。

回归（3）和回归（4）的 LR 检验显示，回归（4）的联合显著性更高。回归（4）中制度压力 a 回归系数 0.739 代表的是各行业捐赠企业占比每增加 1 个单位，Logit 值将变动 0.739 个单位，但是无法解释它的经济含义，通过指数运算可以计算"胜算比"（Odds），计算所得胜算比为 2.1，这代表各行业开展慈善捐赠企业的占比每增加 1 个单位，捐赠的胜算比增加了 110%，即 i 企业捐赠的可能性是不捐赠的 2.1 倍。由于增加 1 个单位代表同行业除 i 企业外所有上市企业都捐赠了，在这种情境下 i 企业百分之百会捐赠，所以，本书计算行业内捐赠企业占比增加 1% 后 i 企业捐赠的胜算比，其值为 1.007，说明捐赠企业占比每增加 1%，i 企业捐赠的胜算比增加了 7%，i 企业捐赠的可能性是不捐赠的 1.007 倍[①]。H1a 获得了支持，即以行业内捐赠企业占比衡量的制度压力 a 显著影响企业开展慈善捐赠的意愿。

表 4-9 呈现的是对 H1b，即制度压力 b（除 i 企业外行业内企业的平均捐赠水平）对 i 企业慈善捐赠水平的影响。在运用动态面板进行估计时，需要开展两项检验：一是要通过 Sargan 检验来检测工具变量是否为过度识别，Sargan 检验的零假设为工具变量选取是有效的，如果检测结果不拒绝零假设就说明工具变量是有效的，表 4-9 的结果显示 Sargan 检验不拒绝零假设；二是需要进行 Arrelano-Bond 检验来检测差分方程的误差

---

① 参见附录 5 的 OR 值。

项是否存在序列相关，AR1 显示一阶差分拒绝零假设，即差分方程的误差项存在一阶序列相关，但是 AR2 显示差分方程的误差项不存在二阶序列相关，这说明动态面板的矩条件是有效的。

表 4-9　　　　制度压力 b 对企业慈善捐赠水平的影响

变量	(1) RCG	(2) RCG	(3) RCG	(4) RCG	(5) RCG
L.RCG	0.415***	0.393***	0.302***	0.380***	0.319***
	(8.87)	(8.75)	(7.63)	(8.13)	(7.65)
MCG		0.532***	0.581***	0.543***	0.563***
		(4.88)	(5.44)	(4.67)	(4.88)
LSG	0.015	0.011		0.009	0.005
	(0.86)	(0.68)		(0.51)	(0.31)
LADV	0.230	0.145		0.125	-0.000
	(1.16)	(0.97)		(0.78)	(-0.00)
LCASH	-0.017***	-0.016***		-0.016***	-0.013***
	(-6.05)	(-5.89)		(-5.75)	(-5.27)
LLEV	-0.248***	-0.221***		-0.237***	-0.214***
	(-2.75)	(-2.80)		(-2.69)	(-2.60)
AGE	0.002	0.000		0.000	-0.000
	(0.53)	(0.14)		(0.01)	(-0.08)
SIZE	-0.015	-0.015		-0.014	-0.017
	(-0.69)	(-0.78)		(-0.68)	(-0.84)
BDN			0.155*	0.159	0.189*
			(1.69)	(1.55)	(1.93)
INDBD			0.201	0.123	0.307
			(0.77)	(0.44)	(1.15)
CEOM			-0.007	-0.003	-0.018
			(-0.26)	(-0.12)	(-0.65)
SHR5			0.000	-0.000	0.001
			(0.13)	(-0.25)	(0.42)
SOD			-0.100**	-0.075	-0.091
			(-1.97)	(-1.33)	(-1.64)

续表

变量	(1) RCG	(2) RCG	(3) RCG	(4) RCG	(5) RCG
LHHI					-0.016
					(-0.21)
GDPG					-0.003
					(-0.66)
Constant	0.382	0.386	-0.399	0.008	-0.089
	(0.82)	(0.95)	(-1.47)	(0.02)	(-0.17)
IND	控制	控制	控制	控制	控制
YEAR	NO	NO	NO	NO	NO
N	160	159	161	160	160
Sargan	32.89	67.05	85.05	77.18	80.71
AR2	0.86	0.89	-0.77	0.97	0.91

注：括号里是 z 统计量；Sargan 检验报告的是 chi^2；AR2 报告的是 z 统计量；*** 表示 $p<0.01$，** 表示 $p<0.05$，* 表示 $p<0.1$。

回归（1）呈现的是企业特质变量对企业慈善捐赠水平的影响；回归（2）在控制了企业特质因素的基础上分析制度压力 b 对企业慈善捐赠水平的影响；回归（3）呈现的是企业治理变量后，制度压力 b 对企业慈善捐赠的影响；回归（4）呈现的是同时控制企业特质和企业治理变量后，制度压力 b 对企业慈善捐赠的影响；回归（5）则是在同时控制企业治理因素的基础上，对行业集中度（LHHI）和国内经济形势（GDPG）进行控制后，制度压力 b 对企业慈善捐赠的影响。

回归结果显示：首先，在其他因素不变的情况下，制度压力 b (MCG) 在 1% 水平上显著正向影响企业慈善捐赠水平，而且回归(1)—(5)的结果显示，制度压力 b 对企业慈善捐赠影响的显著性没有因为增减控制变量而有所改变，这说明制度压力 b 对企业慈善捐赠水平的影响是稳健的，在同时控制企业特质、企业治理因素和行业集中度及宏观经济变化情况后，制度压力 b 的系数为 0.563，说明同行业企业的平均慈善捐赠水平每增加 1 个单位，行业内企业的捐赠水平就会增加 0.563 个单位；其次，企业上一期捐赠水平（L.RCG）对企业当期的捐赠水平的正向影响也在1%水平上显著,这说明企业的慈善捐赠水平存在延续性;最后,回归结果显示,在控制变量中,企业现金丰裕度(LCASH)和企业资产负债率(LLEV)显著负向影响企业慈善捐赠水平,这说明企业现金及等价物越多,企业的捐赠水平越低;企业资产负债率越高,企业慈善捐赠水平越低。但值得注意的是,诸如企业营业收入增长率(LSG)、企业营销强度(LADV)甚至企业规模(SIZE)等大多数控制变量对企业慈善捐赠水平的影响并不显著[①],而企业所有制类型(SOD)和董事会规模(BDN)对企业慈善捐赠水平的影响不稳健。

(二)经济政策不确定性、企业可视度、管理者能力及企业慈善捐赠同群效应

制度压力显著提升了企业慈善捐赠的可能性也显著提升企业慈善捐赠水平,为了进一步揭示制度压力影响文化产业上市企业慈善捐赠的机制,本书检验 H2a,即经济政策不确定性对企业慈善捐赠有显著正向影响,以及 H2b:经济政策不确定性通过影响制度压力提升企业慈善捐赠水平,回归结果见表 4 – 10。

表 4 – 10　制度压力对经济政策不确定性与慈善捐赠的中介机制检验

| \multicolumn{7}{c}{模型 4 – (3) 的回归结果,检验 EPU 对 RCG 的总效应} |
RCG	Coef.	Std. Err.	t	p > |t|	95% Conf. Interval	
EPU	-0.017	0.049	-0.35	0.729	-0.113	0.079
LSG	-0.001	0.017	-0.070	0.945	-0.034	0.031
LADV	-0.133	0.146	-0.910	0.364	-0.419	0.154
LCASH	0.021	0.016	1.280	0.203	-0.011	0.053
BDN	0.340	0.082	4.130	0.000***	0.178	0.502
INDBD	0.366	0.235	1.560	0.119	-0.095	0.828
CEOM	-0.006	0.023	-0.270	0.787	-0.052	0.040
SHR5	0.000	0.001	0.150	0.881	-0.0020	0.003
SOD	-0.282	0.058	-4.850	0.000***	-0.396	-0.168

———————
① 由于过往研究显示这些控制变量是影响企业捐赠的重要因素,因此,虽然它们不显著,仍然要对它们进行控制。

续表

模型4-(3)的回归结果,检验 EPU 对 RCG 的总效应

RCG	Coef.	Std. Err.	t	p>|t|	95% Conf. Interval	
AGE	0.013	0.010	1.350	0.178	-0.0060	0.033
LLEV	-0.237	0.072	-3.310	0.001***	-0.378	-0.096
SIZE	-0.001	0.021	-0.050	0.959	-0.042	0.040
LHHI	-0.009	0.078	-0.120	0.904	-0.162	0.143
Cons	-0.538	0.525	-1.030	0.306	-1.569	0.492
F test	5.18***	Adj-R^2	0.495	N	160	

模型4-(4)检验 EPU 对 MCG 的影响

MCG	Coef.	Std. Err.	t	p>|t|	95% Conf. Interval	
EPU	0.033	0.015	2.220	0.027**	0.004	0.062
LSG	-0.002	0.005	-0.380	0.701	-0.012	0.008
LADV	-0.089	0.044	-2.010	0.045**	-0.177	-0.002
LCASH	0.001	0.005	0.240	0.808	-0.009	0.011
BDN	0.084	0.025	3.360	0.001***	0.035	0.134
INDBD	0.170	0.072	2.370	0.018**	0.029	0.310
CEOM	0.003	0.007	0.460	0.649	-0.011	0.017
SHR5	0.001	0.000	1.330	0.183	0.000	0.001
SOD	-0.009	0.018	-0.500	0.621	-0.043	0.026
AGE	-0.003	0.003	-1.070	0.286	-0.009	0.003
LLEV	-0.035	0.022	-1.590	0.113	-0.078	0.008
SIZE	0.003	0.006	0.430	0.666	-0.010	0.015
LHHI	-0.204	0.024	-8.590	0.000***	-0.250	-0.157
Cons	0.022	0.160	0.140	0.891	-0.292	0.336
F test	14.78***	Adj-R^2	0.764	N	160	

模型4-(5)检验 MCG 对 RCG 的影响,以及 EPU 对 RCG 的影响

RCG	Coef.	Std. Err.	T	p>|t|	95% Conf. Interval	
MCG	0.440	0.132	3.330	0.001***	0.180	0.700
EPU	-0.031	0.049	-0.650	0.518	-0.127	0.064
LSG	0.000	0.016	-0.020	0.986	-0.033	0.032
LADV	-0.093	0.145	-0.640	0.521	-0.379	0.192
LCASH	0.020	0.016	1.250	0.211	-0.012	0.052

续表

模型 4-（5） 检验 MCG 对 RCG 的影响，以及 EPU 对 RCG 的影响

RCG	Coef.	Std. Err.	T	$p > |t|$	95% Conf. Interval	
BDN	0.303	0.082	3.680	0.000***	0.141	0.465
INDBD	0.292	0.234	1.250	0.213	-0.168	0.751
CEOM	-0.008	0.023	-0.330	0.739	-0.053	0.038
SHR5	0.000	0.001	-0.030	0.977	-0.003	0.003
SOD	-0.278	0.058	-4.830	0.000***	-0.391	-0.165
AGE	0.015	0.010	1.500	0.134	-0.005	0.034
LLEV	-0.222	0.071	-3.110	0.002***	-0.362	-0.082
SIZE	-0.002	0.021	-0.110	0.913	-0.043	0.038
LHHI	0.080	0.082	0.980	0.327	-0.080	0.241
Cons	-0.548	0.520	-1.050	0.293	-1.570	0.474
F test	5.29***	Adj-R^2	0.503	N	160	
Sobel test			1.846**			

注：F 检验与 Sobel 检验报告的是 p 值；*** 表示 $p < 0.01$，** 表示 $p < 0.05$，* 表示 $p < 0.1$。

通过表 4-10 呈现的模型 4-（3） 的回归结果可以看到经济政策不确定性对企业慈善捐赠水平的影响为负但是不具备统计显著性，这一结果说明系数 β_{11} 并没有显著 $\neq 0$，这代表不能用中介效应解释制度压力对经济政策不确定性与企业慈善捐赠水平关系的影响，而应该用"遮掩效应"（Suppressing effect）来解释制度压力对经济政策不确定性与企业慈善捐赠水平关系的影响。中介效应探索的是自变量如何影响因变量，而遮掩关注的是自变量为什么不影响因变量[1]，也就是为什么经济政策不确定性（EPU）不影响企业慈善捐赠水平（RCG）。

通过模型 4-（4） 的回归结果可以看到经济政策不确定性（EPU）对

---

[1] 温忠麟、叶宝娟：《中介效应分析：方法和模型发展》，《心理科学进展》2014 年第 5 期。李政、杨思莹：《财政分权、政府创新偏好与区域创新效率》，《管理世界》2018 年第 12 期。孙世敏、张汉南：《高管薪酬粘性形成机理与传导路径研究——基于薪酬外部公平性视角》，《管理评论》2021 年第 10 期。

企业慈善捐赠形成的制度压力（MCG）有正向影响，且影响在5%水平上显著，也就是系数β_{21}与预期一致，即显著$\neq 0$且为正，这说明经济政策不确定性会显著提升企业慈善捐赠形成的制度压力，即同群企业的慈善捐赠水平在经济政策不确定性高的年份也比较高。模型4-（5）的回归结果显示在控制经济政策不确定性（EPU）影响的基础上，制度压力（MCG）对企业慈善捐赠水平的影响为正且在1%水平上显著，也就是系数β_{31}与预期一致，即显著$\neq 0$且为正；而在控制制度压力影响的基础上，经济政策不确定性（EPU）对企业慈善捐赠的影响为负但不显著，也就是说系数β'_{11}与预期不一致，即β'_{11}不显著$\neq 0$。由于β_{11}为负且不显著，而β_{21}与β_{31}为正且显著，同时β'_{11}为负且不显著，由于β'_{11}与β_{21}、β_{31}正负相反，即间接效应与直接效应符号相反，这说明直接效应被间接效应抵消了，因此总效应被间接效应遮掩了。而Sobel检验显示：制度压力在经济政策和企业慈善捐赠水平之间不存在遮掩机制，这一原假设在1%水平上被显著拒绝了，这一检验结果说明制度压力遮掩了经济政策不确定性对企业慈善捐赠水平的影响。

为了检验H3a，即企业可视度越高，企业捐赠水平越高，即模型4-（7），以及H3b：制度压力会强化企业可视度对慈善捐赠水平的影响，即模型4-（8）；H4a，即企业管理者能力越强，企业捐赠水平越低，即模型4-（9）以及H4b：制度压力会削弱企业管理者能力对慈善捐赠水平的负向影响，即模型4-（10），进行了制度压力（MCG）对企业可视度（SIZE）与企业慈善捐赠水平（RCG）的调节机制检验，以及制度压力对管理者能力与企业慈善捐赠水平的调节机制检验。表4-11呈现了实证检验结果，为避免交乘项导致的多重共线性，本书分别对企业可视度、管理者能力以及制度压力b进行中心化处理。

回归（1）呈现的是在控制所有控制变量的影响后，制度压力b（MCG）对企业慈善捐赠的影响，回归结果显示制度压力b在1%水平上显著正向影响企业慈善捐赠水平。回归（2）和回归（3）呈现的是在控制其他变量的影响后，制度压力（MCG）对企业可视度（SIZE）、企业管理者能力（MA）对企业慈善捐赠影响的调节作用。回归（2）结果显示在其他因素不变的情况下，企业可视度（SIZE）对企业慈善捐赠水平存在负向影响，但是这种负向影响不具有统计显著性，这一结果说明H3a

没有得到验证，模型 4-(7) 中的系数 ϑ_{11} 并不显著 $\neq 0$。H3a 假设企业可视度越高在慈善捐赠层面的表现越积极，捐赠水平越高，实证结果显示企业可视度越高，企业用于开展慈善捐赠的资源可能越少，考虑到本书的慈善捐赠是用慈善捐赠与营业收入之比衡量，企业规模越大，企业的营业收入越高，企业会趋向于维持稳定的捐赠水平而不是伴随着营业收入增加而增加慈善捐赠，所以，虽然企业可视度对企业慈善捐赠的影响为负，但是这并不能说明企业规模越大，企业的慈善捐赠的绝对水平越低（见表 4-11）。

表 4-11　制度压力调节企业可视度、管理者能力对企业慈善捐赠的影响

变量	(1) RCG	(2) RCG	(3) RCG	(4) RCG	(5) RCG
L.RCG	0.260***	0.346***	0.354***	0.295***	0.320***
	(6.61)	(7.39)	(7.53)	(6.98)	(37.63)
MCG	0.559***			0.543***	0.464***
	(4.82)			(4.44)	(22.86)
SIZE		-0.001		0.016	
		(-0.06)		(0.96)	
MA			-0.195***		-0.166***
			(-2.79)		(-14.87)
MCG×SIZE				0.206**	
				(1.99)	
MCG×MA					1.235***
					(11.69)
SIZE	-0.006		-0.003		-0.002
	(-0.31)		(-0.12)		(-0.81)
LSG	0.009	0.022	0.022	0.013	0.012***
	(0.49)	(1.19)	(1.19)	(0.76)	(4.06)
LADV	-0.036	0.211	0.222	-0.032	-0.030
	(-0.23)	(1.01)	(1.06)	(-0.19)	(-1.26)

续表

变量	(1) RCG	(2) RCG	(3) RCG	(4) RCG	(5) RCG
LCASH	0.001	0.015	0.019	0.001	0.013***
	(0.07)	(0.75)	(0.91)	(0.05)	(6.79)
LLEV	-0.094	-0.109	-0.103	-0.039	-0.039***
	(-1.16)	(-1.15)	(-1.09)	(-0.49)	(-3.73)
BDN	0.240**	0.235**	0.242**	0.229**	0.173***
	(2.43)	(2.03)	(2.09)	(2.42)	(13.07)
INDBD	0.488*	0.199	0.263	0.357	0.312***
	(1.81)	(0.63)	(0.83)	(1.30)	(9.32)
AGE	-0.001	0.009	0.008	-0.000	0.001**
	(-0.20)	(-1.62)	(-1.42)	(-0.09)	(2.21)
CEOM	-0.015	-0.016	-0.015	-0.016	0.007
	(-0.55)	(-0.52)	(-0.49)	(-0.57)	(1.49)
SHR5	0.000	-0.001	-0.001	0.000	-0.000**
	(0.07)	(-0.88)	(-0.67)	(0.32)	(-2.06)
SOD	-0.098*	-0.138**	-0.145**	-0.067	-0.042***
	(-1.76)	(-2.07)	(-2.16)	(-1.39)	(-4.82)
LHHI	0.007	-0.007	0.004	0.078	0.040***
	(0.09)	(-0.07)	(0.04)	(1.00)	(3.20)
GDPG	-0.004	-0.013**	-0.011**	-0.005	-0.001
	(-0.99)	(-2.57)	(-2.26)	(-1.10)	(-1.21)
Constant	-0.490	-0.323	-0.366	-0.942**	-0.417***
	(-0.93)	(-0.53)	(-0.60)	(-1.98)	(-6.57)
N	158	159	158	158	157
IND	控制	控制	控制	控制	控制
YEAR	控制	控制	控制	控制	控制
Sargan	73.51	105.44	31.28	33.54	95.13
AR2	0.18	0.02	0.02	-0.12	-0.05

注：括号里是 z 统计量；Sargan 检验报告的是 chi^2；AR2 报告的是 z 统计量；*** 表示 $p<0.01$，** 表示 $p<0.05$，* 表示 $p<0.1$。

回归（3）呈现的是在其他因素不变的情况下，管理者能力（MA）对企业慈善捐赠水平的影响，回归（3）结果显示企业管理者能力在1%水平上显著负向影响企业慈善捐赠水平，模型4-（9）中的系数θ_{11}与预期一致，显著$\neq 0$且<0，H4a得到验证，这一实证结果说明企业管理者的管理能力越高，企业的慈善捐赠水平越低。这一结论符合企业决策者的理性决策者身份，管理能力越强的管理者获取资源的能力越强，也越能通过对内、对外的沟通帮助企业获得核心利益相关者的支持，所以管理者能力越高，对通过企业开展慈善捐赠来获得核心利益相关者乃至公众支持的依赖程度越低。

回归（4）和回归（5）呈现的是驱动企业捐赠同群效应的制度压力（MCG）对企业可视度（SIZE）、管理者能力（MA）对企业慈善捐赠影响的调节作用。回归（4）显示制度压力在5%水平上显著削弱了企业可视度对企业慈善捐赠水平的负向影响，也就是模型4-（8）的系数ϑ_{22}显著$\neq 0$且为正，H3b得到部分支持[①]，对比回归（2）呈现的企业可视度对企业慈善捐赠水平的影响为负且不显著，回归（4）的结果表明在制度压力驱动的慈善捐赠同群效应影响下，企业的可视度越高，企业越倾向于提高捐赠水平。制度压力是用同行业上市企业的平均捐赠水平衡量，考虑到在行业平均捐赠水平提升的情境下，公众会期望可视度高的企业也提高捐赠水平，也就是可视度高的企业会面临更高的制度压力，所以在制度压力的影响下，可视度高的企业会提高捐赠水平。

回归（5）的结果显示制度压力在1%水平上显著削弱了管理者能力对企业慈善捐赠水平的负向影响，也就是模型4-（10）的系数θ_{22}显著$\neq 0$且为正，H4b得到验证。对比回归（4）的结果，即企业管理者能力对企业慈善捐赠水平的影响为负且在统计上显著，可以看到在制度压力的影响下，管理者能力越强的企业捐赠水平越高，这主要是因为能力强的管理者对基于正式制度或非正式制度形成公众认知的一致性感知更敏锐，所以在制度压力的影响下，管理能力越高的管理者越倾向于与行业内同

[①] 由于原假设是基于H3a，企业可视度对企业慈善捐赠水平有显著正向影响的基础上，但是实证检验显示企业可视度对慈善捐赠的影响为负且不显著，所以系数ϑ_{22}为正是削弱了企业可视度的负向影响，因此，H3b得到部分支持。

群的企业保持一致的捐赠水平,从而维持公众对企业的非负向认知,即同群企业慈善捐赠水平升高,管理者能力强的企业也倾向于提升企业慈善捐赠水平。

(三) 模仿同构影响企业慈善捐赠的实证检验

表4-12呈现的是行业同群中"领先者"企业子群平均捐赠水平对"领先者"企业子群内企业、"效仿者"子群内企业以及"跟跑者"子群内企业慈善捐赠水平的影响。其中,回归(1)—(3)是按企业规模划分的"领先者"子群企业平均捐赠水平对"领先者""效仿者"以及"跟跑者"企业慈善捐赠影响的回归结果,回归(4)—(6)是按企业盈利水平划分的"领先者"企业子群平均捐赠水平对"领先者""效仿者"以及"跟跑者"企业慈善捐赠的回归结果。

表4-12   "领先者"企业子群捐赠水平的影响

变量	(1) LRCG1	(2) IRCG1	(3) FRCG1	(4) LRCG2	(5) IRCG2	(6) MRCG2
L.RCG	0.297***	0.325***	0.180*	0.483***	0.325***	0.036
	(5.22)	(5.73)	(1.90)	(6.45)	(5.31)	(0.74)
LMCG1	0.728***	0.057	0.137			
	(7.87)	(0.66)	(1.02)			
LMCG2				0.842***	0.163	0.408
				(5.63)	(1.63)	(1.31)
LSG	0.018	-0.005	-0.043	0.053	-0.014	0.027
	(1.12)	(-0.18)	(-0.60)	(1.59)	(-0.58)	(1.09)
SIZE	0.032	0.048	-0.281***	0.069**	-0.090***	-0.061
	(1.54)	(1.18)	(-2.96)	(2.50)	(-3.05)	(-1.52)
LLEV	-0.134*	-0.026	-0.663***	-0.246	0.125	-0.114
	(-1.83)	(-0.24)	(-2.59)	(-1.51)	(1.05)	(-0.76)
LCASH	0.006	0.031	-0.194***	0.100***	-0.016	0.011
	(0.29)	(1.44)	(-4.21)	(3.14)	(-0.58)	(0.30)
SOD	0.039	-0.089	-0.266*	-0.234**	-0.109	-0.030
	(0.86)	(-1.38)	(-1.72)	(-2.46)	(-1.26)	(-0.42)

续表

变量	(1) LRCG1	(2) IRCG1	(3) FRCG1	(4) LRCG2	(5) IRCG2	(6) MRCG2
AGE	0.001	-0.004	0.007	-0.000	-0.001	0.010
	(0.30)	(-0.64)	(0.56)	(-0.03)	(-0.12)	(0.86)
BDN	0.004	0.163	-0.153	0.160	0.210*	0.517
	(0.04)	(1.28)	(-0.78)	(1.16)	(1.68)	(1.63)
INDBD	0.397	0.176	-1.027	0.072	1.342***	0.853
	(1.29)	(0.50)	(-1.51)	(0.16)	(3.59)	(1.17)
SHR5	0.001	-0.001	0.006	-0.002	-0.002	-0.002
	(0.45)	(-0.52)	(1.58)	(-0.82)	(-1.03)	(-0.79)
LHHI	-0.102	0.117	0.080	-0.054	0.003	-0.068
	(-0.97)	(0.95)	(0.16)	(-0.43)	(0.02)	(-0.41)
GDPG	-0.008*	-0.004	-0.011	0.015*	-0.017**	0.008
	(-1.89)	(-0.64)	(-0.87)	(1.82)	(-2.49)	(1.10)
Constant	-0.760	-1.310	6.122***	-1.852**	1.130	-0.247
	(-1.39)	(-1.49)	(3.05)	(-2.25)	(1.54)	(-0.18)
N	63	108	53	62	117	83
IND	控制	控制	控制	控制	控制	控制
YEAR	NO	NO	NO	NO	NO	NO
Sargan	47.12	64.73	31.49	40.27	51.25	33.88
AR2	0.81	-0.04	-0.93	-0.84	0.48	1.50

注：括号里是 z 统计量；Sargan 检验报告的是 chi^2；AR2 报告的是 z 统计量；*** 表示 $p<0.01$，** 表示 $p<0.05$，* 表示 $p<0.1$。

通过表格内报告的 Sargan 检验和 Arrelano-Bond 检验结果可知，动态面板回归的工具变量选择是合理的，差分方程中的误差项不存在二阶自相关。回归(1)—(3)结果显示：在其他因素不变的情况下，按规模划分的"领先者"企业的平均捐赠水平（LMCG1）对同一子群内某企业捐赠水平（LRCG1）的正向影响在1%水平显著，而系数0.728说明"领先者"企业子群（除 i 企业外）的平均捐赠水平每增加1个单位，企业的捐赠水平将增加0.728个单位，而"领先者"企业的平均捐赠水平对"效仿者"企业子群和"跟跑者"企业子群内的企业捐赠水平（IRCG1/FRCG1）有正向影响但不具备统计显著性；回归(4)—(6)结果显示：在其他因素不变的情况下，按企业盈利划分的"领先者"企业子群的平均捐赠水平（LMCG2）在1%水平上显著正向影响"领先者"企业子群内的企业捐赠（LRCG2），但是对"效仿者"和"跟跑者"子群内的企业捐赠水平（IRCG2/FRCG2）的正向影响不具备显著性。值得注意的是，盈利"跟跑者"企业的上一期慈善捐赠水平（L.RCG）对当期慈善捐赠水平的影响并不显著，这说明盈利"跟跑者"企业的慈善捐赠延续性不显著。

这一实证结果验证了 H5c，拒绝接受 H5a。H5c 假设："领先者"企业之间会相互模仿彼此的慈善捐赠投入，H5a 假设："效仿者"企业会学习"领先者"的慈善捐赠投入。实证检验结果说明"效仿者"和"跟跑者"子群内的企业并不会学习"领先者"企业的慈善捐赠投入，考虑到无论是按企业规模还是盈利能力划分"领先者""效仿者"和"跟跑者"在资源层面均存在差异，而慈善捐赠并不一定会带来企业绩效提升，所以"效仿者"和"跟跑者"企业不会选择模仿"领先者"的捐赠水平，而"领先者"企业为了维持竞争地位会受"领先者"同群的影响。

表4-13 呈现的是在其他因素不变的情况下，"效仿者"企业子群平均慈善捐赠水平对各子群企业捐赠水平的影响。其中，回归(1)—(3)呈现的是按规模划分的"效仿者"企业子群的平均捐赠水平对"领先者""效仿者"以及"跟跑者"企业子群内某企业慈善捐赠水平的影响；回归(4)—(6)按盈利能力划分的"效仿者"企业子群的平均捐赠水平对"领先者""效仿者"以及"跟跑者"企业子群内某企业慈善捐赠水平的影响。

表4-13　"效仿者"企业子群慈善捐赠水平的影响

变量	(1) LRCG1	(2) IRCG1	(3) FRCG1	(4) LRCG2	(5) IRCG2	(6) MRCG2
L.RCG	0.380***	0.318***	0.119	0.529***	0.335***	0.060
	(5.76)	(5.48)	(1.27)	(6.38)	(5.78)	(0.84)
IMCG1	0.058	0.977***	-0.251			
	(0.17)	(2.66)	(-0.38)			

续表

变量	(1) LRCG1	(2) IRCG1	(3) FRCG1	(4) LRCG2	(5) IRCG2	(6) MRCG2
IMCG2				0.399	0.725***	0.254
				(1.11)	(5.10)	(0.92)
LSG	0.057***	0.005	-0.019	0.056*	-0.025	0.042
	(3.08)	(0.17)	(-0.27)	(1.67)	(-1.05)	(1.30)
SIZE	0.043*	0.034	-0.185**	0.067*	-0.005	-0.033
	(1.68)	(0.81)	(-2.11)	(1.92)	(-0.21)	(-0.80)
LLEV	-0.130	-0.056	-0.482*	-0.113	-0.118	-0.207
	(-1.47)	(-0.51)	(-1.75)	(-0.73)	(-1.05)	(-1.57)
LCASH	0.014	0.024	-0.167***	0.071**	-0.038	-0.008
	(0.64)	(1.09)	(-3.69)	(2.38)	(-1.56)	(-0.32)
SOD	0.126*	-0.147**	-0.127	-0.436***	-0.105	-0.025
	(1.93)	(-2.04)	(-0.86)	(-4.29)	(-1.57)	(-0.35)
AGE	-0.003	-0.003	0.018	0.012**	-0.003	0.006
	(-0.95)	(-0.51)	(1.42)	(2.22)	(-0.59)	(1.09)
BDN	-0.084	0.122	0.182	0.228	0.339***	0.386**
	(-0.76)	(0.91)	(1.01)	(1.48)	(2.93)	(2.32)
INDBD	-0.085	0.150	0.085	0.662	1.108***	0.667
	(-0.24)	(0.41)	(0.12)	(1.32)	(3.20)	(1.46)
SHR5	-0.001	-0.002	0.008**	0.002	-0.001	-0.001
	(-0.57)	(-1.25)	(2.27)	(0.99)	(-0.47)	(-0.36)
LHHI	-0.117	0.136	0.234	0.055	0.035	0.030
	(-1.14)	(1.36)	(0.59)	(0.36)	(0.27)	(0.17)
GDPG	-0.016***	-0.001	-0.014	0.003	-0.015**	-0.003
	(-2.92)	(-0.21)	(-1.13)	(0.35)	(-2.51)	(-0.46)
Constant	-0.384	-0.899	2.993	-2.537**	-0.883	-0.296
	(-0.56)	(-0.96)	(1.61)	(-2.50)	(-1.23)	(-0.32)
N	62	110	57	62	120	94
IND	控制	控制	控制	控制	控制	控制
YEAR	NO	NO	NO	NO	NO	NO

续表

变量	(1) LRCG1	(2) IRCG1	(3) FRCG1	(4) LRCG2	(5) IRCG2	(6) MRCG2
Sargan	34.83	52.46	31.95	38.95	64.32	53.17
AR2	0.70	-1.07	-1.02	-0.38	0.07	-0.11

注：括号里是 z 统计量；Sargan 检验报告的是 chi^2；AR2 报告的是 z 统计量；*** 表示 $p<0.01$，** 表示 $p<0.05$，* 表示 $p<0.1$。

表4-13呈现的 Sargan 检验和 Arrelano-Bond 检验结果说明动态面板回归模型中的工具变量是合理的，差分方程的误差项不存在二阶自相关。回归(1)—(3)结果显示：按规模划分的"效仿者"企业子群的平均捐赠水平（IMCG1）在1%水平上显著正向影响"效仿者"子群内企业的慈善捐赠水平（IRCG1），"效仿者"企业子群的平均捐赠水平每增加1个单位，子群内企业的捐赠水平将增加0.977个单位，而"效仿者"企业子群的平均捐赠水平对"领先者""跟跑者"子群内的企业捐赠水平（LRCG1、FRCG1）的影响不具有统计显著性；回归(4)—(6)结果显示：按盈利能力划分的"效仿者"企业子群的平均慈善捐赠水平（IMCG2）在1%水平上显著正向影响"效仿者"子群内的慈善捐赠水平（IRCG2），"效仿者"企业子群的平均捐赠水平每增加1个单位，子群内企业的慈善捐赠水平会增加0.725个单位，"效仿者"企业子群的平均捐赠水平对"领先者""跟跑者"子群内企业的慈善捐赠水平（LRCG2、FRCG2）有正向影响，但是不具有统计显著性。另外，规模"跟跑者"企业和盈利"跟跑者"的上期慈善捐赠水平（L.RCG）对企业当期的慈善捐赠水平的正向影响并不显著。

这一研究结果支持 H5d 和 H5f，但是拒绝支持 H5b。H5d 假设："效仿者"企业之间会相互模仿彼此的慈善捐赠投入，H5f 假设：为维持竞争地位，"领先者"慈善捐赠水平会被"效仿者"倒逼提升，H5b 假设："跟跑者"企业会模仿"效仿者"企业的慈善捐赠投入，实证结果说明：在慈善捐赠层面，无论是按规模还是盈利能力划分的"效仿者"企业慈善捐赠既不能倒逼"领先者"企业提升慈善捐赠水平，也不会让"跟跑者"企业产生模仿学习行为而提升企业慈善捐赠水平。

这一研究结论不同于彭镇等[①]研究提出的业绩差的企业会显著倒逼业绩好的企业提升慈善捐赠水平。考虑到无论是规模"领先者"还是盈利"领先者",其决策更多会参照隶属于同一子群的企业,而不会受较弱"子群"的影响,而"跟跑者"企业在竞争过程中受制于自身资源约束更可能模仿同类群体的捐赠决策,而不是模仿规模更大或盈利能力更强的"效仿者"。同时,"效仿者"企业为了维持自身的竞争地位会学习和模仿"效仿者"同群企业的捐赠投入。

表4-14呈现在其他因素不变的情况下,"跟跑者"企业的平均慈善捐赠水平对"领先者""效仿者"以及"跟跑者"子群内企业慈善捐赠水平的影响。其中,回归(1)—(3)呈现的是按规模划分的"跟跑者"企业的平均慈善捐赠水平对按规模划分的"领先者""效仿者"及"跟跑者"子群内企业慈善捐赠水平的影响;回归(4)—(6)呈现的是按盈利能力划分的"跟跑者"企业子群的平均捐赠水平对按盈利能力划分的"领先者""效仿者"和"跟跑者"子群内企业慈善捐赠水平的影响。

表4-14 "跟跑者"企业子群慈善捐赠水平的影响

变量	(1) LRCG1	(2) IRCG1	(3) FRCG1	(4) LRCG2	(5) IRCG2	(6) MRCG2
L. RCG	0.345***	0.274***	0.171**	0.496***	0.291***	0.056
	(4.65)	(4.32)	(2.00)	(5.77)	(4.84)	(0.83)
FMCG1	-0.069	0.166**	0.876***			
	(-1.13)	(2.00)	(5.92)			
FMCG2				0.008	0.229**	0.629***
				(0.07)	(2.47)	(4.89)
LSG	0.041*	0.001	-0.120*	0.079**	-0.030	0.034
	(1.76)	(0.02)	(-1.84)	(2.44)	(-1.11)	(1.09)

---

① 彭镇、彭祖群、卢惠薇:《中国上市公司慈善捐赠行为中的同群效应研究》,《管理学报》2020年第17期。

第四章　文化类上市企业慈善捐赠同群效应驱动机制研究　／　211

续表

变量	(1) LRCG1	(2) IRCG1	(3) FRCG1	(4) LRCG2	(5) IRCG2	(6) MRCG2
SIZE	0.080**	0.040	-0.039	0.086***	-0.052*	-0.006
	(2.42)	(0.82)	(-0.46)	(2.96)	(-1.93)	(-0.16)
LLEV	-0.046	-0.150	0.157	0.051	0.011	0.009
	(-0.43)	(-1.17)	(0.62)	(0.31)	(0.08)	(0.07)
LCASH	0.006	0.017	-0.108**	0.129***	0.022	-0.022
	(0.26)	(0.60)	(-2.55)	(3.44)	(0.63)	(-0.91)
SOD	0.031	-0.167**	-0.213	-0.400***	-0.047	-0.058
	(0.52)	(-2.16)	(-1.57)	(-3.73)	(-0.59)	(-0.99)
AGE	-0.006**	-0.002	-0.009	0.001	-0.011**	-0.004
	(-2.19)	(-0.46)	(-0.80)	(0.10)	(-2.17)	(-0.72)
BDN	0.098	0.246	-0.005	0.238*	0.420***	0.269*
	(0.81)	(1.61)	(-0.03)	(1.65)	(3.19)	(1.73)
INDBD	0.476	0.379	-0.746	0.569	1.137***	0.402
	(1.22)	(0.92)	(-1.27)	(1.18)	(2.77)	(0.94)
SHR5	-0.001	-0.001	0.005	0.002	-0.002	-0.002
	(-0.93)	(-0.58)	(1.47)	(0.88)	(-0.97)	(-1.06)
LHHI	-0.067	0.193	0.413	0.173	-0.060	-0.350**
	(-0.28)	(0.90)	(1.30)	(1.24)	(-0.43)	(-2.35)
GDPG	-0.018***	-0.002	-0.001	0.002	-0.021***	0.001
	(-3.23)	(-0.33)	(-0.06)	(0.26)	(-3.53)	(0.11)
Constant	-1.817**	-1.429	0.936	-2.892***	0.110	-0.382
	(-2.06)	(-1.37)	(0.53)	(-3.57)	(0.15)	(-0.47)
N	61	106	55	62	113	94
IND	控制	控制	控制	控制	控制	控制
YEAR	NO	NO	NO	NO	NO	NO
Sargan	37.3	60.50	32.17	39.89	53.66	44.55
AR2	-0.02	-0.70	-0.86	0.17	-0.29	0.37

注：括号里是 z 统计量；Sargan 检验报告的是 chi^2；AR2 报告的是 z 统计量；*** 表示 $p<0.01$，** 表示 $p<0.05$，* 表示 $p<0.1$。

表4-14中的Sargan检验和Arrelano-Bond检验结果说明动态面板回归模型中的工具变量是合理的，且差分方程的误差项不存在二阶自相关。回归(1)—(3)结果显示：按企业规模划分的"跟跑者"企业子群的平均慈善捐赠水平（FMCG1）在5%水平上显著正向影响"效仿者"子群内的企业捐赠水平（IRCG1），在1%水平上显著正向影响"跟跑者"子群内的企业慈善捐赠水平（FRCG1），按规模划分的"跟跑者"企业平均慈善捐赠水平每增加1个单位，"效仿者"子群内企业的捐赠水平就会增加0.166个单位，而"跟跑者"企业平均慈善捐赠水平每增加1个单位，"跟跑者"子群内企业的捐赠水平就会增加0.876个单位，而"跟跑者"企业子群的平均捐赠水平并不能显著影响"领先者"企业的慈善捐赠水平；回归(4)—(6)结果显示：按盈利能力划分的"跟跑者"企业子群的平均慈善捐赠水平（FMCG2）在5%水平上显著正向影响"效仿者"企业子群内企业的捐赠水平（IRCG2），回归系数显示，按盈利能力划分的"跟跑者"企业平均捐赠水平每增加1个单位，"效仿者"子群内企业的慈善捐赠将会增加0.229个单位，而"跟跑者"子群内企业的慈善捐赠水平将会增加0.629个单位。

这一研究结果既支持H5e，也支持H5g。H5e假设："跟跑者"企业之间会相互模仿彼此的慈善捐赠投入，H5g假设："跟跑者"企业的慈善捐赠会影响"效仿者"子群内企业的慈善捐赠行为。这一实证研究结果表明："跟跑者"企业子群内的企业为了维持子群内的竞争地位，其捐赠投入会受同一子群企业平均捐赠水平的影响，同时，"效仿者"企业虽然缺乏模仿"领先者"企业捐赠投入的能力与意愿，但是"效仿者"企业的捐赠投入会被"跟跑者"企业子群慈善捐赠水平的提升倒逼，这一研究结论进一步延伸了彭镇等（2020）的研究结论。本书发现：绩效差的企业慈善捐赠水平提升主要倒逼的是绩效居中的企业，而不是所有绩效好的企业，同时规模小的企业的慈善捐赠投入也会倒逼中等规模企业提高捐赠水平。由于规模中等或盈利能力中等的"效仿者"企业不具备"领先者"企业的市场地位，同时经营业绩又相对高于"跟跑者"企业，所以在慈善捐赠投入层面，公众和利益相关者可以理解"效仿者"捐赠水平低于"领先者"企业，但是不能接受"效仿者"企业捐赠水平低于"跟跑者"企业，所以"效仿者"企业慈善捐赠水平会受到"跟跑者"企业倒逼。

第四节 拓展性研究与稳健性检验

一 拓展性研究

企业所有制是影响企业慈善捐赠的重要因素,多数现有研究指出由于非国有企业将慈善捐赠作为与政府建立积极关联的一种策略,而国有企业没有这种需求,所以现有研究多指出国有企业慈善捐赠水平低于非国有企业。基于这一研究结论,本书将分别检验制度压力对国有和非国有企业慈善捐赠水平的影响。表4-15呈现了制度压力a(LRCGD)、制度压力b(MCG)对国有文化类上市企业和非国有文化类上市企业捐赠意愿和捐赠水平的影响。

表4-15　　　　制度压力影响不同所有制企业慈善捐赠

	国有企业		非国有企业	
	(1)	(2)	(3)	(4)
变量	CGD	RCG	CGD	RCG
LRCGD	0.211		0.231	
	(0.22)		(0.51)	
LRCG		0.540***		0.196***
		(10.77)		(4.28)
MCG		0.578***		0.533***
		(4.33)		(3.53)
LSG	0.317	-0.018	-0.036	0.021
	(0.47)	(-0.70)	(-0.10)	(0.98)
LLEV	9.659*	0.090	-3.017*	-0.192**
	(1.93)	(0.65)	(-1.79)	(-2.15)
BDN	-2.616	0.042	1.775	0.082
	(-0.51)	(0.55)	(0.52)	(0.64)
AGE	-2.094	0.001	0.889**	0.004
	(-1.31)	(0.26)	(2.05)	(0.98)
SIZE	0.088	0.013	-0.012	-0.014
	(0.36)	(0.57)	(-0.09)	(-0.68)

续表

	国有企业		非国有企业	
	(1)	(2)	(3)	(4)
变量	CGD	RCG	CGD	RCG
LHHI	0.012	-0.019	-0.182	0.152
	(0.00)	(-0.26)	(-0.07)	(1.21)
GDPG	-0.334	-0.004	-0.182	-0.002
	(-1.15)	(-0.68)	(-1.40)	(-0.43)
Constant	—	-0.548	—	0.236
	—	(-0,96)	—	(0.36)
N	15	51	46	115
Industry FE	YES	YES	YES	YES
Year FE	YES	YES	YES	YES
Sargan	—	37.88	—	72.65
AR2	—	-0.33	—	0.44

注：括号里是 z 统计量；Sargan 检验报告的是 chi^2；AR2 报告的是 z 统计量；*** 表示 $p<0.01$，** 表示 $p<0.05$，* 表示 $p<0.1$。

表 4-15 的回归结果（1）和回归结果（2）是分析制度压力对国有企业慈善捐赠意愿和捐赠水平的影响，回归结果（3）和回归结果（4）呈现的是制度压力对非国有企业慈善捐赠意愿和捐赠水平的影响。可以看到，制度压力 a（LRCGD）无论对国有文化类上市企业还是非国有文化类上市企业慈善捐赠意愿（CGD）影响均不显著，这可能是由于样本损失[①]以及样本分组导致的；而制度压力 b（MCG）无论对国有文化类上市企业还是非国有文化类上市企业的慈善捐赠水平影响均在 1% 水平上显著为正，而且由于制度压力 b 对国有文化类上市企业慈善捐赠水平的影响系数（0.578）大于对非国有文化类上市企业慈善捐赠水平的影响系数（0.533），这意味着国有文化类上市企业对制度压力的影响更敏感。

---

① 进行 Logit 回归分析时，如果二元变量在观测期间没有变化会被自动剔除，所以 Logit 回归损失了一定样本量。

二 稳健性检验

(一) 半强制同构驱动企业慈善捐赠同群效应的稳健性检验

在实证研究过程中,在不断加入企业特质、企业治理以及行业集中度、宏观经济形势控制变量的情况下,制度压力 a(LRCGD)和制度压力 b(MCG)对企业慈善捐赠的影响均是显著的(见表 4-8 和表 4-9 的回归结果),这在一定程度上说明制度压力对慈善捐赠同群效应的驱动作用是稳健的。进一步地,本书删除了 2008 年和 2010 年的数据进行回归分析①,表 4-16 呈现了回归结果。

表 4-16　　制度压力驱动慈善捐赠同群效应的稳健性检验

变量	(1) CGD	(2) CGD	(3) RCG
LRCGD	0.682*	0.718*	
	(1.71)	(1.85)	
L.RCG			0.258***
			(6.39)
MCG			0.659***
			(4.26)
LSG	0.078	0.119	0.011
	(0.25)	(0.43)	(0.64)
LADV	-2.852		0.002
	(-0.92)		(0.01)
LCASH	-0.871**	-0.798**	0.006
	(-2.57)	(-2.48)	(0.34)
LLEV	-2.233	-2.096	-0.089
	(-1.42)	(-1.39)	(-1.05)
BDN	1.008		0.207*
	(0.39)		(1.93)

---

① 2008 年汶川地震和 2010 年玉树地震引发了两次慈善捐赠高峰,本书剔除了这两个特殊年份的数据进行稳健性检验。

续表

变量	(1) CGD	(2) CGD	(3) RCG
INDBD	-0.203		0.440
	(-0.03)		(1.53)
AGE	0.054		-0.000
	(0.12)		(-0.02)
SIZE	-0.011		0.006
	(-0.35)		(0.27)
CEOM	0.511	0.636**	-0.008
	(1.34)	(2.02)	(-0.28)
SHR5	2.261*	2.288*	-0.000
	(1.68)	(1.92)	(-0.01)
SOD	0.025		-0.071
	(0.23)		(-1.19)
LHHI	-0.991		0.027
	(-0.63)		(0.32)
GDPG	-0.209*	-0.237***	-0.005
	(-1.80)	(-2.87)	(-1.03)
Constant			-0.643
			(-1.15)
N	58	59	157
IND	控制	控制	控制
YEAR	NO	NO	NO
Sargan	—	—	63.8
AR2	—	—	-0.12

注：括号里是 z 统计量；Sargan 检验报告的是 chi^2；AR2 报告的是 z 统计量；*** 表示 $p<0.01$，** 表示 $p<0.05$，* 表示 $p<0.1$。

表 4-16 的回归（1）和回归（2）呈现的是制度压力 a①（LRCGD）对企业慈善捐赠意愿的影响，回归（1）呈现的是包含所有控制变量的回

---

① 制度同构 a 衡量的是慈善捐赠的制度压力，即同行业捐赠企业数量增加对行业内企业捐赠意愿的影响。

归结果，回归（2）呈现的是删除回归（1）中 p 值大于 0.5 的变量的回归结果，可以看到制度压力 a 对企业慈善捐赠意愿的正向影响在 10% 水平上显著，根据回归（2）制度压力 a 的系数计算的胜算比为 2.05，表 4-8 中回归（4）计算的胜算比为 2.1，剔除 2008 年和 2010 年的数据后，胜算比变化不大，由此可知制度压力 a 确实是驱动企业开展慈善捐赠的稳健因素；表 4-16 的回归（3）呈现的是制度压力 b[①]（MCG）对行业内企业慈善捐赠水平的影响。回归结果显示制度压力 b 在 1% 水平上对企业慈善捐赠水平有显著正向影响，系数为 0.659，这一结果与表 4-9 的回归（5）一致，表 4-9 回归（5）中制度压力 b 的影响系数为 0.563，稳健性检验的结果说明同行业企业平均捐赠水平对行业内企业慈善捐赠水平的显著正向影响是稳健的。

（二）制度压力的遮蔽作用与调节机制的稳健性检验

为保持一致性，本书同样采用剔除 2008 年和 2010 年数据对制度压力（MCG）遮掩经济政策不确定性（EPU）对企业慈善捐赠水平（RCG）的影响，以及制度压力调节企业可视度（SIZE）以及管理者能力（MA）对企业慈善捐赠水平影响的实证结果进行稳健性检验。在剔除 2008 年和 2010 年的数据后，对其他因素影响进行控制的情况下，表 4-17 的回归结果无论是系数还是显著性水平都与表 4-10 一样，即经济政策不确定性对企业慈善捐赠水平的影响不显著，而经济政策不确定性在 5% 水平上显著影响制度压力（MCG），在控制了经济政策不确定性和其他因素的影响后，制度压力在 1% 水平上显著影响企业慈善捐赠水平，这一结果说明制度压力对经济政策不确定性影响企业慈善捐赠的遮蔽效应是稳健的。

表 4-17　　　　　　制度压力遮蔽作用的稳健性检验

RCG	模型 4-（3）的回归结果，检验 EPU 对 RCG 总效应					
RCG	Coef.	Std. Err.	t	p>|t|	95% Conf. Interval	
EPU	-0.017	0.049	-0.35	0.729	-0.113	0.079

---

① 制度同构 b 衡量的是同行业企业的平均捐赠水平。

续表

模型4-(3)的回归结果,检验 EPU 对 RCG 总效应

RCG	Coef.	Std. Err.	t	p>|t|	95% Conf. Interval	
LSG	-0.001	0.017	-0.070	0.945	-0.034	0.031
LADV	-0.133	0.146	-0.910	0.364	-0.419	0.154
LCASH	0.021	0.016	1.280	0.203	-0.011	0.053
BDN	0.340	0.082	4.130	0.000***	0.178	0.502
INDBD	0.366	0.235	1.560	0.119	-0.095	0.828
CEOM	-0.006	0.023	-0.270	0.787	-0.052	0.040
SHR5	0.000	0.001	0.150	0.881	-0.0020	0.003
SOD	-0.282	0.058	-4.850	0.000***	-0.396	-0.168
AGE	0.013	0.010	1.350	0.178	-0.0060	0.033
LLEV	-0.237	0.072	-3.310	0.001***	-0.378	-0.096
SIZE	-0.001	0.021	-0.050	0.959	-0.042	0.040
LHHI	-0.009	0.078	-0.120	0.904	-0.162	0.143
Cons	-0.538	0.525	-1.030	0.306	-1.569	0.492
F test	5.18***			Adj-R²	0.495	

模型4-(4)检验 EPU 对 MCG 的影响

MCG	Coef.	Std. Err.	t	p>|t|	95% Conf. Interval	
EPU	0.033	0.015	2.220	0.027**	0.004	0.062
LSG	-0.002	0.005	-0.380	0.701	-0.012	0.008
LADV	-0.089	0.044	-2.010	0.045**	-0.177	-0.002
LCASH	0.001	0.005	0.240	0.808	-0.009	0.011
BDN	0.084	0.025	3.360	0.001***	0.035	0.134
INDBD	0.170	0.072	2.370	0.018**	0.029	0.310
CEOM	0.003	0.007	0.460	0.649	-0.011	0.017
SHR5	0.001	0.000	1.330	0.183	0.000	0.001
SOD	-0.009	0.018	-0.500	0.621	-0.043	0.026
AGE	-0.003	0.003	-1.070	0.286	-0.009	0.003
LLEV	-0.035	0.022	-1.590	0.113	-0.078	0.008
SIZE	0.003	0.006	0.430	0.666	-0.010	0.015
LHHI	-0.204	0.024	-8.590	0.000***	-0.250	-0.157
Cons	0.022	0.160	0.140	0.891	-0.292	0.336
F test	14.78***			Adj-R²	0.764	

续表

模型 4 - (5) 检验 MCG 对 RCG 的影响,以及 EPU 对 RCG 的影响

RCG	Coef.	Std. Err.	T	p>|t|	95% Conf. Interval	
MCG	0.440	0.132	3.330	0.001***	0.180	0.700
EPU	-0.031	0.049	-0.650	0.518	-0.127	0.064
LSG	0.000	0.016	-0.020	0.986	-0.033	0.032
LADV	-0.093	0.145	-0.640	0.521	-0.379	0.192
LCASH	0.020	0.016	1.250	0.211	-0.012	0.052
BDN	0.303	0.082	3.680	0.000***	0.141	0.465
INDBD	0.292	0.234	1.250	0.213	-0.168	0.751
CEOM	-0.008	0.023	-0.330	0.739	-0.053	0.038
SHR5	0.000	0.001	-0.030	0.977	-0.003	0.003
SOD	-0.278	0.058	-4.830	0.000***	-0.391	-0.165
AGE	0.015	0.010	1.500	0.134	-0.005	0.034
LLEV	-0.222	0.071	-3.110	0.002***	-0.362	-0.082
SIZE	-0.002	0.021	-0.110	0.913	-0.043	0.038
LHHI	0.080	0.082	0.980	0.327	-0.080	0.241
Cons	-0.548	0.520	-1.050	0.293	-1.570	0.474
F test	5.29***			Adj-R²	0.503	
Sobel test				1.846**		

注:F 检验与 Sobel 检验报告的是 p 值;*** 表示 p<0.01,** 表示 p<0.05,* 表示 p<0.1。

表 4-18 呈现的是对制度压力 (MCG) 调节企业可视度 (SIZE) 与企业慈善捐赠水平 (RCG) 的关系,以及制度压力调节管理者能力 (MA) 与企业慈善捐赠关系的稳健性检验结果。

表 4-18　　　　　　制度压力调节机制的稳健性检验

变量	(1) RCG	(2) RCG	(3) RCG	(4) RCG	(5) RCG
L.RCG	0.258***	0.340***	0.348***	0.282***	0.325***
	(6.39)	(7.10)	(7.25)	(6.51)	(45.30)
MCG	0.659***			0.579***	0.501***
	(4.26)			(3.65)	(18.01)

续表

变量	(1) RCG	(2) RCG	(3) RCG	(4) RCG	(5) RCG
MA			-0.206***		-0.148***
			(-2.82)		(-11.30)
MCG×SIZE				0.213*	
				(1.79)	
MCG×MA					1.239***
					(10.22)
SIZE	0.006	0.011	0.009	0.023	0.014***
	(0.27)	(0.42)	(0.37)	(1.29)	(7.51)
LSG	0.011	0.026	0.025	0.019	0.014***
	(0.64)	(1.32)	(1.32)	(1.05)	(7.12)
LADV	0.002	0.249	0.262	0.016	-0.014
	(0.01)	(1.17)	(1.22)	(0.09)	(-0.48)
LCASH	0.006	0.018	0.021	0.007	0.017***
	(0.34)	(0.85)	(1.02)	(0.38)	(8.49)
LLEV	-0.089	-0.090	-0.089	-0.040	-0.082***
	(-1.05)	(-0.93)	(-0.91)	(-0.49)	(-7.30)
BDN	0.207*	0.215*	0.222*	0.191*	0.160***
	(1.93)	(1.73)	(1.79)	(1.86)	(16.64)
INDBD	0.440	0.202	0.271	0.310	0.247***
	(1.53)	(0.60)	(0.81)	(1.05)	(7.46)
AGE	-0.000	-0.010*	-0.008	0.001	0.001**
	(-0.02)	(-1.67)	(-1.42)	(0.14)	(2.14)
CEOM	-0.008	-0.017	-0.017	-0.013	0.007
	(-0.28)	(-0.53)	(-0.53)	(-0.42)	(1.59)
SHR5	-0.000	-0.002	-0.001	0.000	-0.000***
	(-0.01)	(-0.89)	(-0.73)	(0.25)	(-2.79)
SOD	-0.071	-0.110	-0.117*	-0.062	-0.022***
	(-1.19)	(-1.57)	(-1.67)	(-1.24)	(-3.92)
LHHI	0.027	0.014	0.016	0.103	0.075***
	(0.32)	(0.14)	(0.16)	(1.24)	(6.10)

续表

变量	(1) RCG	(2) RCG	(3) RCG	(4) RCG	(5) RCG
GDPG	-0.005	-0.013**	-0.012**	-0.005	-0.001**
	(-1.03)	(-2.55)	(-2.26)	(-1.15)	(-2.28)
Constant	-0.643	-0.431	-0.471	-0.970*	-0.665***
	(-1.15)	(-0.67)	(-0.73)	(-1.92)	(-12.33)
N	157	158	157	157	156
IND	控制	控制	控制	控制	控制
YEAR	NO	NO	NO	NO	NO
Sargan	63.80	28.20	26.76	98.13	90.73
AR2	-0.12	0.26	-0.37	0.03	-0.16

注：括号里是 z 统计量；Sargan 检验报告的是 chi^2；AR2 报告的是 z 统计量；*** 表示 $p<0.01$，** 表示 $p<0.05$，* 表示 $p<0.1$。

在表 4-18 中可以看到，在控制其他因素影响的情况下，回归（1）的结果显示制度压力（MCG）对企业慈善捐赠水平的影响为正，且在 1% 水平上显著，说明同群形成的制度压力对企业慈善捐赠水平的正向影响是稳健的；回归（2）的结果显示企业可视度（SIZE）对企业慈善捐赠（RCG）有正向影响，但是不具有统计显著性；回归（3）的结果显示管理者能力（MA）在 1% 水平上显著负向影响企业慈善捐赠水平；回归（4）的结果显示 MCG×SIZE 系数为正且在 10% 水平上显著，这说明制度压力显著强化了企业规模对企业慈善捐赠的正向影响，同时可以看到在回归（4）的结果中，企业可视度对企业慈善捐赠水平影响不显著；回归（5）的结果显示 MCG×MA 的系数为正并且在 1% 水平上显著，结合回归（3）中管理者能力显著负向影响企业慈善捐赠水平，MCG×MA 显著为正说明制度压力显著削弱了企业管理者能力对企业慈善捐赠水平的负向影响。以上稳健性检验结果基本与表 4-11 一致，因此制度压力在企业可视度与企业慈善捐赠水平之间、管理者能力与企业慈善捐赠水平之间存在调节机制这一结论是稳健的。

（三）模仿同构驱动企业慈善捐赠同群效应的稳健性检验

稳健性检验显示制度压力是驱动企业慈善捐赠的重要因素，并且制度压力会遮蔽经济政策不确定性对企业慈善捐赠水平的影响，同时制度压力会调节企业规模、管理者能力与企业慈善捐赠的关系。这一部分将进行企业慈善捐赠同群效应模仿同构机制的稳健性检验，与之前的稳健性检验维持一致，对剔除2008年和2010年的数据开展回归分析来验证实证结果的稳健性。表4-19呈现的是"领先者"企业子群平均捐赠水平影响企业慈善捐赠水平的稳健性检验结果，表4-20呈现的是"效仿者"企业子群平均捐赠水平影响行业内企业慈善捐赠水平的稳健性检验结果，表4-21呈现的是"跟跑者"企业子群平均捐赠水平影响企业慈善捐赠水平的稳健性检验结果。

表4-19　"领先者"企业子群慈善捐赠影响的稳健性检验

变量	(1) LRCG1	(2) IRCG1	(3) FRCG1	(4) LRCG2	(5) IRCG2	(6) FRCG2
L.RCG	0.315***	0.325***	0.125	0.494***	0.327***	0.037
	(5.40)	(5.60)	(1.07)	(6.43)	(5.23)	(0.73)
LMCG2	0.625***	0.017	-0.148			
	(5.68)	(0.14)	(-0.61)			
LMCG2				0.820***	0.146	0.421*
				(5.57)	(1.41)	(1.73)
LSG	0.022	-0.004	-0.064	0.053	-0.002	0.029
	(1.31)	(-0.14)	(-0.80)	(1.60)	(-0.08)	(1.19)
SIZE	0.035*	0.046	-0.267**	0.054*	-0.068**	-0.058
	(1.67)	(1.08)	(-2.39)	(1.81)	(-2.12)	(-1.45)
LLEV	-0.149**	-0.015	-0.770***	-0.191	0.094	-0.126
	(-1.99)	(-0.13)	(-2.71)	(-1.14)	(0.75)	(-1.01)
LCASH	0.007	0.033	-0.188***	0.116***	-0.001	0.013
	(0.35)	(1.46)	(-3.26)	(3.45)	(-0.04)	(0.40)
SOD	0.012	-0.099	-0.325*	-0.216**	-0.036	-0.007
	(0.24)	(-1.44)	(-1.91)	(-2.27)	(-0.36)	(-0.09)

续表

变量	(1) LRCG1	(2) IRCG1	(3) FRCG1	(4) LRCG2	(5) IRCG2	(6) FRCG2
AGE	0.001	-0.004	0.010	-0.000	-0.002	0.011
	(0.39)	(-0.64)	(0.64)	(-0.02)	(-0.37)	(1.07)
BDN	0.019	0.180	-0.121	0.139	0.101	0.557*
	(0.20)	(1.35)	(-0.51)	(0.99)	(0.75)	(1.94)
INDBD	0.392	0.239	-0.797	0.002	1.237***	0.925
	(1.27)	(0.64)	(-0.94)	(0.01)	(3.07)	(1.35)
SHR5	0.000	-0.001	0.008*	-0.001	-0.004*	-0.002
	(0.27)	(-0.31)	(1.84)	(-0.34)	(-1.74)	(-0.89)
LHHI	-0.114	0.111	0.233	-0.050	0.052	-0.048
	(-1.07)	(0.88)	(0.42)	(-0.40)	(0.35)	(-0.35)
GDPG	-0.009**	-0.004	-0.009	0.009	-0.019**	0.008
	(-2.04)	(-0.72)	(-0.64)	(1.08)	(-2.50)	(1.07)
Constant	-0.846	-1.338	5.664**	-1.521*	1.038	-0.444
	(-1.52)	(-1.43)	(2.51)	(-1.77)	(1.34)	(-0.39)
N	63	108	51	60	117	83
IND	控制	控制	控制	控制	控制	控制
YEAR	NO	NO	NO	NO	NO	NO
Sargan	44.67	56.05	27.05	38.43	48.88	36.45
AR2	0.79	0.06	-0.93	-0.14	0.05	1.44

注：括号中是 z 统计量；Sargan 检验报告的是 chi^2；AR2 报告的是 z 统计量；*** 表示 $p<0.01$，** 表示 $p<0.05$，* 表示 $p<0.1$。

表 4-19 回归 (1)—(3) 呈现的是按规模划分的"领先者"企业子群平均捐赠水平（LMCG1）影响按规模划分的"领先者"子群内企业慈善捐赠水平（LRCG1）、"效仿者"子群内企业慈善捐赠水平（IRCG1）以及"跟跑者"子群内企业慈善捐赠水平（FRCG1）的稳健性检验，而回归 (4)—(6) 是按盈利能力划分的"领先者"企业的平均慈善捐赠水平对按盈利能力划分的"领先者"子群内企业慈善捐赠水平（LRCG2）、"效仿者"子群内企业慈善捐赠水平（IRCG2）以及"跟跑者"子群内企业慈善捐赠水平的影响的稳健性检验。

表 4-19 的回归 (1) 和回归 (4) 的结果显示无论是按规模还是按盈

利能力划分的"领先者"企业子群的平均捐赠水平都在1%水平上显著正向影响同一子群内企业的慈善捐赠水平。另外，可以看到回归（6）的结果显示盈利"领先者"企业的平均慈善捐赠水平显著影响盈利"跟跑者"子群内企业的慈善捐赠水平，由于表4-12的回归（6）结果显示盈利"领先者"企业的平均捐赠水平对盈利"跟跑者"在群内的企业慈善捐赠水平的影响不显著，所以表4-19回归（6）中盈利"领先者"企业子群平均水平对盈利"跟跑者"子群内企业慈善捐赠水平的显著影响是不稳健的。稳健性检验结果显示"领先者"子群内的企业为维持竞争地位，其慈善捐赠水平显著受到同一子群企业慈善捐赠的平均水平影响。

表4-20的回归（1）—（3）呈现的是按规模划分的"效仿者"企业子群平均捐赠水平（LMCG1）对按规模划分的"领先者"子群内企业慈善捐赠水平（LRCG1）、"效仿者"子群内企业慈善捐赠水平（IRCG1）以及"跟跑者"子群内企业慈善捐赠水平（FRCG1）影响的稳健性检验结果；回归（4）—（6）呈现的是按盈利能力划分的"效仿者"企业子群平均捐赠水平（LMCG2）对按盈利能力划分的"领先者"子群内企业慈善捐赠水平（LRCG2）、"效仿者"子群内企业慈善捐赠水平（IRCG2）以及"跟跑者"子群内企业慈善捐赠水平（FRCG2）影响的稳健性检验结果。

表4-20的回归（2）和回归（5）显示无论是按规模还是按盈利能力划分的"效仿者"企业子群的平均捐赠水平都在1%水平上显著正向影响"效仿者"子群内的企业慈善捐赠水平，但是对"领先者"和"跟跑者"子群内企业的慈善捐赠水平的影响并不显著，这一结果与表4-13的实证结果一致，支持"效仿者"子群内的企业为了维持竞争地位，其慈善捐赠水平会受同一子群企业慈善捐赠的平均水平影响。

表4-20 "效仿者"企业子群慈善捐赠影响的稳健性检验

变量	(1) LRCG1	(2) IRCG1	(3) FRCG1	(4) LRCG2	(5) IRCG2	(6) FRCG2
L. RCG	0.371***	0.297***	-0.035	0.555***	0.351***	0.060
	(5.66)	(4.94)	(-0.30)	(6.54)	(5.81)	(0.82)

续表

变量	(1) LRCG1	(2) IRCG1	(3) FRCG1	(4) LRCG2	(5) IRCG2	(6) FRCG2
IMCG1	0.090	1.158***	-1.417			
	(0.28)	(2.98)	(-1.50)			
IMCG2				0.139	0.772***	0.401
				(0.29)	(4.01)	(1.07)
LSG	0.053***	0.002	-0.008	0.064*	-0.014	0.043
	(2.96)	(0.06)	(-0.10)	(1.89)	(-0.55)	(1.30)
SIZE	0.038	0.037	-0.226**	0.048	-0.005	-0.033
	(1.50)	(0.85)	(-2.24)	(1.27)	(-0.21)	(-0.77)
LLEV	-0.130	-0.018	-0.474	-0.141	-0.148	-0.213
	(-1.49)	(-0.15)	(-1.60)	(-0.82)	(-1.26)	(-1.59)
LCASH	0.018	0.018	-0.112**	0.081***	-0.026	-0.008
	(0.87)	(0.83)	(-2.01)	(2.62)	(-1.00)	(-0.32)
SOD	0.041	-0.188**	-0.079	-0.413***	-0.038	-0.015
	(0.63)	(-2.44)	(-0.50)	(-3.99)	(-0.48)	(-0.20)
AGE	-0.002	-0.006	0.017	0.015***	-0.004	0.005
	(-0.47)	(-1.14)	(1.28)	(2.59)	(-0.84)	(0.97)
BDN	-0.035	0.162	0.217	0.194	0.311**	0.381**
	(-0.32)	(1.16)	(1.03)	(1.20)	(2.52)	(2.25)
INDBD	-0.020	0.148	0.629	0.631	1.098***	0.664
	(-0.06)	(0.39)	(0.75)	(1.20)	(2.94)	(1.43)
SHR5	-0.000	-0.003	0.011***	0.005*	-0.003	-0.001
	(-0.27)	(-1.64)	(2.75)	(1.70)	(-1.41)	(-0.40)
LHHI	-0.135	0.137	1.011*	0.066	-0.069	0.025
	(-1.36)	(1.31)	(1.91)	(0.42)	(-0.44)	(0.13)
GDPG	-0.014**	-0.002	-0.015	-0.008	-0.017***	-0.002
	(-2.57)	(-0.38)	(-1.08)	(-0.78)	(-2.64)	(-0.31)
Constant	-0.467	-0.937	3.387*	-2.161**	-0.635	-0.275
	(-0.69)	(-0.97)	(1.66)	(-2.00)	(-0.84)	(-0.29)
N	62	110	55	60	120	94
IND	控制	控制	控制	控制	控制	控制

续表

变量	(1) LRCG1	(2) IRCG1	(3) FRCG1	(4) LRCG2	(5) IRCG2	(6) FRCG2
YEAR	NO	NO	NO	NO	NO	NO
Sargan	39.05	49.32	28.03	39.61	54.11	40.30
AR2	0.32	-1.08	-1.07	-0.41	-0.21	-0.12

注：括号中是 z 统计量；Sargan 检验报告的是 chi^2；AR2 报告的是 z 统计量；*** 表示 $p<0.01$，** 表示 $p<0.05$，* 表示 $p<0.1$。

表4-21 的回归(1)—(3)呈现的是按规模划分的"领先者"企业子群的平均捐赠水平（LMCG1）对按规模划分的"领先者"子群内企业的慈善捐赠水平（LRCG1）、"效仿者"子群内企业的慈善捐赠水平（IRCG1）以及"跟跑者"子群内企业的慈善捐赠水平（FRCG1）影响的稳健性检验结果；回归(4)—(6)呈现的是按企业盈利能力划分的"领先者"企业子群的平均捐赠水平（LMCG2）对按盈利能力划分的"领先者"子群内企业的慈善捐赠水平（LRCG2）、"效仿者"子群内企业的慈善捐赠水平（IRCG2）以及"跟跑者"子群内企业的慈善捐赠水平（FRCG2）影响的稳健性检验结果。

表4-21　"跟跑者"企业子群慈善捐赠影响的稳健性检验

变量	(1) LRCG1	(2) IRCG1	(3) FRCG1	(4) LRCG2	(5) IRCG2	(6) FRCG2
L.RCG	0.332	0.273***	0.086	0.485***	0.276***	0.053
	(1.44)	(4.17)	(0.87)	(5.42)	(4.44)	(0.77)
FMCG1	-0.085	0.162*	0.939***			
	(-0.54)	(1.83)	(5.78)			
FMCG2				-0.016	0.212**	0.638***
				(-0.13)	(2.21)	(4.84)
LSG	0.026	-0.000	-0.125*	0.080**	-0.024	0.038
	(0.53)	(-0.01)	(-1.77)	(2.44)	(-0.86)	(1.14)
SIZE	0.051	0.036	-0.028	0.072**	-0.034	-0.007
	(0.49)	(0.70)	(-0.30)	(2.16)	(-1.21)	(-0.17)

续表

变量	(1) LRCG1	(2) IRCG1	(3) FRCG1	(4) LRCG2	(5) IRCG2	(6) FRCG2
LLEV	-0.102	-0.152	0.163	0.062	-0.016	0.008
	(-0.62)	(-1.10)	(0.57)	(0.33)	(-0.11)	(0.06)
LCASH	-0.005	0.017	-0.073	0.161***	0.017	-0.023
	(-0.07)	(0.59)	(-1.38)	(3.93)	(0.47)	(-0.95)
SOD	-0.087	-0.168**	-0.223	-0.362***	-0.037	-0.047
	(-1.12)	(-2.11)	(-1.51)	(-3.37)	(-0.40)	(-0.77)
AGE	-0.004	-0.002	-0.016	0.002	-0.011**	-0.005
	(-0.56)	(-0.46)	(-1.24)	(0.27)	(-2.13)	(-0.89)
BDN	0.191	0.255	-0.055	0.191	0.388***	0.273*
	(1.21)	(1.58)	(-0.26)	(1.27)	(2.73)	(1.72)
INDBD	0.653*	0.420	-0.558	0.370	1.249***	0.397
	(1.73)	(0.95)	(-0.80)	(0.72)	(2.83)	(0.91)
SHR5	-0.001	-0.001	0.006	0.005*	-0.002	-0.002
	(-0.17)	(-0.48)	(1.44)	(1.94)	(-0.97)	(-1.07)
LHHI	0.069	0.193	0.651	0.192	-0.105	-0.356**
	(0.28)	(0.75)	(1.43)	(1.37)	(-0.74)	(-2.35)
GDPG	-0.012	-0.002	-0.003	-0.007	-0.022***	0.000
	(-1.57)	(-0.38)	(-0.23)	(-0.82)	(-3.43)	(0.04)
Constant	-1.539	-1.403	0.877	-2.548***	-0.194	-0.333
	(-0.64)	(-1.25)	(0.45)	(-2.82)	(-0.25)	(-0.38)
N	61	106	53	60	113	94
IND	控制	控制	控制	控制	控制	控制
YEAR	NO	NO	NO	NO	NO	NO
Sargan	28.89	49.72	24.29	33.85	48.30	47.60
AR2	-0.42	-0.70	-1.26	0.27	-0.67	0.29

注：括号中是 z 统计量；Sargan 检验报告的是 chi^2；AR2 报告的是 z 统计量；*** 表示 $p<0.01$，** 表示 $p<0.05$，* 表示 $p<0.1$。

表 4-21 的回归（3）和回归（6）的结果显示，无论按规模还是按盈利能力划分的"跟跑者"企业子群的平均捐赠水平在 1% 水平上显著正

向影响同一子群内企业的慈善捐赠水平。同时，回归（2）和回归（5）的结果显示，按规模划分的"跟跑者"企业子群的平均捐赠水平在10%水平上对按规模划分的"效仿者"子群内企业的慈善捐赠水平有显著正向影响，按盈利能力划分的"跟跑者"企业子群的平均捐赠水平在5%水平上显著正向影响"效仿者"子群内的企业慈善捐赠水平，稳健性检验结果与表4-14的实证结果一致。稳健性检验结果说明："跟跑者"子群内的企业会模仿同一子群内企业的慈善捐赠投入，以及"跟跑者"企业子群的捐赠水平提升会倒逼"效仿者"企业子群捐赠水平提升的研究结论是稳健的。

第五节 结论与讨论

一 研究结论

上一章的研究显示：文化类上市企业的慈善捐赠只能提升大企业的财务绩效水平，但是对其他企业的财务绩效水平没有显著影响。基于这一研究结论，本章致力于基于制度理论运用动态面板回归来分析影响文化类上市企业慈善捐赠同群效应的因素，通过实证研究，本章得出以下结论。

首先，企业过去的捐赠决策和制度压力是驱动文化类上市企业慈善捐赠同群效应的重要因素。实证结果显示：文化类上市企业慈善捐赠存在"锚定效应"，即企业当期的慈善捐赠水平显著受到上一期慈善捐赠水平的影响；制度压力是影响文化类上市企业慈善捐赠意愿和慈善捐赠水平的重要因素，即同行业捐赠企业占比增加会显著提升企业开展慈善捐赠的概率，而且，同行业企业的平均捐赠水平的提升会显著提升行业内企业的慈善捐赠水平，稳健性检验结果显示这一结论是稳健的。

其次，实证研究揭示制度压力在经济政策不确定性与企业慈善捐赠水平之间不存在中介机制，但是存在遮掩机制，也就是制度压力遮掩了经济政策不确定性对企业慈善捐赠的影响。另外，实证结果显示：企业规模对企业慈善捐赠水平的影响不显著，而管理者能力对企业慈善捐赠水平的负向影响显著；而制度压力在企业规模与企业慈善捐赠水平之间、管理者能力与企业慈善捐赠水平之间存在调节机制，即在制度压力的影响下，规模大的企业相对捐赠水平也会更高，而管理者能力强的企业的相对捐赠水平也越高。

再次，发现无论是按规模还是按盈利能力划分的"领先者""效仿者"和"跟跑者"子群内的企业慈善捐赠水平都显著受同一子群企业的平均捐赠水平的影响，同一子群企业慈善捐赠水平提升，子群内的企业也会提升慈善捐赠水平。同时，"跟跑者"子群的平均慈善捐赠水平提升会倒逼"跟跑者"子群内企业提升慈善捐赠水平，但是对"领先者"企业的慈善捐赠水平没有显著影响，稳健性检验结果显示这一结果是稳健的。

最后，本书控制了过去研究揭示会显著影响企业慈善捐赠水平的因素，比如营销强度、现金充裕度、董事会规模、独立董事规模、所有制类型以及行业集中度，但是实证结果显示这些因素对文化类上市企业慈善捐赠水平的影响并不显著，或是显著性不稳健。

二 对结论的讨论

以制度理论为基础，本书提出研究假设并通过实证检验验证了研究假设，研究结论揭示：驱动文化类上市企业慈善捐赠同群效应的主要因素是制度压力和企业基于维持竞争地位而开展的模仿行为，并且规模相对较小、盈利能力较弱的企业的平均捐赠水平提升会倒逼中等规模、盈利能力中等的企业提升捐赠水平（见图4-4），但是文化类上市企业在慈善捐赠层面不存在因学习机制而诱发的模仿行为。

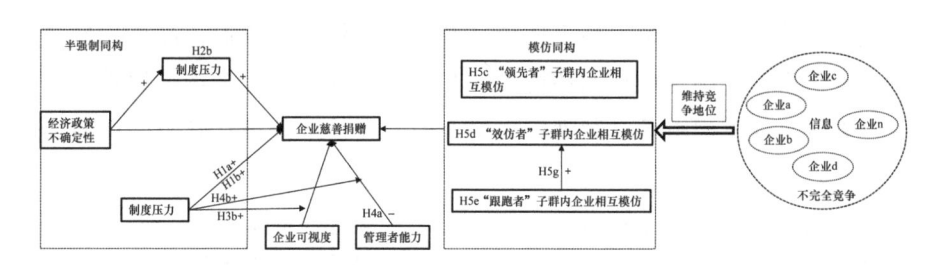

图4-4 文化类上市企业慈善捐赠同群效应发生机制

资料来源：笔者根据实证检验结果绘制。

图4-4呈现了实证研究验证的文化类上市企业慈善捐赠同群效应的

驱动因素。研究结论显示，制度理论解释文化类上市企业慈善捐赠更合理。之前的研究基于"企业利润最大化"或"代理成本"理论提出企业开展慈善捐赠是基于"自利"基础上的理性选择，或是管理者为了提升个人利益而损害企业的代理行为，但是本书的实证结果显示驱动文化类上市企业开展慈善捐赠的主要驱动力是基于制度理论的制度压力和基于保持竞争地位的模仿行为，这一研究结论支持 Marquis 等[1]、Gao[2]、彭镇等[3]、李四海和江新峰[4]关于企业开展慈善捐赠是源于社会层面正式制度和非正式制度所产生的压力的论断。

制度理论认为：企业的行为会受到文化传统、政府倡导、公众期望等因素的影响，企业的合法性地位不仅来源于企业通过经营发展为社会创造的价值，还来自企业在经营过程中对法律、法规和文化习俗的遵循，如果企业违背法律、法规会受到法律制裁或行政处罚，而如果企业不遵守文化习俗则会面临来自利益相关者以及舆论施加的压力。制度压力对文化类上市企业慈善捐赠的稳健正向影响，说明文化类上市企业慈善捐赠很大程度上是对制度压力的响应。

在以上结论的基础上，本书还分析了文化类上市企业慈善捐赠同群效应机制。首先，制度压力"遮掩"了经济政策不确定性对企业慈善捐赠水平的影响。通过图 4-4 可以看到：经济政策不确定性通过影响制度压力而影响企业慈善捐赠水平，也就是说经济政策不确定性高的时候，文化类上市企业的平均慈善捐赠水平会显著提升，而慈善捐赠平均水平的提升所形成的制度压力又会提升单个企业的慈善捐赠水平，这一发现不同于企业在经济政策不确定性越高时，其投资水平越低，这意味着企业在经济政策不确定性高的环境中，在投资层面的决策会更加慎重，但是企业开展慈善捐赠是对制度压力的响应，在经济政策不确定性高的环

---

[1] Marquis C., Glynn M. A., Davis G. F., et al., "Community Isomorphism and Corporate Social Action", *Academy of Management Review*, Vol. 32, No. 3, 2007, pp. 925–945.

[2] Gao Y., "Philanthropic Disaster Relief Giving as A Response to Institutional Pressure: Evidence from China", *Journal of Business Research*, Vol. 64, No. 12, 2011, pp. 1377–1382.

[3] 彭镇、彭祖群、卢惠薇：《中国上市公司慈善捐赠行为中的同群效应研究》，《管理学报》2020 年第 2 期。

[4] 李四海、江新峰：《企业捐赠行为同群效应研究》，《管理学季刊》2020 年第 3 期。

境中企业更需要获得利益相关者、社会公众的认可和支持，而很多企业会选择提高慈善捐赠投入以强化与政府的关联以应对不确定性。

其次，研究发现衡量企业可视度的指标（企业规模）本身并不影响企业慈善捐赠水平，但是在制度压力的影响下规模大的企业也会显著提升慈善捐赠水平。现有研究显示衡量企业可视度的企业规模是影响企业慈善捐赠水平的重要因素[1]。本书发现，在不受制度压力影响的情境中，以企业规模衡量的文化类上市企业可视度并不能显著提升企业的捐赠水平，但是在制度压力影响的情境下，可视度越高的企业捐赠水平也越高，这充分说明制度压力是影响企业慈善捐赠的重要因素，未来的研究可以进一步探索为什么文化类上市企业规模对企业慈善捐赠水平的影响不显著。

再次，本书发现制度压力显著削弱了管理者能力对企业慈善捐赠水平的负向影响。在企业人力资源体系中，管理者能力并不同质，管理者能力存在强弱差异。一方面，能力强的管理者对行业发展特点、企业战略部署、市场环境、产品生产等方面有较强掌控；另一方面，能力强的管理者更善于在资源管理的过程中积累经验，进而在开展资源配置、资源重组以及资源有效利用上表现得更好，所以能力强的管理者在促进企业实现价值最大化目标层面表现更好。慈善捐赠作为非强制履行的企业社会责任，一方面被视为企业为提升财务绩效的策略，另一方面被视为管理者实现个人效用的手段。同时，针对企业慈善捐赠积极影响企业财务绩效这一结论尚存在许多争议，而在企业慈善捐赠对企业的积极价值层面共识度较高的结论是企业通过开展慈善捐赠可以建立并维持与政府的正向关联，而慈善捐赠并不是建立与政府政治联结的唯一途径，管理能力强的管理者更善于探寻更优策略以建立与政府间的正向关联，所以管理能力强的管理者倾向于减少在慈善捐赠层面的投入。

然而，当同行业的企业捐赠平均水平提升时，能力强的管理者凭借

---

[1] Johnson O., "Corporate Philanthropy: An Analysis of Corporate Contributions", *The Journal of Business*, Vol. 39, No. 4, 1966, pp. 489–504. Useem M., "Market and Institutional Factors in Corporate Contributions", *California Management Review*, 1988, Winter, pp. 77–88. Amato L. H., Amato C. H., "The Effects of Firm Size and Industry on Corporate Giving", *Journal of Business Ethics*, Vol. 72, No. 3, 2007, pp. 229–241.

其对环境的敏锐判断，会很快识别出这一趋势诱发的制度压力，即同行业企业的捐赠水平都提升了，如果本企业不提高捐赠水平，则可能影响企业的声誉，并且在现实中也有实例①，所以在制度压力影响下，能力越强的管理者越容易识别出违背制度压力将会为企业带来的风险，本书的实证结果支持在制度压力影响下，管理者能力越强，企业的捐赠水平也会越高。

最后，在模仿同构层面，本书识别出企业之所以模仿其他企业开展慈善捐赠主要原因在于维持本企业在竞争中的地位。根据企业模仿行为的理论分析，企业模仿可能是基于对"领先者"的学习，也可能是为了维持竞争地位。管理者在基于学习机制的模仿中通过学习"规模更大""绩效更优"的企业来降低在不确定环境中的决策风险，通过学习"规模大""绩效优"的企业决策和行为，管理者不需要对不确定环境进行全面分析，只需要学习表现更好的"领先者"，因为领先者获得信息的渠道更多，获得的信息质量更高，所以模仿"领先者"的决策可以降低管理者在不确定环境中的决策难度，企业在资本结构、投资以及并购的同群效应就表现出学习的特点。

但是，本书发现企业慈善捐赠的同群效应并不是由学习机制带来的模仿引发的，而是由维持竞争地位的模仿所引发的。正如前文所述，企业慈善捐赠并不是与企业经营发展休戚相关的重要经营决策，所以在没有制度压力的影响下，企业可视度高并不会显著提升企业的捐赠水平，企业管理者能力越强，企业捐赠水平越低，只有在制度压力影响下，可视度高的企业和管理者能力强的企业才会积极提升慈善捐赠水平，由此可见慈善捐赠并不是影响企业发展的关键决策，更多的是一种在公众期待下必须承担的责任，受制于企业资源差异，企业并不会模仿"领先者"的捐赠投入，但是企业为了避免被公众指责导致企业声誉受损使企业处于竞争劣势地位，企业会参照盈利能力相当或规模相当的同一企业子群的捐赠水平，由于规模中等、盈利能力处于中间水平的"效仿者"企业

---

① 2008年，汶川地震时，WS公开表态WK的捐赠额度为200万元，同时曝光出来的新闻还包括WS限制员工捐款金额。这一举让WK背上了"铁公鸡"和"为富不仁"的负面形象。

一方面受到"领先者"企业的挤压,另一方面又被"跟跑者"企业追赶,所以"效仿者"企业为了不被规模相对大的、业绩相对好的"跟跑者"超越,"效仿者"企业的捐赠水平会随着"跟跑者"慈善捐赠水平的升高而升高。

第 五 章

文化类上市企业慈善捐赠同群效应与非适度捐赠

文化类上市企业在同群效应影响下积极开展慈善捐赠，而企业在捐赠过程中既可能出现超越企业实力的超额捐赠，也可能出现消极捐赠。本章将在分析文化类上市慈善捐赠同群效应对超额捐赠与消极捐赠的影响基础上，进一步探析超额捐赠与消极捐赠对企业财务绩效的影响。

第一节 理论分析与研究假设

一 文化类上市企业慈善捐赠同群效应对非适度捐赠的影响

对文化类上市企业非适度慈善捐赠的研究源于对企业慈善捐赠同群效应后果的探析。Banerjee[1]指出群体间的模仿行为会导致非效率决策，而同群企业的模仿行为将会导致资产市场的"极端波动"（Excess volatility）。在实证研究层面，已经有一些研究验证了群体内个体[2]的彼此模仿行为导致了非理性或非效率后果。

在由个人组成的群体层面，勒庞在《乌合之众》[3]一书中就指出当个人聚集成群体时，在"集体潜意识"影响下，他们会丧失独立判断的能

---

[1] Banerjee A. V., "A Simple Model of Herd Behavior", *The Quarterly Journal of Economics*, Vol. 107, No. 3, 1992, pp. 797–817.

[2] 这里的群体既包括由个体组成的群体，也包括由组织组成的群体。

[3] [法]古斯塔夫·勒庞：《乌合之众：大众心理研究》，冯克利译，中央编译出版社2014年版。

力[①]，而他们的行为也会明显不同于他们独处时的行为，群体内个体在没有独立判断的情境下往往会产生一些严重后果。在由组织组成的群体层面，方军雄[②]的研究验证了企业在投资决策上的模仿行为导致了投资的非理性化，而这又是产能过剩的重要诱因之一。李秋梅和梁权熙[③]的研究也指出在同群影响下，非金融企业出现了"脱实向虚"的趋势。而李志生等[④]的研究指出企业负债存在邻里效应，即一个地区企业的平均负债水平越高，地区内企业的负债水平也越高。在企业慈善捐赠层面，李四海和江新峰[⑤]指出企业慈善捐赠向捐赠额度高的企业趋同的同群效应导致了超额捐赠[⑥]。

另外，现有研究在关注过度投资的同时也关注了投资不足，过度投资和投资不足被界定为"非效率投资"[⑦]。投资效率是基于生产边界模型形成的概念，企业的最优投资决策使得生产效率达到边界前沿面，超过最优投资决策（即过度投资）和低于最优投资决策的投资水平（即投资不足）都被界定为"非效率投资"。但是，"非效率"这一概念并不适用于企业慈善捐赠，一方面是由于慈善捐赠本身不是为了使生产效率达到边界前沿面的投资决策；另一方面是在实证研究层面，慈善捐赠与财务绩效提升之间是否存在因果关系还未达成一致

---

① 勒庞提出群体里的个体会变成智力十分低下的生物。
② 方军雄：《企业投资决策趋同：羊群效应抑或"潮涌现象"？》，《财经研究》2012 年第 11 期。
③ 李秋梅、梁权熙：《企业"脱实向虚"如何传染？——基于同群效应的视角》，《财经研究》2020 年第 8 期。
④ 李志生、苏诚、李好等：《企业过度负债的地区同群效应》，《金融研究》2018 年第 9 期。
⑤ 李四海、江新峰：《企业捐赠行为同群效应研究》，《管理学季刊》2020 年第 3 期。
⑥ 根据企业模仿行为的理论分析，企业倾向于学习模仿"领先者"，李四海和江新峰的分析是将捐赠额度最高的企业视为"领先者"，但是笔者认为，企业的学习模仿对象应该是盈利能力更强或规模更大的"领先者"，但是实证检验没有支持慈善捐赠的学习模仿机制，支持了维持竞争地位的模仿机制。
⑦ 谢佩洪、汪春霞：《管理层权力、企业生命周期与投资效率——基于中国制造业上市公司的经验研究》，《南开管理评论》2017 年第 1 期。刘帷韬、任金洋、冯大威等：《经济政策不确定性、非效率投资与企业全要素生产率》，《经济问题探索》2021 年第 12 期。屈文彬、吴一帆：《管理层权力、融资约束与非效率投资》，《财会通讯》2021 年第 4 期。侯巧铭、宋力、蒋亚朋：《管理者行为、企业生命周期与非效率投资》，《会计研究》2017 年第 3 期。

共识。

企业慈善捐赠投入存在投入"度"的衡量，即根据企业特质和企业的盈利水平，企业应该有一个对应的适度捐赠水平，公众基于对企业的判断也会形成"这个企业捐这个额度是合适的（或慷慨的、吝啬的）"判断，因此超过与企业特质相匹配的适度捐赠被视为超额捐赠，达不到这个度则视为企业在慈善捐赠层面表现缺乏积极性，也就是消极捐赠。综合以上分析，本书将超额捐赠和消极捐赠界定为非适度捐赠。

基于上一章的实证检验可知，文化类上市企业慈善捐赠同群效应的驱动机制主要是：非正式制度压力下的"半强制同构机制"和基于维持竞争地位的"模仿同构机制"，也就是说，同行业或同一子群企业的平均捐赠水平提升会促使行业内的任一企业慈善捐赠水平提升，如果企业没有根据同行业企业平均捐赠水平或同一子群企业平均捐赠水平提升捐赠水平就可能会引起公众、政府的不满，企业在同群效应影响下的捐赠就很可能会超出企业适当的捐赠水平，由于担忧捐赠不足引起公众或政府的不满，在制度压力驱动的同群效应影响下，企业会提升消极捐赠水平。在以上分析基础上，本书提出：

H1a：制度压力会对企业超额捐赠产生显著正向影响。

H1b：制度压力会对企业消极捐赠产生显著负向影响。

二 文化类上市企业非适度捐赠对企业财务绩效的影响

现有关于过度投资、过度负债以及超额薪酬的研究指出：过度投资、超额薪酬以及过度负债都会对企业产生负面影响。在过度投资的研究层面，詹雷和王瑶瑶[1]的研究揭示了过度投资会对企业价值产生负面影响。江轩宇和许年行[2]的研究显示企业过度投资与企业未来股价崩盘显著正相关。刘帷韬等[3]的研究提出过度捐赠显著负向影响企业的全要

---

[1] 詹雷、王瑶瑶：《管理层激励、过度投资与企业价值》，《南开管理评论》2013年第3期。

[2] 江轩宇、许年行：《企业过度投资与股价崩盘风险》，《金融研究》2015年第8期。

[3] 刘帷韬、任金洋、冯大威等：《经济政策不确定性、非效率投资与企业全要素生产率》，《经济问题探索》2021年第12期。

素生产率。在超额薪酬研究领域,吴成颂和周炜[①]的研究显示超额薪酬对企业绩效产生了显著负向影响。傅顾等[②]的研究指出国企高管的超额薪酬显著加剧了国有企业股价崩盘。在过度负债层面,李志生等[③]指出企业过度负债水平越高,企业的偿债能力就越低,企业的盈利能力也越差。

以上研究均显示企业偏离合理水平的投资、负债以及高管薪酬均会负面影响企业发展,对于偏离企业合理水平的慈善捐赠会对企业产生什么影响还有待进一步探索。由第五章的研究结论了解到,文化类上市企业慈善捐赠的同群效应主要是由"半强制同构"和为维持竞争地位的"模仿同构"驱动的,可以了解到,文化类上市企业之所以受同行业其他企业捐赠决策和捐赠水平的影响,是为了避免离群导致被公众指责或引起政府不满,所以不同于过度投资、超额薪酬与过度负债对企业的负向影响,超额捐赠可以赢得公众与政府认可,应该能对企业绩效带来正向影响,而消极捐赠会被视为吝啬,会对企业绩效带来负向影响。于是,本书提出以下假设:

H2a:超额捐赠将会显著正向影响企业财务绩效。

H2b:消极捐赠将会对企业财务绩效造成负面影响。

同时,考虑到企业捐赠是将本来应该分给股东或用于企业发展的资金用于慈善捐赠,如果企业超额捐赠的额度过高,将会导致股东不满[④],也会使企业成本增加,进而影响企业财务绩效,因此本书提出以下假设:

H3:超额捐赠对企业财务绩效的影响呈倒"U"形。

---

① 吴成颂、周炜:《高管薪酬限制、超额薪酬与企业绩效——中国制造业数据的实证检验与分析》,《现代财经(天津财经大学学报)》2016年第9期。

② 傅顾、乐婷、徐静:《有效激励还是以权谋私:超额高管薪酬与股价崩盘风险——基于不同产权性质的实证研究》,《财经论丛》2017年第9期。

③ 李志生、苏诚、李好等:《企业过度负债的地区同群效应》,《金融研究》2018年第9期。

④ 2020年WLY第四次会议通过的四项决议涉及捐赠项目累计8.2亿元,受到中小股东广泛质疑,2021年2月的第三届董事会第一次会议决定终止有关捐赠事项的议案。

第二节 研究设计

一 样本选择与数据来源

本书选取 2003—2020 年文娱用品制造业、印刷复制业、互联网服务业、新闻和出版业以及文化艺术业六个行业的 162 家文化类上市企业为研究样本,之所以以 2003 年为起点是因为企业捐赠的数据从 2003 年才可以获取,而 2020 年是目前可获得的最新年度数据。上市企业慈善捐赠金额数据来源于国泰安数据库以及上市企业年报,企业的财务数据来自国泰安数据库。超额捐赠与消极捐赠变量的数据采用各行业企业捐赠数据进行计算。

在企业样本筛选层面,本书做了以下处理:第一,由于被"ST"特别处理的企业财务异常,可能影响分析结果,所以本书剔除了被"ST"特别处理的企业;第二,删除所有在样本期间主营业务不是文化及相关产业的企业以保证样本企业主营业务以经营文化产品、服务为主;第三,删除财务报表里的捐赠项目涉及赞助的企业以保证样本企业捐赠的公益性;第四,本书对照上市企业财务报表剔除了当期公布的捐赠额与下一期公布的上期捐赠额不一致的企业;第五,为了避免极端值的影响,本书对所有连续数值型变量在上下 1% 的水平进行缩尾处理。

二 模型与变量

本书建立以下动态面板模型检验 H1a 和 H1b:

$$OVCG_{i,t} = \sum_{q=1}^{p} \alpha_q OVCG_{i,t-q} + \alpha_{11}(L)MCG_{j-i,t} + \alpha_{13}Contorls + \gamma_i + \varepsilon_{i,t}$$

$$5-(1)$$

$$INSCG_{i,t} = \sum_{q=1}^{p} \alpha'_q INSCG_{i,t-q} + \alpha_{21}(L)MCG_{j-i,t} + \alpha_{22}Contorls + \gamma'_i + \varepsilon'_{i,t}$$

$$5-(2)$$

模型 5-(1) 与模型 5-(2) 中 p 是超额捐赠($OVCG$)或消极捐赠($INSCG$)作为内生解释变量可滞后的最大阶数,下标 i 表示 i 企业、t 表示 t 年、$j-i$ 表示除 i 企业外的其他企业。根据 H1a,α_{11} 应显著 $\neq 0$ 且为正，根据 H1b，α_{21} 应显著 $\neq 0$ 且为负。

OVCG 与 *INSCG* 参照 Richardson[①] 估算过度投资、Core 等[②] 估算超额薪酬以及李四海和江新峰[③] 估算超额捐赠的模型来建立估算超额捐赠和捐赠不足的模型 5-(3)：

$$RCG_{i,t} = \alpha_{31} + \alpha_{32}SIZE_{i,t-1} + \alpha_{33}SG_{i,t-1} + \alpha_{34}LEV_{i,t-1} + \alpha_{35}SOD_{i,t} + \varepsilon''_{i,t} \quad 5-(3)$$

参照之前学者的测算模型，模型 5-(3) 通过测算根据企业规模（*SIZE*）、营业收入增长率（*SG*）、资产负债率（*LEV*）以及产权性质（*SOD*）的特质预期捐赠水平与实际捐赠水平的偏离值（以残差 ε'' 表示），当偏离值为正时则代表超额捐赠，当偏离值为负时则为消极捐赠（取绝对值进行估计）。在估算出超额捐赠和消极捐赠后，建立模型 5-(4) 检验假设 H2a，以及建立模型 5-(5) 检验假设 H2b：

$$CFP_{i,t} = \beta_{01} + \beta_{11}OVCG_{i,t-1} + Controls + \gamma_i + \varepsilon_{i,t} \quad 5-(4)$$

$$CFP_{i,t} = \beta_{02} + \beta_{21}INSCG_{i,t-1} + Controls + \gamma_i + \varepsilon_{i,t} \quad 5-(5)$$

模型中 *CFP* 为企业财务绩效，分别用财务指标总资产收益率（*ROA*）、净资产收益率（*ROE*）以及市场价值指标（托宾 Q）来衡量，下标 i 表示 i 企业、t 表示 t 年、$t-1$ 表示上一年度。根据 H2a，超额捐赠（*LOVCG*）的系数 β_{11} 应显著 $\neq 0$，且为正；而根据 H2b，消极捐赠（*LINSCG*）的系数 β_{21} 应显著 $\neq 0$ 且为负。

为了检验 H3，本书建立了模型 5-(6)：

$$CFP_{i,t} = \beta_{03} + \beta_{31}OVCG_{i,t-1} + \beta_{32}OVCG^2_{i,t-1} + Controls + \gamma_i + \varepsilon_{i,t} \quad 5-(6)$$

模型 5-(6) 的财务指标 CFP 与模型 5-(4) 及模型 5-(5) 一致，用总资产收益率、净资产收益率以及托宾 Q 进行衡量，下标 i 表示 i 企业、t 表示 t 年、$t-1$ 表示上一年。根据假设 H3，超额捐赠一次项

[①] Richardson S., "Over-Investment of Free Cash Flow", *Review of Accounting Studies*, Vol. 11, 2006, pp. 159-189.

[②] Core J. E., Guay W., Larcker D. F., "The Power of the Pen and Executive Compensation", *Journal of Financial Economics*, Vol. 88, No. 1, 2008, pp. 1-25.

[③] 李四海、江新峰：《企业捐赠行为同群效应研究》，《管理学季刊》2020 年第 3 期。

($OVCG$)的系数 β_{31} 应显著 $\neq 0$ 且为正,而超额捐赠的二次项($OVCG^2$)的系数 β_{32} 应显著 $\neq 0$ 且为负。

本章研究涉及的因变量、自变量以及控制变量的名称及定义见表 5-1。

表 5-1　　　　　　　　变量名称及定义

变量名称	简写	定义及计算
总资产收益率	ROA	企业财务绩效指标,净利润÷总资产平均余额 总资产平均余额=(资产合计期末余额+资产合计上年期末余额)÷2
净资产收益率	ROE	企业财务绩效指标净利润÷股东权益平均余额 股东权益平均余额=(股东权益期末余额+股东权益期初余额)÷2
托宾 Q	TQ	企业市场价值指标,市值÷资产总计
超额捐赠	OVCG	根据公式 6-(3)计算出的捐赠偏离水平中 >0 的计为超额捐赠,滞后一期为 LOVCG
消极捐赠	INSCG	根据公式 6-(3)计算出的捐赠偏离水平中 <0 的计为消极捐赠,取绝对值,值越高代表企业捐赠水平越低,滞后一期为 LINSCG
制度压力	MCG	j 行业除 i 企业外其余企业慈善捐赠总额与 j 行业除 i 企业外营业收入总额之比,乘以 100
企业规模	SIZE	Log(总资产)
营业收入增长率	LSG	(本期营业收入-上期营业收入)÷上期营业收入
资产负债率	LLEV	总负债÷总资产,滞后一期
所有权性质	SOD	1=国有控股,0=其他
企业年龄	AGE	观测年份-企业成立年份
行业效应	IND	以哑变量表示,某行业=1,其余=0,为避免多重共线性删除印刷、复制业(C23)
宏观经济影响	GDPG	GDP 增长速度

第三节 实证分析

一 描述统计与相关分析

表5-2呈现的是变量的描述性统计。通过表5-2可以看到，文化类上市企业总资产收益率（ROA）的均值为3.6%，最大值为26.1%，最小值为-58.3%，标准差为0.125；净资产收益率（ROE）均值为5.1%，最大值为38.3%，最小值为-112.4%，标准差为0.205；托宾Q（TQ）均值为2.326，最大值为13.251，最小值为0.976，标准差为1.747；企业超额捐赠（OVCG）均值为0.099，最大值为1.525，最小值为0，标准差为0.197；企业消极捐赠（INSCG，取绝对值）均值为0.1，最大值为1.488，最小值为0，标准差为0.201；表示制度压力的同行业企业慈善捐赠水平（MCG）的均值为0.989，最大值为0.446，最小值为0.005，标准差为0.095。

表5-2　　　　　　　　描述性统计

变量	观测值	均值	标准差	最大值	最小值
ROA	1139	0.036	0.125	0.261	-0.583
ROE	1130	0.051	0.205	0.383	-1.124
TQ	1090	2.326	1.747	13.251	0.976
OVCG	716	0.099	0.197	1.525	0
INSCG	423	0.1	0.201	1.488	0
MCG	1114	0.989	0.095	0.446	0.005
LLEV	935	0.344	0.202	1.037	0.033
LSG	847	0.185	0.426	2.62	-0.725
SIZE	1139	21.623	1.074	26.105	18.157
SOD	1139	0.323	0.468	1	0
AGE	1139	16.016	7.419	53	1

二 相关性分析

表5-3呈现的是变量的Pearson相关分析，相关分析是在不控制其

表5-3　相关性分析

	ROA	ROE	TQ	OVCG	INSCG	MCG	LLEV	LSG	SIZE	SOD	AGE
ROA	1.00										
ROE	0.954***	1.00									
TQ	0.01	0.00	1.00								
OVCG	0.04	0.04	0.02	1.00							
INSCG	-0.122***	-0.105***	0.068**	-0.249***	1.00						
MCG	0.082***	0.067**	-0.162***	0.212***	-0.01	1.00					
LLEV	-0.171***	-0.079**	-0.179***	-0.070**	0.058*	-0.100***	1.00				
LSG	0.091***	0.067*	-0.01	-0.064*	-0.107***	-0.111***	0.069**	1.00			
SIZE	0.061**	0.079**	-0.239***	0.237***	0.02	0.198***	0.197***	0.123***	1.00		
SOD	0.04	0.04	-0.110***	0.126***	0.04	0.393***	0.069**	-0.133***	0.279***	1.00	
AGE	-0.132***	-0.096***	0.03	-0.256***	0.662***	0.04	0.03	-0.089***	0.217***	0.128***	1.00

注：*** 表示 $p<0.01$，** 表示 $p<0.05$，* 表示 $p<0.1$。

他因素影响的情况下，看两个变量的相关强度和相关强度的统计显著性。通过表5-3可以看到：超额捐赠（OVCG）与总资产收益率（ROA）、净资产收益率（ROE）以及企业市场价值（TQ）相关性比较弱，且不具有统计显著性；而捐赠不足（INSCG）与总资产收益率（ROA）、净资产收益率（ROE）在1%水平上显著负相关，而与企业市场价值（TQ）在5%水平上显著正相关。

表5-3还显示，因变量ROA和ROE的相关系数为0.954，它们的相关性在1%水平上显著，由于两者都是衡量企业财务绩效的指标，相关系数越接近1说明两者用于衡量企业财务绩效的一致性越高，除了这两个变量外，其余变量间的相关系数均小于0.4，说明其余变量之间不存在严重的多重共线性。

三 实证检验结果

（一）半强制同构情境下的超额捐赠与消极捐赠

表5-4呈现的是H1a和H1b的检验，也就是模型5-（1）的回归结果。首先可以看到动态面板的Sargan检验结果显示，模型并不存在过度识别问题，也就是说工具变量是合适的，而AR2检验结果显示残差不存在二阶自相关。回归结果（1）呈现的是没有对企业层面控制变量进行控制的情况下，制度压力（MCG）对超额捐赠（OVCG）的影响；回归结果（2）呈现的是在没有对企业层面的控制变量进行控制的情况下制度压力对消极捐赠（INSCG）的影响；回归结果（3）和回归结果（4）是控制变量对超额捐赠和消极捐赠的影响；回归结果（5）和回归结果（6）是加入控制变量后，制度压力对超额捐赠和消极捐赠的影响。

通过对比表5-4的回归结果（1）和回归结果（5），可以看到：上一期超额捐赠（LOVCG）均在1%水平上显著正向影响当期超额捐赠；在不控制企业层面的控制变量时，制度压力对超额捐赠的影响不显著，但是在控制了企业层面的控制变量后，制度压力对超额捐赠产生的正向影响在10%水平上显著（系数$\alpha_{11}=0.314$）。实证结果支持H1a，说明同行业企业的平均捐赠水平每增加1个单位，超额捐赠的企业超额捐赠水平就会增加0.314个单位，同时，如果不控制企业层面的控制变量将会导致遗漏重要变量问题，从而导致制度压力对企业超额捐赠的影响不显著。

表5-4　　　　　　制度压力对超额捐赠、消极捐赠的影响

变量	(1) OVCG	(2) INSCG	(3) OVCG	(4) INSCG	(5) OVCG	(6) INSCG
LOVCG	0.479***		0.280***		0.262***	
	(8.21)		(5.11)		(5.55)	
LINSCG		0.655***		0.493***		0.462***
		(11.36)		(5.97)		(6.57)
MCG	0.117	-0.128*			0.314*	-0.226***
	(0.55)	(-1.66)			(1.78)	(-2.97)
LSG			-0.000	-0.012	0.008	-0.010
			(-0.00)	(-0.76)	(0.31)	(-0.65)
SOD			-0.313***	0.138***	-0.131**	0.089**
			(-3.01)	(2.92)	(-2.05)	(2.30)
AGE			-0.029***	-0.009**	-0.013**	-0.013***
			(-3.60)	(-2.22)	(-2.09)	(-3.93)
LLEV			0.193	0.045	0.037	0.017
			(1.39)	(0.93)	(0.30)	(0.41)
SIZE			0.021	-0.008	-0.003	0.011
			(0.77)	(-0.37)	(-0.13)	(0.60)
GDPG	-0.007	0.002	-0.012	-0.004	-0.005	-0.010***
	(-1.26)	(0.92)	(-1.55)	(-1.08)	(-0.75)	(-3.00)
Constant	0.046	-0.108***	0.266	0.265	0.398	-0.042
	(0.66)	(-3.48)	(0.48)	(0.60)	(0.84)	(-0.12)
N	122	74	88	75	88	74
IND	控制	控制	控制	控制	控制	控制
YEAR	NO	NO	NO	NO	NO	NO
Sargan	77..57	46.48	32.17	21.52	61.91	45.71
AR2	-0.27	1.30	0.84	1.31	0.66	1.21

注：括号里是 z 统计量；Sargan 检验报告的是 chi^2；AR2 报告的是 z 统计量；*** 表示 $p<0.01$，** 表示 $p<0.05$，* 表示 $p<0.1$。

而对比回归结果（2）和回归结果（6），可以看到：上一期的消极捐赠（LINSCG）也在1%水平上显著正向影响当期消极捐赠（INSCG），而无论是否加入企业层面的控制变量，制度压力（MCG）均对消极捐赠产生了显著的抑制作用，即制度压力会提高消极捐赠企业的捐赠水平。在没有加入企业层面的控制变量时，制度压力在10%水平上显著提高消极捐赠企业的捐赠水平，加入企业层面的控制变量后，制度压力在1%水平上显著提升了消极捐赠企业的捐赠水平（系数α_{21} = -0.226），实证结果支持H1b。

回归结果（3）和回归结果（4）显示在企业层面的控制变量中，企业年龄（AGE）显著负向影响超额捐赠（OVCG）和消极捐赠（INSCG），这代表成立时间越久的企业，超额捐赠越低，越倾向于消极捐赠；而企业所有制（SOD）则显著负向影响超额捐赠，但是对消极捐赠的影响是显著正向的，这说明国有企业在超额捐赠水平上较非国有企业低，而国有企业的消极捐赠水平较非国有企业高。其余控制变量虽然不显著，但是作为企业特质层面的变量会影响企业经营决策的各个方面，所以仍要对其影响进行控制。

（二）超额捐赠、消极捐赠对企业财务绩效的影响

表5-5呈现的是超额捐赠、消极捐赠对企业财务绩效的影响，也就是模型5-（4）、模型5-（5）和模型5-（6）对H2a、H2b以及H3的检验结果。其中（1）—（3）是模型5-（4）的回归结果，检验的是超额捐赠（LOVCG）对企业财务绩效的线性影响（即假设H2a）；（4）—（6）是对模型5-（5）的回归结果，检验的是消极捐赠（LINSCG）对财务绩效的线性影响（即假设H2b）；（7）—（9）是模型5-（6）的回归结果，检验的是超额捐赠（LOVCG）对企业财务绩效的倒"U"形影响（即假设H3），通过进行Hausman检验，（6）—（8）采用的是随机效应回归，其余回归采用的是固定效应。

回归结果（1）—（3）显示，超额捐赠对以总资产收益率（ROA）、净资产收益率（ROE）衡量的企业财务绩效有负向影响，但是这种负向影响不具备统计显著性，而超额捐赠对以托宾Q（TQ）衡量的企业市场价

表 5-5　超额捐赠、消极捐赠与企业财务绩效

变量	(1) ROA	(2) ROE	(3) TQ	(4) ROA	(5) ROE	(6) TQ	(7) ROA	(8) ROE	(9) TQ
L.OVCG	-0.023	-0.045	1.322***				-0.049	-0.121	1.896***
	(-0.90)	(-1.06)	(4.23)				(-0.94)	(-1.35)	(2.84)
L.INSCG				0.022	-0.088	-0.922			
				(0.21)	(-0.45)	(-0.98)			
L.OVCG²							0.018	0.075	-1.359**
							(0.33)	(0.83)	(-1.99)
SIZE	0.064***	0.110***	-0.205	0.070***	0.147***	-1.010***	0.040***	0.072***	-0.433**
	(4.42)	(4.42)	(-1.05)	(3.78)	(4.12)	(-5.64)	(4.93)	(4.85)	(-2.33)
LLEV	-0.077	-0.072	0.041	0.099	0.139	0.028	-0.160***	-0.214***	-0.367
	(-1.39)	(-0.75)	(0.06)	(1.52)	(1.06)	(0.05)	(-4.13)	(-3.02)	(-0.55)
LSG	0.039***	0.067***	0.307	0.017	0.043	-0.231	0.026**	0.056***	0.023
	(2.94)	(2.96)	(1.36)	(0.99)	(1.29)	(-1.47)	(2.37)	(2.83)	(0.15)
SOD	0.042	-0.014	1.107***	0.003	0.028	-0.047	0.010	0.014	-0.068
	(0.84)	(-0.16)	(4.32)	(0.05)	(0.25)	(-0.09)	(0.48)	(0.40)	(-0.11)
AGE	-0.013***	-0.021***	-0.019	0.040*	0.083**	-0.329*	-0.001	-0.001	0.130
	(-4.95)	(-4.67)	(-0.57)	(1.92)	(2.03)	(-1.75)	(-0.61)	(-0.45)	(0.73)

续表

变量	(1) ROA	(2) ROE	(3) TQ	(4) ROA	(5) ROE	(6) TQ	(7) ROA	(8) ROE	(9) TQ
Constant	-1.158***	-1.986***	8.091*	-2.296***	-4.960***	30.603***	-0.841***	-1.645***	10.465*
	(-3.13)	(-3.16)	(1.67)	(-3.30)	(-3.72)	(4.75)	(-4.05)	(-4.40)	(1.82)
N	162	161	162	86	85	86	162	161	162
IND	控制	控制	控制	控制	控制	控制	控制	控制	控制
YEAR	控制	控制	控制	控制	控制	控制	控制	控制	控制
Adj-R^2	0.03	0.01	0.01	0.01	0.01	0.33	0.17	0.11	0.09
Hausman test	17.80**	20.24***	36.67***	35.91**	37.84***	14.64	24.45	20.03	42.24***
F test	7.57***	6.51***	4.73***	1.98***	2.20***	270.20***	0.	0.	11.06***
Wald test	0.	0.	0.	0.	0.	0.	86.11***	66.36***	0.

注：括号里是 t 统计量；Wald test、Hausman test 报告的是 chi²；*** 表示 $p<0.01$，** 表示 $p<0.05$，* 表示 $p<0.1$。

值在1%水平上有显著正向影响（LOVCG 对 TQ 的回归系数 $\beta_{11}=1.322$），这代表企业超额捐赠每增加1个单位，企业的市场价值将会增加1.322个单位，H1a 得到部分支持。

回归结果(4)—(6)显示，消极捐赠（LINSCG）对以总资产收益率（ROA）、净资产收益率（ROE）衡量的企业财务绩效和用托宾 Q（TQ）衡量的企业市场价值的影响为负，但是这种负面影响并不具备统计显著性，所以 H1b 没有得到实证检验的支持。

回归结果(7)—(9)显示，超额捐赠对总资产收益率和净资产收益率的影响呈正"U"形，但是系数不具备统计显著性，而超额捐赠对企业市场价值托宾 Q 的影响呈倒"U"形，且系数均在1%水平上具有统计显著性（LOVCG 对 TQ 的回归系数 $\beta_{31}=1.896$，LOVCG² 对 TQ 的回归系数 $\beta_{32}=-1.359$）。这就代表企业的超额捐赠额度相对低的时候，伴随着超额捐赠水平的提升，企业的市场价值也会提升；但是当超额捐赠增长到一定水平时，企业超额捐赠水平越高，企业的市场价值越低，H3 得到验证。

第四节　拓展性研究与稳健性检验

一　拓展性研究

考虑到现有研究指出所有权是影响企业慈善捐赠的重要因素，所以这一部分的延伸研究将分别检验国有文化类上市企业和非国有文化类上市企业超额捐赠、消极捐赠对企业财务绩效的影响。表5-6呈现的是国有文化类上市企业超额捐赠与消极捐赠对企业财务绩效的影响，也就是以国有上市企业为样本检验 H2a、H2b 以及 H3。

表5-6的回归结果(1)—(3)是以国有文化类上市企业为样本检验 H2a，可以看到：国有文化类上市企业超额捐赠（LOVCG）对总资产收益率（ROA）、净资产收益率（ROE）影响不显著，但是在5%水平上显著提升了以托宾 Q（TQ）衡量的企业价值（回归系数为0.454），说明国有文化类上市企业超额捐赠每提升1个单位，企业价值就会提升0.454个单位；(4)—(6)是以国有文化类上市企业为样本检验 H2b，实证结果显示：消极捐赠（LINSCG）对总资产收益率（ROA）、净资产收益率

表 5-6　国有文化类上市企业非适度捐赠与财务绩效

变量	(1) ROA	(2) ROE	(3) TQ	(4) ROA	(5) ROE	(6) TQ	(7) ROA	(8) ROE	(9) TQ
LOVCG	0.009 (0.68)	0.006 (0.22)	0.454** (1.99)				-0.027 (-0.90)	-0.038 (-0.55)	1.357** (2.52)
LINSCG				0.007 (0.04)	0.096 (0.39)	-6.082*** (-3.55)			
LOVCG²							0.041 (1.30)	0.051 (0.71)	-1.045* (-1.85)
SIZE	0.003 (0.15)	0.033 (0.86)	-0.469 (-1.54)	0.085*** (2.66)	0.155*** (2.90)	-1.141*** (-3.04)	0.005 (0.30)	0.036 (0.93)	-0.526* (-1.74)
LLEV	-0.058 (-1.13)	-0.090 (-0.77)	2.067** (2.21)	-0.216** (-2.41)	-0.403*** (-2.68)	0.565 (0.54)	-0.054 (-1.05)	-0.084 (-0.72)	1.965** (2.12)
LSG	0.011 (0.87)	0.030 (1.08)	-0.257 (-1.16)	-0.024 (-0.99)	-0.024 (-0.58)	-0.745** (-2.61)	0.007 (0.53)	0.025 (0.87)	-0.156 (-0.69)
AGE	-0.010 (-1.13)	-0.012 (-0.62)	-0.122 (-0.80)	-0.048** (-2.08)	-0.087** (-2.24)	-0.468* (-1.73)	-0.010 (-1.22)	-0.013 (-0.67)	-0.103 (-0.68)

续表

变量	(1)	(2)	(3)	(4)	(5)	(6)	(7)	(8)	(9)
	ROA	ROE	TQ	ROA	ROE	TQ	ROA	ROE	TQ
Constant	0.215	-0.365	13.484*	-0.564	-1.167	38.523***	0.191	-0.394	14.025**
	(0.55)	(-0.41)	(1.90)	(-0.59)	(-0.73)	(3.45)	(0.49)	(-0.44)	(1.99)
N	50	50	50	26	26	26	50	50	50
IND	控制	控制	控制	控制	控制	控制	控制	控制	控制
YEAR	控制	控制	控制	控制	控制	控制	控制	控制	控制
F test	1.79**	1.82**	7.87***	2.65**	3.00***	7.33***	1.80**	1.75**	7.85***
Adj-R^2	0.00	0.00	0.02	0.01	0.01	0.00	0.00	0.00	0.02

注: 括号里是 t 统计量; *** 表示 $p<0.01$, ** 表示 $p<0.05$, * 表示 $p<0.1$。

表5-7　非国有文化类上市企业非适度捐赠与财务绩效

变量	(1) ROA	(2) ROE	(3) TQ	(4) ROA	(5) ROE	(6) TQ	(7) ROA	(8) ROE	(9) TQ
LOVCG	-0.080*	-0.125*	0.905*				-0.189**	-0.348**	2.501**
	(-1.90)	(-1.81)	(1.91)				(-2.13)	(-2.39)	(2.51)
LOVCG²							0.123	0.252*	-1.788*
							(1.39)	(1.74)	(-1.82)
LINSCG				0.080	-0.057	0.172			
				(0.60)	(-0.22)	(0.15)			
SIZE	0.100***	0.165***	-0.297	0.063***	0.137***	-1.130***	0.104***	0.175***	-0.371
	(4.57)	(4.35)	(-1.19)	(2.68)	(2.93)	(-5.23)	(4.74)	(4.60)	(-1.47)
LLEV	-0.099	-0.163	-0.975	0.209**	0.370**	-0.080	-0.096	-0.160	-1.003
	(-1.34)	(-1.27)	(-1.17)	(2.36)	(1.99)	(-0.11)	(-1.30)	(-1.26)	(-1.21)
LSG	0.035**	0.072**	0.016	0.035	0.067	-0.102	0.035**	0.073**	0.010
	(2.01)	(2.42)	(0.08)	(1.51)	(1.47)	(-0.52)	(2.03)	(2.47)	(0.05)
AGE	-0.013	-0.024	0.196	0.081***	0.164***	-0.182	-0.014	-0.025	0.203
	(-0.57)	(-0.64)	(0.78)	(2.75)	(2.79)	(-0.73)	(-0.61)	(-0.68)	(0.82)

续表

变量	(1) ROA	(2) ROE	(3) TQ	(4) ROA	(5) ROE	(6) TQ	(7) ROA	(8) ROE	(9) TQ
Constant	-1.822**	-3.071**	6.605	-2.650***	-5.774***	24.268***	-1.915***	-3.288***	8.105
	(-2.55)	(-2.52)	(0.81)	(-2.81)	(-3.12)	(2.94)	(-2.67)	(-2.70)	(1.00)
N	115	114	115	63	62	63	115	114	115
IND	控制	控制	控制	控制	控制	控制	控制	控制	控制
YEAR	控制	控制	控制	控制	控制	控制	控制	控制	控制
F test	3.47***	2.61***	10.59***	1.95**	2.09**	7.19***	3.42***	2.65***	10.36***
Adj-R^2	0.03	0.01	0.07	0.01	0.01	0.17	0.02	0.01	0.08

注：括号里是 t 统计量；*** 表示 $p<0.01$，** 表示 $p<0.05$，* 表示 $p<0.1$。

(ROE)影响不显著,但是在1%水平上显著负向影响以托宾Q(TQ)衡量的企业价值(回归系数为-6.082),这说明国有文化类上市企业如果在慈善捐赠层面表现不积极,就会有损其企业价值;(7)—(9)的回归结果显示:国有文化类上市企业超额捐赠对总资产收益率(ROA)、净资产收益率(ROE)也不存在显著的非线性影响,但是对托宾Q(TQ)的影响呈倒"U"形,且具有统计显著性(LOVCG的回归系数为1.357,$LOVCG^2$的回归系数为-1.045),这代表国有文化类上市企业价值伴随着超额捐赠提升也会提升,但是当超额捐赠水平提升到一定程度时,超额捐赠对企业价值的影响从积极转变为消极。

表5-7呈现的是以非国有文化类上市企业为样本,检验超额捐赠、消极捐赠对企业财务绩效的影响,即以非国有文化类上市企业为样本检验H2a、H2b以及H3。

表5-7的回归结果(1)—(3)检验的是H2a,可以看到超额捐赠(LOVCG)对非国有文化类上市企业财务绩效的影响呈现矛盾性:超额捐赠在10%水平上显著削弱了企业的总资产收益率(ROA)与净资产收益率(ROE),但是在10%水平上提升了企业的市场价值(TQ),这说明企业超额捐赠对企业财务绩效指标产生了消极影响,但是对市场价值产生了积极影响;(4)—(6)呈现的是消极捐赠对企业绩效的影响,即对H2b的检验,可以看到,消极捐赠对非国有文化类上市企业的财务绩效影响没有统计显著性;(7)—(9)的回归结果显示非国有文化类上市企业超额捐赠对净资产收益率的影响呈正"U"形(LOVCG的系数为-0.348,$LOVCG^2$的系数为0.252),且具有统计显著性,而非国有文化类上市企业的超额捐赠对企业市场价值的影响呈倒"U"形(LOVCG的系数为-2.501,$LOVCG^2$的系数为-1.788),也具有统计显著性,这一结果说明超额捐赠对非国有文化类上市企业财务绩效的影响存在差异。

二 稳健性检验

(一)半强制同构对超额捐赠、消极捐赠影响的稳健性检验

表5-8是代表半强制同构的变量制度压力影响超额捐赠、消极捐赠的稳健性检验,稳健性检验通过剔除2008年和2010年的数据进行检验。

回归结果（1）和回归结果（2）是检验制度压力（MCG）对超额捐赠（OVCG）的影响是否稳健；回归结果（3）和回归结果（4）是检验制度压力对消极捐赠（INSCG）的影响是否稳健。

回归结果（1）呈现的是没有添加企业层面控制变量的回归结果。从回归结果（2）呈现的是添加企业层面控制变量的回归结果，回归结果（1）和回归结果（2）可以看到：企业上一期的超额捐赠水平在1%水平上显著影响当期超额捐赠水平；但是，制度压力对超额捐赠的影响不显著，所以，制度压力对超额捐赠有显著正向影响这一结论是不稳健的，由于研究剔除了2008年汶川地震和2010年玉树地震的数据，可以了解到制度压力对超额捐赠的显著影响受到极端自然灾害的影响。

表5-8　制度压力影响超额捐赠、消极捐赠的稳健性检验结果

变量	(1) OVCG	(2) OVCG	(3) INSCG	(4) INSCG
LOVCG	0.487***	0.273***		
	(8.10)	(5.51)		
LINSCG			0.647***	0.432***
			(10.78)	(6.07)
MCG	-0.047	0.399	-0.065	-0.172*
	(-0.16)	(1.64)	(-0.60)	(-1.74)
LSG		0.009		-0.011
		(0.33)		(-0.67)
SOD		-0.141**		0.088**
		(-2.09)		(2.27)
AGE		-0.012*		-0.014***
		(-1.74)		(-4.10)
LLEV		0.069		0.017
		(0.55)		(0.39)
SIZE		-0.015		0.015
		(-0.57)		(0.76)
GDPG	-0.007	-0.002	0.002	-0.010***
	(-1.09)	(-0.29)	(0.98)	(-3.08)

续表

	(1)	(2)	(3)	(4)
变量	OVCG	OVCG	INSCG	INSCG
Constant	0.063	0.606	-0.118***	-0.125
	(0.88)	(1.18)	(-3.61)	(-0.32)
N	115	86	74	74
IND	控制	控制	控制	控制
YEAR	NO	NO	NO	NO
Sargan	66.19	58.03	46.18	44.46
AR2	0.26	0.8	1.26	1.19

注：括号里是 z 统计量；Sargan 检验报告的是 chi^2；AR2 报告的是 z 统计量；*** 表示 $p<0.01$，** 表示 $p<0.05$，* 表示 $p<0.1$。

回归结果（3）呈现的是没有添加企业层面控制变量的回归结果，回归结果（4）呈现的是添加企业层面控制变量的回归结果，可以看到：企业上一期的消极捐赠水平在1%水平上显著正向影响当期消极捐赠水平；同时，在控制其他变量影响的情况下，制度压力（MCG）对消极捐赠的负向影响在10%水平上是显著的，这说明，在控制其他因素影响的情况下，制度压力显著抑制了企业的消极捐赠，也就是说制度压力越大，消极捐赠企业的捐赠水平也会提升。

（二）非适度捐赠对企业财务绩效影响的稳健性检验

表5-9呈现的是非适度捐赠对企业财务绩效影响的稳健性检验，为保持一致性，稳健性检验通过剔除2008年和2010年的数据进行回归分析。回归结果（1）和回归结果（2）是以所有文化类上市企业为样本进行的稳健性检验，回归结果（3）—（5）是以国有文化类上市企业为样本进行的稳健性检验，回归结果（6）—（10）是以非国有文化类上市企业为样本进行的稳健性检验，分别检验上一阶段研究中显著的结果。

表5-9的回归结果（1）显示，超额捐赠（LOVCG）对市场价值（TQ）的回归系数为0.714，在5%水平上显著≠0，这说明企业超额捐赠水平越高，企业的市场价值（TQ）越高；回归结果（2）显示，超额捐赠一次项的系数为1.915，且在1%水平上显著≠0，超额捐赠二次项

表5-9　非适度捐赠对财务绩效影响的稳健性检验结果

变量	所有文化类上市企业 (1) TQ	所有文化类上市企业 (2) TQ	国有文化类上市企业 (3) TQ	国有文化类上市企业 (4) TQ	国有文化类上市企业 (5) TQ	国有文化类上市企业 (6) ROA	非国有文化类上市企业 (7) ROE	非国有文化类上市企业 (8) TQ	非国有文化类上市企业 (9) ROE	非国有文化类上市企业 (10) TQ
LOVCG	0.714**	1.915***	0.442*	1.320**		-0.079*	-0.124*	0.935*	-0.352**	2.603**
	(2.31)	(2.82)	(1.94)	(2.41)		(-1.82)	(-1.74)	(1.95)	(-2.33)	(2.57)
LOVCG^2		-1.372**		-1.000*					0.255*	-1.855*
		(-1.98)		(-1.76)					(1.71)	(-1.87)
LINSCG					-6.065***					
					(-3.46)					
SIZE	-0.385**	-0.434**	-0.444	-0.513*	-1.141***	0.100***	0.165***	-0.311	0.176***	-0.387
	(-2.03)	(-2.28)	(-1.46)	(-1.69)	(-2.97)	(4.47)	(4.25)	(-1.23)	(4.49)	(-1.52)
LLEV	-0.278	-0.325	1.625*	1.543*	0.543	-0.095	-0.158	-0.950	-0.154	-0.989
	(-0.41)	(-0.48)	(1.74)	(1.67)	(0.51)	(-1.25)	(-1.20)	(-1.12)	(-1.17)	(-1.18)
LSG	0.018	0.030	-0.230	-0.131	-0.747**	0.036**	0.073**	0.021	0.074**	0.016
	(0.12)	(0.19)	(-1.05)	(-0.59)	(-2.51)	(1.99)	(2.37)	(0.11)	(2.42)	(0.08)
SOD	-0.053	-0.275								
	(-0.08)	(-0.43)								

续表

	所有文化类上市企业		国有文化类上市企业			非国有文化类上市企业			
变量	(1)	(2)	(3)	(4)	(5)	(6)	(7)	(8)	(9)	(10)
	TQ	TQ	TQ	TQ	TQ	ROA	ROE	TQ	ROE	TQ
AGE	0.125	0.132	-0.114	-0.095	-0.468*	-0.013	-0.024	0.192	-0.025	0.198
	(0.69)	(0.74)	(-0.76)	(-0.64)	(-1.70)	(-0.56)	(-0.63)	(0.77)	(-0.67)	(0.80)
Constant	10.523*	11.454*	13.594*	14.393**	38.738***	-1.818**	-3.076**	7.879	-3.321***	9.622
	(1.79)	(1.95)	(1.91)	(2.03)	(3.37)	(-2.45)	(-2.44)	(0.95)	(-2.63)	(1.16)
N	162	162	49	49	26	115	114	115	114	49
IND	控制	控制	控制	控制	控制	控制	控制	控制	控制	控制
YEAR	控制	控制	控制	控制	控制	控制	控制	控制	控制	控制
F test	11.28	11.06***	7.93***	7.86***	7.66***	3.79***	2.77***	10.86***	2.81***	10.6***
Adj-R^2	0.09	0.10	0.02	0.02	0.00	0.03	0.01	0.08	0.01	0.09

注：括号里是 t 统计量；*** 表示 $p<0.01$，** 表示 $p<0.05$，* 表示 $p<0.1$。

（LOVCG²）系数为 -1.372，且在 5% 水平上显著 ≠0，这说明超额捐赠水平增长到一定程度，对企业市场价值的正向影响就消失了，取而代之的是负面影响，这说明超额捐赠对市场价值的倒"U"形影响是稳健的。

回归结果（3）和回归结果（4）显示，国有文化类上市企业超额捐赠（LOVCG）对企业市场价值（TQ）的倒"U"形影响也是稳健的；回归结果（4）显示 LOVCG 的系数为 1.320，且在 5% 水平上显著 ≠0，LOVCG² 的系数为 -1，且在 10% 水平上显著 ≠0；而回归结果（5）显示国有文化类上市企业消极捐赠对 TQ 的回归系数为 -6.065，且在 1% 水平上显著 ≠0，这说明国有文化类上市企业消极捐赠对市场价值的负面影响也是稳健的。

回归结果（6）—（8）显示对非国有文化类上市企业而言，超额捐赠（LOVCG）对企业总资产收益率（ROA）、净资产收益率（ROE）的显著负向影响是稳健的，对企业市场价值（TQ）的显著正向影响也是稳健的；回归结果（9）显示超额捐赠对 ROE 的正"U"形影响是稳健的，LOVCG 的系数为 -0.352，且在 5% 水平上显著 ≠0，LOVCG² 的系数为 0.255，且在 10% 水平上显著 ≠0；而回归结果（10）显示超额捐赠对 TQ 的倒"U"形影响也是稳健的，LOVCG 的系数为 2.603，且在 5% 水平上显著 ≠0，LOVCG² 的系数为 -1.855，且在 10% 水平上显著 ≠0。

第五节　结论与讨论

一　研究结论

在验证了文化类上市企业慈善捐赠同群效应的"半强制同构"机制和"模仿同构"机制的基础上，这一章分析"半强制同构"对文化类上市企业超额捐赠与消极捐赠的影响[1]，并在此基础上探析文化类上市企业超额捐赠与消极捐赠对企业财务绩效的影响，主要得出以下结论。

---

[1] 没有做基于"模仿同构"机制的分析主要是受制于样本量的限制，"领先者""效仿者"以及"跟跑者"三组的区分是超额捐赠与消极捐赠后样本数较少，未来样本量足够的情况下可以进一步分析。

首先，文化类上市企业的超额捐赠与消极捐赠都显著受到上一期超额捐赠和消极捐赠的影响，也就是说，上一期超额捐赠水平越高的企业，当期的超额捐赠水平也越高，而上一期捐赠较不积极的企业，当期表现会更不积极。

其次，在发生大型灾难的年份，"半强制同构"机制可以解释企业超额捐赠的提升，也就是在发生大型灾难的情境下，同行业企业平均捐赠水平的提升会导致企业超额捐赠的提升，但是剔除大型灾难年份后，这种影响是不显著的；另外，"半强制同构"机制可以解释企业消极捐赠的削弱，实证检验显示同行业平均捐赠水平的提升会使企业消极捐赠降低，也就意味着同行业平均捐赠水平提升，消极捐赠的企业也会提升捐赠额度。值得注意的是，如果不控制企业层面的控制变量，将会导致遗漏重要变量而影响回归结果。

最后，文化类上市企业超额捐赠总体上对总资产收益率与净资产收益率影响不显著，但是对市场价值的影响呈显著的倒"U"形，且对企业价值倒"U"形影响在国有与非国有文化类上市企业样本中也存在。国有和非国有文化类上市企业的超额捐赠、消极捐赠对总资产收益率与净资产收益率的影响存在一定差异：国有文化类上市企业的消极捐赠虽然对总资产收益率和净资产收益率的影响不显著，但是对企业的市场价值有显著负向影响，而消极捐赠对非国有企业市场价值则没有这种消极影响；而非国有文化类上市企业的超额捐赠对总资产收益率呈显著负向影响，对净资产收益率呈显著的正"U"形影响，而对市场价值呈显著倒"U"形影响，以上研究结论通过稳健性检验证明是稳健的。

二　对结论的讨论

首先，研究显示企业当期的超额捐赠与消极捐赠都显著受到上一期的超额捐赠与消极捐赠影响，也就是说文化类上市企业慈善捐赠存在"锚定效应"，祝继高等[1]的研究揭示在汶川地震时积极捐赠的企业在玉树

---

[1] 祝继高、辛宇、仇文妍：《企业捐赠中的锚定效应研究——基于"汶川地震"和"雅安地震"中企业捐赠的实证研究》，《管理世界》2017年第7期。

地震时也会积极开展捐赠，而本书的贡献在于呈现了文化类上市企业在非适度捐赠层面也存在"锚定效应"，上一期有超额捐赠（消极捐赠）的企业在当期也表现出超额捐赠（消极捐赠）。

其次，实证检验结果显示测度制度同构机制的制度压力对企业超额捐赠的影响并不稳健，只有在样本中涵盖重大灾难事件年份的样本时，同群企业捐赠水平的提升才会显著提升企业的超额捐赠水平，在现实中，平时公众不一定注意到企业捐赠额度是高还是低，但是在重大灾难事件发生的年份，公众不仅会关注捐得特别多的，同时还会关注捐赠得特别少的[1]。在这种情境下，企业更容易在同群企业捐赠都超额的情况下发生超额捐赠行为，但是在非重大灾难年份，企业捐赠多半会根据企业自身经营状况做出捐赠决策，较少受到同群高捐赠的企业的影响。在第五章中，研究也发现同行业企业并不会向规模更大或盈利能力更强的企业学习捐赠投入，更多是受到实力相当的同一子群的影响。

然而，研究也发现，同行业企业的平均捐赠水平会显著削弱企业的消极捐赠，由于消极捐赠是以偏离企业捐赠预测值的负值的绝对值衡量，也就意味着消极捐赠值越大，企业在慈善捐赠层面投入越低，研究结论揭示了同行业企业平均捐赠水平将会提升行业内企业的捐赠水平。第五章的研究显示文化类上市企业的慈善捐赠同群效应受到"半强制同构"和保持竞争地位"模仿同构"机制驱动，由此可知，如果企业在捐赠的过程中捐赠水平过低，则会在偏离企业预测捐赠水平越远的同时也偏离同行业企业平均捐赠水平越远，这样的捐赠行为将会使企业在获取政府支持或公众认同的时候处于劣势，所以伴随着同行业捐赠水平的提升，企业会提升捐赠水平，进而消极捐赠会受到抑制。因此可以看到，同群企业平均捐赠水平一方面会显著提升企业的捐赠水平，另一方面也会抑制企业的消极捐赠。

最后，本书发现在分析企业非适度捐赠的时候，需要注意企业非适度捐赠对国有企业和非国有企业的影响既有相同的影响，也存在一些差异性影响，并且这些差异没有体现在总样本中。共同点是：超额捐赠对

---

[1] 2008年汶川地震时，公众乃至于媒体就将捐赠较少的企业和没有捐赠的企业界定为"铁公鸡"。

企业市场价值（TQ）存在倒"U"形影响，考虑到市场价值是由股票价格和企业股票数量的函数，而企业相对高的捐赠水平会被解读为企业财务情况较好，较值得信任并且未来发展会比较好[1]，由此可见相对高一点的慈善捐赠会让投资者提升对企业的信心，但是当企业捐赠额度太高就会引起投资者的警惕，认为管理者在挥霍企业资源、损害股东利益，并且导致上市企业市场价值下降。Wang等[2]对沪深A股所有上市企业的研究显示企业慈善捐赠对企业价值的影响呈倒"U"形，本书发现在文化类上市企业层面，如果不衡量超额捐赠的影响，就无法细致刻画慈善捐赠对企业财务绩效的影响情况。

在差异性层面：首先，国有文化类上市企业的消极捐赠将会直接导致企业市场价值下降，但是这种影响不存在非国有文化类上市企业层面。这一结论说明当国有企业捐赠水平较低的时候比较容易引起投资者的不信任感，考虑到国有企业一般情况下在规模、盈利能力和获取资源层面都优于非国有企业，同时，政府也很注重国有企业在盈利基础上需要承担的非经济责任，如果非国有在捐赠层面表现得比较消极，可能会使投资者质疑国有企业的盈利能力，导致股票价格受到波及。其次，非国有企业超额捐赠显著负向影响企业的总资产收益率和净资产收益率，其中非国有企业超额捐赠对净资产收益率呈正"U"形影响，这一结果说明非国有文化类上市企业超额捐赠不但不能提升企业的盈利能力，甚至还会损害企业的盈利能力，考虑非国有企业超额捐赠对净资产收益率的影响呈现正"U"形，说明超额捐赠很可能是影响了企业的资产负债率从而导致超额捐赠对企业总资产收益率呈显著线性负向影响。基于这一分析，本书分析了超额捐赠是否强化了资产负债率对非国有文化类上市企业超额捐赠的影响，表5-10呈现了回归结果。

---

[1] Shapira R., "Corporate Philanthropy as Signaling Co-optation", *Fordham Law Review*, Vol. 80, No. 5, 2012, pp. 1889-1939. Lev B., Petrovits C., Radhakrishnan S., "Is Doing Good Good for You? How Corporate Charitable Contributions Enhance Revenue Growth", *Strategic Management Journal*, Vol. 31, No. 2, 2010, pp. 182-200. Chen M. H., Lin C. P., "The Impact of Corporate Charitable Giving on Hospitality Firm Performance: Doing Well by Doing Good?", *International Journal of Hospitality Management*, Vol. 47, 2015, pp. 25-34.

[2] Wang K., Miao Y., Su C-H, et al., "Does Corporate Charitable Giving Help Sustain Corporate Performance in China?", *Sustainability*, Vol. 11, No. 5, 2019.

表 5 – 10　　非国有文化类上市企业超额捐赠、资产负债率与企业财务绩效

变量	全样本		稳健性检验	
	(1) ROA	(2) ROE	(3) ROA	(4) ROE
LOVCG	0.084	0.147	0.089	0.154
	(1.36)	(1.44)	(1.41)	(1.47)
LOVCG × LLEV	-0.818***	-1.368***	-0.845***	-1.410***
	(-3.56)	(-3.54)	(-3.57)	(-3.54)
SIZE	0.104***	0.180***	0.104***	0.181***
	(4.89)	(4.88)	(4.78)	(4.76)
LLEV	0.096	0.134	0.110	0.155
	(1.07)	(0.90)	(1.18)	(0.99)
LSG	0.037**	0.080***	0.037**	0.081***
	(2.17)	(2.76)	(2.14)	(2.72)
AGE	-0.007	-0.011	-0.007	-0.011
	(-0.31)	(-0.30)	(-0.30)	(-0.29)
Constant	-1.853***	-3.370***	-1.862**	-3.400***
	(-2.67)	(-2.84)	(-2.59)	(-2.77)
N	115	114	115	114
IND	控制	控制	控制	控制
YEAR	控制	控制	控制	控制
F test	4.11***	3.23***	4.39***	3.45***
Adj-R²	0.02	0.01	0.02	0.01

注：括号里是 t 统计量；*** 表示 $p<0.01$，** 表示 $p<0.05$，* 表示 $p<0.1$。

表 5 – 10 的回归结果 (1) 和回归结果 (2) 是对所有样本进行的回归，回归结果 (3) 和回归结果 (4) 是剔除了 2008 年和 2010 年的数据做的稳健性检验。回归结果 (1) 和回归结果 (2) 显示，超额捐赠 (LOVCG) 和资产负债率 (LLEV) 的交乘项系数为 -0.818 (对 ROA 的回归系数) 以及 -1.368 (对 ROE 的回归系数)，且两个系数都在 1% 水平上显著 ≠0，而回归结果 (3) 和回归结果 (4) 说明这一结果是稳健的，这说明非国有文化类上市企业的超额捐赠强化了资产负债率对企业财务绩效的负面影响。

由于国有文化类上市企业与非国有文化类上市企业超额捐赠对企业

价值（TQ）的影响都是倒"U"形的，本书将在这一结论基础上分析超额捐赠增长到什么水平后会使 TQ 的影响从正向转为负向，将常数项、超额捐赠一次项和二次项的系数代入模型 5-(6) 后，有：

$$TQ_{so\_i,t} = 14.025 + 1.375 OVCG_{so\_i,t-1} - 1.045 OVCG^2_{so\_i,t-1}$$
$$5-(7)$$

$$TQ_{nso\_i,t} = 8.105 + 2.501 OVCG_{nso\_i,t-1} - 1.788 OVCG^2_{nso\_i,t-1}$$
$$5-(8)$$

方程 5-(7) 中的下标 so_i 代表国有文化类上市企业 i，方程 5-(8) 的下标 nso_i 代表非国有文化类上市企业 i，求 $OVCG$ 对 TQ 的偏导可得：

$$0 = 1.375 - 2 \times 1.045 \times OVCG_{so\_i,t-1}$$
$$0 = 2.501 - 2 \times 1.788 \times OVCG_{nso\_i,t-1}$$

于是，可知当国有文化类上市企业的超额捐赠水平达到 0.65% 时，超额捐赠将会对企业价值产生负向影响，当非国有文化类上市企业超额捐赠水平差不多也是达到 0.70% 时，超额捐赠会对企业价值产生负向影响。图 5-1（a）呈现了国有文化类上市企业超额捐赠对企业价值的影响，图 5-1（b）呈现了非国有文化类上市企业超额捐赠对企业价值的影响。

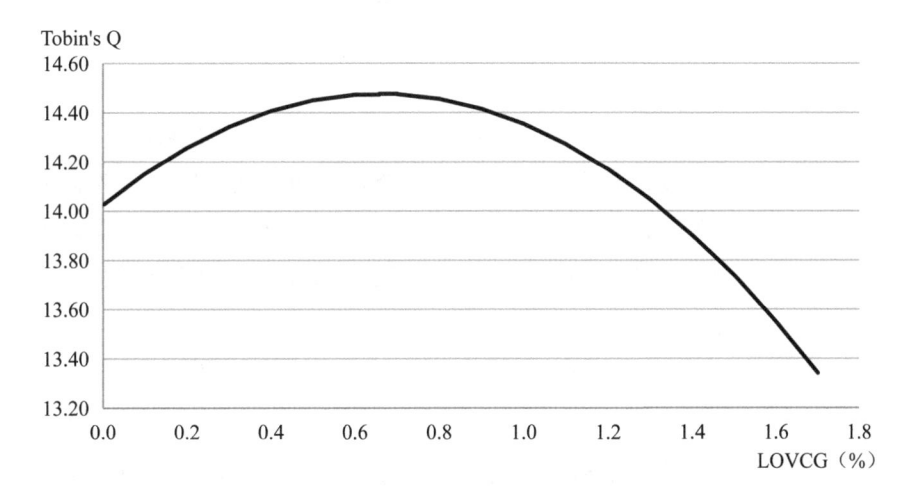

图 5-1（a） 国有文化类上市企业超额捐赠对企业价值的影响

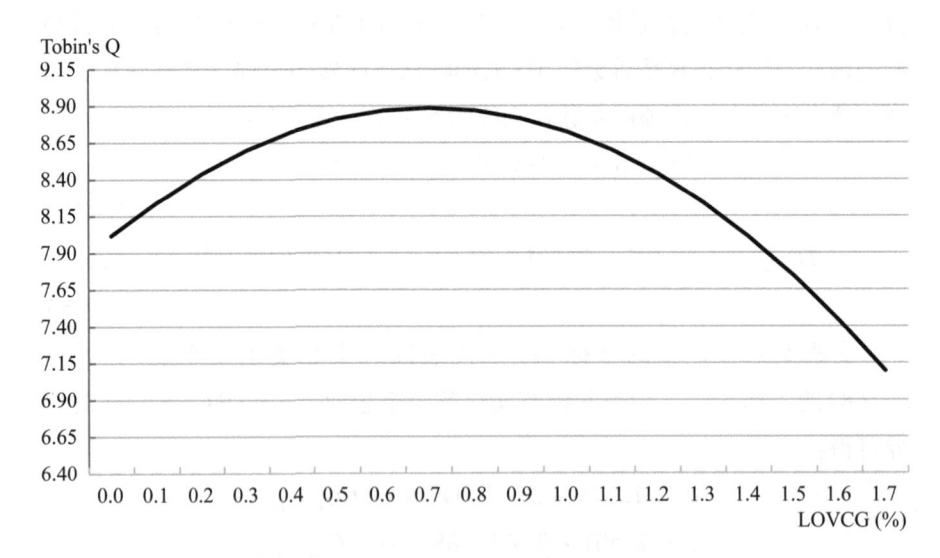

图 5 -1（b） 非国有文化类上市企业超额捐赠对企业价值的影响

资料来源：笔者根据实证结果绘制。

通过图 5 -1（a）可以看到当国有文化类上市企业超额捐赠（上一期，LOVCG）达到 0.65% 时，企业价值（托宾 Q）为 14.48，达到最大值，随后，伴随着超额捐赠水平的提升，企业价值开始下降；而图 5 -1（b）显示，非国有文化上市企业超额捐赠（上一期，LOVCG）增长至 0.70%（计算出来的数据为 0.699%）时，企业价值（托宾 Q）达到最大值 8.89，随后，伴随着超额捐赠水平的提升，企业价值开始下降。由此可见，企业在进行慈善捐赠时要基于企业特质做出合理性决策。

另外，本书发现，非国有文化类上市企业超额捐赠与净资产收益率呈正"U"形关系，超额捐赠的一次项系数为 -0.348、二次项系数为 0.252，且分别在 1% 水平和 10% 上显著 ≠0，将常数项和以上系数代入模型 5 -（6）后有：

$$ROE_{nso\_i,t} = -3.288 - 0.348 OVCG_{nso\_i,t-1} + 0.252 OVCG^2_{nso\_i,t-1}$$

$$5-(9)$$

方程 5 -（8）的下标 nso_ i 代表非国有文化类上市企业 i，求 OVCG 对 ROE 的偏导可得：

$$0 = -0.348 + 2 \times 0.252 \times OVCG_{nso\_i,t-1}$$

由于常数项为负，在画图的时候本书将常数项计为0，得到图5-2中的正"U"形曲线。

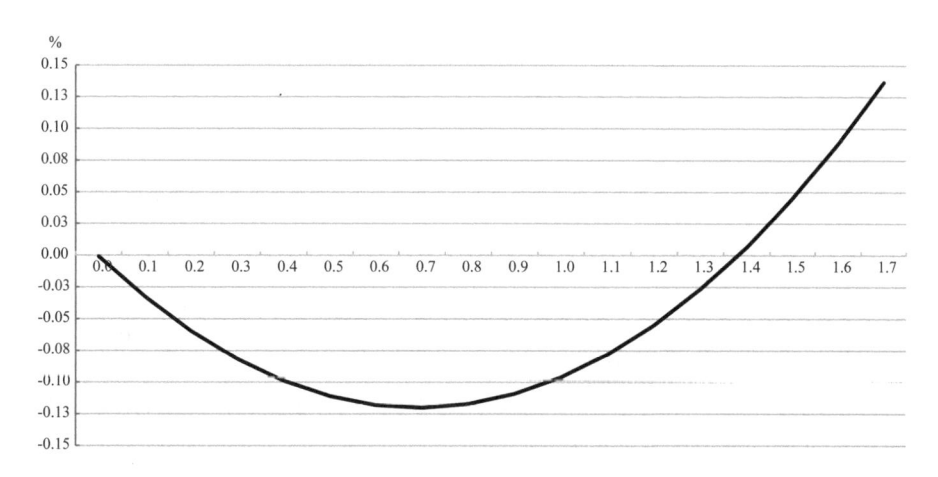

图5-2 非国有文化类上市企业超额捐赠与企业净资产收益率
资料来源：笔者根据实证结果绘制。

通过图5-2可以看到，当超额捐赠水平增长到0.69%时，超额捐赠对企业的净资产收益率的负向影响消失，并产生积极影响，虽然这可能说明非国有文化类上市企业超额捐赠水平越高，企业净资产收益率也会随之升高，但是考虑到超额捐赠对总资产收益率的显著负向线性影响和对企业价值的倒"U"形影响，企业在捐赠时并不能随意提升捐赠水平。

结　　语

研究显示文化类上市企业慈善捐赠受"半强制同构"和"竞争型模仿同构"驱动，并在此基础上形成了慈善捐赠同群效应。本章将以实证研究结论为基础，结合慈善治理发展趋势提出管理启示，并总结现有研究的不足进而提出未来研究展望。

一　结论与启示

（一）研究结论

在关注文化类上市企业积极捐赠的前提下，本书通过理论分析提出假设，并对假设进行实证检验后得出以下结论。

1. 文化类上市企业的慈善捐赠对企业绩效影响不显著

本书在关注企业慈善捐赠领域研究的基础上，发现文化类上市企业在开展慈善捐赠层面表现比较积极，进而探索文化类上市企业开展慈善捐赠是否能为企业带来像"战略性慈善"一样的利益，即提升企业的财务绩效。但是通过实证检验发现：文化类上市企业慈善捐赠对企业总资产收益率和净资产收益率的积极作用只有在企业规模的调节下才是显著的，也就是说规模大的文化类上市企业的总资产收益率和资产收益率会伴随着文化类上市企业慈善捐赠额度的提升而显著提升，但是其他规模的文化类上市企业慈善捐赠并不能显著促进总资产收益率和净资产收益率的提升，而无论是大企业还是小企业，文化类上市企业慈善捐赠都不能提升企业市场价值。

具体来说，在企业慈善捐赠对企业财务绩效的积极影响层面，慈善捐赠除了被视为企业的营销策略外，还被视为企业获取政府支持的策略，也被认为可以通过提升员工道德感来提升企业的劳动生产率,但是本书的实证检验显示文化类上市企业的营销强度也不能显著强化慈善捐赠对企业财务绩效的积极影响,因此对文化类上市企业来说慈善捐赠并不是一种营销策略。同时,本书的拓展研究结果显示文化类上市企业慈善捐赠并不能提升政府补贴水平,也不会对企业劳动生产率产生显著影响。由此可知,在政府支持层面,文化类上市企业通过慈善捐赠并不能获得政府给予补贴层面的支持,而文化类上市企业开展慈善捐赠活动并不能提升企业的劳动生产率,考虑到伴随着机械化生产的快速发展,传统制造业在迭代中转型,对劳动力的依赖逐渐降低,因此企业慈善捐赠对劳动生产率的影响不显著一方面可能是机械化生产的结果,另一方面也可能是慈善捐赠并不能提升员工的道德感和责任感导致的。

通过图6-1可以看到,六个行业的文化类上市企业中,企业的平均员工数变化最大三个行业①是:文娱用品制造业(C24)、新闻和出版业(R85)以及互联网服务业(I64),另外三个行业波动相对较小。

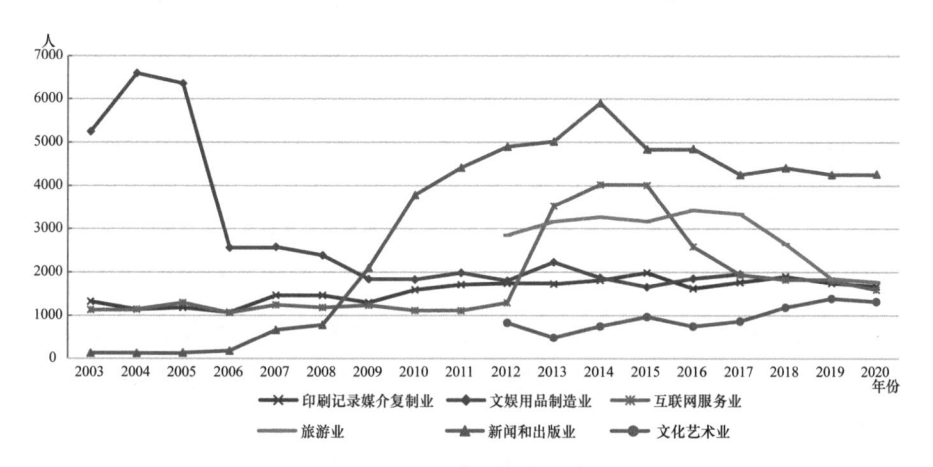

图6-1 2003—2020年文化类上市企业平均员工数

资料来源:笔者根据国泰安数据库公布数据整理计算所得。

---

① 旅游业(N78)的平均企业员工数在2017年出现了一次大的滑落,而这一现象主要是源于华侨城在2017年由于房地产业务的营业收入超过企业营业收入的50%,所以华侨城被划入房地产行业。

通过图6-1可以看到，首先，隶属于制造业的文娱用品制造业企业的员工人数从2007年最高点的每家企业（当年有2家上市企业）6592个员工降到2009年平均每家上市企业（当年有7家上市企业）2562个员工，员工数的变化一方面源于2008年世界范围内的经济危机，另一方面则源于机械化生产的发展；2012年文娱用品制造业企业（上市企业数为10家）的平均员工人数降至1838人以后，基本维持着小幅度波动。

其次，不同于文娱用品制造业企业员工人数骤减，新闻和出版业企业的人额数则是从2008年到2015年经历了一个急速扩张阶段后回归于常态，2008年新闻和出版上市企业（2家上市企业）的平均员工数为785人，到2014年企业平均员工数增至5903人（当年有14家上市企业），到2017年员工数降至4255人（当年有25家上市企业），往后几年的波动较小。新闻和出版业上市企业员工数的变化主要源于我国文化体制改革进程中文化事业单位向文化经营单位的转变。通过前面章节的分析可以了解，新闻和出版业的企业无论从捐赠的绝对总额还是相对捐赠水平来看都是文化类上市企业中最高的，但是新闻和出版业上市企业的慈善捐赠并不能对劳动生产率产生积极影响（见附录4）。

最后，互联网服务业员工数的变化，可以看到互联网服务企业2012年（当年有10家上市企业）的平均员工数为1293人，2014年高速增至4020人（当年有15家上市企业），2016年骤减至2568人后持续小幅度下降。互联网服务业员工数的变化主要源于整个行业生命周期的发展变化，互联网服务业上市企业数的快速增长伴随着激烈的竞争，在激烈竞争的行业中，企业开展慈善捐赠不一定能让员工产生积极情感与绩效表现。

还有一些研究提出董事会规模越大，企业慈善捐赠越多，而独立董事规模越大，企业慈善捐赠越少，根据Jensen和Meckling[1]提出董事会规模越大意味着董事会决策效率越低，而独立董事规模大则代表对企业管

---

[1] Jensen M. C., Meckling W. H., "Theory of the Firm: Managerial Behavior, Agency Costs and Ownership Structure", *Journal of Financial Economics*, No. 3, 1976, pp. 305–360.

理决策的监管更严，所以很多研究将企业慈善捐赠视为一种"代理成本"[①]，如果企业慈善捐赠是一种代理成本，那就意味着在其他代理成本的共同作用下，企业慈善捐赠会显著对财务绩效产生负向的影响。但是本书的实证检验显示，在第一类代理成本和第二类代理成本的影响下，企业慈善捐赠也没有显著降低企业的财务绩效，因此对文化类上市企业来说，并不能将慈善捐赠视为代理成本。

2."半强制同构"与"竞争型模仿同构"驱动文化类上市企业慈善捐赠

基于文化类上市企业慈善捐赠对企业财务绩效的研究与相关延伸研究的基础上，基于制度理论进行理论分析、提出假设并分别针对文化类上市企业慈善捐赠意愿与慈善捐赠水平分别采用面板 Logit 回归和动态面板回归的方法开展实证检验，检验结果支持文化类上市企业慈善捐赠存在同群效应，而驱动同群效应的机制分别是"半强制同构"机制与"竞争型模仿同构"机制，慈善捐赠的同群效应拓展了现有研究企业慈善捐赠主要的三大理论脉络，即股东资本主义、战略性慈善捐赠以及企业公民（见图6-2）。

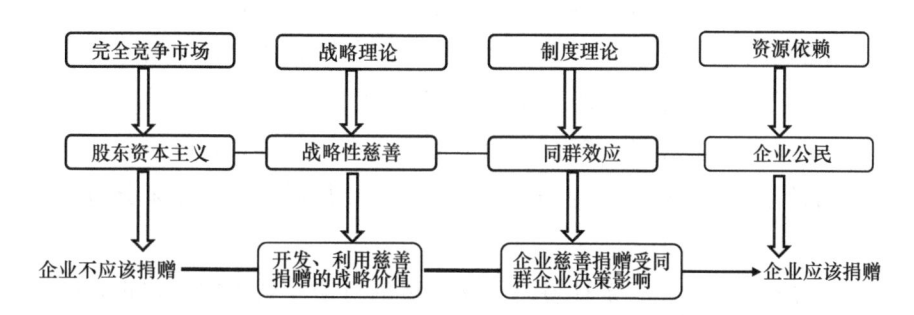

图6-2 研究慈善捐赠的四大视角

资料来源：笔者在图0-6的基础上结合研究结论拓展而得。

---

① Brown W. O., Helland E., Smith J. K., "Corporate Philanthropic Practices", *Journal of Corporate Finance*, Vol. 12, No. 5, 2006, pp. 855 – 877. Brammer S., Millington A., "Profit Maximisation Vs. Agency: An Analysis of Charitable Giving by UK Firms", *Cambridge Journal of Economics*, Vol. 29, No. 4, 2005, pp. 517 – 534. Chen M. H., Lin C. P., "Understanding Corporate Philanthropy in the Hospitality Industry", *International Journal of Hospitality Management*, No. 48, 2015, pp. 150 – 160.

图 6-2 显示在现有对企业慈善捐赠研究的三大理论流派基础上还应该增加制度理论,而企业的慈善捐赠活动在不同的制度环境下,其自愿性的程度也存在差异,在强调企业决策应服务于企业利润最大化的制度环境下,企业慈善捐赠的"自主性"程度较高,企业也更倾向于通过理性、精确的设计来实现慈善捐赠的战略价值。但是,在更强调企业作为社会成员重要主体的制度环境中,企业为了避免受到正式或非正式惩罚,获得与同群企业相等的"合法性"而采取相同的策略,企业会在制度压力影响下开展慈善捐赠,并且其捐赠水平也会受到同群企业的显著影响,所以其慈善捐赠的"自主性"程度相对会低一些。因此,在对慈善捐赠动机进行分析的代理成本、战略性自利、责任性利他角度的基础上还应该加入同群效应的角度,也就是说企业慈善捐赠不一定以提升企业财务绩效、竞争优势为目标,而是以规避来自制度环境的惩罚为目的。

对以上理论拓展的检验是通过以下实证研究开展的:首先,实证检验结果显示企业营销强度和企业现金丰裕度[①]对文化类上市企业慈善捐赠的影响都没有统计显著性,这进一步验证了文化类上市企业慈善捐赠并不是企业为了提升财务绩效的策略;其次,实证检验显示文化类上市企业的董事会规模与企业慈善捐赠水平显著正相关,但是独立董事规模对慈善捐赠水平的影响并不显著,因此不能简单将企业慈善捐赠归结为决策效率低下和监管不到位的"代理成本",以上实证检验结果也说明用西方理解企业慈善捐赠的战略视角和"代理成本"视角来理解中国的企业慈善捐赠存在一定局限性与偏颇性,所以需要拓展新的理论来分析复杂的企业慈善捐赠行为。

制度理论提出:一定环境内行动主体的行动受到正式与非正式制度的影响,这就使同一行为在不同的环境下会被赋予不同的意义。考虑到东、西方文化对企业慈善捐赠所形成的认知存在差异,因此本书基于制度理论来分析文化类上市企业的慈善捐赠行为,实证检验结果提供了一些有意义的结论。

---

① 值得注意的是,现金丰裕度对慈善捐赠意愿和慈善捐赠水平的影响存在差异:现金丰裕度越高的企业开展慈善捐赠的可能性越低,而现金丰裕度越低的企业开展慈善捐赠的可能性越高;但是现金丰裕度对慈善捐赠水平的影响并不显著。

首先，本书验证了文化类上市企业慈善捐赠同群效应是由"半强制同构"和"模仿同构"引发的。实证检验发现企业慈善捐赠意愿受同行业捐赠企业占比的显著影响，上一期行业内捐赠的企业占比每增加1%，行业内i企业捐赠的胜算比就会增加7%，也就是企业捐赠的概率会提升；而行业内除i企业的平均捐赠水平对i企业的捐赠水平存在显著正向影响，这代表在中国文化制度背景下，同行业捐赠企业比例的增加和同行业企业捐赠水平的增加会形成一种非正式制度压力促使企业与同行企业保持一致。另外，文化类上市企业不是基于"学习"而去模仿同行业盈利能力强和规模大的企业的捐赠投入，而是为了维持竞争地位去模仿同行业盈利能力差不多、规模相当的企业的慈善捐赠投入。

基于以上分析可以看到：本书一方面剥离了"邻里效应"影响，证实在行业层面存在同群效应；另一方面也说明"社会学习"用于分析慈善捐赠同群效应并不适用。同时，动态面板回归方法显示，企业在慈善捐赠层面存在"锚定效应"，即企业当期捐赠水平显著受上期捐赠水平的影响，上期捐赠水平越高的企业当期捐赠水平也越高。由此可见，企业在慈善捐赠层面表现出来的并不是为了模仿先捐赠的企业而放弃自己之前的决策依据的"羊群效应"。因此，本书采用"同群效应"这一概念是恰当的。

其次，本书揭示经济政策不确定性之所以对企业慈善捐赠的影响不显著，是因为"半强制同构"遮掩了经济政策不确定性对企业慈善捐赠的影响。对我国企业慈善捐赠的研究基本都认可慈善捐赠是企业建立并强化与政府正向关系的策略，在经济政策不确定性高的环境下，企业为了应对不确定性会加强与政府的积极互动以谋求政府的支持，也就意味着经济政策不确定性应该对企业慈善捐赠产生显著正向影响，但是实证结果显示经济政策不确定性对企业慈善捐赠水平的影响不显著，这代表制度压力对企业慈善捐赠的显著影响遮掩了经济政策不确定性对企业慈善捐赠的影响，也就是说经济政策不确定性是通过制度压力强化企业慈善捐赠水平，考虑到同群行为的特点就是参照同一群体其他主体的决策和行为做出相同或类似的决策。由此可见，在经济政策不确定性高的环境下，如果同群企业倾向于提高捐赠水平而不是维持原状，那行业中的i企业也倾向于提升捐赠水平。

最后，本书揭示了虽然管理者能力高的企业倾向于降低慈善捐赠水平，但是制度压力显著抑制了管理者能力对企业慈善捐赠水平的负向影响。实证检验结果显示，文化类上市企业的慈善捐赠并没有体现出促进企业绩效提升的战略价值，因此管理者能力强的企业会倾向于将资源用在可以提升企业绩效的领域，从而降低在慈善捐赠层面的支出，实证检验支持这一判断，即管理者能力对企业慈善捐赠水平有显著负向的影响，管理者能力越高，企业慈善捐赠水平越低。但是，在制度压力影响下，管理者能力越高越能识别出在慈善捐赠层面如果不与同群企业保持一致可能会面临合法性危机，因而在制度压力影响下，管理者能力越高越倾向于与同群企业保持一致，实证检验也支持在"半强制同构"机制影响下，管理者能力越高，企业的捐赠水平也会随着同群企业提升而提升。

另外，本书还发现，作为企业可视度普遍性指标的企业规模本身对企业慈善捐赠没有显著影响，但是在制度压力的影响下，规模越大的企业慈善捐赠水平越高。不同于现有多数研究所指出的企业规模是影响企业慈善捐赠水平的重要因素，本书发现文化类上市企业规模并不会对企业慈善捐赠水平产生显著影响。但是，在"半强制同构"情境中，企业规模越大意味着企业的可视度越高，而可视度较高的企业相较于一般规模或小规模的企业更容易受到公众的关注，政府也会对可视度高的企业在慈善捐赠层面有更多期待，因此企业必须对公众与政府的期待做出回应，不然就会有损企业声誉并且损害与政府间的正向关联，实证检验结果也证实了在制度压力影响下，规模越大的企业其慈善捐赠水平也会越高。

3. 慈善捐赠同群效应、非适度捐赠与企业财务绩效

经实证检验证实文化类上市企业慈善捐赠存在同群效应，并且"半强制同构"和"模仿同构"是驱动同群效应的重要机制。基于此，本书进一步探索了慈善捐赠同群效应对企业非适度捐赠（即超额捐赠和消极捐赠）的影响，并且分析了非适度捐赠对企业财务绩效的影响。

首先，动态面板回归结果显示，企业上一期的超额捐赠或消极捐赠显著影响当期的超额捐赠与消极捐赠，上一期超额捐赠水平越高的企业本期超额捐赠也越高，而上一期消极捐赠的企业本期也会更消极；另外，由"半强制同构"驱动的文化类上市企业慈善捐赠同群效应对企业超额

捐赠产生显著正向影响，但是这种正向影响在剥离重大灾难年份（2008年与2010年）后就不显著了，这说明制度压力在重大灾难年份显著提升了企业的超额捐赠水平，但是在正常年份，制度压力并不会显著影响企业超额捐赠；另外，制度压力对企业消极捐赠有显著的负向影响，这代表同行业企业平均捐赠水平越高，行业内的企业会改变消极捐赠的状态，提升慈善捐赠水平。

其次，面板固定效应回归显示：一方面，文化类上市企业的超额捐赠对以总资产收益率和净资产收益率衡量的企业财务绩效没有显著影响，而对以托宾 Q 衡量的企业市场价值呈显著的倒"U"形影响，这代表当超额捐赠水平达到一定水平时其对企业市场价值的影响由正转负，考虑到企业开展慈善捐赠是对企业资金资源的占用，如果慈善捐赠水平过高就会导致投资者认为企业管理者不尽责，并质疑管理者决策，进而导致影响企业的市场价值；另一方面，文化类上市企业的消极捐赠并不会对以总资产收益率、净资产收益率和和托宾 Q 衡量的企业财务绩效产生显著影响。

但是当进一步将文化类上市企业划分为国有文化类上市企业和非国有文化类上市企业后，非适度捐赠对财务绩效的影响表现出差异。在国有文化类上市企业层面，实证检验结果显示国有文化类上市企业的超额捐赠对托宾 Q 的影响呈倒"U"形，而消极捐赠虽然对企业总资产收益率与净资产收益率影响不显著，但是对托宾 Q 产生了显著负向的影响，由此可知，如果国有文化类上市企业在慈善捐赠层面表现得过于吝啬将会导致企业市场价值下降；在非国有企业层面，企业的超额捐赠对企业的总资产收益率会产生显著负向影响，对净资产收益率的影响呈正"U"形，对企业托宾 Q 的影响呈显著的倒"U"形，而非国有文化类上市企业的消极捐赠对企业总资产收益率、净资产收益率以及托宾 Q 的影响均不显著。基于以上实证检验结果说明，在分析非适度捐赠对企业财务绩效的影响时，应充分重视国有企业和非国有企业之间存在的差异。

（二）管理启示

2020 年，我国取得脱贫攻坚战的胜利，从而消除了绝对贫困，未来的新目标是实现共同富裕，在这个过程中，以个人与组织价值观为基础的第三次分配占据着不可忽视的重要地位。然而值得注意的是自 2015 年起，社会捐赠总额与企业慈善捐赠占比持续下降，虽然个人捐赠比重有所提升，但是慈善捐赠总额的持续下降说明企业捐赠目前来说对社会慈善发展有非常重要的主导作用，而本书验证的企业慈善捐赠同群效应说明行业内企业的捐赠水平会随着行业平均捐赠水平提升而提升，随着行业平均捐赠水平下降而下降，这意味着我们应致力于发挥同群效应的积极作用，并且规避同群效应的消极影响，以此为出发点，本书结合实证检验结果提出以下管理启示。

1. 数智化协同慈善治理

研究揭示，企业慈善捐赠同群效应的重要驱动机制是"半强制同构"，企业在制度压力下做出相似的捐赠决策，要促使企业慈善捐赠同群效应产生积极作用需要打开慈善捐赠治理的黑箱，即企业知道自己捐赠了，公众则根据相关慈善组织公布的信息获取捐赠款项的信息，过去受制于信息技术的有限性，在慈善捐赠治理层面一直存在信息黑箱（见图 6-3）。可以看到，企业开展慈善捐赠的最佳目标是在回报社会的同时实现"善有善报"，即企业通过行善获得名誉提升或是税收减免以及营业收入增加等实质收益。税收减免是国家政策层面对企业行善的认可与激励，所以税收减免是企业慈善捐赠获得的正式合法性收益[1]，而企业能否在公众层面累计声誉资本则取决于公众是否可以感知和如何感知企业的慈善捐赠行为。

如图 6-3 所示，由于慈善组织没有公布所接收的慈善捐款来源与对应的流向，公众只能了解到慈善组织所接收慈善捐款的来源，以及了解到慈善组织拨出所接收捐款的一定额度用于开展哪些慈善活动[2]，但是企业和公众却都无法获取一一对应的慈善捐款与开展慈善活动支出的信息，这就使企业和公众知道企业捐了钱，但是并不知道捐款用在了哪里，在慈善治理层面存在的黑箱不仅让企业和公众无法感知企业的善意，还导

---

[1] 在减免税收层面，企业面临很多问题，诸如，申报认定困难，办理减免税手续烦琐，办理时间长，这些无疑在通过合法收益激励企业慈善捐赠层面产生了负面影响。

[2] 就目前来看，并不是所有合法登记的慈善组织都对接收捐款信息与开展慈善活动信息进行公示，公众可以获知的信息非常有限。

致慈善组织由于管理不善遭遇巨大信任危机并对组织、公众的捐赠积极性产生了负面影响。

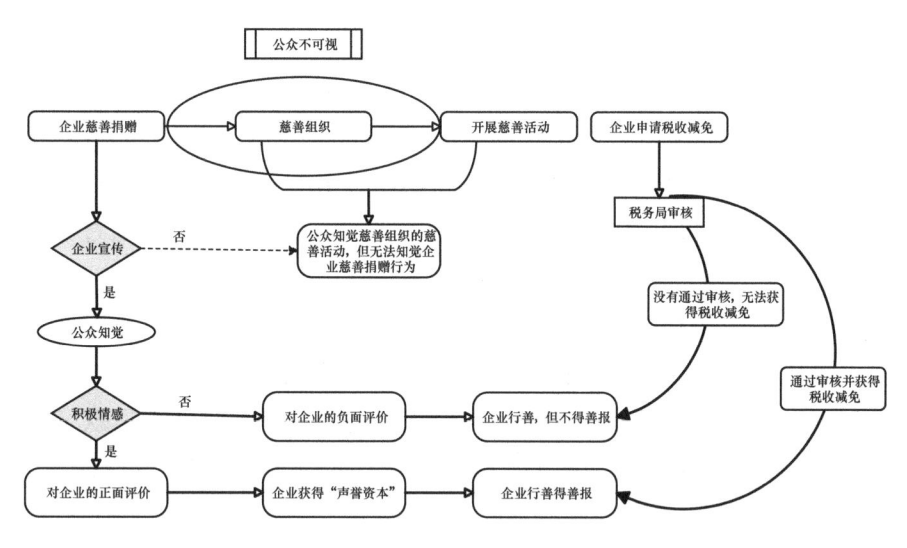

图 6-3　慈善治理黑箱与企业慈善捐赠

资料来源：笔者绘制。

另外，除非是发生重大灾难和（或是）有企业捐赠巨额款项，一般情况下公众中的绝大多数成员不会关注慈善组织所发布的捐款接收与慈善活动信息，这就使企业慈善捐赠与公众感知之间产生了信息断层，企业要想达到"企业与社会双赢"的目标就需要通过宣传帮助企业树立正面的企业形象以获取公众好感或是避免公众形成负面态度，宣传就涉及企业的营销活动，在营销层面却存在一个悖论：以宣传企业为目的的营销慈善活动将会导致公众对企业产生负面态度，还会使企业慈善活动蒙上一层阴影。只有非刻意、不以宣传企业为目的的信息披露才能产生积极的宣传效果。宣传上的两难选择也是企业很难将慈善捐赠与营销策略挂钩的重要原因之一，也是很多企业的慈善捐赠无法实现"企业社会双赢"战略价值的原因之一。

要实现信息在企业、慈善组织、公众之间的公开、透明、顺畅流通，就得借助于数智化平台。阳镇和陈劲①在移动互联网、大数据、云计算及人工智能等数字信息技术发展基础上,移动互联网技术与人工智能技术将社会引向"数智社会"。陈国青等②将数智化界定为以信息系统分别以"手工—自动""局部—整体""内部—外部""数据—数智"为特点的四个阶段跃迁为基础,对信息系统关注也相应经历了"自动化""集成化""数据化""数智化"四个阶段,而"数智化"阶段的信息系统已经跃迁为"可解释智能系统,因果推断决策系统,人机协同决策系统"……陈国青等(2022)指出数智化以数据化为基础,并将在数据层面通过数据治理来实现平衡发展目标。

要实现慈善组织的数智化,其前提是慈善组织的信息系统需要在实现自动化、集成化和数据化基础上再通过算法优化提升治理效率与效果(见图6-4)。自动化就是慈善组织的信息系统应从接收慈善捐款(物资)开始到开展慈善活动各个流程单元的信息通过计算机自动化采集;

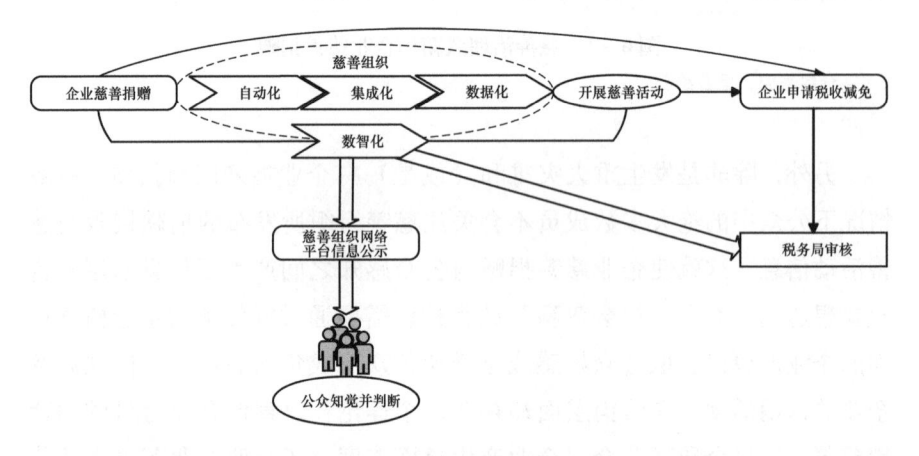

图6-4 数智化协同慈善治理

资料来源:笔者绘制。

---

① 阳镇、陈劲:《数智化时代下企业社会责任的创新与治理》,《上海财经大学学报》2020年第6期。阳镇、陈劲:《数智化时代下的算法治理——基于企业社会责任治理的重新审视》,《经济社会体制比较》2021年第2期。

② 陈国青、任明、卫强等:《数智赋能:信息系统研究的新跃迁》,《管理世界》2022年第1期。

集成化则需要在实现慈善组织内、慈善组织间以及区域间信息互联互通的基础上,将慈善捐赠款项(物资)信息从源头到支出形成信息流,从而实现每一次慈善活动的经费(物资)可溯源,每一笔慈善捐赠的动向变化可查询;数据化则是信息系统在慈善组织内部整体集成基础上发展为内外部数据关联,慈善组织要通过多渠道获取切实需要资助的项目信息,以数据作为慈善活动决策的依据,并通过数据化评估慈善活动效果;在数智化语境中,慈善组织可以通过智能算法实现人机协同决策,以提升慈善活动的针对性与有效性。

通过慈善组织信息系统的自动化、集成化、数据化乃至数智化,将打破慈善治理的黑箱,实现慈善资助信息的公开化和透明化,信息透明化可以提升慈善组织的公信力,也能帮助企业获得公众认可甚至帮助企业申请税收减免。在数智化慈善治理情境下,企业通过慈善捐赠获得类似"声誉资本"及"税收减免"合法性收益的概率得以提升,而这将形成正向激励促使企业群体持续开展慈善捐赠活动。

2. 舆论导向"质"与"量"并重

现阶段无论是官方宣传还是非官方宣传,对慈善捐赠的关注重点主要是捐赠金额,即"捐赠量",比如"胡润慈善榜""中国企业慈善公益500强""中国慈善榜"等慈善捐赠排行榜评定的核心指标均是慈善捐赠量,这一方面使得规模大、盈利能力强的企业通过慈善捐赠强化了其在政府和公众层面的可视度;另一方面则忽视了中小企业在慈善捐赠层面的积极付出(见图6-5)。因此,要对企业慈善捐赠进行公平的评选需要分类进行,规模大、盈利能力强的企业作为一类,规模中等、盈利能力中等的企业归为一类,规模较小、盈利能力相对弱的企业划为一类。根据不同类别企业在慈善捐赠中的地位和影响进行评定。

在以慈善捐赠金额为核心评定标准[①]的情境中,榜单将按榜单容纳量列示捐赠金额最高的企业,以示对其捐赠行为的认可,这在一定程度上也属于企业通过慈善捐赠获得的合法性收益。然而正如前文提及的,以捐赠金额为核心指标的评定体系将会让盈利能力强的、规模大的企业

---

① 虽然在评选时也提到不能以捐赠金额作为唯一指标,要注重慈善捐赠示范作用和社会效益,从评选结果看捐赠金额仍是重要评定标准。

进入榜单，在忽视了中小企业积极开展慈善捐赠的同时，这种以捐赠额为核心的评定标准还忽略了企业在其他社会责任层面的表现，这就导致有的企业将慈善捐赠作为一种掩盖违规、违法行为的手段。比如 HL 集团的 LH，曾经因为积极开展慈善捐赠活动而被列为"胡润慈善榜四川首善"，但是国家扫黑除恶工作揭露了 LH 和其集团的违法犯罪事实；而 HD 集团在 2021 年河南暴雨灾害中捐款 2000 万元，XJY 更是多次登顶《福布斯》中国慈善榜榜首，但是 2021 年 10 月 HD 就爆出了债务问题。在各类慈善榜单评定中以上两家企业出现的问题并不是特例，这也使慈善榜单可信度不断受到冲击。一面是捐赠金额的评定标准，一面是翻车的慈善家和慈善企业，慈善捐赠榜单"弘善"的初衷也受到了质疑。

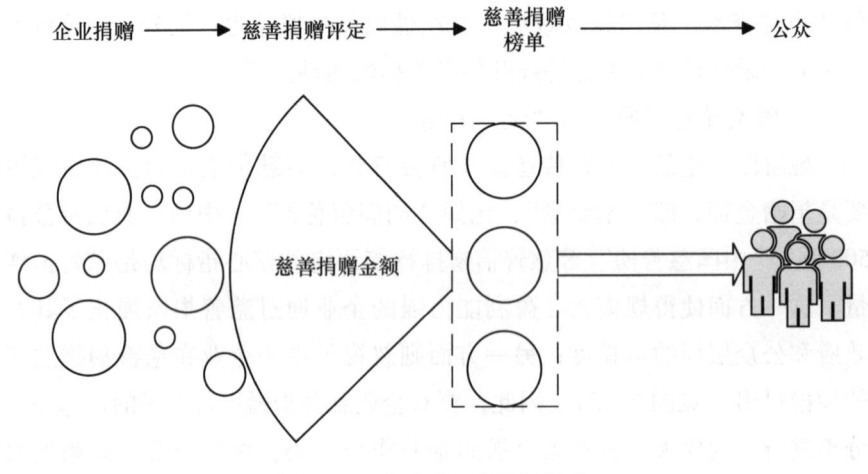

图 6-5　重"量"的舆论导向

资料来源：笔者绘制。

未来要积极发展基于道德的慈善事业助推共同富裕目标的实现，就需要舆论层面在进行慈善模范的评定时需要结合"量"与"质"的指标，让那些优质且积极参与慈善捐赠的企业真正发挥模范作用，促使企业慈善捐赠从"同群效应"向"学习效应"转变。图 6-6 呈现了"质"与"量"并重舆论导向下的评定标准调整："质"指的是企业本身应该在承担"必要的"① 社会责任层面表现良好，即财务风险低，遵守法律、法规以及相关政策，并且在环境保护、员工权益保障层面均表现较好的企业；而"量"则是企业在慈善捐赠层面的投入量。考虑到不同规模的企业善行应该有均等机会获得认可，并且结合本书验证的企业为维持竞争地位在慈善捐赠层面的"同群模仿"，所以各级评定单位遵循按规模分类评定可以让舆论助力企业慈善捐赠同群效应发挥积极作用，并最终促进我国慈善事业发展。此外，在评定时"质""量"并重也能提升慈善评定榜单在公众及各类组织中的公信力。

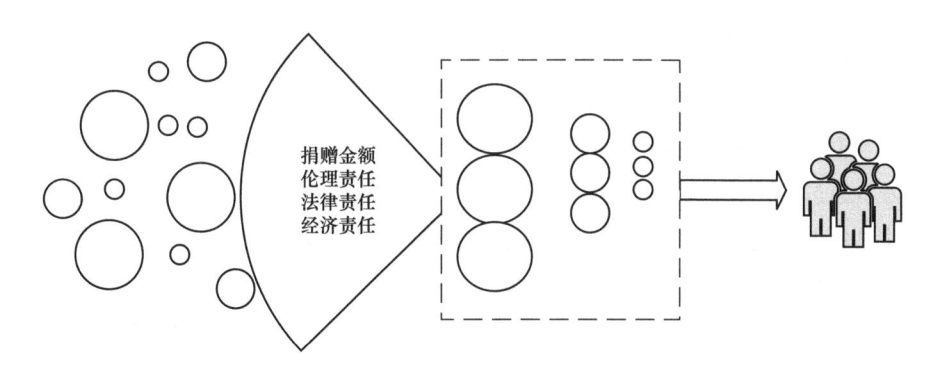

图 6-6 "质""量"并重的舆论导向

资料来源：笔者根据管理启示绘制。

3. 企业应提升慈善捐赠的战略价值

研究显示文化类上市企业慈善捐赠只有超额捐赠部分对企业市场价值产生显著倒"U"形影响，超额捐赠对国有和非国有文化类上市企业的财务绩效还存在差异。如果不剥离出捐赠中的超额捐赠和消极捐赠，文化类上市企业的慈善捐赠并不能助益于企业财务绩效提升，这说明以所有上市企业为样本得出的慈善捐赠可以显著促进财务绩效提升并不适用

---

① Carrol（1991）在社会责任的金字塔模型中，将经济、法律责任界定为被要求承担的重要的、基础的责任，而慈善捐赠属于被期望承担的。

于按产业门类划分的样本,这一方面说明未来应有更多基于产业门类层面的对企业慈善捐赠的研究,另一方面也说明为了实现"社会与企业双赢"的目标,企业应提升慈善捐赠的战略价值。

我国企业慈善捐赠研究的文献提到,慈善捐赠促进财务绩效提升主要是通过慈善捐赠的广告效应、政治联结与税收减免功能实现的。本书发现对文化类上市企业来说,慈善捐赠并不具备广告效应①,也不能帮助企业获得政府补贴,虽然政府补贴只是企业通过"政治联结"可获得政府支持的表现之一,有一些政府层面的支持不会通过企业的财务报表表现出来。但是,随着习近平总书记提出的"'亲''清'政商关系",企业与政府之间的关系开始进入重塑期,2020年强调并落实《公务员法》禁止公务员到企业兼职是厘清政企关系的重要举措,这也使企业不可能再通过聘请公务员到企业兼职来建立政商关系,这也意味着企业通过慈善捐赠换取政府支持的策略将逐渐失效,企业只能通过慈善捐赠从政府获得法律认可的合法性收益,即税收减免。

企业通过慈善捐赠获得税收减免这一合法性收益的前提条件是企业必须通过各级民政部门认定的慈善组织开展慈善捐赠活动,否则无法通过税务部门的慈善捐赠税收减免审核。企业开展慈善捐赠还可以从市场层面获得合法性收益,也就是企业"声誉资本"的积累,"声誉资本"并不等同于通过宣传达到的广告效应:广告效应主要是通过营销的方法让消费者接受"A企业开展慈善捐赠,所以A企业是关爱社会的好企业"的认知,进而选择其产品或服务;而"声誉资本"则是企业的利益相关者通过非营销渠道知觉到企业持续的慈善捐赠行为,将企业界定为"有实力的""懂得回馈社会的"善的企业,在这种积极认知的基础上,当企业遇到困难或危机时,利益相关者更倾向于支持这些"有实力的""懂得回报社会的"善的企业。

企业通过慈善捐赠积累"声誉资本"的基础是数智化治理和"质""量"并重的舆论导向,更重要的是企业在慈善捐赠层面要进行合理规划以提升慈善捐赠的战略价值。这也就意味着企业在捐赠时不仅要分析慈

---

① 慈善捐赠的广告效应主要针对产品或服务直达是消费者导向的行业,对于产品与服务非消费者导向的行业,慈善捐赠很难产生广告效应。

善捐赠的量，也要分析慈善捐赠持续性及其所支持慈善活动的类型。本书研究显示虽然企业慈善捐赠存在同群效应，但是企业并不会盲目地模仿企业规模和盈利能力相差太大的企业，多半都是模仿规模与盈利能力相仿的企业，这说明企业在捐赠量层面是以理性分析为基础的，而研究揭示了企业慈善捐赠决策具有一致性说明企业慈善捐赠在持续性层面也有充分权衡。此外，就是企业慈善捐赠所支持的慈善活动类型。企业应在开展慈善捐赠时，以企业实力为基础选择所支持的慈善活动。

对于实力雄厚的企业可以在积极支持扶贫、助困等普适性慈善活动的基础上定向支持与自己业务相关领域的慈善活动；而对于实力尚不雄厚的企业则可将资源集中投入与自己主营业务领域高度相关的慈善活动中。这是因为有研究提出当企业慈善捐赠的领域与企业主营业务领域相关度比较高时，较容易获得公众认可，比如互联网服务业的企业可以通过定向捐赠的方式向学校捐款以扶持经济条件差的相关学科领域的优秀学生；而文化艺术业的企业则可以定向支持文化、艺术类的公益活动或是人才培养。

4. 管理启示提升企业慈善捐赠同群效应的积极影响

基于文化类上市企业慈善同群效应的研究，本书提出了数智化慈善治理、"质""量"并重的舆论导向以及企业提升慈善捐赠战略价值的管理启示，从而促使企业慈善捐赠更好地服务于中国社会慈善事业发展，并服务于企业的生存发展（见图6-7）。

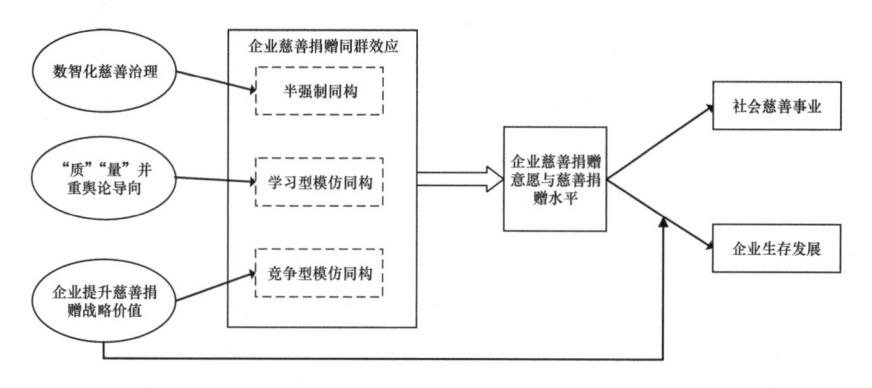

图6-7 企业慈善捐赠同群效应服务于社会慈善与企业发展

资料来源：笔者根据管理启示绘制。

本书发现，文化上市企业慈善捐赠的同群效应可以用半强制同构和竞争型模仿同构来进行解释，但是学习型模仿同构不能解释文化上市企业慈善捐赠同群效应。构造数智化慈善治理体系可以提升慈善捐赠，乃至慈善事业治理的透明度和可信度，进而强化组织与个人参与慈善事务的信心与意愿，提升非正式制度环境对社会公众参与慈善事务积极性的正向引导作用，并促使公众形成并强化积极参与慈善事业的认知。在舆论层面，通过媒体呈现优质企业的慈善捐赠活动、慈善项目，或是呈现优质的慈善项目，可以帮助企业树立学习的榜样，从而发挥学习型模仿同构在激发企业开展优质慈善捐赠或慈善活动的积极影响力；企业通过分析慈善捐赠的价值和作用机制，选取与企业发展相匹配的慈善捐赠项目，可以实现利于社会、利于企业的慈善捐赠战略价值，而企业间的竞争型同构也将促使企业在慈善捐赠或是其他慈善活动上的决策更合理，从而使企业慈善捐赠可以更好地服务于企业发展。

二　不足与展望

（一）研究的不足

受制于现有研究数据和客观现实条件，本书存在以下三个方面的局限性。

1. 受制于数据可获得性研究不够全面

受制于数据的可获得性，本书基于文化类上市企业的财务年报开展研究，年报中分列了"捐赠""赞助"的数据，但是没有披露捐赠的款项是否源于善因营销，也没有区分货币捐赠和产品捐赠，财务报表也没披露企业是否开展了公益服务活动，所以本书的一大局限是无法验证慈善捐赠与善因营销对企业财务绩效的影响，也没办法区分企业货币捐赠与产品、服务捐赠对财务绩效影响的差异。

2. 受制于所得数据特征实证检验不充分

本书对2003—2020年文化类上市企业慈善捐赠进行研究，这已是可获取的最完整样本数，但是受制于数据特点和实证检验方法对数据的要求，有两项实证检验无法开展，即格兰杰因果检验与门槛面板回归。格兰杰因果检验与门槛面板回归对面板数据要求较高，必须是平衡面板才能开展相关实证检验，而目前可获取的数据只能组成非平衡面板数据，并不符合两项实证检验方法对数据的要求，所以这也使本书的实证检验不够完整和充分。另外，在探索文化类上市企业慈善捐赠同群效应的"模仿同构"机制时，受制于样本量，无法分别探索国有文化类上市企业与非国有文化类上市企业的"模仿同构"机制是否存在差异。

3. 受制于客观条件无法开展质性研究

通过文献分析、理论分析和实证检验，本书揭示了文化类上市企业慈善捐赠的同群效应驱动机制，并且发现同群效应显著削弱了管理者能力对企业慈善捐赠的负向影响，但是由于受到客观条件制约，本书无法开展访谈调研、扎根研究等质性研究来探索为什么管理者能力对企业慈善捐赠的影响显著为负，以及同群效应为什么会削弱这种负向影响。

（二）研究的展望

针对本书存在的局限性以及对未来研究的思考，提出以下三点展望。

1. 探索企业慈善捐赠不同方式对企业的影响

本书和现有研究集中于：企业货币捐赠对企业财务绩效的影响，以及影响企业货币捐赠的因素分析。但是货币捐赠只是企业慈善捐赠的方式之一，企业慈善捐赠还包括物资捐赠和志愿者活动两类。为了充分提升慈善捐赠的战略价值，发挥企业服务于共同富裕目标的积极作用，未来的研究应该致力于分析货币捐赠、物资捐赠以及志愿者服务如何影响隶属于不同产业的异质性企业的发展，从而为企业管理者提供更多慈善捐赠决策的参考依据，进而真正实现企业慈善捐赠战略价值，积极推动企业参与慈善捐赠，有力促进共同富裕目标实现。

另外，传统的善因营销针对的是消费者导向的产品或服务，即消费者购买产品的价格里包含一定比例的金额用于捐赠。然而对于生产非消费者导向的产品或服务的企业如何开展善因营销，以及善因营销对这些企业发展的影响尚待探索，所以未来的研究一方面可以致力于探索生产非消费者导向的产品或服务的企业如何开展善因营销；另一方面也可以探索怎样的善因营销可以实现"善"和"营销"的双重目标。

2. 持续企业慈善捐赠同群效应对企业声誉的影响

企业慈善捐赠本身是一个复杂的现象，伴随着对企业慈善捐赠研究的不断深入，已经在全面认识企业慈善捐赠层面形成了丰富的成果，伴随着时代与公众认知的发展，以及企业慈善捐赠环境和捐赠行为的改变。

本书虽然识别出企业慈善捐赠同群效应的半强制同构驱动与维持竞争地位型模仿同构机制，并提出了相应的管理启示，未来的研究可以致力于探索同群效应对企业声誉是否会产生影响、会产生什么样的影响，以及影响机制进行进一步探索。

3. 结合质性研究探析企业慈善捐赠影响机制

定量研究和质性研究对于认识客观规律都非常重要。定量研究通过科学的数据分析方法来呈现现象以及现象与现象间的关系，而质性研究通过科学的观察、归纳和演绎来认识现象以及现象与现象间的关系。现有对企业慈善捐赠的研究以对二手数据的分析为主，缺乏立足于企业的质性研究，未来的研究可以将定量研究和质性研究相结合以探索企业慈善捐赠可能涌现的新的研究方向和研究议题。

参考文献

陈庚：《中国文化体制的改革与创新》，经济科学出版社 2020 年版。

陈强编著：《高级计量经济学及 STATA 应用》（第二版），高等教育出版社，2014 年版。

李媛媛：《深化文化体制改革问题研究》，人民出版社 2017 年版。

杨团：《中国慈善事业的伟大复兴》，载杨团、葛道顺主编《中国慈善发展报告（2009）》，社会科学文献出版社 2009 年版。

袁方主编，王汉生副主编：《社会研究方法教程》，北京大学出版社 2005 年版。

钟宏武：《慈善捐赠与企业绩效》，经济管理出版社 2007 年版。

［法］古斯塔夫·勒庞：《乌合之众：大众心理研究》，冯克利译，中央编译出版社 2014 年版。

［美］阿尔伯特·班杜拉：《社会学习理论》，陈欣银、李伯黍译，中国人民大学出版社 2015 年版。

［美］加里·贝克尔：《人类行为的经济分析》，王叶宇、陈琪译，上海三联书店、上海人民出版社 1995 年版。

［美］W. 理查德·斯科特：《制度与组织：思想观念、利益偏好与身份认同》（第 4 版），姚伟等译，中国人民大学出版社 2020 年版。

［美］约翰·R. 塞尔：《社会实在的建构》，李步楼译，上海人民出版社 1995 年版。

Committee for Economic Development ed., *Social Responsibility of Business Corporation*, New York: Committee for Economic Development, 1971.

Freeman R. E. ed., *Strategic Management*: *A Stakeholder Approach*, Wellington: Pitman, 1984.

Pfeffer J., Salancik G. R., "The External Control of Organizations: A Resource Dependence Approach", New York: Harper and Row Publishers, 1978.

Winston G., Zimmerman D., "Peer Effects in Higher Education", in C. College eds. *Choices*: *The Economics of Where to Go*, *When to Go*, *How to Pay for It*, Chicago University Press, 2004.

陈国青、任明、卫强等：《数智赋能：信息系统研究的新跃迁》，《管理世界》2022年第1期。

陈文强、贾生华：《股权激励、代理成本与企业绩效——基于双重委托代理问题的分析框架》，《当代经济科学》2015年第2期。

陈支武：《企业慈善捐赠的理论分析与策略探讨》，《当代财经》2008年第4期。

代毓芳、张向前、郑文智：《上下级之间应该存在何种关系？上下级关系图式》，《心理科学进展》2022年第1期。

戴亦一、潘越、冯舒：《中国企业的慈善捐赠是一种"政治献金"吗？——来自市委书记更替的证据》，《经济研究》2014年第2期。

邓新明、龙贤义、刘禹等：《善行必定有善报吗？——消费者抵制企业社会责任行为的内在机理研究》，《南开管理评论》2017年第6期。

杜勇、陈建英：《政治关联、慈善捐赠与政府补助——来自中国亏损上市公司的经验证据》，《财经研究》2016年第5期。

樊丽明、解垩、尹琳：《农民参与新型农村合作医疗及满意度分析——基于3省245户农户的调查》，《山东大学学报》（哲学社会科学版）2009年第1期。

范恒、周祖城：《伦理型领导与员工自主行为：基于社会学习理论的视角》，《管理评论》2018年第9期。

方红星、金玉娜：《公司治理、内部控制与非效率投资：理论分析与经验证据》，《会计研究》2013年第7期。

方军雄：《捐赠，赢得市场掌声了吗?》《经济管理》2009年第7期。

方军雄：《企业投资决策趋同：羊群效应抑或"潮涌现象"?》，《财经研究》2012年第11期。

傅颀、乐婷、徐静：《有效激励还是以权谋私：超额高管薪酬与股价崩盘风险——基于不同产权性质的实证研究》，《财经论丛》2017年第9期。

高尚全：《新时期的国有经济调整和国有企业改革》，《中国工业经济》1999年第10期。

高勇强、何晓斌、李路路：《民营企业家社会身份、经济条件与企业慈善捐赠》，《经济研究》2011年第12期。

古志辉：《公司治理与公司捐赠：来自中国上市公司的经验研究》，《管理评论》2015年第9期。

顾雷雷、欧阳文静：《慈善捐赠、营销能力和企业绩效》，《南开管理评论》2017年第2期。

郭万超、马萱：《全球视野下的中国文化产业价值链》，《人民论坛·学术前沿》2015年第13期。

韩沈超、潘家栋：《企业社会责任表现存在同群效应吗》，《财会月刊》2018年第19期。

何威风、刘巍、黄凯莉：《管理者能力与企业风险承担》，《中国软科学》2016年第5期。

洪雁、王端旭：《管理者真能"以德服人"吗？——社会学习和社会交换视角下伦理型领导作用机制研究》，《科学学与科学技术管理》2011年第7期。

侯巧铭、宋力、蒋亚朋：《管理者行为、企业生命周期与非效率投资》，《会计研究》2017年第3期。

胡惠林：《论文化体制改革》，《开发研究》2005年第4期。

胡珺、王红建、宋献中：《企业慈善捐赠具有战略效应吗？——基于产品市场竞争的视角》，《审计与经济研究》2017年第4期。

黄俊、陈信元、张天舒：《公司经营绩效传染效应的研究》，《管理世界》2013年第3期。

黄敏学、李小玲、朱华伟：《企业被"逼捐"现象的剖析：是大众"无理"还是企业"无良"?》，《管理世界》2008年第10期。

黄送钦：《代理成本、制度环境变迁与企业慈善捐赠——来自中国制造业的经验证据》，《上海财经大学学报》2017年第1期。

霍步刚、傅才武：《我国文化体制改革的理论分期与深化文化体制改革的策略问题》，《中国软科学》2007年第8期。

贾明、向翼、张喆：《政商关系的重构：商业腐败还是慈善献金》，《南开管理评论》2015年第5期。

贾明、张喆：《高管的政治关联影响公司慈善行为吗?》，《管理世界》2010年第4期。

江若尘、马来坤、郑玲：《慈善捐赠、企业绩效与合理区间把控——基于内生性视角的经验分析》，《现代财经（天津财经大学学报）》2016年第1期。

江轩宇、许年行：《企业过度投资与股价崩盘风险》，《金融研究》2015年第8期。

雷宇：《慈善、"伪善"与公众评价》，《管理评论》2015年第3期。

李凤羽、史永东：《经济政策不确定性与企业现金持有策略——基于中国经济政策不确定指数的实证研究》，《管理科学学报》2016年第6期。

李凤羽、杨墨竹：《经济政策不确定性会抑制企业投资吗？——基于中国经济政策不确定指数的实证研究》，《金融研究》2015年第4期。

李平、曾勇：《基于非理性行为的羊群效应分析：一个简单模型》，《中国管理科学》2004年第3期。

李秋梅、梁权熙：《企业"脱实向虚"如何传染？——基于同群效应的视角》，《财经研究》2020年第8期。

李诗田、宋献中：《声誉机制、代理冲突与企业捐赠——基于中国上市公司的实证研究》，《经济经纬》2014年第4期。

李寿喜：《产权、代理成本和代理效率》，《经济研究》2007年第1期。

李四海、江新峰：《企业捐赠行为同群效应研究》，《管理学季刊》2020年第3期。

李四海、陆琪睿、宋献中：《亏损企业慷慨捐赠的背后》，《中国工业经济》2012年第8期。

李维安、王鹏程、徐业坤：《慈善捐赠、政治关联与债务融资——民营企业与政府的资源交换行为》，《南开管理评论》2015年第1期。

李亦楠：《中美慈善捐赠结构比较研究》，《治理研究》2020 年第 6 期。

李政、杨思莹：《财政分权、政府创新偏好与区域创新效率》，《管理世界》2018 年第 12 期。

李志生、苏诚、李好等：《企业过度负债的地区同群效应》，《金融研究》2018 年第 9 期。

梁安琪、武晓芬：《管理者能力与企业创新：基于上市公司的实证》，《统计与决策》2020 年第 9 期。

梁建、陈爽英、盖庆恩：《民营企业的政治参与、治理结构与慈善捐赠》，《管理世界》2010 年第 7 期。

刘柏、卢家锐：《"顺应潮流"还是"投机取巧"：企业社会责任的传染机制研究》，《南开管理评论》2018 年第 4 期。

刘传谌、刘凌波：《我国国有企业特殊社会责任研究》，《经济管理》2010 年第 10 期。

刘海建：《捐赠行为的信号机制与投资者解读———基于负溢出情境中波及者的研究》，《中国工业经济》2016 年第 11 期。

刘佳刚、张琼霞：《政府补贴能让企业更慷慨吗？——来自战略性新兴产业的实证研究》，《会计之友》2019 年第 4 期。

刘静、王克敏：《同群效应与公司研发——来自中国的证据》，《经济理论与经济管理》2018 年第 1 期。

刘军伟、郑小明：《我国企业慈善捐赠的理论渊源与现状研究》，《企业经济》2009 年第 7 期。

刘丽华、徐艳萍、饶品贵等：《一损俱损：违规事件在企业集团内的传染效应研究》，《金融研究》2019 年第 6 期。

刘帷韬、任金洋、冯大威等：《经济政策不确定性、非效率投资与企业全要素生产率》，《经济问题探索》2021 年第 12 期。

卢正文：《企业慈善捐赠、员工反应与收入增长的实证研究》，《管理学报》2017 年第 2 期。

陆蓉、常维：《近墨者黑：上市公司违规行为的"同群效应"》，《金融研究》2018 年第 8 期。

陆蓉、王策、邓鸣茂：《我国上市公司资本结构"同群效应"研究》，《经济管理》2017 年第 1 期。

马君潞、范小云、曹元涛：《中国银行间市场双边传染的风险估测及其系统性特征分析》，《经济研究》2007年第1期。

孟庆斌、师倩：《宏观经济政策不确定性对企业研发的影响：理论与经验研究》，《世界经济》2017年第9期。

潘奇、龙建辉、朱一鸣：《基于行为粘性的企业逼捐实证研究》，《管理学报》2017年第2期。

潘奇、朱一鸣：《企业持续捐赠价值效应的实证研究——来自中国A股上市公司的经验证据》，《科研管理》2017年第6期。

彭镇、连玉君、戴亦一：《企业创新激励：来自同群效应的解释》，《科研管理》2020年第4期。

彭镇、彭祖群、卢惠薇：《中国上市公司慈善捐赠行为中的同群效应研究》，《管理学报》2020年第2期。

钱丽华、刘春林、丁慧：《慈善捐赠、利益相关者动机认知与企业绩效——基于Heckman二阶段模型的实证研究》，《软科学》2018年第5期。

钱丽华、刘春林、丁慧：《基于财务绩效视角的企业从事慈善活动研究》，《管理学报》2015年第4期。

秦朵：《外贸与金融传染效应在多大程度上导致了韩国1997年的货币危机?》，《世界经济》2000年第8期。

屈文彬、吴一帆：《管理层权力、融资约束与非效率投资》，《财会通讯》2021年第4期。

山立威、甘犁、郑涛：《公司捐款与经济动机——汶川地震后中国上市公司捐款的实证研究》，《经济研究》2008年第11期。

邵林、韩传兵、陈富永：《基于董事网络的经济政策不确定性对企业投资影响研究》，《中国软科学》2020年第5期。

石桂峰：《地方政府干预与企业投资的同伴效应》，《财经研究》2015年第12期。

宋文豪、于洪彦、蒋琬：《伦理型领导对员工创造力的影响机制研究——社会学习和知识共享视角》，《软科学》2014年第12期。

孙世敏、张汉南：《高管薪酬粘性形成机理与传导路径研究——基于薪酬外部公平性视角》，《管理评论》2021年第10期。

田利华、陈晓东：《企业策略性捐赠行为研究：慈善投入的视角》，《中央财经大学学报》2007 年第 2 期。

田雪莹、蔡宁：《企业慈善捐赠的前因变量与组织绩效研究》，《重庆大学学报》（社会科学版）2012 年第 5 期。

田雪莹、叶明海：《企业慈善捐赠行为的研究综述：现实发展和理论演进》，《科技与经济》2009 年第 1 期。

万赫、钟熙、彭秋萍：《控股股东股权质押对企业创新方向的影响——股权制衡与企业可视性的调节作用》，《科技进步与对策》2020 年第 6 期。

万良勇、梁婵娟、饶静：《上市公司并购决策的行业同群效应研究》，《南开管理评论》2016 年第 3 期。

汪凤桂、欧晓明、胡亚飞等：《慈善捐赠与企业财务绩效关系研究——对 345 家上市公司的实证分析》，《华南农业大学学报》（社会科学版）2011 年第 1 期。

王朝阳、张雪兰、包慧娜：《经济政策不确定性与企业资本结构动态调整及稳杠杆》，《中国工业经济》2018 年第 12 期。

王端旭、潘奇：《企业慈善捐赠带来价值回报吗？——以利益相关者满足程度为调节变量的上市公司实证研究》，《中国工业经济》2011 年第 7 期。

王红建、李青原、邢斐：《经济政策不确定性、现金持有水平及其市场价值》，《金融研究》2014 年第 9 期。

王克稳、金占明、焦捷：《战略群组身份、企业慈善捐赠和企业绩效——基于中国房地产行业的实证研究》，《南开管理评论》2014 年第 6 期。

王鹏：《投资者保护、代理成本与公司绩效》，《经济研究》2008 年第 2 期。

王染、余博、刘喜梅等：《经济政策不确定性与企业投资行为关系研究》，《会计之友》2020 年第 12 期。

王鲜萍：《慈善捐赠在企业竞争中的作用》，《经济导刊》2005 年第 12 期。

王震：《社会学习还是社会交换？——道德型领导对下属工作绩效的作用机制》，《经济管理》2014 年第 8 期。

魏志华、吴育辉、李常青：《家族控制、双重委托代理冲突与现金股利政策——基于中国上市公司的实证研究》，《金融研究》2012年第7期。

温忠麟、叶宝娟：《中介效应分析：方法和模型发展》，《心理科学进展》2014年第5期。

吴成颂、周炜：《高管薪酬限制、超额薪酬与企业绩效——中国制造业数据的实证检验与分析》，《现代财经（天津财经大学学报）》2016年第9期。

吴文清、黄宣、李振华：《企业捐赠与财务绩效及市场绩效的门槛效应研究》，《天津大学学报》（社会科学版）2016年第6期。

夏子航、谢伟：《企业集团投资效率同群效应研究——基于系族控股上市公司的实证检验》，《会计与经济研究》2020年第1期。

谢佩洪、汪春霞：《管理层权力、企业生命周期与投资效率——基于中国制造业上市公司的经验研究》，《南开管理评论》2017年第1期。

修宗峰、周泽将：《地区幸福感、社会资本与企业公益性捐赠》，《管理科学》2016年第2期。

徐向艺、徐宁：《金字塔结构下股权激励的双重效应研究——来自我国上市公司的经验证据》，《经济管理》2010年第9期。

晏艳阳、邓嘉宜、文丹艳：《邻里效应对家庭社会捐赠活动的影响——来自中国家庭追踪调查（CFPS）数据的证据》，《经济学动态》2017年第2期。

阳镇、陈劲：《数智化时代下的算法治理——基于企业社会责任治理的重新审视》，《经济社会体制比较》2021年第2期。

阳镇、陈劲：《数智化时代下企业社会责任的创新与治理》，《上海财经大学学报》2020年第6期。

阳镇、凌鸿程、陈劲：《经济政策不确定性、企业社会责任与企业技术创新》，《科学学研究》2021年第3期。

杨大楷、王鹏：《股权集中下的大股东侵占和债务融资的关系研究评述》，《北京工商大学学报》（社会科学版）2013年第6期。

姚贝贝、林爱梅：《股权结构、代理成本与企业绩效》，《财会通讯》2018年第27期。

姚瑞卿、姜太碧：《农户行为与"邻里效应"的影响机制》，《农村经济》

2015 年第 4 期。

于小溪：《董事会资本、同伴效应与高管薪酬——来自我国上市公司的证据》，《会计之友》2021 年第 5 期。

苑洁：《文化产业行业界定的比较研究》，《理论建设》2005 年第 1 期。

苑捷：《当代西方文化产业理论研究概述》，《马克思主义与现实》（双月刊）2004 年第 1 期。

曾江洪、于彩云、李佳威等：《高科技企业研发投入同群效应研究——环境不确定性、知识产权保护的调节作用》，《科技进步与对策》2020 年第 2 期。

詹雷、王瑶瑶：《管理层激励、过度投资与企业价值》，《南开管理评论》2013 年第 3 期。

张墩力、江新峰：《管理者能力与企业投资羊群行为：基于薪酬公平的调节作用》，《会计研究》2015 年第 8 期。

张峰、刘曦苑、武立东等：《产品创新还是服务转型：经济政策不确定性与制造业创新选择》，《中国工业经济》2019 年第 7 期。

张功富、宋献中：《我国上市公司投资：过度还是不足？——基于沪深工业类上市公司非效率投资的实证度量》，《会计研究》2009 年第 5 期。

张建君、张志学：《中国民营企业家的政治战略》，《管理世界》2005 年第 7 期。

张建君：《竞争—承诺—服从：中国企业慈善捐款的动机》，《管理世界》2013 年第 9 期。

张建平、裘丽、刘子亚：《股权结构、代理成本与企业经营绩效》，《技术经济与管理研究》2016 年第 5 期。

张路、李金彩、张瀚文等：《管理者能力影响企业成本粘性吗？》，《会计研究》2019 年第 3 期。

张敏、马黎珺、张雯：《企业慈善捐赠的政企纽带效应——基于我国上市公司的经验证据》，《管理世界》2013 年第 7 期。

张天宇、钟田丽：《企业财务决策同伴效应研究述评与展望》，《外国经济与管理》2018 年第 11 期。

张先治、柳志南：《金字塔式股权结构、超额薪酬与薪酬辩护》，《财经问题研究》2019 年第 4 期。

张永军：《伦理型领导对员工反生产行为的影响：基于社会学习与社会交换双重视角》，《商业经济与管理》2012 年第 12 期。

赵红建、范一博、贾钢：《慈善捐赠、企业绩效与融资约束》，《经济问题》2016 年第 6 期。

赵颖：《中国上市公司高管薪酬的同群效应分析》，《中国工业经济》2016 年第 2 期。

郑杲娉、徐永新：《慈善捐赠、公司治理与股东财富》，《南开管理评论》2011 年第 2 期。

郑世林、葛珺沂：《文化体制改革与文化产业全要素生产率增长》，《中国软科学》2012 年第 10 期。

钟宏武：《企业捐赠作用的综合解析》，《中国工业经济》2007 年第 2 期。

钟宏武：《日本企业社会责任研究》，《中国工业经济》2008 年第 9 期。

钟田丽、张天宇：《我国企业资本结构决策行为的"同伴效应"——来自深沪两市 A 股上市公司面板数据的实证检验》，《南开管理评论》2017 年第 2 期。

周兰、张玥：《管理者能力与股价崩盘风险》，《系统工程》2019 年第 4 期。

周晓剑、武翰涛：《家庭禀赋、邻里效应与捐赠动机——来自中国家庭追踪调查（CFPS）的证据》，《社会保障评论》2019 年第 4 期。

朱金凤、赵红建：《慈善捐赠会提升企业财务绩效吗？——来自沪市 A 股上市公司的实证检验》，《会计之友（上旬刊）》2010 年第 10 期。

朱翊敏：《慈善捐赠额度与产品类型对消费者响应的影响》，《经济管理》2013 年第 3 期。

祝继高、辛宇、仇文妍：《企业捐赠中的锚定效应研究——基于"汶川地震"和"雅安地震"中企业捐赠的实证研究》，《管理世界》2017 年第 7 期。

邹萍：《慈善捐赠动态调整机制及其异质性研究》，《管理学报》2019 年第 6 期。

左晶晶、唐跃军、眭悦：《第二类代理问题、大股东制衡与公司创新投资》，《财经研究》2013 年第 4 期。

Ades A. , Di Tella R. Rents, "Competition, and Corruption", *American Economic Review*, Vol. 89, No. 4, 1999.

Adams M. , Hardwick P. , "An Analysis of Corporate Donations: United Kingdom Evidence", *Journal of Management Studies*, Vol. 35, No. 5, 1998.

Aharonson B. S. , Bort S. , "Institutional Pressure and An Organization's Strategic Response in Corporate Social Action Engagement: The Role of Ownership and Media Attention", *Strategic Organization*, Vol. 13, No. 4, 2015.

Amato L. H. , Amato C. H. , "Retail Philanthropy: Firm Size, Industry, and Business Cycle", *Journal of Business Ethics*, Vol. 107, No. 4, 2012.

Amato L. H. , Amato C. H. , "The Effects of Firm Size and Industry on Corporate Giving", *Journal of Business Ethics*, Vol. 72, No. 3, 2007.

Arellano M. , Bond S. , "Some Tests of Specification for Panel Data: Monte Carlo Evidence and an Application to Employment Equations", *Review of Economic Studies*, Vol. 58, No. 2, 1991.

Atkinson L. , Galaskiewicz J. , "Stock Ownership and Company Contributions to Charity", *Administrative Science Quarterly*, Vol. 33, No. 1, 1988.

Bae J. , Cameron G. T. , "Conditioning Effect of Prior Reputation on Perception of Corporate Giving", *Public Relations Review*, Vol. 32, No. 2, 2006.

Baker S. R. , Bloom N. , Davis S. J. , "Measuring Economic Policy Uncertainty", *Quarterly Journal of Economics*, Vol. 131, No. 4, 2016.

Ball R. , Foster G. , "Corporate Financial Reporting: A Methodological Review of Empirical Research", *Journal of Accounting Research*, Vol. 20, 1982.

Banerjee A. V. , "A Simple Model of Herd Behavior", *The Quarterly Journal of Economics*, Vol. 107, No. 3, 1992.

Barnett M. L. , "Stakeholder Influence Capacity and the Variability of Financial Returns to Corporate Social Responsibility", *Academy of Management Review*, Vol. 32, No. 3, 2007.

Bartkus B. R. , Morris S. A. , Seifert B. , "Governance and Corporate Philanthropy: Restraining Robin Hood?", *Business & Society*, Vol. 41, No. 3, 2002.

Baum J. A. C., Oliver C., "Institutional Linkages and Organizational Mortality", *Administrative Science Quarterly*, Vol. 36, No. 2, 1991.

Berman S., Wicks A., Kotha S., et al., "Does Stakeholder Orientation Matter? The Relationship Between Stakeholder Management Models and Firm Financial", *Academy of Management Journal*, Vol. 42. 1999.

Bernheim B. D. A., "Theory of Conformity", *Journal of Political Economy*, Vol. 102, No. 5, 1994.

Bikhchandani S., Hirshleifer D., Welch I., "Learning from the Behavior of Others: Conformity, Fads, and Informational Cascades", *Journal of Economic Perspectives*, Vol. 12, No. 3, 1998.

Bikhchandani, Sushil, David H., Welch I., "A Theory of Fads, Fashion, Custom, and Cultural Change as Informational Cascades", *Journal of Political Economy*, Vol. 100, No. 5.

Bizjak J. M., Lemmon M. L., Naveen L., "Does the Use of Peer Groups Contribute to Higher Pay and Less Efficient Compensation?", *Journal of Financial Economics*, Vol. 90, 2008.

Blundell R., Bond S., "GMM Estimation with Persistent Panel Data: An Application to Production Functions", *Econometric Reviews*, Vol. 19, No. 3, 2000.

Blundell R., Bond S., "Initial Conditions and Moment Restrictions in Dynamic Panel Data Models", *Journal of Econometrics*, Vol. 87, No. 1, 1998.

Blundell R., Griffith R., Windmeijer F., "Individual Effects and Dynamics in Count Data Models", *Journal of Econometrics*, Vol. 108, No. 1, 2002.

Bonsall S. B., Holzman E. R., Miller B. P., "Managerial Ability and Credit Risk Assessment", *Management Science*, Vol. 63, No. 5, 2017.

Bowen F. E., "Does Size Matter? Organizational Slack and Visibility as Alternative Explanations for Environmental Responsiveness", *Business & Society*, Vol. 41, No. 1, 2002.

Brammer S. J., Pavelin S., "Corporate Reputation and Social Performance: The Importance of Fit", *Journal of Management Studies*, Vol. 43, No. 3, 2006.

Brammer S., Millington A., "Corporate Reputation and Philanthropy: An Empirical Analysis", *Journal of Business Ethics*, Vol. 61, No. 1, 2005.

Brammer S., Millington A., "Does It Pay to Be Different? An Analysis of the Relationship Between Corporate Social and Financial Performance", *Strategic Management Journal*, No. 29, 2008.

Brammer S., Millington A., "Firm Size, Organizational Visibility and Corporate Philanthropy: An Empirical Analysis", *Business Ethics: A European Review*, Vol. 15, No. 1, 2006.

Brammer S., Millington A., "Profit Maximisation Vs. Agency: An Analysis of Charitable Giving by UK Firms", *Cambridge Journal of Economics*, Vol. 29, No. 4, 2005.

Brammer S., Millington A., "The Development of Corporate Charitable Contributions in the UK: A Stakeholder Analysis", *Journal of Management Studies*, Vol. 41, No. 8, 2004.

Brammer S., Pavelin S., "Corporate Community Contributions in the United Kingdom and the United States", *Journal of Business Ethics*, Vol. 56, No. 1, 2005.

Branco M. C., Rodrigues L. L., "Corporate Social Responsibility and Resource-Based Perspectives", *Journal of Business Ethics*, Vol. 69, 2006.

Brown W. O., Helland E., Smith J. K., "Corporate Philanthropic Practices", *Journal of Corporate Finance*, Vol. 12, No. 5, 2006.

Brown, Prudence, "Money for Change: Social Movement Philanthropy at Haymarket People's Fund Susan A. Ostrander", *Social Service Review*, Vol. 71, No. 3, 1997.

Burke L., Logsdon J. M., "How Corporate Social Responsibility Pays Off", *Long Range Planning*, Vol. 29, No. 4, 1996.

Bursztyn L., Ederer F., Freman B., et al., "Understanding Mechanisms Underlying Peer Effects: Evidence from A Field Experiment on Financial Decisions", *Econometrica*, Vol. 82, No. 4, 2014.

Burt R. S., "Corporate Philanthropy as A Cooptive Relation", *Social Forces*, Vol. 62, No. 2, 1983.

Bustamante M. C., Frésard L., "Does Firm Investment Respond to Peers' Investment?", *Management Science*, 2020 (October).

Calvó-Armengol A., O. Jackson M., "Peer Pressure", *Journal of the European Economic Association*, Vol. 8, No. 1, 2010.

Campbell J. L., "Institutional Analysis and the Paradox of Corporate Social Responsibility", *American Behavioral Scientist*, Vol. 49. No. 7, 2006.

Campbell J. L., "Why Would Corporations Behave in Socially Responsible Ways? An Institutional Theory of Corporate Social Responsibility", *Academy of Management Review*, Vol. 32, No. 3, 2007.

Campbell L., Gulas C. S., Gruca T. S., "Corporate Giving Behavior and Decision-Maker Social Consciousness", *Journal of Business Ethics*, Vol. 19, No. 4, 1999.

Cao J., Liang H., Zhan X., "Peer Effects of Corporate Social Responsibility", *Management Science*, 2019.

Carroll A. B., "A Three-Dimensional Conceptual Model of Corporate Performance", *Academy of Management Review*, Vol. 4, No. 4, 1979.

Carroll A. B., "Corporate Social Responsibility: Evolution of A Definitional Construct", *Business & Society*, Vol. 38, No. 3, 1999.

Carroll A. B., "Corporate Social Responsibility: The Centerpieces of Competing and Complementary Frameworks", *Organizational Dynamics*, No. 44, 2015.

Carroll A. B., "The Four Faces of Corporate Citizenship", *Business and Society Review*, Vol. 100/101, 1998.

Carroll A. B., "The Pyramid of Corporate Social Responsibility: Toward the Moral Management of Organizational Stakeholders", *Business Horizons*, 1991, July-August.

Caskey J., Hughes J., Liu J., "Leverage, Excess Leverage, and Future Returns", *Review of Accounting Studies*, Vol. 17, No. 2, 2012.

Chan K. C., Feng X., "Corporate Philanthropy in A Politically Uncertain Environment: Does It Bring Tangible Benefits to A Firm? Evidence from China", *European Journal of Finance*, Vol. 25, No. 3, 2019.

Chang E. C. , Cheng J. W. , Khorana A. , "An Examination of Herd Behavior in Equity Markets: An International Perspective", *Journal of Banking & Finance*, No. 24, 2000.

Chang Y. , He W. , Wang J. , "Government Initiated Corporate Social Responsibility Activities: Evidence from a Poverty Alleviation Campaign in China", *Journal of Business Ethics*, Vol. 173, 2021.

Chen M. H. , Lin C. P. , "The Impact of Corporate Charitable Giving on Hospitality Firm Performance: Doing Well by Doing Good?", *International Journal of Hospitality Management*, Vol. 47, 2015.

Chen M. H. , Lin C. P. , "Understanding Corporate Philanthropy in the Hospitality Industry", *International Journal of Hospitality Management*, No. 48, 2015.

Chen M. H. , "Understanding the Hospitality Philanthropy-Performance Link: Demand and Productivity Effects", *International Journal of Hospitality Management*, Vol. 80, 2019.

Chen S. , Ma H. , "Peer Effects in Decision-Making: Evidence from Corporate Investment", *China Journal of Accounting Research*, Vol. 10, No. 2, 2017.

Chiu S. C. , Sharfman M. , "Legitimacy, Visibility, and the Antecedents of Corporate Social Performance: An Investigation of the Instrumental Perspective", *Journal of Management*, Vol. 37. No. 6, 2011.

Coase R. H. , "The Nature of the Firm", *Economica*, Vol. 4, No. 16, 1937.

Colombo V. , "Economic Policy Uncertainty in the US: Does It Matter for the Euro Area?", *Economics Letters*, Vol. 121, No. 1 2013.

Conlisk J. , "Costly Optimizers Versus Cheap Imitators", *Journal of Economic Behavior and Organization*, No. 1, 1980.

Core J. E. , Guay W. , Larcker D. F. , "The Power of the Pen and Executive Compensation", *Journal of Financial Economics*, Vol. 88, No. 1, 2008.

Cowton C. J. , "Corporate Philanthropy in the United Kingdom", *Journal of Business Ethics*, No. 6, 1987.

Dacin M. T. , "Isomorphism in Context: The Power and Prescription of Institutional", *The Academy of Management Journal*, Vol. 40, No. 1, 1997.

Davis K., "The Case for and Against Business Assumption of Social Responsibilities", *The Academy of Management Journal*, Vol. 16, No. 2, 1973.

Davis K., "Understanding the Social Responsibility Puzzle: What Does the Businessman Owe to Society?", *Business Horizons*, No. 10, 1967.

Davis, K., "Can Business Afford to Ignore Corporate Social Responsibilities?", *California Management Review*, No. 2, 1960.

Demerjian P. R., Lev B., Lewis M. F., et al., "Managerial Ability and Earnings Quality", *Accounting Review*, Vol. 88, No. 2, 2013.

Demerjian P., Lev B., Mcvay S., "Quantifying Managerial Ability: A New Measure and Validity Tests", *Management Science*, Vol. 58, No. 7, 2012.

Demir E., Ersan O., "Economic Policy Uncertainty and Cash Holdings: Evidence from BRIC Countries", *Emerging Markets Review*, Vol. 33, 2017.

Dienhart J. W., "Charitable Investments: A Strategy for Improving the Business Environment", *Journal of Business Ethics*, Vol. 7, 1988.

Dimaggio P. J., Powell W. W., "The Iron Cage Revisited: Institutional Isomorphism and Collective Rationality in Organizational Fields", *American Sociological Review*, Vol. 48, No. 21, 1983.

Dimitriou D., Kenourgios D., Simos T., "Global Financial Crisis and Emerging Stock Market Contagion: A Multivariate Fiaparch-Dcc Approach", *International Review of Financial Analysis*, No. 30, 2013.

Dougal C., Parsons C. A., Titman S., "Urban Vibrancy and Corporate Growth", *Journal of Finance*, Vol. 70, No. 1, 2015.

Du X., Jian W., Du Y., et al., "Religion, the Nature of Ultimate Owner, and Corporate Philanthropic Giving: Evidence from China", *Journal of Business Ethics*, Vol. 123, No. 2, 2014.

Duong H. K., Ngo A. D., Mcgowan C. B., "Industry Peer Effect and the Maturity Structure of Corporate Debt", *Managerial Finance*, Vol. 41, No. 7, 2015.

Faccio M., "Politically Connected Firms", *The American Economic Review*, Vol. 96, No. 1, 2006.

Fama E. F. , Jensen M. C. , "Agency Problems and Residual Claims", *The Journal of Law and Economics*, Vol. 26, No. 2, 1983.

Fama E. , "Agency Problems and the Theory of the Firm", *Journal of Political Economy*, Vol. 88, 1980.

Faulkender M. , Yang J. , "Is Disclosure an Effective Cleansing Mechanism? The Dynamics of Compensation Peer Benchmarking", *Review of Financial Studies*, Vol. 26, No. 3, 2013.

Fisman R. , "Estimating the Value of Political Connections", *The American Economic Review*, Vol. 91, No. 4, 2001.

Fombrun C. , Shanley M. , "What's in A Name? Reputation Building and Corporate Strategy", *The Academy of Management Journal*, Vol. 33, No. 2, 1990.

Fontaine I. , Didier L. , Razafindravaosolonirina J. , "Foreign Policy Uncertainty Shocks and US Macroeconomic Activity: Evidence from China", *Economics Letters*, Vol. 155, 2017.

Foucault T. , Fresard L. , "Learning from Peers' Stock Prices and Corporate Investment", *Journal of Financial Economics*, Vol. 111, No. 3, 2014.

Francis B. B. , Hasan I. , Kostova G. L. , "When do Peers Matter?: A Cross-country Perspective", *Journal of International Money and Finance*, Vol. 69, 2016.

Frank M. Z. , Goyal V. K. , "Capital Structure Decisions: Which Factors Are Reliably Important?", *Financial Management*, 2009, Spring.

Fratzscher M. , "Why Are Currency Crises Contagious? A Comparison of the Latin American Crisis of 1994 – 1995 and the Asian Crisis of 1997 – 1998", *Westwirtschaftliches Archiv*, Vol. 134, No. 4, 1998.

Freixas X. , Parigi B. , "Contagion and Efficiency in Gross and Net Interbank Payment Systems", *Journal of Financial Intermediation*, Vol. 7, No. 1, 1998.

Frey B. S. , Meier S. , "Pro-Social Behavior in A Natural Setting", *Journal of Economic Behavior and Organization*, Vol. 54, No. 1, 2004.

Friedman M. , "The Social Responsibility of Business Is to Increase Its Profit",

New York Times Magazine, 1970.

Fry L. W., Keim G. D., Meiners R. E., "Corporate Contributions: Altruistic or for Profit?", *Academy of Management Journal*, Vol. 25, No. 1, 1982.

Furubotn E. G., Pejovich S., "Property Rights and Economic Theory: A Survey of Recent Literature", *Journal of Economic Literature*, Vol. 10, No. 4, 1972.

Gabaix X., Landier A., "Why Has CEO Pay Increased So Much?", *Quarterly Journal of Economics*, Vol. 123, No. 1, 2008.

Galaskiewicz J., Burt R. S., "Interorganization Contagion in Corporate Philanthropy", *Administrative Science Quarterly*, Vol. 36, No. 1, 1991.

Gao F., Faff R., Navissi F., "Corporate Philanthropy: Insights from the 2008 Wenchuan Earthquake in China", *Pacific Basin Finance Journal*, Vol. 20, No. 3, 2012.

Gao Y., Hafsi T., "Government Intervention, Peers' Giving and Corporate Philanthropy: Evidence from Chinese Private SMEs", *Journal of Business Ethics*, Vol. 132, No. 2, 2015.

Gao Y., "Philanthropic Disaster Relief Giving as A Response to Institutional Pressure: Evidence from China", *Journal of Business Research*, Vol. 64, No. 12, 2011.

Gardberg N. A., Fombrun C., "Corporate Citizenship: Creating Intangible Assets Across Institutional Environments", *Academy of Management Review*, Vol. 31, No. 2, 2006.

Gautier A., Pache A. C., "Research on Corporate Philanthropy: A Review and Assessment", *Journal of Business Ethics*, Vol. 126, No. 3, 2015.

Godfrey P. C., "The Relationship Between Corporate Philanthropy and Shareholder Wealth: A Risk Management Perspective", *Academy of Management Review*, Vol. 30, No. 4, 2005.

Graham J. R., Harvey C. R., "The Theory and Practice of Corporate Finance: Evidence from the Field", *Journal of Financial Economics*, Vol. 60, 2001.

Greening D. W., Turban D. B., "Corporate Social Performance as A Competitive Advantage in Attracting a Quality Workforce", *Business and Society*,

Vol. 39, No. 3, 2000.

Griffin J. J., Mahon J. F., "The Corporate Social Performance and Corporate Financial Performance Debate: Twenty-Five Years of Incomparable Research", *Business and Society*, Vol. 36, No. 1, 1997.

Haley U. C. V., "Corporate Contributions as Managerial Masques: Reframing Corporate Contributions as Strategies to Influence Society", *Journal of Management Studies*, No. 5, 1991 (September).

Haller A. O., Butterworth C. E., "Peer Influences on Levels of Occupational and Educational Aspiration", *Social Forces*, Vol. 38, No. 4.

Hannan M. T., Freeman J., "The Population Ecology of Organizations", *American Journal of Sociology*, Vol. 82, No. 5, 1977.

He Y., Tian Z., "Government-Oriented Corporate Public Relation Strategies in Transitional China", *Management and Organization Review*, Vol. 4, No. 3, 2008.

Hoeffler S., Bloom P. N., Keller K. L., "Understanding Stakeholder Responses to Corporate Citizenship Initiatives: Managerial Guidelines and Research Directions", *Journal of Public Policy & Marketing*, Vol. 29, No. 1, 2010.

Holcomb T. R., Holmes R. M., Connelly B. L., "Making the Most of What You Have: Managerial Ability as A Source of Resource Value Creation", *Strategic Management Journal*, Vol. 30, No. 5, 2009.

Huang Y., Luk P., "Measuring Economic Policy Uncertainty in China", *China Economic Review*, Vol. 59, 2020.

Jensen M. C., Meckling W. H., "Theory of the Firm: Managerial Behavior, Agency Costs and Ownership Structure", *Journal of Financial Economics*, No. 3, 1976.

Jensen M. C., "The Modern Industrial Revolution, Exit, and the Failure of Internal Control Systems", *The Journal of Finance*, Vol. 48, No. 3, 1993.

Jeong Y-C, Kim T-Y., "Between Legitimacy and Efficiency: An Institutional Theory of Corporate Giving", *Academy of Management Journal*, Vol. 62, No. 5, 2019.

Jia M., Xiang Y., Zhang Z., "Indirect Reciprocity and Corporate Philanthropic Giving: How Visiting Officials Influence Investment in Privately Owned Chinese Firms", *Journal of Management Studies*, Vol. 56, No. 2, 2019.

Jia M., Zhang Z., "Donating Money to Get Money: The Role of Corporate Philanthropy in Stakeholder Reactions to IPOs", *Journal of Management Studies*, Vol. 51, No. 7, 2014.

Jia M., Zhang Z., "Managerial Ownership and Corporate Social Performance: Evidence from Privately Owned Chinese Firms' Response to the Sichuan Earthquake", *Corporate Social Responsibility and Environmental Management*, Vol. 20, No. 5, 2013.

Jia M., Zhang Z., "News Visibility and Corporate Philanthropic Response: Evidence from Privately Owned Chinese Firms Following the Wenchuan Earthquake", *Journal of Business Ethics*, Vol. 129, No. 1, 2015.

Johnson O., "Corporate Philanthropy: An Analysis of Corporate Contributions", *The Journal of Business*, Vol. 39, No. 4, 1966.

Keim G. D., "Managerial Behavior and the Social Responsibility Debate: Goals Versus Constraints", *The Academy of Management Journal*, Vol. 21, No. 1, 1978.

Kim C-S, Mauer D. C., Sherman A. E., "The Determinants of Corporate Liquidity: Theory and Evidence", *The Journal of Financial and Quantitative Analysis*, Vol. 33, No. 3, 1998.

Kim W. G., Zhong J., Chen M. H., et al., "Risk-Adjusted Performance of Three Restaurant Segments in the USA", *Tourism Economics*, Vol. 15, No. 1, 2009.

Klemperer P., "Equilibrium Product Lines: Competing Head-to-Head May Be Less Competitive", *The American Economic Review*, Vol. 82, No. 4, 1992.

Knyazeva A., Knyazeva D., Morck R. K., et al., "Comovement in Investment", *SSRN Electronic Journal*, 2011.

Kolk A., Dolen W. Van, Ma L., "Consumer Perceptions of CSR: (How) Is China Different?", *International Marketing Review*, Vol. 32, No. 5, 2015.

La Porta R., Lopez-De-Silanes F., Shleifer A., "Corporate Ownership Around the World", *Journal of Finance*, Vol. 54, No. 2, 1999.

Leary M. T., Roberts M. R., "Do Peer Firms Affect Corporate Financial Policy?", *Journal of Finance*, Vol. 69, No. 1, 2014.

Lee C., Lee C., Zeng J., et al., "Peer Bank Behavior, Economic Policy Uncertainty, and Leverage Decision of Financial Institutions", *Journal of Financial Stability*, Vol. 30, 2017.

Lee M. D. P., "A Review of the Theories of Corporate Social Responsibility: Its Evolutionary Path and the Road Ahead", *International Journal of Management Reviews*, Vol. 10, No. 1, 2008.

Lee Y. K., Choi J., Moon B. Young, et al., "Codes of Ethics, Corporate Philanthropy, and Employee Responses", *International Journal of Hospitality Management*, Vol. 39, 2014.

Lev B., Petrovits C., Radhakrishnan S., "Is Doing Good Good for You? How Corporate Charitable Contributions Enhance Revenue Growth", *Strategic Management Journal*, Vol. 31, No. 2, 2010.

Levy F. K., Shatto G. M., "The Evaluation of Corporate Contributions", *Public Choice*, Vol. 33, No. 1, 1978.

Li S., Song X., Wu H., "Political Connection, Ownership Structure, and Corporate Philanthropy in China: A Strategic-Political Perspective", *Journal of Business Ethics*, Vol. 129, No. 2, 2015.

Lieber E. M. J. J., Skimmyhorn W., "Peer Effects in Financial Decision-making", *Journal of Public Economics*, Vol. 163, 2018.

Lieberman M. B., Asaba S., "Why Do Firms Imitate Each Other?", *Academy of Management Review*, Vol. 31, No. 2, 2006.

Lin K. J., Tan J., Zhao L., et al., "In the Name of Charity: Political Connections and Strategic Corporate Social Responsibility in A Transition Economy", *Journal of Corporate Finance*, No. 32, 2015.

Long C., Yang J., "What Explains Chinese Private Entrepreneurs' Charitable Behaviors? A Story of Dynamic Reciprocal Relationship Between Firms and the Government", *China Economic Review*, No. 40, 2016.

Lux T., "The Socio-Economic Dynamics of Speculative Markets: Interacting Agents, Chaos, and the Fat Tails of Return Distributions", *Journal of Economic Behavior and Organization*, Vol. 32, No. 2, 1998.

Ma D., Parish W. L., "Tocquevillian Moments: Charitable Contributions by Chinese Private Entrepreneurs", *Social Forces*, Vol. 85, No. 2, 2006.

Manski C. F., "Dynamic Choice in Social Settings. Learning from the Experiences of Others", *Journal of Econometrics*, Vol. 58, 1993.

Manski C. F., "Identification of Endogenous Social Effects the Reflection Problem", *Review of Economic Studies*, Vol. 60, No. 3, 1993.

Marquis C., Glynn M. A., Davis G. F., et al., "Community Isomorphism and Corporate Social Action", *Academy of Management Review*, Vol. 32, No. 3, 2007.

Marsden C., "The New Corporate Citizenship of Big Business: Part of The Solution to Sustainability", *Business and Society Review*, Vol. 105, No. 1, 2000.

Masulis R. W., Reza S. W., "Agency Problems of Corporate Philanthropy", *Review of Financial Studies*, Vol. 28, No. 2, 2015.

Maté-Sánchez-Val M., López-Hernandez F., Mur-Lacambra J., "How Do Neighboring Peer Companies Influence SMEs' Financial Behavior?", *Economic Modelling*, Vol. 63, 2017.

Matten D., Crane A., Chapple W., "Behind De Mask: Revealing the True Face of Corporate Citizenship", *Journal of Business Ethics*, Vol. 45, 2003.

May S. K., "Corporate Social Responsibility and Employee Health", *Organizations, Communication, and Health*, Vol. 16, No. 1, 2016.

Mcelroy K. M., Siegfried J. J., "The Effect of Firm Size on Corporate Philanthropy", *Quarterly Review of Economics and Business*, Vol. 25, No. 2, 1985.

Mescon T. S., Tilson D. J., "Corporate Philanthropy: A Strategic Approach to the Bottom-line", *California Management Review*, Vol. 29, No. 2, 1987.

Meznar M. B., Nigh D., "Buffer or Bridge? Environmental and Organizational Determinants of Public Affairs Activities in American Firms", *Academy of*

Management Journal, Vol. 38, No. 4, 1995.

Miao Y., Chen M. H., Su C. H. (Joan), et al., "Philanthropic Giving of China's Hotel Firms: The Roles of State Ownership, Corporate Misconduct and Executive Remuneration", *International Journal of Hospitality Management*, 2021, (April 2020): 102897.

Milliken F. J., "Three Types of Perceived Uncertainty About the Environment: State, Effect, and Response Uncertainty", *Academy of Management Review*, Vol. 12, No. 1, 1987.

Mohr L. A., Webb D. J., "The Effects of Corporate Social Responsibility and Price on Consumer Responses", *The Journal of Consumer Affairs*, Vol. 39, No. 1, 2005.

Muller C. B., Brenner S. N., Perrin N. A., "A Structural Analysis of Corporate Political Activity", *Business & Society*, Vol. 34, No. 2, 1995.

Murray K. B., Montanari J. R., "Strategic Management of the Socially Responsible Firm: Integrating Management and Marketing Theory", *The Academy of Management Review*, Vol. 11, No. 4, 1986.

Navarro P., "Why Do Corporations Give to Charity?", *The Journal of Business*, Vol. 61. No. 1, 1988.

Neustadtl A., "Interest-Group PACsmanship: An Analysis of Campaign Contributions, Issue Visibility, and Legislative Impact", *Social Forces*, Vol. 69, No. 2, 1990.

Oliver C., "Strategic Responses to Institutional Processes", *The Academy of Management Review*, Vol. 16, No. 1, 1991.

Oliver C., "Sustainable Competitive Advantage: Combining Institutional and Resource-Based Views", *Strategic Management Journal*, Vol. 18, No. 9, 1997.

Orlitzky M., Schmidt F. L., Rynes S. L., et al., "Corporate Social and Financial Performance: A Meta-Analysis", *Organization Studies*, Vol. 24, No. 3, 2003.

Park K., Yang I., Yang T., "The Peer-Firm Effect on Firm's Investment Decisions", *North American Journal of Economics and Finance*, Vol. 40, 2017.

Parsons C. A., Sulaeman J., Titman S., "The Geography of Financial Misconduct", *Journal of Finance*, Vol. 73, No. 5, 2018.

Peloza J., "Using Corporate Social Responsibility as Insurance for Financial Performance", *California Management Review*, Vol. 48, No. 2, 2006.

Phan H. V., Nguyen N. H., Nguyen H. T., et al., "Policy Uncertainty and Firm Cash Holdings", *Journal of Business Research*, Vol. 95, 2018.

Porter M. E., Kramer M. R., "How to Reinvent Capitalism—and Unleash a Wave of Innovation and Growth", *Harvard Business Review*, 2011, January-Feb.

Porter M. E., Kramer M. R., "The Competitive Advantage of Corporate Philanthropy", *Harvard Business Review*, Vol. 80, No. 12, 2002.

Powell W. W., "The Institutionalization of Rational Organization", *Contemporary Sociology*, Vol. 14, No. 5, 1985.

Rajan P., Menon V., Menon A., "Cause-Related Marketing: A Coalignment of Marketing Strategy and Corporate Philanthropy", *Journal of Marketing*, Vol. 52, No. 3, 1988.

Richardson S., "Over-Investment of Free Cash Flow", *Review of Accounting Studies*, Vol. 11, 2006.

Saiia D. H., "Philanthropy and Corporate Citizenship: Strategic Philanthropy Is Good Corporate Citizenship", *The Journal of Corporate Citizenship*, Vol. 2, No. 2, 2001.

Saiia D., "Corporate Citizenship and Corporate Philanthropy: Strategic Philanthropy Is Good Corporate Citizenship", *Journal of Corporate Citizenship*, No. 2, 2001.

Sampson R. J., Morenoff J. D., Gannon-Rowley T., "Assessing 'Neighborhood Effects': Social Processes and New Directions in Research", *Annual Review of Sociology*, No. 28, 2002.

Sánchez C. M., "Motives for Corporate Philanthropy in El Salvador: Altruism Political Legitimacy", *Journal of Business Ethics*, Vol. 27, No. 4, 2000.

Sánchez P. E., Benito-Hernández S., "CSR Policies: Effects on Labour Productivity in Spanish Micro and Small Manufacturing Companies", *Journal of

Business Ethics, Vol. 128, No. 4, 2015.

Schwartz M. S., Carroll A. B., "Corporate Social Responsibility: A Three-Domain Approach", *Business Ethics Quarterly*, Vol. 13, No. 4, 2003.

Schwartz R. A., "Corporate Philanthropic Contributions", *The Journal of Finance*, Vol. 23, No. 3, 1968.

Seifert B., Morris S. A., Bartkus B. R., et al., "Comparing Big Givers and Small Givers: Financial Correlates of Corporate Philanthropy", *Journal of Business Ethics*, Vol. 45, No. 3, 2003.

Seifert B., Morris S. A., Bartkus B. R., "Having, Giving, and Getting: Slack Resources, Corporate Philanthropy, and Firm Financial Performance", *Business & Society*, Vol. 43, No. 2, 2004.

Shapira R., "Corporate Philanthropy as Signaling Co-optation", *Fordham Law Review*, Vol. 80, No. 5, 2012.

Smith C., "The New Corporate Philanthropy", *Harvard Business Review*, 1994, May-June.

Song L., Wang J., Yao S., et al., "Market Reactions and Corporate Philanthropy: A Case Study of the Wenchuan Earthquake in China", *Journal of Contemporary China*, Vol. 21, No. 74, 2012.

Stendardi E. J. "Corporate philanthropy: The redefinition of enlightened self-interest", *The Social Science Journal*, Vol. 29, No. 1, 1992.

Su J., He J., "Does Giving Lead to Getting? Evidence from Chinese Private Enterprises", *Journal of Business Ethics*, Vol. 93, No. 1, 2009.

Suchman M. C., "Managing Legitimacy: Strategic and Institutional Approaches", *The Academy of Management Review*, Vol. 20, No. 3, 1995.

Tang P., Fu S., Yang S., "Do Peer Firms Affect Corporate Social Performance?", *Journal of Cleaner Production*, 2019.

Turban D. B., Greening D. W., "Corporate Social Performance and Organizational Attractiveness to Prospective Employees", *Academy of Management Journal*, Vol. 40, No. 3, 1996.

Udayasanka K., "Corporate Social Responsibility and Firm Size", *Journal of Business Ethics*, Vol. 83, No. 2, 2008.

Useem M., "Market and Institutional Factors in Corporate Contributions", *California Management Review*, 1988, Winter.

Van Beurden P., Gössling T., "The Worth of Values-A Literature Review on the Relation Between Corporate Social and Financial Performance", *Journal of Business Ethics*, Vol. 82, No. 2, 2008.

Waddell S., "New Institutions for the Practice of Corporate Citizenship: Historical, Intersectoral, and Developmental Perspectives", *Business and Society Review*, Vol. 105, No. 1, 2000.

Walliser B., "An International Review of Sponsorship Research: Extension and Update", *International Journal of Advertising*, Vol. 22, No. 1, 2003.

Wang H., Choi J., Li J., "Too Little or too Much? Untangling the Relationship Between Corporate Philanthropy and Firm Financial Performance", *Organization Science*, Vol. 19, No. 1, 2008.

Wang H., Qian C., "Corporate Philanthropy and Corporate Financial Performance: The Roles of Stakeholder Response and Political Access", *Academy of Management*, Vol. 54, No. 6, 2011.

Wang J., Coffey B. S., "Board Composition and Corporate Philanthropy", *Journal of Business Ethics*, Vol. 11, 1992, 11.

Wang K., Miao Y., Chen M. H., et al., "Philanthropic Giving, Sales Growth, and Tourism Firm Performance: An Empirical Test of a Theoretical Assumption", *Tourism Economics*, Vol. 25, No. 6, 2019.

Wang K., Miao Y., Su C-H, et al., "Does Corporate Charitable Giving Help Sustain Corporate Performance in China?", *Sustainability*, Vol. 11, No. 5, 2019.

Wang Y., Chen C. R., Huang Y. S., "Economic Policy Uncertainty and Corporate Investment: Evidence from China", *Pacific Basin Finance Journal*, Vol. 26, 2014.

Wang Y., Wei Y., Song F. M., "Uncertainty and Corporate R&D Investment: Evidence from Chinese Listed Firms", *International Review of Economics and Finance*, Vol. 47, 2017.

Wang H., Qian C., "Corporate Philanthropy and Corporate Financial Performance: The Roles of Stakeholder Response and Political Access", *Academy of Management*, Vol. 54, No. 6, 2011.

Wu W., Liang Z., Zhang Q., "Effects of Corporate Environmental Responsibility Strength and Concern on Innovation Performance: The Moderating Role of Firm Visibility", *Corporate Social Responsibility and Environmental Management*, Vol. 27, No. 3, 2020.

Zhang R., Rezaee Z., Zhu J., "Corporate Philanthropic Disaster Response and Ownership Type: Evidence from Chinese Firms' Response to the Sichuan Earthquake", *Journal of Business Ethics*, Vol. 91, No. 1, 2009.

Zhang R., Zhu J., Yue H., et al., "Corporate Philanthropic Giving, Advertising Intensity, and Industry Competition Level", *Journal of Business Ethics*, Vol. 94, No. 1, 2010.

Zimmerman D. J., "Peer Effects in Academic Outcomes: Evidence from A Natural Experiment", *The Review of Economics and Statistics*, Vol. 85, No. 1, 2003.

邓嘉宜：《中国上市公司行为的同群效应研究》，博士学位论文，湖南大学，2019年。

罗红霞：《公司治理、投资效率与财务绩效度量及其关系》，博士学位论文，吉林大学，2014年。

孙奕驰：《上市公司财务绩效评价及其影响因素研究》，博士学位论文，辽宁大学，2012年。

王晓刚：《文化体制改革研究》，博士学位论文，中共中央党校，2007年。

张骁：《经济政策不确定性、管理者动机与企业投资同群效应研究》，博士学位论文，中南财经政法大学，2019年。

附　　录

附录1　各行业上市企业平均相对捐赠水平

单位:%

排序	行业代码	行业名称	平均相对捐赠水平
1	Q83	卫生	0.297
2	C27	医药制造业	0.295
3	R85	新闻和出版业	0.206
4	N78	旅游业	0.168
5	C24	文教、工美、体育和娱乐用品制造业	0.159
6	R87	文化艺术业	0.116
7	B09	彩色金属矿采选业	0.109
8	C15	酒、饮料和精致茶制造业	0.107
9	C14	食品制造业	0.099
10	K70	房地产业	0.097
11	B08	黑色金属矿采选业	0.096
12	A04	渔业	0.096
13	C18	纺织服装、服饰业	0.095
14	P82	教育	0.091
15	A03	畜牧业	0.084
16	S90	综合	0.082
17	I64	互联网和相关服务	0.081
18	M73	研究和试验发展	0.081
19	C23	印刷和记录媒介复制业	0.079

续表

排序	行业代码	行业名称	平均相对捐赠水平
20	A01	农业	0.077
21	L72	商务服务业	0.075
22	N77	生态保护和环境治理业	0.075
23	C42	废弃资源综合利用业	0.075
24	A05	农林牧渔服务业	0.074
25	I65	软件和信息技术服务业	0.074
26	D44	电力、热力生产和供应业	0.068
27	C30	非金属矿物制品业	0.065
28	C21	家具制造业	0.061
29	M74	专业技术服务	0.061
30	A02	林业	0.061
31	C40	仪器仪表制造业	0.057
32	R88	体育业	0.057
33	C35	专用设备制造业	0.051
34	C26	化学原料和化学制品制造业	0.050
35	H61	住宿业	0.049
36	R86	广播、电视、电影和影视录音制作业	0.048
37	B07	石油和天然气开采业	0.048
38	L71	租赁业	0.047
39	C34	通用设备制造业	0.047
40	C41	其他制造业	0.047
41	B06	煤炭开采和洗选	0.046
42	C13	农副食品加工业	0.046
43	D46	水的生产和供应业	0.045
44	C17	纺织业	0.044
45	C19	皮革、毛皮、羽毛及其制品和制鞋业	0.044
46	G54	道路运输业	0.044
47	C38	电气机械和器材制造业	0.043
48	C37	铁路、船舶、航空航天和其他运输设备制造业	0.043

续表

排序	行业代码	行业名称	平均相对捐赠水平
49	B11	开采辅助活动	0.043
50	C22	造纸和纸制品业	0.042
51	C25	石油加工、炼焦和核燃料加工业	0.040
52	M75	科技推广和应用服务	0.040
53	C20	木材加工和木、竹、藤、棕、草制品业	0.039
54	I63	电信、广播电视和卫星传输服务	0.038
55	C39	计算机、通信和其他电子设备制造业	0.038
56	F52	零售业	0.035
57	E47	房屋建筑业	0.034
58	C29	橡胶和塑料制品业	0.033
59	G60	邮政业	0.033
60	G59	仓储业	0.033
61	E50	建筑装饰和其他建筑业	0.032
62	C36	汽车制造业	0.032
63	C33	金属制造业	0.031
64	F51	批发业	0.030
65	O81	其他服务业	0.029
66	D45	燃气生产和供应业	0.029
67	C32	有色金属冶炼和压延加工业	0.027
68	G55	水上运输业	0.026
69	H62	餐饮业	0.024
70	G56	航空运输业	0.024
71	E48	土木工程建筑业	0.024
72	O79	居民服务业	0.023
73	C31	褐色金属冶炼和压延加工业	0.021
74	C28	化学纤维制造业	0.021
75	G53	铁路运输业	0.017
76	E49	建筑安装业	0.003
77	G57	管道运输业	0.002
78	C43	金属制品、机械和设备修理业	0.001

附录 2　文化类上市企业政府补贴、企业劳动生产率及相关变量描述统计

变量	观测值	均值	标准差	最大值	最小值
SUB	833	0.011	0.021	0.392	0
PROD	1132	152.182	557.509	10518.456	2.907
CGD	1127	0.744	0.436	1	0
RCG	935	0.088	0.194	1.272	0
LSG	847	0.199	0.436	2.62	-0.725
LLEV	935	0.334	0.19	0.967	0.033
SIZE	1139	21.623	1.074	26.105	18.157
SOD	1139	0.323	0.468	1	0
AGE	1139	16.02	7.427	53	1

附录 3　文化类上市企业政府补贴、企业劳动生产率及相关变量的相关性分析

	SUB	PROD	CGD	RCG	LSG	LLEV	SIZE	SOD	AGE
SUB	1.00								
PROD	-0.04	1.00							
CGD	0.103***	-0.04	1.00						
RCG	0.06	-0.067**	0.197***	1.00					
LSG	0.080**	0.211***	-0.03	-0.094***	1.00				
LLEV	0.146***	0.168***	-0.05	-0.166***	0.069**	1.00			
SIZE	0.428***	-0.01	0.310***	0.082**	0.123***	0.197***	1.00		
SOD	0.217***	-0.064**	0.107***	0.05	-0.133***	0.069**	0.279***	1.00	
AGE	-0.05	-0.04	0.100***	0.03	-0.089***	0.03	0.217***	0.128***	1.00

附录4　新闻出版企业慈善捐赠对企业发展的影响

	(1)	(2)	(3)	(4)	(5)	(6)
变量	ROS	ROA	ROE	TQ	SUB	PROD
RCG	-0.061	0.014	0.000	-0.136	-0.002	-12.068
	(-0.18)	(0.16)	(0.00)	(-0.24)	(-0.49)	(-0.34)
RCG2	0.114	0.012	0.031	-0.042		
	(0.34)	(0.14)	(0.25)	(-0.07)		
LSG	-0.048	-0.006	-0.002	-0.187	-0.000	-44.583**
	(-0.64)	(-0.34)	(-0.07)	(-1.49)	(-0.19)	(-2.33)
LLEV	-0.275	-0.073	-0.095	-0.237	-0.010	126.672
	(-0.74)	(-0.78)	(-0.72)	(-0.38)	(-0.95)	(1.47)
SIZE	0.164**	0.029	0.046	-0.197	-0.000	-95.976***
	(2.01)	(1.44)	(1.60)	(-1.45)	(-0.17)	(-4.70)
SOD	0.263	0.143**	0.254***	0.001	-0.004	16.183
	(1.12)	(2.42)	(3.04)	(0.00)	(-0.70)	(0.27)
AGE	-0.010	-0.004	-0.017	0.092	-0.002	-2.342
	(-0.16)	(-0.23)	(-0.78)	(0.89)	(-0.96)	(-0.15)
Constant	-3.620	-0.663	-0.847	4.091	0.060	2202.833***
	(-1.63)	(-1.19)	(-1.08)	(1.10)	(0.89)	(3.90)
N	24	24	24	24	23	25
Industry FE	YES	YES	YES	YES	YES	YES
Year FE	YES	YES	YES	YES	YES	YES

注：括号里是稳健 t 统计量；*** 表示 $p<0.01$，** 表示 $p<0.05$，* 表示 $p<0.1$。

附录5 同群压力 a 胜算比回归结果

CGD	OR	Std. Err.	z	$p>\mid z\mid$	95% Conf. Interval	
LRCGD	1.007	0.004	2.080	0.037	1	1.014
LCASH	0.695	0.175	-1.440	0.149	0.424	1.139
LLEV	0.376	0.485	-0.760	0.448	0.030	4.711
INDBD	1.819	7.039	0.150	0.877	0.001	3578
SIZE	1.446	0.411	1.300	0.195	0.828	2.525
SOD	8.051	10.08	1.670	0.096	0.692	93.69
LHHI	0.580	0.747	-0.420	0.672	0.046	7.241
GDPG	0.888	0.063	-1.670	0.096	0.772	1.021
LR test	22.91***					

注：LR 检验报告的是 chi^2；*** 表示 $p<0.01$，** 表示 $p<0.05$，* 表示 $p<0.1$。